典藏版

勒布朗·詹姆斯：王

场外风云

苏群▶著

LeBron
James

北京时代华文书局

JAMES

LEBRON

勒布朗·詹姆斯

序言

不只是一名运动员

文/苏群

用多么华丽的辞藻去形容詹姆斯在球场上的伟大，都不过分。同样，用任何赞美的词语去描述场外的詹姆斯，都非常合适。属于詹姆斯场外的精彩，一点也不输给他在场上的故事。

我一直认为，詹姆斯“不只是一名运动员”。

因为天赋，因为篮球，他改变了自己的命运。从阿克伦的穷小子一跃成为超级球星和亿万富豪，他依靠自己在篮球圈的影响力，慢慢地拓展着自己的事业，逐步打造了属于自己的“商业帝国”。如果说，在整个NBA历史中，有一批在商业方面成功的运动员，詹姆斯绝对是最优秀的那一个，或许用不到“之一”来做后缀。

他出身贫困，踏入NBA赛场后慢慢积累财富。作为镁光灯下的焦点，詹姆斯也非常热衷慈善事业。在公益和慈善的领域中，詹姆斯在不断用他的影响力，去完成一些力所能及的事情。

他有着让人羡慕的商业头脑，商业布局从体育经济领域到娱乐传媒再到各种公司投资。在他涉足的每一个领域，詹姆斯都在展现着最优秀的自己。我一直坚信，等到詹姆斯退役的那一天到来，他的身份立刻就可以完成华丽转变。

詹姆斯性格豪爽且善于交际，因此他的朋友遍布诸多领域。他与同为运动员的C罗、韦德、保罗等都有着深厚的友谊；他与娱乐圈中风光无限的蕾哈娜、碧昂丝等人是挚友……

他更是拥有一个偶像所应有的全部特质，在场内他影响着后辈球员，在场外他影响着全世界的球迷，他们将詹姆斯视为榜样，视为前进的动力。我清楚地记得，詹姆斯开展“中国行”的时候，那壮观的场景。

当一个运动员将自身的光彩散发到场外之时，这个球员就真正地做到了引导世界的潮流，詹姆斯做到了这一点，而且做得非常出色。

所以我说，詹姆斯不只是一名运动员，他是一个拥有太多标签的成功人士。

23

目录
CONTENTS

PART1
商业帝国

在刚进入NBA的时候，18岁的詹姆斯就说要赚到10亿美元。在2018年夏天来到洛杉矶，加盟湖人队之后，詹姆斯的身价暴增，商业版图极速扩大。如今，詹姆斯做到了！据美国媒体报道，詹姆斯的个人总收入已经多达10亿美元，他也成为NBA历史上第一位还未退役就赚到10亿美元的球员。10亿美元的身家涵盖了其职业生涯的薪水以及投资项目，NBA的合同迄今帮助他挣到了3亿多美元的薪水，另外7亿美元来源于他的商业收入。

KINDRED SPIRIT

第一章

志同道合

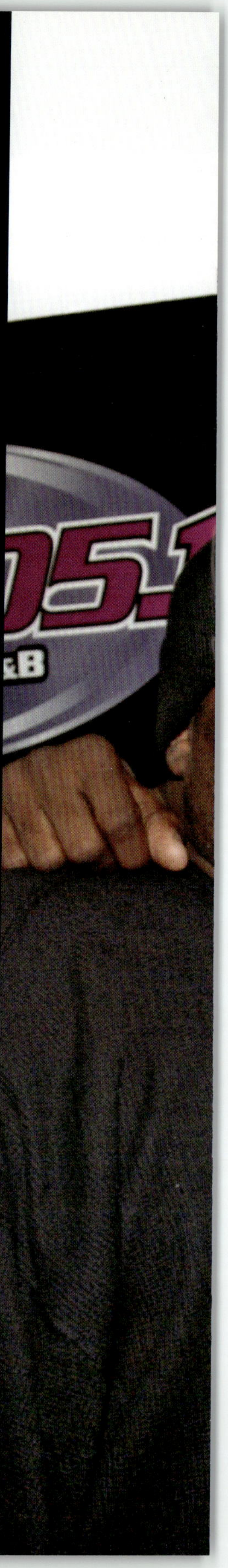

说到詹姆斯的商业帝国，不得不提到詹姆斯最核心的圈子——“四骑士”（Four Horsemen）。它是由詹姆斯、兰迪·米姆斯、马弗里克·卡特和里奇·保罗组成的，为此詹姆斯还特地成立了一个名叫LRMR的营销公司，公司的名字就来自四个人名字的首字母。

四骑士
Four Horsemen

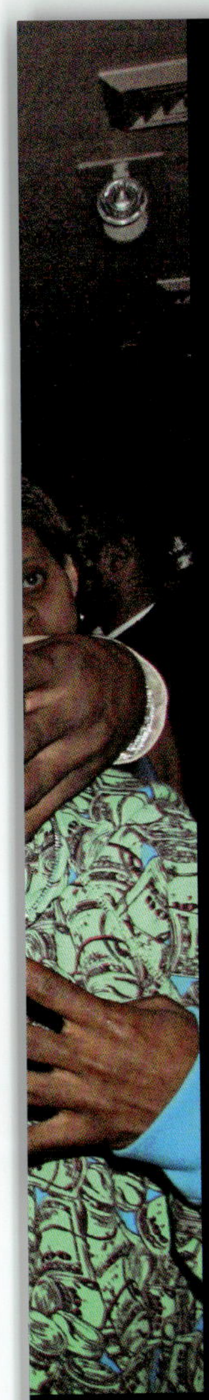

勒布朗·詹姆斯

兰迪·米姆斯

马弗里克·卡特

里奇·保罗

马弗里克·卡特

卡特是团队中最有商业头脑的成员之一。他和詹姆斯从小就认识，两人在高中还曾作为队友一起打过球。2008年，在詹姆斯参加北京奥运会时，卡特展现了他的营销智慧。卡特将15个还未曾发售的最新款Beats耳机交给詹姆斯，让他送给美国男篮的每位队友。当飞机降落时，球队中的每一位NBA球星都带着前所未见的外观时尚的耳机，市场情绪瞬间就被炒热了起来。

2011年，卡特帮助詹姆斯与利物浦俱乐部谈合同，花费650万美元购买利物浦2%的股权，后者在2019年拿下欧洲冠军联赛，致使詹姆斯的投资在十年间直接翻了七倍。卡特还和詹姆斯共同创建了SpringHill Entertainment（斯普林希尔娱乐公司），制作并拍摄了由詹姆斯主演的电影《空中大灌篮2》，打通了詹姆斯以后走向好莱坞的发展道路。

兰迪·米姆斯

米姆斯是圈子中最低调的成员，米姆斯和詹姆斯在刚刚学会走路时就相识了，两人在阿克伦一起长大，在成长的过程中建立了亲密无间的友谊。在詹姆斯高中毕业进入NBA后，米姆斯考上大学，获得了市场营销学位，并开始为电信公司AT&T（美国电话电报公司）工作。后来他成了詹姆斯的私人助理，并成为骑士队的球员联络员。

詹姆斯所到之处，米姆斯都如影随形。詹姆斯来到湖人队后，米姆斯也成了湖人队管理层的一员。他还负责詹姆斯的慈善捐赠和纪录片拍摄，米姆斯在幕后的工作无可替代。

里奇·保罗

1981年，保罗出生于克利夫兰，青少年时代他的家庭并不富裕，他没有上过大学。1999年父亲去世后，他被迫自谋生路。为了赚钱，他会从亚特兰大进口球衣，然后回到克利夫兰，放在汽车后备箱里卖掉。保罗的人生转折点发生在三年之后。一天，詹姆斯在停车场偶然发现了里奇·保罗，里奇·保罗穿的正品复古球衣引起了他的注意。于是，两人开始交谈起来，并在詹姆斯从保罗那里买了一件“魔术师”约翰逊的复古球衣后交换了联系方式，从此成为挚友。

2003年，在詹姆斯被骑士队选中后，他找到了保罗，然后组建“四骑士”小圈子。之后，保罗便跟随詹姆斯，参与他的各种商业谈判及球员合同签约，学习各种谈判知识和技巧，广结人脉，并由此走上了名利双收的道路。

LRMR

LRMR市场营销公司，全权打理詹姆斯的商业活动。这家企业的名称来自詹姆斯、兰迪·米姆斯、马弗里克·卡特与里奇·保罗的名字首字母缩写。

詹姆斯的公司得到了纽约的精英投资银行艾伦公司的支持，艾伦公司以向媒体和娱乐界大亨提供稳健的理财建议闻名。此外，LRMR公司开始与顶级的会计师事务所、律师事务所合作。

LRMR不仅接洽广告代理，还与多家企业建立商业伙伴关系。LRMR旗下的Klutch体育经纪公司逐渐成为NBA经纪人圈一股强劲的力量。

Klutch Sports经纪公司主要由里奇·保罗管理。保罗现在已经成为NBA经纪人实力榜第二号人物，代理着30多位NBA球员的经纪事务，其中包括詹姆斯、安东尼·戴维斯、本·西蒙斯、约翰·沃尔、特雷·杨、德雷蒙德·格林、扎克·拉文等一线球星，还有卡姆·雷迪什、特里斯坦·汤普森、朗佐·鲍尔、埃里克·布莱德索、安东尼·爱德华兹等球员。

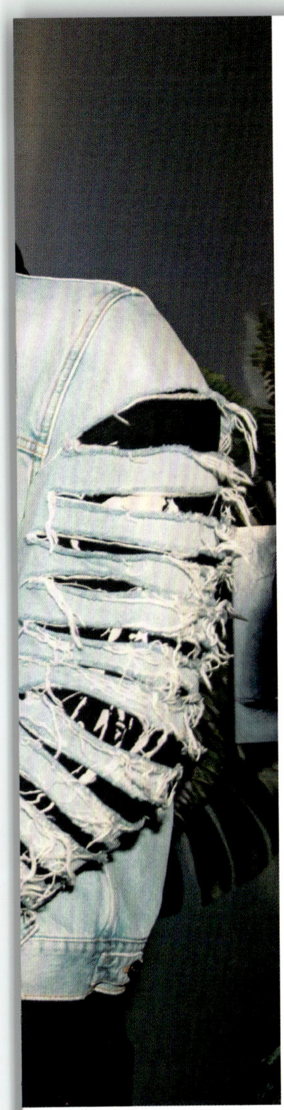

保罗是一个非常擅长谈判的经纪人，每当他的球员遇到转会或者续约的问题时，他总能帮助球员获得最大的利益。里奇·保罗最经典的案例是帮助JR·史密斯获得四年5700万美元、特里斯坦·汤普森获得五年8200万美元、沃尔获得四年1.7亿美元的合同。这三名球员最大的特点就是在即将到合同年的时候状态下滑明显，而且这三名球员当时都受到了伤病的困扰，但球队还是用明显溢价的合同和他们续约。

《福布斯》的数据显示，2018年里奇·保罗就从代理球员那里获得2490万美元的佣金，到了2019年，佣金高达3260万美元，而随着他旗下球员的不断增加，这一数字在2020年达到4600万美元。有媒体估算，里奇·保罗一年的收入比很多球员的收入还高不少，他可以称得上是最成功的经纪人之一。

Klutch Sports

ENDORSEMENT

&

INVESTMENT

第二章

代言投资

“勒布朗·詹姆斯”现在可是一块金字招牌，可以说，詹姆斯是现役吸金能力最强的NBA球员。他在NBA球场的影响力极大，在场外商业价值也是非常高，各种代言费让詹姆斯的收入倍增。詹姆斯曾经表态说：“我如今已经有很多商业的代言，除非是一个非常好的项目，不仅仅是挣钱，还要有其他方面的获利，我才会去寻求新的合作。”

RWTW

CLEVELAND
23

第一份代言

詹姆斯在商业领域的扬帆远航从他18岁的时候就开始了。他的第一份赞助合同来自球星卡公司Upper Deck，当时詹姆斯与Upper Deck签下一份五年600万美元的赞助合同，以及一张 100 万美元的支票作为签约奖金。虽然当时18岁的詹姆斯还没有进入NBA联盟，但这份赞助合同成为詹姆斯日后庞大商业帝国的开始。

8700万美元

当18岁的詹姆斯宣布将跳过大学直接参加NBA选秀后，多家世界知名的球鞋品牌纷纷向詹姆斯开价，希望他成为品牌代言人。在经过多方竞争以及詹姆斯的个人抉择后，他决定和偶像乔丹一样，加入耐克大家庭。

在经过复杂的谈判后，詹姆斯签约耐克，合同为七年8700万美元，加上特许授权收入后，合同价值超过9000万美元。还没正式进入NBA的他，就成为乔丹之外，篮球世界合同最大的球鞋代言人，他的合约总价甚至达到科比的两倍，而科比在2003年已是NBA的超人气巨星。

2007年10月15日，
詹姆斯与Nike前首席执行官帕克
共同出席球迷活动。

打出
名堂
RISE

10亿美元

詹姆斯与耐克的合作取得了巨大成功，在2015年12月，双方签订一份终身协议，尽管具体金额没有向外界透露，但据知情人士的消息，总额高达10亿美元。

2019年，耐克对外宣布，他们将在总部建造一栋以“勒布朗·詹姆斯”命名的大楼，并将其作为耐克公司创新团队的总部。

签名球鞋

如今，詹姆斯的签名鞋是NBA历史上活跃时间最长的球鞋系列之一，拥有完整的系列产品，据媒体报道，詹姆斯系列产品每年为耐克净赚近4亿美元。2021年休赛期，詹姆斯通过社交媒体晒出自己的新一代签名鞋—— 詹姆斯19代，从2003年进入联盟就拥有自己的签名鞋，到2021年詹姆斯系列签名鞋已经出到了第19代，这是一个非常出色的成绩。

CAVALIER

2011年 中国行—上海

中国行

NBA大牌球星每年夏天都会举行中国行活动，一方面可以增加自己的商业收益，另一方面则给予了粉丝面对面互动的机会。作为NBA联盟当之无愧的明星，詹姆斯也经常造访中国。

詹姆斯利用休赛期前往中国各地，与粉丝见面、举办训练营等，将自己坚不可摧的精神力量传递给每一位热爱篮球运动的朋友。每一次到访，詹姆斯都不遗余力地推广篮球运动，帮助运动员和青少年提高篮球水平，并激励他们在球场上和生活中向更高目标努力。

2013
中国行—

2014年
中国行—北京

2014年
中国行—香港

2015年
中国行—上海

2016年
中国行—广州

中国行—北京

2017年

中国行—香港

利物浦队股东

2021年4月，勒布朗·詹姆斯、马弗里克·卡特和保罗·瓦赫特正式成为芬威体育集团的合伙人。芬威体育集团旗下拥有英超利物浦队、MLB（Major League Baseball，美国职业棒球大联盟）波士顿红袜队、NHL（National Hockey League，国家冰球联盟）波士顿棕熊队、NASCAR（纳斯卡赛车）鲁什·芬威赛车队等多支运动队资产。据《福布斯》的报告，芬威体育集团目前以66亿美元的资产排名全球最有价值体育集团第四位。

詹姆斯与芬威体育集团的一些高层有着不错的私交，早在2011年，詹姆斯就在利物浦尚未复兴时以650万美元换得了2%的股份。事实证明，这是一次成功的投资。目前，利物浦的估值已经达到26亿美元，詹姆斯手中的股份价值涨了七倍，净赚4000多万美元。

LEBRON
6

Blaze Pizza

2011年，比萨品牌Blaze Pizza正式成立。起初，公司仅有三家分店，2012年公司的年营销额仅为80万美元。作为一个新成立的比萨品牌，Blaze Pizza一直处于不温不火的状态中。2012年，Blaze Pizza迎来了一件决定“命运”的大事——勒布朗·詹姆斯以不到100万美元的价格买下了公司10%的股份。次年，这家店的年销售额直线上升，达到550万美元。

从那以后，Blaze Pizza的年营销额连年大增。2017年，该品牌已经成为美国餐饮业历史上增长速度最快的连锁餐厅品牌。2018年，这家连锁品牌的销售额已经达到3.4亿美元。而詹姆斯作为Blaze Pizza的股东，每年可以从中获得千万美元的商业收入。

Blaze Pizza之所以能够获得这样傲人的商业成就，詹姆斯是关键因素。他利用自己强大的影响力和社交媒体召唤力，成功将一个名不见经传的比萨品牌变成了业内标杆。

2012年詹姆斯投资Blaze Pizza后便一直积极为这个品牌做宣传。除了为Blaze Pizza拍摄广告，詹姆斯本人也懂得如何正确利用自己的社交媒体影响力。詹姆斯积极在社交媒体上向大家推荐Blaze Pizza，多次为Blaze Pizza打广告。在2018年詹姆斯加盟湖人队后，Blaze Pizza也借势营销了一波。詹姆斯在社交媒体上放出了洛杉矶的Blaze Pizza门店将有免费送比萨的活动，结果可想而知，Blaze Pizza的门店前排起长队，其中不乏身穿詹姆斯球衣的球迷。

詹姆斯在接受采访时曾说：“社交媒体彻底改变了运动员看待自己所支持的公司或产品的方式。过去我们通过各种代言来获取商业收入，但现在，仔细考虑代言对象很重要。如果我要与别人合作，那我要确保我能放心地通过各个社交平台把产品呈现给粉丝。”

除了在社交媒体上宣传以外，“小老板”詹姆斯也在线下亲力亲为。在Blaze Pizza的店里，詹姆斯化身员工给客人点餐、送餐，成功地将Blaze Pizza推向了大众。其中就有一件趣事，在2015—2016年赛季的休赛期，詹姆斯在Blaze Pizza比萨店工作，一名女顾客却说道：“你长得好像韦德，你是韦德吗？”面对这样尴尬的情况，所幸詹姆斯反应极快，他表示：“我知道那个家伙，我经常收到这样的评价。”

如今该品牌已经发展成为全美第二大比萨连锁品牌，拥有门店将近400家，估值达到5亿美元，成为美国餐饮业历史上增长速度最快的连锁餐厅品牌，在全美最受欢迎的比萨排行榜上高居第一。

健康产业

2018年，詹姆斯与好莱坞演员、加利福尼亚州前州长阿诺德·施瓦辛格开始合作了一项名为“Ladder”的健康和保健品牌的项目，旨在通过提供世界级顾问和专家的支持指导，帮助人们实现健康、积极的生活方式，产品围绕三个方面进行构建：内容、社区和产品。内容将包括信息共享和技巧在线培训，而社区元素将吸取专家的见解。参与该项目的创始人还包括美国高山滑雪运动员林赛·沃恩和超模辛迪·克劳福德。

根据Ladder的网站介绍，公司还为精英运动员推出了具有最高安全性和有效性的产品，包括蛋白粉、能量粉等产品。消费者可以订购Ladder的健康套餐方案，也可以单独订购某一种健康补剂。

据《华尔街日报》报道，Ladder项目的创始初衷可以追溯到2013—2014赛季NBA总决赛第一场中詹姆斯的抽筋事件。当时热火队客场挑战马刺队，比赛中马刺队主场空调出现故障，球馆内温度达到32度，詹姆斯在第四节关键时刻抽筋退场，最终马刺队打出进攻高潮锁定胜局。这件事过后，詹姆斯向自己的朋友兼御用体能训练师迈克·曼西艾斯询问，是否能够在休赛期服用一种既健康又安全的补剂，让自己变得更强壮来抵御抽筋的困扰，但当时并没有一款产品符合詹姆斯的要求。

于是，在圣安东尼奥发生抽筋事件后，詹姆斯和曼西艾斯开始与一家制药公司合作，研究出不同配方、不同成分的产品，在确保安全、无副作用的同时还得到了美国国家科学基金会认证。最终，经过坚持不懈地改进，他们找到了一个很好的配方，不仅适用于抽筋，还可以全面补充营养。

为了将这一配方推广给大众，詹姆斯与阿诺德·施瓦辛格、林赛·沃恩、辛迪·克劳福德等人合作，销售詹姆斯使用的草食乳清、植物蛋白和能量粉。

值得一提的是，纽交所上市公司Beachbody健身集团旗下的Openfit于2020年12月收购了Ladder营养公司，预计这个营养公司也会达到超过10亿美元的估值。

Ladder

Beats耳机

2008年，刚刚在市场开发上取得进展的耳机企业Beats想大展拳脚，虽然Beats耳机产品的质量确实不错，但是没有一个好的代言人，导致产品根本没有办法被推广出去。而且公司也是囊中羞涩，想请好莱坞巨星来代言根本是不可能的事情，最终公司看上詹姆斯的影响力，希望邀请他担任代言人，经过牵线搭桥，Beats公司联系到了詹姆斯，Beats表示如果詹姆斯代言自己家的产品，公司将以1%的股权作为回报。

当年的Beats耳机可不像如今这样大红大紫，只是一家刚起步的公司。詹姆斯对于Beats的发展前景有些顾虑，向巴菲特请教，“股神”建议詹姆斯接受这个合作方案，将其作为商业投资，未来收益会相当可观。

接下代言后，投资高手詹姆斯并没有急着帮耳机拍广告，在马弗里克·卡特的建议下，詹姆斯给一起参加北京奥运会的美国队友每人送了一副Beats耳机，尤其是科比也给Beats当了一回代言人，这让产品迅速名声大噪，Beats耳机随着梦之队在奥运会上出尽风头。此后，Beats耳机成为詹姆斯在公开场合的必备装备，在詹姆斯极大的影响力下，Beats公司也迅速地打开了销售局面，成为耳机界的一匹黑马。

事实也正如巴菲特所料，2014年苹果公司以30亿美元收购Beats的股份，仅仅6年时间，詹姆斯通过Beats这笔交易，足足获得了3000万美元左右的股份收益，这成为当时美国职业球员史上涉及金额最高的一次投资成功案例。

如今，Beats也成了世界上知名的耳机品牌之一，更成了NBA的官方耳机合作伙伴，2017—2018赛季，双方达成了一项价值11.2亿美元的赞助合同协议。据詹姆斯的好友帕金斯透露，詹姆斯这些年来在Beats的项目上获利超过上亿美元。

其他代言

詹姆斯职业生涯初期就与可口可乐签订了一份为期六年总价超过2000万美元的合同，在这份合约到期后，詹姆斯又与可口可乐两次续约。2021年，詹姆斯结束与可口可乐长达17年的合作，转而签约百事可乐。

詹姆斯的代言合作伙伴涵盖餐饮、汽车、时尚、游戏等众多领域，堪称代言达人。而詹姆斯并不满足于商业代言，他希望能够拥有自己的企业。

工资收入

2003年，詹姆斯以第一顺位被骑士队选中，开始征战NBA，截至2021年，一转眼已经18个年头，他成为名副其实的一名老将。

2020年12月，詹姆斯和湖人队达成两年8500万美元的提前续约合同，詹姆斯的新合同会在2022—2023赛季结束，2021—2022赛季薪水为4118万美元，2022—2023赛季薪水为4447万美元。届时他职业生涯总薪水将高达4.35亿美元，成功刷新NBA历史纪录，成为NBA历史总薪金最高的球员，同时，詹姆斯还是NBA历史上第一个总薪水超过4亿美元的球星。

球队	赛季	薪水
骑士队	2003—2004赛季	402万美元
骑士队	2004—2005赛季	432万美元
骑士队	2005—2006赛季	462万美元
骑士队	2006—2007赛季	583万美元
骑士队	2007—2008赛季	1304万美元
骑士队	2008—2009赛季	1441万美元
骑士队	2009—2010赛季	1578万美元
热火队	2010—2011赛季	1450万美元
热火队	2011—2012赛季	1602万美元
热火队	2012—2013赛季	1755万美元
热火队	2013—2014赛季	1907万美元
骑士队	2014—2015赛季	2064万美元
骑士队	2015—2016赛季	2297万美元
骑士队	2016—2017赛季	3096万美元
骑士队	2017—2018赛季	3329万美元
湖人队	2018—2019赛季	3565万美元
湖人队	2019—2020赛季	3744万美元
湖人队	2020—2021赛季	3922万美元
湖人队	2021—2022赛季	4118万美元
湖人队	2022—2023赛季	4447万美元

截至2021—2022赛季结束的NBA生涯中，詹姆斯领到了近4亿美元的球员工资，而詹姆斯更多的收入来源于他的商业投资。詹姆斯拥有非常出色的商业头脑，让他不断壮大自己的商业帝国，他的商业投资已经覆盖体育、娱乐和餐饮等多个领域。

ENTERTA-
INMENT
MEDIA

第三章

娱乐传媒

娱乐传媒行业也是詹姆斯商业帝国的重要版图，詹姆斯与多年好友马弗里克·卡特先后创办了SpringHill娱乐公司与Uninterrupted传媒平台，目前詹姆斯作为制片人已经通过这两家公司出品、监制了大量影视作品。

早在2019年，美国媒体评选出全美影响力最大的体育传媒人物榜，詹姆斯高居第五，已经是重量级大佬了。娱乐传媒业内人士也表示，现在人人都想跟詹姆斯合作。

Uninterrupted

2014年，詹姆斯与投资人联合创办了社交媒体平台Uninterrupted，用于建立球员与球迷的互动。创立这家公司的初衷是因为福克斯新闻主持人劳拉·英格拉汉姆在节目中告诫詹姆斯“只需要闭嘴运球”，不认同他发表个人在其他事情上的观点。

Uninterrupted公司是运动员讲故事的平台，代言人有安东尼、小威廉姆斯等体坛明星。2019年7月31日，詹姆斯和说唱歌手Drake宣布，将在加拿大推广Uninterrupted的业务。

2018—2019赛季NBA总决赛期间，Drake大出风头。作为猛龙队的全球形象大使，他总是活跃在决赛场边，大声嘲讽猛龙队的对手勇士队。进军加拿大只是Uninterrupted国际化的第一步。公司的CEO马弗里克·卡特表示，Uninterrupted未来将会进入更多国际市场，例如在板球风靡的印度和足球的大本营欧洲。

影响力

詹姆斯从2003年进入NBA以来，几乎一直都保持了非常健康的身体，而长久不衰的状态让他19个赛季以来征服了大量的球迷，根据美国体育数据公司Sportico的统计，詹姆斯在各大社交媒体平台的粉丝数合计达到1.67亿，排在NBA历史第一位。其中Instagram是粉丝最多的平台，高达9210万名关注者。要知道，NBA官方Instagram粉丝数是5801万，而湖人队官方Instagram粉丝数仅有1696万。

至于在体育界社交媒体粉丝排行榜当中，詹姆斯排在第五位，仅次于C罗（足球）、梅西（足球）、内马尔（足球）与维拉特·科利（板球）。

根据Social Blade网站的数据，詹姆斯已经是社交网络上粉丝最多的美国运动员，每天都会新增大约2万个Instagram粉丝。他有些动态带着广告的标签——展示耐克的产品、最新的Beats耳机，或者HBO家庭影院频道出品的《The Shop》系列的预告，这些广告动态和他的生活动态一起塑造了更加立体的詹姆斯，也有越来越多的动态添上了“洛杉矶”的标签。

SpringHill

2008年，詹姆斯和马弗里克·卡特创办成立了SpringHill娱乐制作公司，詹姆斯担任董事长，卡特任CEO负责管理公司的日常事务。SpringHill娱乐制作公司已经出品了不少电视剧和网络节目。

SpringHill是詹姆斯小时候住过的一个公租房社区，那段日子是詹姆斯儿时难得的安稳岁月，不用频繁地搬家，SpringHill也因此在詹姆斯心中占有重要的位置。

2015年，全球最大的电影和电视娱乐制作公司之一的华纳兄弟宣布，他们已经和詹姆斯旗下的SpringHill娱乐制作公司签约合作协议，双方将在电影、电视和数字技术等方面进行深入合作。换言之，詹姆斯要跟随全球电影巨头进军影视圈。

事实上，詹姆斯已经不是影视圈的新人了。詹姆斯在球场打拼之余，还客串了几部美国电影，包括《球手》、《生活残骸》等。

虽然詹姆斯不是第一个参演电影的体育明星，但其演技和球技一样是实力派。由詹姆斯参演的喜剧电影《生活残骸》在全美上映，虽然只是出演一个小配角，但詹姆斯的演技得到了导演和男主角的公开赞赏，男主角更宣称詹姆斯有能力成为优秀的喜剧演员。

目前，詹姆斯的SpringHill公司在筹拍纪录片、真人秀的同时也推出电影、电视剧、谈话节目，詹姆斯参演的《理发店》和《不只是个运动员》都制造了很多话题，点击率非常高。

《空中大灌篮2》

SpringHill娱乐制作公司获得了华纳兄弟投资后，双方合作推出了多部纪录片与电视剧。通过与华纳兄弟联手，詹姆斯打入了影视行业，2021年夏天上映的《空中大灌篮2》成为其代表作，詹姆斯既是该片的主演，也是制片人。

《空中大灌篮2》是新事业敲门砖的代表作，詹姆斯和他的合作伙伴非常重视。这些合作伙伴绝不简单，华纳兄弟出动了漫威电影《黑豹》的导演瑞恩·库格勒任制片人，詹姆斯亲自参演主角，邀请安东尼·戴维斯、达米安·利拉德、克莱·汤普森、截安那·陶乐西等球星来客串。

这部《空中大灌篮2》于2021年7月16日在美国上映，上映首周全球票房约5466万美元，其中，北美首周票房3165万美元，海外首周票房2301万美元。《空中大灌篮2》创下疫情以来家庭类影片首周末票房新纪录，同时这也是华纳兄弟参与投资的电影在疫情期间的最高首周末票房，这就是《空中大灌篮2》和詹姆斯的影响力。

SPACE
JAM
TUNE
SQUAD

PART2 品质格调

在球场和生意场上，詹姆斯都展现出超强的天赋，并且有着不错的成绩。在生活中，詹姆斯也有着自己的格调。他为慈善事业不断贡献着自己的力量，为家庭默默付出，努力成为孩子心中那个伟大的父亲。

CHARITY WORK

第一章

慈善事业

基金会

成为篮坛巨星的詹姆斯，一直积极地回馈社会，他在2004年成立了勒布朗·詹姆斯家庭基金会，基金会的主要服务对象是家境贫寒的孩子。詹姆斯家庭基金会在过去的几年里曾举办过不少慈善活动，其中一项名为“King for kids Bikeathon”（自行车马拉松赛）的慈善活动颇受欢迎。

除了自行车马拉松赛，詹姆斯家庭基金会还致力于发展家庭活动、推广教育和健身计划、帮助建设城市运动场、为贫困家庭提供食物，以及为年轻人提供重返校园的所需物资。詹姆斯家庭基金会曾为3400名大学生提供了四年奖学金，据相关媒体提供的数据，总计高达1.28亿美元，平均每一位学生能得到3.7万美元的补助。

Akron
enterprise
enterprise

儿童防卫基金

詹姆斯还是儿童防卫基金的主要支持者，儿童防卫基金成立于1973年，其目的就是保障所有的儿童都能够得到平等和公平的对待。为了不让那些贫困家庭的孩子再走自己的老路，詹姆斯不但成了这个非营利组织的主要支持者，而且还努力帮助那些困难家庭的孩子重返校园，鼓励那些有潜在辍学风险的孩子完成学业。

詹姆斯的家乡阿克伦曾经是一个到处都充斥着罪恶的地方，很多青少年因为在课后得不到正确的引导从而走上了犯罪的道路。为了帮助这些年少无知的孩子远离罪恶，詹姆斯家庭基金会在他的家乡开设了“校外全明星”计划，从而使得孩子们在放学之后能够有一个可以避开“危险”的地方。为了不让孩子们因为家庭困难而辍学，并且同样可以得到上大学的机会，詹姆斯特地找到了当地的阿克伦大学进行合作，向那些参加该计划的孩子提供奖学金，预计将会有1100名学生受惠，而整个计划也将花费超过4100万美元。

2009年，詹姆斯在一档HBO热播节目中与马特·达蒙共同出演，而达蒙又与ONE×ONE基金会有着紧密的联系。为了给予ONE×ONE基金会实际性的支持，随后，詹姆斯向该基金会捐款了100万美元。ONE×ONE是一个专注于为儿童提供支持的基金会，这完全符合詹姆斯慈善事业的方向，所以他也成为ONE×ONE的主要支持者。

ONE×ONE

KIDS

慈善捐赠

詹姆斯在自己签署的赞助合同中，也加入了慈善项目，包括翻新社区活动中心，建设篮球场和儿童学习园地。詹姆斯会从自己的工资以及赞助收入中拿出一部分，直接用于慈善捐赠。

2016年11月，詹姆斯和他的商业伙伴共同捐赠了250万美元，用于新开设的拳王穆罕默德·阿里展馆。詹姆斯在接受采访时是这么说的：“穆罕默德·阿里对我的运动生涯有着重要的启发作用，因为他所代表的不仅仅是冠军，而是代表着更多。”在詹姆斯的心中，拳王阿里就是一位正义的捍卫者。

据不完全统计，詹姆斯生涯所累积的财富已经超过了10亿美金，其中有多少用作慈善事业已经不可计数。詹姆斯用他的影响力与财富，不断为社会创造积极的、正面的价值。这也是詹姆斯被世人敬仰的地方，因为他不仅仅是一名伟大的篮球运动员，同时他也是一名致力于回报社会和帮助穷人的爱心人士。

“决定”收入

2010年，詹姆斯以直播节目“决定”宣布加盟热火队，那次直播带来了超过300万美元的广告收入，詹姆斯全部捐给了公益组织男孩女孩俱乐部。该俱乐部致力于为所有儿童提供课后辅导和活动，并且帮助孩子获得平等的机会。除此之外，詹姆斯还与他的妻子为位于迈阿密的男孩女孩俱乐部设计、捐赠了家具，更换了屋顶，维修了孩子所需要用到的地方。另外，他们还向全美其他59个男孩女孩俱乐部捐赠了1000台新的电脑。

“I Promise”

2011年，詹姆斯开创了“26秒”活动。数据显示，美国的经济不发达地区每26秒就有一位儿童因为种种原因辍学，詹姆斯的“26秒”项目就是为处于辍学边缘的孩子们提供各方面的帮助。

以“26秒”为基础，詹姆斯创建了“I Promise”慈善项目。“I Promise”（我决定）的捐助对象是詹姆斯家乡阿克伦地区家境贫困的学生。詹姆斯与阿克伦大学达成了协议，“I Promise”项目中的孩子只要学习成绩达标，就可以获得阿克伦大学提供的全额奖学金。詹姆斯亲力亲为，他会给成绩优秀的孩子写信，在比赛中佩戴“I Promise”手环，参与项目的孩子们也有相同的手环，这是他们与詹姆斯的相互承诺。

“我承诺，我永远不会忘记自己从哪里来。孩子，你们要承诺，努力完成学业。”詹姆斯说。

2018年，詹姆斯的“I Promise”项目迎来里程碑式的阶段，詹姆斯通过自己的基金会正式开办“I Promise”学校，与之前主要通过资金和物资援助当地各所学校的学生不同，“I Promise”学校是全日制公益教育项目，这所学校包含多项福利：免学费、交通费、早午餐费，建立学生家人的食品救济站，为学生的父母提供通识教育、提供工作，为每一个毕业后能顺利考进阿克伦大学的学生提供大学四年学费。

“I Promise”学校的招生范围从小学一年级开始，直到八年级。考虑到入学的孩子大多经济条件不佳，“I Promise”学校还开办了“食物银行”，为相关家庭提供免费的食品。同时，詹姆斯还将自己那些极具纪念意义的球鞋、球衣、比赛用球放置在学校的展览馆内进行拍卖，所筹得的慈善款项全部用于学校的日常开销。此外，詹姆斯曾带来了一张100万美金的支票，用于修建“I Promise”学校的新体育馆，他希望为孩子们提供一个运动场所，学生们能在体育中收获友情。

“我来自阿克伦，我知道这里的孩子经历了什么，这是我成立学校的原因。”詹姆斯说，“我了解他们的梦想，也清楚他们遇到的困难，这就是‘I Promise’学校创办的初衷。我热爱篮球，能够对社会做出回馈，可以创立这样一所学校，对于我的人生有着更加非凡的意义。”

FAMILY LIFE

第二章

家庭生活

温暖之家

詹姆斯成长于单亲家庭，跟随母亲格洛丽亚·詹姆斯的姓氏。格洛丽亚生下詹姆斯的时候才16岁，靠打零工抚养詹姆斯长大。在詹姆斯成为篮坛巨星后，格洛丽亚出现了一些争议事件，甚至一些传闻影响了詹姆斯的赛场表现，但詹姆斯从未有任何怨言，因为詹姆斯知道母亲当年是经历怎样的困难将他带大，格洛丽亚是詹姆斯最温暖的依靠，无论他是一个小孩子还是篮球巨星。

“我直到今天也难以完整讲述妈妈是怎样克服困难将我抚养长大。”詹姆斯说，“能够成为她的儿子是我的骄傲。即便当我们一无所有的时候，妈妈用她的力量、安慰与爱，让我相信一切都会好起来，我永远无法报答妈妈，我永远爱她。”

詹姆斯与妻子萨瓦纳·布林森都来自阿克伦，他们在高中时期就读于不同的学校，詹姆斯是学校篮球和橄榄球双栖明星，萨瓦纳是垒球

SMALL

THANK YOU LOS ANGELES!
THANK YOU LOS ANGELES!
KIA
GUCCI
GUCCI
GUCCI
GUCCI
NBA
KIA
GUCCY
SOAVE
AMORE
MONSTE

运动员，还是啦啦队成员。在一场橄榄球比赛期间，詹姆斯遇到萨瓦纳，一见钟情，主动提出邀请，两人去了一家牛排店用餐，爱情就此萌芽。

萨瓦纳是詹姆斯的贤内助，她不仅仅负责家庭事务，还为詹姆斯推出的公益事业出力。“我的妻子是我们的领导，由于我经常不在家，家里的规则都是她定的。”詹姆斯说，“很多公益活动也是她策划的，我们一起完成。”

在赛场外，萨瓦纳是詹姆斯最好的支持者与倾听者。詹姆斯的篮球之路遭遇过很多挫折，来自妻子的安慰是他向前的动力，最具代表性的就是2015—2016赛季总决赛。当骑士队1∶3落后，詹姆斯回到家时已是深夜，萨瓦纳陪着丈夫彻夜长谈，为詹姆斯消除心理上的不安，重新充满能量将系列赛继续下去，最终完成不可思议的大逆转。

詹姆斯与萨瓦纳有三个孩子，大儿子布朗尼，二儿子布莱斯，小女儿朱莉。布朗尼就读于洛杉矶塞拉峡谷高中，这所学校是全美高中篮球名校，由于“詹姆斯儿子”的身份，布朗尼引发了大量的媒体关注，詹姆斯曾公开表示，渴望能够与布朗尼在NBA同场竞技。

“如果我能够与我的儿子在NBA会师，那将是我作为一名NBA球员最伟大的成就。”詹姆斯说。

*ESPN*的校园球探主管保罗·比安卡迪曾跟踪报道少年时期的詹姆斯，现在追踪布朗尼的篮球成长轨迹。比安卡迪坦言，布朗尼与同年龄时期的詹姆斯一样，都富有团队精神，愿意主动去带动队友。在投篮方面，布朗尼要比少年时的詹姆斯更好，但在身高、力量和绝对运动能力方面，布朗尼还无法与他老爸当年相比。

豪宅

2020年，詹姆斯在加利福尼亚州的比弗利山庄购买了一栋豪华别墅，价值高达5200万美元。这已经是詹姆斯的第三栋豪宅了。在他加盟湖人队前，就已经在布伦特伍德地区分别以2300万美元和2100万美元买下了两栋豪宅。

据说这座位于洛杉矶好莱坞山半山腰的豪宅整栋面积约1500平方米，可以俯瞰几乎整个洛杉矶的城市景观，号称洛杉矶“最佳观景台”！这座豪宅拥有一个露天无边泳池，泳池中间还有一个豪华的休息室，坐在这个休息室里，可以把洛杉矶的美景尽收眼底！而整栋豪宅里面，还拥有空中花园、媒体室、休息室、酒吧、健身房、台球室、雪茄室、酒窖等娱乐休闲设施。

运动

除了篮球这一项本职运动之外，詹姆斯对其它体育项目也非常热衷，而且积极参与，如棒球、橄榄球、足球等。我们经常可以看到詹姆斯出现在各类赛事的赛场边，他也和普通体育迷一样，为自己所支持的运动员呐喊加油。

2016年10月15日，
詹姆斯携好友及队友观战
美国职业棒球比赛。

棒球

2016年10月7日，
詹姆斯现身克利夫兰棒球比赛现场，
为印第安人队助威。

詹姆斯在观看完达拉斯牛仔队和克利夫兰布朗队的比赛后，进行热身训练。

2008年9月7日

2010年9月12日

达拉斯牛仔队对阵华盛顿红皮队的比赛中，詹姆斯来到现场并与现场球迷进行互动。

2009年9月20日

詹姆斯观看完纽约巨人队和达拉斯牛仔队的比赛后，在球场练习橄榄球。

第56届超级碗，詹姆斯在场边观赛。

2022年2月13日

2013年9月8日

詹姆斯在观看完达拉斯牛仔队对阵纽约巨人队的比赛后，在球场上玩起了橄榄球。

KEEP FIT

第三章

保持体质

训练师曼西亚斯在比赛后帮助詹姆斯进行肌肉放松。

詹姆斯在健身房锻炼。

150万美元

据美国媒体报道，詹姆斯每年花在身体保养方面的费用是150万美元。詹姆斯雇佣了一个团队负责维护他的身体，在饮食、训练等方面都配有专业人员。而在他团队中最关键的一位人物就是迈克·曼西亚斯，他是篮球圈最著名的训练师之一，曾经帮助乔丹进行私人训练。

在詹姆斯的家里有一个健身房，里面冰浴缸、热水浴缸、高压氧舱一应俱全，这些设备能为他的身体注入更多的氧气，加速血液流动，帮助詹姆斯更快地摆脱疲劳。而詹姆斯也有很多普通人没见过的保养仪器，这也是詹姆斯能够在进入联盟20年后，依然保持巅峰水准的一个原因。

饮食习惯

詹姆斯也非常注意饮食。詹姆斯几乎从来不喝酒，除非是一些重要场合，或者一些庆功宴。在平时生活中，詹姆斯的食物主要是鸡肉、鱼肉、意大利面、蔬菜和水果。詹姆斯至今保持着这份自律，一日三餐都有相应的计划。他的早饭没有含糖的食物，因为糖会使自身的身体机能变得迟钝，身体的恢复能力会大打折扣，所以他一般会用麦片或其它谷物做早餐，在健康的同时还能非常有效地补充能量。

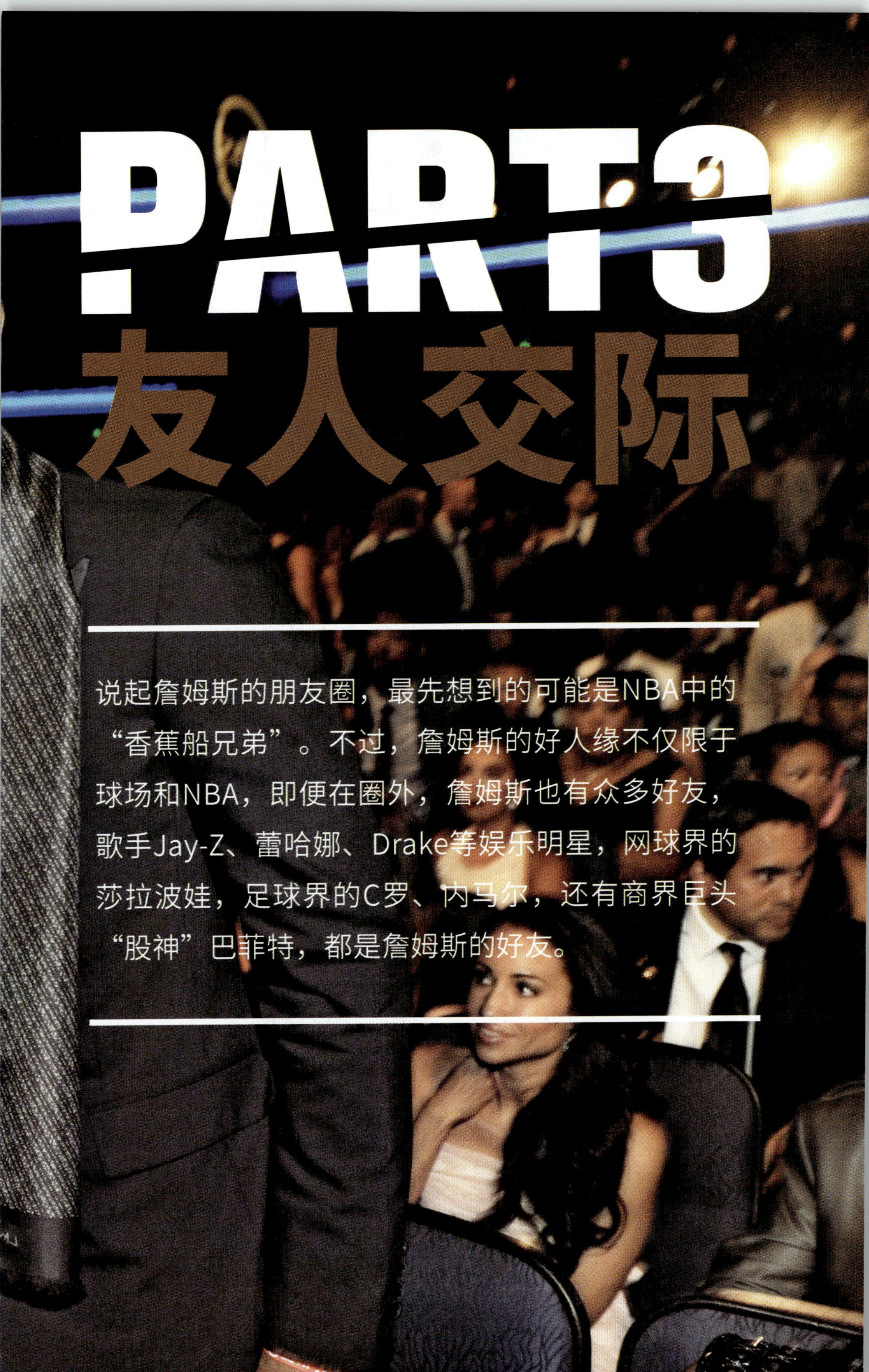

PART3 友人交际

说起詹姆斯的朋友圈，最先想到的可能是NBA中的“香蕉船兄弟”。不过，詹姆斯的好人缘不仅限于球场和NBA，即便在圈外，詹姆斯也有众多好友，歌手Jay-Z、蕾哈娜、Drake等娱乐明星，网球界的莎拉波娃，足球界的C罗、内马尔，还有商界巨头“股神”巴菲特，都是詹姆斯的好友。

BANANA BOAT ~~CREW~~

第一章

香蕉船兄弟

NYC 15
23
NYC 15
7
NYC 15
3

“香蕉船兄弟”指的是詹姆斯、韦德、安东尼与保罗，他们都是NBA的球星，有着深厚的友谊。

之所以在兄弟前面带上“香蕉船”，是因为2015年夏天的一次度假。当时四位球星共同来到了巴哈马，保罗看到香蕉橡皮船，于是邀请大家一起上船去玩。一张非常经典的照片就这样出现了，韦德的妻子尤尼恩坐在船头，后面是韦德、保罗和詹姆斯，安东尼当时还处于左膝手术后的恢复期，不方便上船，所以未能出现在照片中，但这艘代表着友情的船，永远有安东尼的一席之地。

在“香蕉船兄弟”中，詹姆斯与保罗相识最早，他们在八年级参加AAU全国锦标赛的时候建立了联系，然后在2003年共同出征麦当劳全美明星赛。詹姆斯与保罗在场上配合默契，场外也有大量的话题，不仅他们成了密友，各自的女朋友也建立了闺蜜情。“我和勒布朗交换了电话，从那天开始就经常交流。”保罗说，“我们的女友也成了好朋友，她们也常常聊天。”

詹姆斯与保罗的交情非比寻常，当2007年詹姆斯的二儿子布莱斯出生时，詹姆斯正在打总决赛，无法陪在妻子身边，是保罗一家在产房外守护，第一时间见证了布莱斯的诞生。詹姆斯和保罗，有着亲如一家的情谊。

“我们的友谊逐年加深，我们相互尊重对方的赛场实力，但又不仅于此，这有些难以用言语表达，我心里知道我们的关系有多么亲密。”詹姆斯说。

詹姆斯和安东尼则是在相互竞争中建立了友谊，他们是2001—2002赛季全美高中篮球的“绝代双侠”。詹姆斯领军的圣文森特圣玛丽高中与安东尼带领的橡树山高中相遇时，现场观众超过万人，这场比赛全美直播，NBA的经理和球探纷纷到场。最终，詹姆斯砍下36分，安东尼贡献34分、11个篮板，带领橡树山高中以72：66的成绩击败圣文森特圣玛丽高中，那场球赛至今被很多人称为最伟大的高中比赛。

就在那场大战前的某一天，詹姆斯偶遇安东尼，两人坐在楼梯上聊了很久，他们都成长于单亲家庭，家境很贫苦，人生路上有着太多相似的经历，产生了深刻的感情共鸣。也就是从那一天开始，詹姆斯和安东尼在对手的身份外，成为朋友。

在“香蕉船兄弟”中，詹姆斯与韦德相识最晚，他们直到2003年选秀前才有了第一次真正意义上的见面。“那是在芝加哥新秀训练营，我当时正在检查膝盖，看到一位球员走到等候区开始自我介绍，那就是勒布朗。他那时候全美瞩目，但非常平易近人，很好相处。随着时间的推移，我被勒布朗的个性所征服，他一直那样热情，从未改变过。”韦德说。

虽然相识稍晚，但詹姆斯与韦德真正做到了兄弟并肩作战，詹姆斯在2010年转投热火队，与韦德和波什组建三巨头，四年间连进总决赛，两次夺冠，“詹韦”连线成为那个时代最绚丽的篮球风景线。

“香蕉船兄弟”有一个共同的理想，那就是有朝一日可以同队打球，但由于合同以及球风适配度等种种原因，始终未能实现。随着韦德已经退役，“香蕉船兄弟”一起打球的希望落空，但这丝毫不影响他们的友谊。“能够拥有这些优秀的朋友，我真的很幸运。”詹姆斯说。

GOOD ~~FRIENDS~~

第二章

胜友如云

内马尔

赫鲁 Drake

姆巴佩 莎拉波娃

蕾哈娜

巴菲特 斯嘉丽·约翰逊

莎拉波娃

马特·达蒙

Jay-Z

C罗 罗纳尔迪尼奥

碧昂斯

奥德尔·贝克汉姆

威尔·史密斯

赫鲁

Drake

Drake原名奥布瑞·德雷克·格瑞汉，1986年10月24日出生于加拿大多伦多，说唱歌手、词曲作者、演员、商人，拥有加拿大、美国双国籍，4次获得格莱美奖。Drake和詹姆斯是多年的好兄弟，Drake在斯台普斯球馆开演唱会时，詹姆斯曾与Drake、Travis Scott同台即兴表演。

Jay-Z

Jay-Z，美国著名说唱歌手、音乐制作人、商人、经纪人，在美国的娱乐圈内，他算是教父级别的人物了，单单格莱美奖，他就获得了21次！Jay-Z是詹姆斯多年的朋友，他常常会去现场观看詹姆斯的比赛。除此之外，他还经常为詹姆斯写歌，去回击那些诋毁詹姆斯的人。

碧昂丝

碧昂丝是Jay-Z的妻子，同样也是美国乐坛上一位著名的女歌手，多次获得格莱美奖。在音乐事业上，她也有着不少出色的成就，还获得过最佳国际女歌手。她的身价不菲，在2018年的全球名人榜中，她的收入排在第二位。可以说，她喜欢詹姆斯还是受了丈夫Jay-Z的影响，他们夫妇二人经常结伴去现场观看詹姆斯的比赛。

蕾哈娜

要说詹姆斯的好朋友，那不得不提的就是“音乐天后”蕾哈娜，蕾哈娜可是詹姆斯的铁杆球迷，只要有詹姆斯比赛的场次，她有时间的话，一定会去现场为詹姆斯呐喊助威。作为一名歌手，蕾哈娜在音乐事业上十分有成就。在欧美流行乐榜单甚至全球榜单上，经常能看到蕾哈娜的身影。她的冠军单曲多达十几首，还多次获得格莱美奖、全美音乐奖等奖项，音乐事业红红火火，年收入也毫不逊色于詹姆斯。

C罗

如果说詹姆斯是NBA的传奇，那么C罗就是足球世界的传奇。

2017—2018赛季欧冠1/4决赛首回合，皇马对阵尤文图斯，当时效力于皇马的C罗完成了一个精彩的倒钩射门，打破由传奇门将布冯把守的球门。C罗的这个进球征服了所有人，詹姆斯第一时间在社交媒体上晒出了C罗在空中完成倒钩瞬间的照片，并写道："恐怖！"

在C罗35岁生日时，詹姆斯也与C罗亲密互动，詹姆斯在社交媒体上祝福C罗："祝你生日快乐，真正的传奇。"C罗也表达了对詹姆斯的感谢："谢谢你，兄弟。"

威尔·史密斯

威尔·史密斯，美国著名演员、歌手，代表作有《拳王阿里》《我是传奇》《当幸福来敲门》《黑衣人》等，曾获得奥斯卡金像奖最佳男主角提名、格莱美奖最佳说唱表演奖。2020年福布斯"全球收入最高男演员"榜单中，威尔·史密斯以4450万美元排名第八位。

斯嘉丽·约翰逊

斯嘉丽·约翰逊，美国女演员、歌手，代表作《复仇者联盟》《迷失东京》《戴珍珠耳环的少女》《黑寡妇》等，曾获得奥斯卡金像奖最佳女主角提名。在2019年福布斯全球收入最高女演员榜单中，斯嘉丽·约翰逊位列第一。

斯嘉丽是詹姆斯的球迷，她经常在现场看詹姆斯比赛，甚至为詹姆斯的暴扣高呼，记者问她为什么如此激动，斯嘉丽解释说："我要让全世界知道我是詹姆斯的第一铁杆粉丝！"

马特·达蒙

马特·达蒙是美国著名演员、编剧、制片人，代表作品有《谍影重重》《火星救援》《心灵捕手》等，曾提名奥斯卡金像奖最佳男主角。

姆巴佩

2018年詹姆斯在欧洲巡游活动中来到法国巴黎，与夺得俄罗斯世界杯冠军的法国球星姆巴佩合影，互换签名球衣。两位都是年纪轻轻就获得巨大成功的巨星，詹姆斯和姆巴佩两人还进行了面对面的访谈，谈到了对于人生的一些态度和思考。

此外，在2021年年初，姆巴佩与詹姆斯合作，推出了姆巴佩专属配色的联名款詹姆斯18代签名球鞋。

罗纳尔迪尼奥

巴西足球名宿罗纳尔迪尼奥是詹姆斯的好友之一，在职业生涯末期曾在墨西哥联赛中效力，在此期间，罗纳尔迪尼奥在社交网站上晒出了自己价值40000英镑的手表，而这是詹姆斯送给他的礼物。这款手表的特殊之处在于，这是一款由詹姆斯自己设计，全球只有600个的限量版手表。据悉，这款手表在英超球员中非常流行。

内马尔

巴西足球球星内马尔与众多NBA球员关系密切，2018年，詹姆斯来到巴黎做商业宣传，活动中他与巴黎圣日耳曼队当家球星内马尔见面，两人都非常开心，全程喜笑颜开，并且互换球衣。

内马尔在推特上晒出了他与詹姆斯的合影，并写道：“国王！勒布朗·詹姆斯！”詹姆斯同样也在个人社交媒体晒了两人的合影，称内马尔为“我的哥们儿”。之后，工作人员还在社交媒体上晒出了一段内马尔与詹姆斯的互动视频。

巴菲特

沃伦·巴菲特被称为“股神”，他是全球著名的投资家。颇有意思的是，詹姆斯与巴菲特也有较深的渊源。巴菲特跟骑士队老板吉尔伯特是好友，在詹姆斯被骑士队选上没多久，两人就通过吉尔伯特相识。随后不仅保持联系，巴菲特还带着詹姆斯一起打高尔夫球，并且共进晚餐，借此帮助詹姆斯拓展人脉关系，从此，两人建立了“忘年交”的友谊。

詹姆斯曾玩笑说：“巴菲特想要一些关于篮球的技巧，而我想在财务上得到一些建议。”在与巴菲特相处中，詹姆斯经常通过邮件，询问个人财务的有关难题，每次都会得到巴菲特的回复。可以说在投资上，詹姆斯或多或少受到了巴菲特的影响。

巴菲特对詹姆斯的赚钱投资能力颇为赞赏，他在专访中表示：“詹姆斯不仅拥有理财头脑，也能理解各种事物，他可以从垃圾当中挑出宝贝，而且是在旁人给你不同意见的情况下，他仍能独具慧眼。”

此外，对于詹姆斯转会洛杉矶湖人队，巴菲特也表示这是正确的决定：“我很开心看到当年詹姆斯重返克利夫兰，并为骑士队赢下一座总冠军，那是一个无与伦比的成就。但是考虑到当前所有相关因素，我相信他做出了最正确的决定（加盟湖人队），毕竟他的很多天赋，都不仅局限在球场上。”

莎拉波娃

莎拉波娃，俄罗斯前职业网球运动员，五次获得大满贯冠军。莎拉波娃堪称网坛头号美女，曾被美国《体育画报》选为“最美丽运动员”，连续十年蝉联《福布斯》全球收入最高的女运动员榜首。

早在2005年的ESPY颁奖典礼上，詹姆斯与莎拉波娃相识，之后，詹姆斯还主动找到莎拉波娃，交换了联系方式，结果两人变成了无话不说的好朋友。

此后，两个人还一起拍了广告、拍写真。莎拉波娃曾受詹姆斯邀请，到克利夫兰观看骑士队与老鹰队的比赛，她在赛后宣称：“拜詹姆斯所赐，我已经学会如何看篮球比赛了。”对于两人的关系，莎拉波娃曾经说过：“我们的生活模式很像，常常都是东奔西跑。我们很聊得来，他是个非常有趣、很棒的人。”

赫鲁

提起赫鲁的名字大家可能并不熟悉，他是墨西哥电信行业的巨头，拉丁美洲最富有的商人，资产价值超600亿美元，甚至一度超越比尔·盖茨成为世界首富。

这位超级富豪平常最大的爱好就是看NBA，他最喜欢的球星就是詹姆斯。在赫鲁的社交媒体上，他经常会晒自己跟詹姆斯的合影，可见他与詹姆斯的关系有多紧密。

奥德尔·贝克汉姆

奥德尔·贝克汉姆，美国职业橄榄球运动员，曾效力于纽约巨人队，司职外接手，2019年3月13日，奥德尔·贝克汉姆被交易到克利夫兰布朗队。

2014赛季，在纽约巨人队主场对达拉斯牛仔队的比赛中，贝克汉姆完成了惊世骇俗的单手接球达阵，这征服了现场所有的观众和球迷，也在社交网络上引发热议。

詹姆斯第一时间发文称赞，并表示非常期待与贝克汉姆见面。此后，贝克汉姆与自己的偶像詹姆斯共进晚餐，“詹姆斯是我最喜欢的运动员，能与他见面、交流并分享一些自己的看法实在是太棒了！”

而詹姆斯更是称赞贝克汉姆是“年轻的皇帝”，詹姆斯曾在社交媒体发布与贝克汉姆的合照并配文：“祝我的兄弟比赛日快乐，你是年轻的皇帝！”

A CULT FIGURE

第三章

优质偶像

HEAT

“没有受过良好的教育，从小失去父爱，从小没有系统的训练，身边没有榜样。18岁，这个穷孩子每周拿到了42万美元的工资，和高中恋人完婚，从未进过监狱，从未吸毒、婚外恋，从未像其他运动员那样有很多私生子，也不会出现在违规停车的新闻里。他是称职的丈夫、了不起的父亲、世界上最好的运动员。他的家庭完美无缺，声誉毫发无损。他现在每周赚200万美元，帮助1100个孩子圆大学梦。女士们、先生们，这就是勒布朗·詹姆斯，一位从贫民窟走出来的巨星。”这是美国媒体对于詹姆斯的评价。

詹姆斯之所以能如此成功，除了他的天赋和篮球智商外，还得益于他的领袖气质、职业素养，更离不开他刻苦的训练和平时的自律。领袖气质和职业素养都是内在优势，而自律则需要靠日积月累的训练，让身体长期保持在巅峰状态。

受到球迷喜爱的詹姆斯在对手和队友中也很受欢迎，很多年轻球员都视詹姆斯为榜样，希望能够成为他那样的球员，希望可以拥有和他一样堪称传奇的职业生涯。NBA官网每年都会对新秀做问卷调查，评选出他们心目中最受欢迎的球员，詹姆斯已经连续多年问鼎新秀球员心目中最受欢迎球员第一名。

贝拉克·侯赛因·奥巴马

迈克尔·乔丹

卢卡·东契奇

德雷蒙德·格林

布拉德利·比尔

科比·布莱恩特

多诺万·米切尔

拉简·隆多

安东尼·戴维斯

扬尼斯·阿德托昆博

贾·莫兰特

本·西蒙斯

沙奎尔·奥尼尔

贾马尔·穆雷

贝拉克·侯赛因·奥巴马

“当你看詹姆斯打球时，能感受到的不仅是他超人的力量、速度、弹跳，更是他的无私、他的敬业，这些品质让他跻身最伟大球员之列。”

——**贝拉克·侯赛因·奥巴马**

“现在的詹姆斯无疑是历史级别的，他能与那些伟大的家伙站在一起！”

——迈克尔·乔丹

迈克尔·乔丹

沙奎尔·奥尼尔

“在我看来，詹姆斯是我、乔丹、“魔术师”约翰逊的结合体，在我的职业生涯中，见过两个这样的球员，一个是科比，另一个就是他了。”

——沙奎尔·奥尼尔

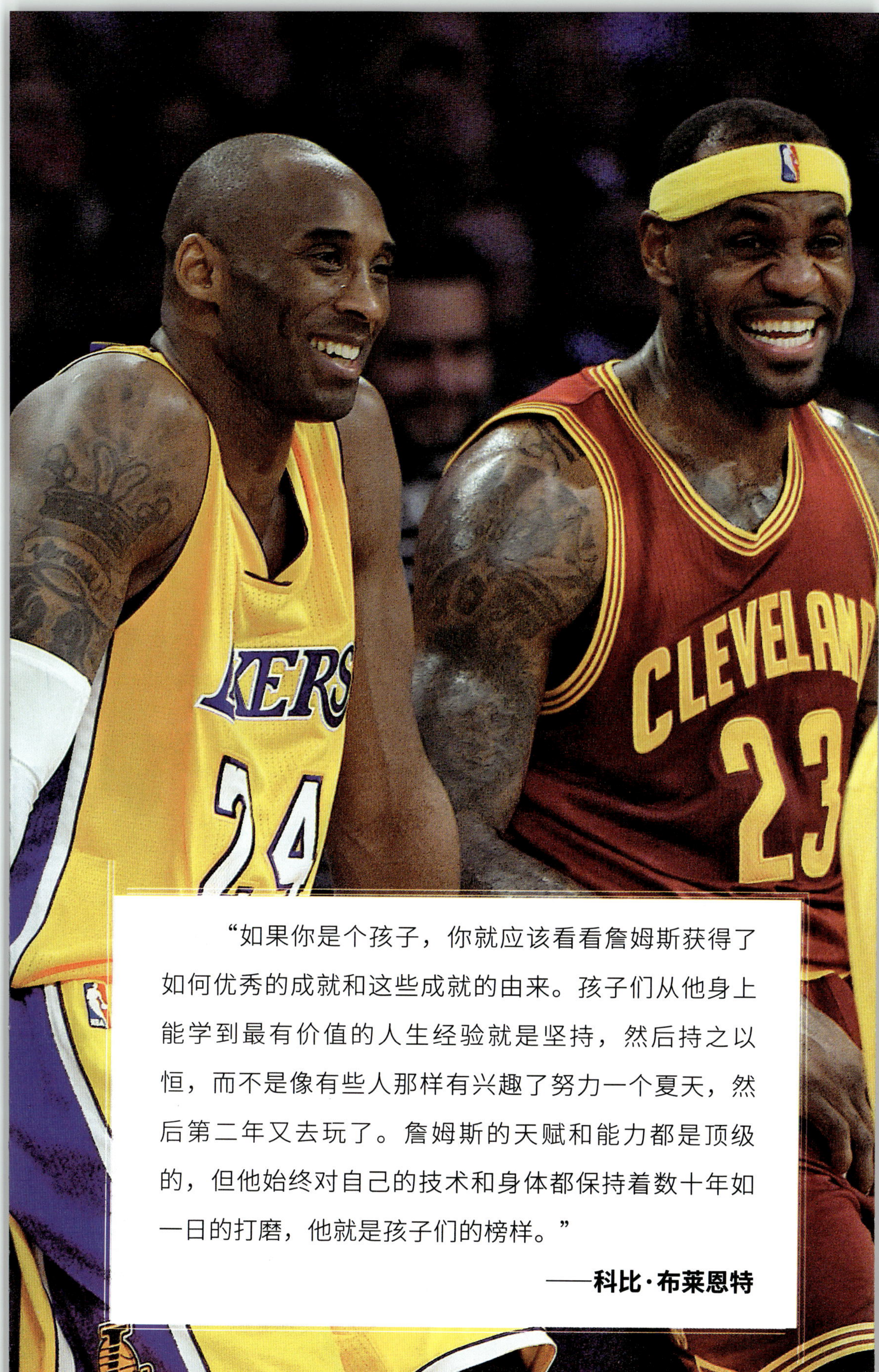

“如果你是个孩子，你就应该看看詹姆斯获得了如何优秀的成就和这些成就的由来。孩子们从他身上能学到最有价值的人生经验就是坚持，然后持之以恒，而不是像有些人那样有兴趣了努力一个夏天，然后第二年又去玩了。詹姆斯的天赋和能力都是顶级的，但他始终对自己的技术和身体都保持着数十年如一日的打磨，他就是孩子们的榜样。”

——科比·布莱恩特

德雷蒙德·格林

“即便我们在场上竞争，但这也不会妨碍詹姆斯成为我学习和效仿的榜样，他在场上和场下都是如此成功，如果你不去追求他所设立的标准，那么你真的就是疯了。”

——**德雷蒙德·格林**

“自从我第一次打篮球开始，我就是詹姆斯的粉丝。遗憾的是，我没看过乔丹打球，我一直以来的崇拜对象就是詹姆斯！”

——**安东尼·戴维斯**

“和詹姆斯的每场比赛都很特别，他是历史最佳球员之一。我从小到大都看他打球，所以每一次和他的交手都会很兴奋。”

——**卢卡·东契奇**

卢卡·东契奇

“詹姆斯是大哥、国王。我觉得所有人都知道他是谁。他是我所仰视和崇敬的人之一，一个伟大的榜样。他是独一无二的，我不认为还会出现第二个詹姆斯。”

——**贾·莫兰特**

“詹姆斯是一名令人难以置信的队友，无论是赛前的准备还是比赛过程中他对于比赛局势的判断，以及他的领导力，这些都是能真实感受到的，他是NBA有史以来最伟大的球员之一。”

——**布拉德利·比尔**

“我已经崇拜詹姆斯很久了，我会努力保持健康，做我可以做的事，也会竭尽全力击败他。”

——**贾马尔·穆雷**

“詹姆斯的‘决定’事件展示了一位球员的影响力，也影响了很多像我这样的小球员，我们做出了去NBA的决定。”

——**多诺万·米切尔**

“詹姆斯的水平依旧很高，我也想变得像他一样，所以我要努力保养身体、注意饮食、保持健康。詹姆斯为我们开辟了道路，我们要努力跟随他。”

——**扬尼斯·阿德托昆博**

“我十分敬重詹姆斯，从我的高中时期到大学时期，我一直都在看詹姆斯打球，他一直都是我敬仰的人。每次跟他交手，我都想达到他的水平。”

——**本·西蒙斯**

“我一直在向詹姆斯学习，和他一起打球的时候，我每天听取他的想法，学习他的自律，仅仅是观察他，就像经历了一段绝佳的旅程。”

——**拉简·隆多**

没有终点

我真的很惊叹，詹姆斯的“场外”故事，就如同球场上的他一样，不需要太多的文字描述，只是点滴的汇聚，就足以让人称赞连连。

就像詹姆斯在18岁登陆NBA一样，从18岁开始，他就为自己的商业帝国构造了一幅充满无限畅想的蓝图。

就像詹姆斯在NBA这20年一样，场外的20年，他也在一步一步地完成自己的蓝图，饱满而丰富。

此刻，你必须留恋篮球场上的詹姆斯，因为他真的渐渐老去，属于他的故事，慢慢开始有了告别的意味。

此刻，你又有了一种期待：如果有一天，詹姆斯与篮球正式说了一声再见，那一个全新的詹姆斯，又会开启怎样的崭新人生，书写怎样的璀璨篇章呢？

此刻，你是不是很矛盾？

不如，让我们静下心来，顺其自然，慢慢欣赏，因为詹姆斯的故事，没有终点。

图书在版编目（CIP）数据

勒布朗·詹姆斯 ： 王 . 场外风云 / 苏群著 . — 北京 ： 北京时代华文书局， 2022.4
ISBN 978-7-5699-4568-3

Ⅰ . ①勒… Ⅱ . ①苏… Ⅲ . ①勒布朗·詹姆斯—生平事迹 Ⅳ . ① K837.125.47

中国版本图书馆 CIP 数据核字 (2022) 第 045799 号

勒布朗·詹姆斯：王 场外风云

LEBULANG ZHANMUSI: WANG CHANGWAI FENGYUN

著　　者 | 苏　群

出 版 人 | 陈　涛
选题策划 | 董振伟　直笔体育
责任编辑 | 张彦翔
执行编辑 | 黄娴懿　王振强　马彰羚
责任校对 | 凤宝莲
装帧设计 | 程　慧　赵芝英
责任印制 | 訾　敬

出版发行 | 北京时代华文书局 http://www.bjsdsj.com.cn
北京市东城区安定门外大街 138 号皇城国际大厦 A 座 8 层
邮编：100011　电话：010 - 64263661　64261528
印　　刷 | 河北京平诚乾印刷有限公司　010 - 60247905
（如发现印装质量问题，请与印刷厂联系调换）
开　　本 | 710 mm×1000 mm　1/16　印　　张 | 7　字　　数 | 72 千字
版　　次 | 2022 年 8 月第 1 版　印　　次 | 2022 年 8 月第 1 次印刷
书　　号 | ISBN 978-7-5699-4568-3
定　　价 | 236.00 元 (全四册)

本书图片由视觉中国提供。

典藏版

勒布朗·詹姆斯：王
灿若星空

苏群▶著

LeBron James

北京时代华文书局

JAMES

LEBRON

勒布朗·詹姆斯

序言

上山的人，不要嘲笑下山的神

文/苏群

当时间来到2022年，风雨飘摇中的湖人队，让詹姆斯一直处在舆论漩涡中。他和这支湖人队，能在2021—2022赛季取得怎样的成绩，已经被打上大大的问号。

媒体、球迷的质疑，铺天盖地，让37岁的詹姆斯，感受到前所未有的压力。但是我在无意间看到一句话，“上山的人，不要嘲笑下山的神”。此时我才明了，如今的詹姆斯已是篮球界的“神”，或者说他是篮球界的“王”，哪怕他在经历着职业生涯的暮年。

就连詹姆斯也在面对媒体的质问时，开始自嘲“我只是过气的国王”。其实，从詹姆斯的自嘲中不难看出，他的心态并未受到外界的任何影响。从2003年进入联盟，到2022年，接近20年的光景，詹姆斯已经证明了自己有多么伟大，或者说他已经证明自己足够伟大！

现在，对于詹姆斯来说，他只是在做他自己，在继续他的篮球之路。至少，在转场到“过气的国王”之前，他已经是“王”。满眼望去，浩瀚的NBA历史长河中，除了迈克尔·乔丹，又有谁敢自嘲为“过气的国王”呢？

詹姆斯有这样的底气，也有这样的实力，更重要的是，全世界也认可他“国王”的身份。前面，我们用一些朴实的文字，描述了詹姆斯的成长过程和他在篮球场上的故事。而在这里，我们应该用数据、纪录、荣誉等更为直观的介绍，去描述一下詹姆斯的种种神迹了。

球迷朋友们是否都曾想象过下面的画面？

在未来的某一天，当詹姆斯成为NBA历史上第一个完成40000分壮举之人，那会是怎样的一番盛景？詹姆斯，或许真的可以做到。

在未来的某一天，当詹姆斯也如科比·布莱恩特一样，开启自己的退役巡演，联盟中又有多少后辈对他顶礼膜拜。和“王”说再见，那是多么艰难！

在未来的某一天，年度最佳阵容中看不到詹姆斯的名字，全明星球员中看不到詹姆斯的名字……那时候，你会不会对这些奖项评选感到陌生呢？

在未来的某一天，当詹姆斯与自己的儿子布朗尼齐聚某一队时，那又会是一段怎样的篮球佳话呢？那个画面，注定无与伦比。

在未来的某一天……

让我们一起开启属于詹姆斯的新篇章，一个“王”的世界。

23

目录

CONTENTS

PART1

传奇

PART2

永恒

PART3

江湖

bibigo

PART1
传奇

全能的詹姆斯，几乎让人忽略了他的杀手本色。得分，其实在他的世界里真的很简单。简单到，那些在历史长河中看似无法击破的一项又一项的得分纪录，破纪录者最终都属于勒布朗·詹姆斯这个名字。

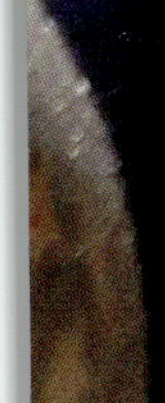

WITHOUT ~~LIMITS~~

第一章

永无止境

CAVALIERS
23

极限
40000分

2021年2月19日，詹姆斯在与篮网队的比赛中砍下32分，成为NBA历史上第三位常规赛总得分达到35000分的球员。

在詹姆斯之前，只有贾巴尔与卡尔·马龙拿到35000分。詹姆斯是NBA最年轻的35000分先生，他抵达这一里程碑的时候，年龄为36岁50天。

2021年12月29日，2021—2022赛季NBA常规赛，在湖人队与火箭队的比赛中，詹姆斯19中11，拿到32分、11个篮板、11次助攻的数据。詹姆斯拿到32分之后，职业生涯的得分正式突破36000分，成为现役第一人、以及NBA历史上第三位至少得到36000分的球员。

NBA历史常规赛总得分王是“天勾”贾巴尔，贾巴尔整个职业生涯获得38387分。如果詹姆斯可以保证出勤率，同时保持场均25分的得分输出，2022—2023赛季会是见证詹姆斯登顶NBA历史得分榜的赛季。

詹姆斯的得分能力毋庸置疑，他从NBA生涯第二年开始，连续18个赛季场均得分超过25分，在该项数据榜单上排名历史第一。正是

REEN
8
AKERS

因为在得分上的保质保量，媒体和球迷普遍看好詹姆斯加冕历史得分王。*ESPN*数据专家凯文·佩尔顿曾通过数据模型预估詹姆斯将在2024年11月超越贾巴尔。从目前来看，如果詹姆斯能够保持健康，他要比佩尔顿预测的时间更早迎来这一历史时刻。

健康是干扰詹姆斯冲击历史得分第一的最大障碍，他在2018—2019赛季和2020—2021赛季，分别因为腹股沟受伤和脚踝扭伤，有过长时间的休战，这在一定程度上推迟了詹姆斯追赶贾巴尔的进度。

贾巴尔之所以能够成为得分榜第一，除了精湛的进攻技术外，生涯够长久、出勤率够出色也是主要因素。贾巴尔在NBA征战20年，其中17个赛季至少每赛季打76场比赛，11个赛季每赛季出战场次不少于80场。纵观贾巴尔整个职业生涯，他的出勤率是惊人的95%。

现在的运动医学技术，可以给球员带来更好的赛后恢复，以及更强的伤病抵御能力，但如今的篮球竞技注重速度，有更多的回合数、更多的移动和跑位，这会带来疲劳，而疲倦的积累会有易受伤的危险。

詹姆斯NBA生涯场均得分目前是27分，贾巴尔场均得分为24.6分，詹姆斯在场均得分上占优势，能否成为历史得分王，关键看他的健康续航能力。这并不容易，但如果有人能够做到，或许就是詹姆斯。

总得分超过贾巴尔，应该不是詹姆斯NBA生涯在得分数据方面的终点，成为历史首位40000分先生才是他的目标。

这无疑将目标难度进一步提升，放眼NBA历史，能够创造40000分遐想的人，也就只有詹姆斯了。

NBA历史得分榜

常规赛

排名	姓名	总分
1	卡里姆·阿布杜尔·贾巴尔	38387
2	勒布朗·詹姆斯 *	37062
3	卡尔·马龙	36928
4	科比·布莱恩特	33643
5	迈克尔·乔丹	32292
6	德克·诺维茨基	31560
7	威尔特·张伯伦	31419
8	沙奎尔·奥尼尔	28596
9	卡梅隆·安东尼 *	28289
10	摩西·马龙	27409
11	埃尔文·海耶斯	27313
12	哈基姆·奥拉朱旺	26946
13	奥斯卡·罗伯特森	26710
14	多米尼克·威尔金斯	26668
15	蒂姆·邓肯	26496
16	保罗·皮尔斯	26397
17	约翰·哈夫利切克	26395
18	凯文·加内特	26071
19	文斯·卡特	25728
20	阿历克斯·英格利什	25613

截至2022年6月17日 / 标*为现役球员

季后赛第一人

常规赛得分对于詹姆斯只是小试牛刀，季后赛才是他展示攻击力的舞台。季后赛身体对抗强度更大，防守更有针对性，很多常规赛得分能力出色的球员，到了季后赛进攻质量会下滑。季后赛是不一样的比赛，更能检验出球星的真正实力。

截至2020—2021赛季季后赛结束，詹姆斯在季后赛总计拿到7631分，在季后赛历史中，只有詹姆斯总得分超过6000分。

詹姆斯季后赛生涯有18个系列赛场均得分超过30分，4个系列赛场均得分超过35分。詹姆斯在季后赛中有118场比赛每场得分超过30分，该项数据排名历史第一。NBA创立至今，只有詹姆斯与乔丹在季后赛单场得分超过30分的场次超100场，乔丹是109场。

越是大场面，詹姆斯的得分爆发力越强。詹姆斯在分区决赛（东部决赛或者西部决赛）中，有33场得分超过每场30分，NBA季后赛历史中，只有他做到分区决赛单场超过30分的场次超30场。2008—2009

NBA

NBA历史得分榜

季后赛

排名	姓名	总分
1	勒布朗·詹姆斯*	7631
2	迈克尔·乔丹	5987
3	卡里姆·阿布杜尔·贾巴尔	5762
4	科比·布莱恩特	5640
5	沙奎尔·奥尼尔	5250
6	蒂姆·邓肯	5172
7	卡尔·马龙	4761
8	凯文·杜兰特*	4559
9	杰里·韦斯特	4457
10	托尼·帕克	4054
11	德怀恩·韦德	3954
12	拉里·伯德	3897
13	约翰·哈夫利切克	3776
14	哈基姆·奥拉朱旺	3755
15	埃尔文·约翰逊	3701
16	德克·诺维茨基	3663
17	斯科蒂·皮蓬	3642
18	埃尔金·贝勒	3623
19	威尔特·张伯伦	3607
20	斯蒂芬·库里 *	3570

截至2022年6月17日 / 标*为现役球员

HEAT
6

赛季东部决赛，詹姆斯场均贡献38.5分。2011—2012赛季与2017—2018赛季东部决赛，詹姆斯都打出场均33.6分的进攻表现。2014—2015年东部决赛，詹姆斯场均贡献30.3分。

不仅仅是30+场次，詹姆斯在分区决赛单场得分超过40分场次方面也是一马当先，他在分区决赛总计8场比赛得分超过40分，季后赛历史中只有詹姆斯与乔丹分区决赛单场得分超过40分场次达到5场以上，乔丹是6场。

总决赛代表着最高水平的战斗，詹姆斯在总决赛总计获得了1562分，仅次于杰里·韦斯特，排名历史第二，他们是NBA仅有的两位总决赛得分超过1500分的球员。詹姆斯在总决赛中总计22场单场得分超过30分，NBA历史只有三名球员实现总决赛单场得分超过30分场次达到20场，分别是韦斯特、乔丹与詹姆斯。詹姆斯总决赛生涯8场得分超过40分，仅次于韦斯特（10场）排在历史第二，乔丹（6场）位列第三。

总决赛历史得分榜

排名	球员	得分
1	杰里·韦斯特	1679
2	勒布朗·詹姆斯	1562
3	卡里姆·阿布杜尔·贾巴尔	1317
4	迈克尔·乔丹	1176
5	埃尔金·贝勒	1161
6	比尔·拉塞尔	1151
7	萨姆·琼斯	1143
8	汤姆·海因索恩	1037
9	约翰·哈夫利切克	1020
10	埃尔文·约翰逊	971

截至2022年6月17日

总得分第一人

2022年2月13日，NBA常规赛湖人队与勇士队的比赛，迎来NBA的历史性一刻，属于詹姆斯的一刻。

当时比赛进行到第三节，詹姆斯投进一个三分球，拿下了个人本场比赛的第21分，从而将自己职业生涯总得分（包含常规赛与季后赛）提升到44152分，超越名宿贾巴尔，**正式成为NBA历史第一**！

这样的一个三分球，对于如今的詹姆斯来说，是他每场比赛的“例行公事”。但就是在这样的轻描淡写间，詹姆斯改写了历史，确切地说是成为最顶峰的那个。或许有人曾经想过在2003年詹姆斯进入联盟的时候，他会取得佳绩，但是不会有人想到，他会如此的让世人震惊。

NBA历史第一

NBA历史得分榜
常规赛+季后赛

排名	姓名	总分
1	勒布朗·詹姆斯 *	44693
2	卡里姆·阿布杜尔·贾巴尔	44149
3	卡尔·马龙	41689
4	科比·布莱恩特	39283
5	迈克尔·乔丹	38279
6	德克·诺维茨基	35223
7	威尔特·张伯伦	35026
8	沙奎尔·奥尼尔	33846
9	蒂姆·邓肯	31668
10	哈基姆·奥拉朱旺	30701
11	卡梅隆·安东尼 *	30203
12	约翰·哈夫利切克	30171
13	凯文·杜兰特 *	30085
14	杰里·韦斯特	29649
15	保罗·皮尔斯	29577
16	埃尔文·海耶斯	29507
17	摩西·马龙	29486
18	凯文·加内特	28672
19	奥斯卡·罗伯特森	28620
20	雷吉·米勒	28251

截至2022年6月17日 / 标*为现役球员

在自己的职业生涯进入到第20年的时候，詹姆斯依旧保持着出色的状态。从2003年10月30日拿到自己NBA生涯的第1分，到如今将自己的名字写入争夺GOAT（历史最佳球员）的榜单之中，已经37岁的詹姆斯，依旧在竞逐历史第一的道路上不断前行。

当他的总得分成为历史第一之后，詹姆斯还会不断刷新自己的得分纪录，但属于他的得分纪录，又何止这些。你知道詹姆斯上一次得分没有上双是什么时候吗？这要追溯到2007年1月5日，当时骑士队客场挑战雄鹿队，最终骑士队在客场以95：86击败了雄鹿队。詹姆斯在这场比赛中出场43分钟，但仅有13投3中，得到8分、5个篮板、9次助攻。

自那之后，詹姆斯每场比赛得分都会上双，这是一个多么让人惊叹的纪录，让人更加期待詹姆斯在得分数据上能有更多的疯狂表演。

smart, safe, healthy and
LAKERS
bibigo
6
DAVIS
3

詹姆斯得分 50+场次

日期	赛果	上场	得分	篮板
2014年3月4日	黄蜂队107：124热火队	41	61	7
2017年11月4日	骑士队130：122奇才队	42	57	11
2022年3月6日	勇士队116：124湖人队	39	56	10
2005年3月21日	骑士队98：105猛龙队	48	56	10
2009年2月21日	骑士队111：103雄鹿队	40	55	5
2009年2月5日	骑士队107：102尼克斯队	44	52	9
2005年12月11日	骑士队106：111雄鹿队	42	52	7
2018年11月19日	湖人队113：97热火队	38	51	8
2018年6月1日	骑士队114：124勇士队	47	51	8
2011年2月4日	热火队104：100魔术队	42	51	11
2009年3月14日	骑士队126：123国王队	46	51	4
2008年1月16日	骑士队132：124灰熊队	47	51	8
2006年1月22日	骑士队108：90爵士队	42	51	5
2022年3月12日	奇才队109：122湖人队	36	50	7
2008年3月5日	骑士队119：105尼克斯队	43	50	8

助攻	抢断	盖帽	投篮	三分	罚球
4	0	0	22/33	8/10	9/12
7	3	2	23/34	2/4	9/9
3	0	1	19/31	6/11	12/13
5	2	0	18/36	6/12	14/15
9	0	0	16/29	8/11	15/22
11	0	2	17/33	2/7	16/19
7	2	0	19/29	5/9	9/10
3	2	1	19/31	6/8	7/10
8	1	1	19/32	3/7	10/11
8	1	1	17/25	3/5	14/17
9	2	3	16/30	4/11	15/17
9	3	1	18/28	6/12	9/16
8	2	0	19/35	4/8	9/11
6	0	1	18/25	6/9	8/8
10	4	0	16/30	7/13	11/16

截至2022年4月11日，比赛时间均为北京时间

无畏时间的
王者

时间对于詹姆斯而言，可谓“亦敌亦友”。自“小皇帝”进入联盟的第一天开始，他就在不断追逐时间，书写最年轻的纪录。

时间强大却也无情，当詹姆斯逐渐进入到职业生涯暮年之时，詹姆斯和时间的故事，又以“不老战神”的形式讲述。

他是NBA历史上最年轻的选秀状元（18岁），也是最年轻的最佳新秀（19岁）。2003年11月29日，詹姆斯在对阵灰熊队的比赛中拿到33分，以18岁334天的年龄成为最年轻的单场30分获得者。2004年3月27日，詹姆斯对阵篮网队，轰下41分，成为最年轻的单场40分纪录拥有者，当时的詹姆斯仅仅19岁88天。

2004—2005赛季，NBA生涯第二年的詹姆斯，赛季得分达到2175分，以20岁的年纪，成为单赛季得分2000+最年轻球员。詹姆斯在2005—2006赛季，场均得分达到31.4分，21岁的他成为NBA历史单赛季场均30+最年轻球员。也是在2005—2006赛季，詹姆斯入选最佳阵容一阵，入选时年龄为21岁138天，成为NBA历史最年轻赛季一阵成员。2006年全明星赛，詹姆斯得到29分，带领东部队以122：120取

CLEVELAND
23

胜，21岁51天的詹姆斯打破了最年轻全明星赛MVP纪录。2007年全明星票选，詹姆斯以2516049票领跑全联盟，22岁26天的他成为NBA历史上最年轻全明星票王。

詹姆斯拥有着一系列最年轻得分纪录，包括最年轻5000分（21岁22天）、最年轻10000分（23岁59天）、最年轻20000分（28岁17天）、最年轻25000分（30岁307天）、最年轻30000分（33岁24天）、最年轻31000分（33岁98天）、最年轻32000分（34岁37天）、最年轻33000分（34岁332天）、最年轻34000分（35岁67天）、最年轻35000分（36岁50天）、最年轻36000分（36岁364天）、最年轻37000分（37岁88天）先生。

在季后赛得分最年轻纪录方面，詹姆斯也是成绩辉煌，最年轻3000分（27岁156天）、最年轻4000分（29岁127天）、最年轻5000分（30岁168天）、最年轻6000分（32岁153天）、最年轻7000分先生（35岁238天）的纪录，都被他收入囊中。

无论年轻时还是年长时，詹姆斯都是破纪录者。在单枪匹马带领骑士队闯入总决赛的2018年，詹姆斯以33岁136天的年龄，成为NBA历史上在分区决赛（2018年东部决赛第二场）打出三双最年长的球员，他在那场比赛中轰下42分、10个篮板、12次助攻。在那个系列赛第六场，詹姆斯贡献46分，33岁146天的他，超过乔丹成为在分区决赛单场得分45+年龄最大的球员。

詹姆斯不仅仅是一位高阶得分手，更是历史顶级的全能战士，年龄的增长没有削减他填满数据栏的能力。2019年11月1日至11月5日，詹姆斯连续三场比赛打出三双，成为NBA历史上连续三场三双最年长的球员，而他此时34岁310天。

越是大场面，詹姆斯越有改写历史的发挥。2019—2020赛季总决赛第五场，詹姆斯砍下40分，35岁284天的他成为总决赛历史单场拿到40+最年长的球员，原纪录是乔丹保持的35岁117天。第六场比赛，詹姆斯继续刷新着最年长纪录，他拿到28分、14个篮板、10次助攻，35岁286天，打破了埃尔金·贝勒保持的纪录（35岁225天），成为总决赛单场三双年龄最大的球员。在总决赛单场三双年龄榜上，第三至第五也是詹姆斯。

LAKERS
23
MAVERICKS
77
HE IS

NBA总决赛
三双场次

	赛季	比赛	出场时间	投篮命中率
1	2010—2011	小牛队112：103热火队	46	42.1%
2	2011—2012	雷霆队106：121热火队	44	47.4%
3	2012—2013	马刺队92：88热火队	42	43.8%
4	2012—2013	马刺队100：103热火队	50	42.3%
5	2014—2015	勇士队93：95骑士队	50	31.4%
6	2014—2015	勇士队104：91骑士队	45	44.1%
7	2015—2016	勇士队89：93骑士队	47	37.5%
8	2016—2017	勇士队132：113骑士队	39	66.7%
9	2016—2017	勇士队116：137骑士队	41	50.0%
10	2017—2018	勇士队110：102骑士队	47	46.4%
11	2019—2020	热火队93：106湖人队	41	65.0%

篮板	助攻	抢断	盖帽	失误	犯规	得分
10	10	0	1	4	3	17
11	13	1	2	6	2	26
18	10	0	0	2	0	18
10	11	3	1	6	3	32
16	11	1	1	3	3	39
14	11	1	0	2	5	40
11	11	2	3	5	1	27
11	14	3	1	4	2	29
10	11	1	0	2	2	31
10	11	2	2	4	2	33
14	10	1	0	1	3	28

詹姆斯

最年轻纪录榜

最年轻选秀状元（18岁）

最年轻最佳新秀（19岁）

最年轻单场30分（18岁334天）

最年轻单场40分（19岁88天）

最年轻单赛季得分2000+（20岁）

最年轻单赛季场均得分30+（21岁）

最年轻入选赛季最佳阵容第一队（21岁138天）

最年轻全明星赛MVP（21岁51天）

最年轻全明星票王（22岁26天）

最年轻5000分先生（21岁22天）

最年轻10000分先生（23岁59天）

最年轻20000分先生（28岁17天）

最年轻25000分先生（30岁307天）

最年轻30000分先生（33岁24天）

最年轻31000分先生（33岁98天）

最年轻32000分先生（34岁37天）

最年轻33000分先生（34岁332天）

最年轻34000分先生（35岁67天）

最年轻35000分先生（36岁50天）

最年轻36000分先生（36岁364天）

最年轻37000分先生（37岁88天）

最年轻季后赛3000分先生（27岁156天）

最年轻季后赛4000分先生（29岁127天）

最年轻季后赛5000分先生（30岁168天）

最年轻季后赛6000分先生（32岁153天）

最年轻季后赛7000分先生（35岁238天）

IN THE HISTORY OF THE WORLD

HEYDAY

第二章

巅峰时代

CAVS
23

最佳阵容

NBA赛季最佳阵容，是联盟的传统荣誉，从1946—1947赛季就开始评选，是由联盟邀请的资深体育记者与评论员投票选出。现行模式为每个赛季选出三套阵容，分别为最佳阵容一阵、二阵与三阵，按照赛场位置划分，每队有两名后卫、两名前锋与一名中锋，入选最佳阵容，意味着该名球员是赛季中所在位置最优秀的代表。

詹姆斯在2004—2005赛季，也就是NBA生涯第二年首次进入最佳阵容，他在那个赛季入选最佳阵容二阵。从2004—2005赛季开始，詹姆斯连续18个赛季获得最佳阵容席位。**詹姆斯是NBA历史上唯一做到入选赛季最佳阵容次数超过15次的球员**，原纪录是贾巴尔、科比与邓肯共同保持的15次。贾巴尔与科比各自在NBA打了20个赛季，邓肯是19个赛季，而詹姆斯在19个赛季18次入选最佳阵容。

詹姆斯入选的18次最佳阵容中，有13次是赛季一阵，这也创造了NBA历史纪录，原纪录是科比与卡尔·马龙共同保持的11次。2007—2008赛季至2017—2018赛季，詹姆斯连续11个赛季进入赛季最佳阵容一阵，这是NBA历史最长纪录。在NBA历史传奇巨星中，乔丹11次入选最佳阵容，其中10次为一阵；“魔术师”约翰逊与拉里·伯德都是10次入选最佳阵容，9次一阵；“指环王”比尔·拉塞尔11次入选最佳阵容，3次一阵；威尔特·张伯伦是10次入选最佳阵容，7次一阵。

在现役球员中，NBA生涯最佳阵容次数最接近詹姆斯的是克里斯·保罗，但保罗10次入选赛季最佳阵容，与詹姆斯尚有不小的差距。

NBA
最佳阵容

NBA最佳阵容一阵	13次	2005—2006赛季
		2007—2008赛季
		2008—2009赛季
		2009—2010赛季
		2010—2011赛季
		2011—2012赛季
		2012—2013赛季
		2013—2014赛季
		2014—2015赛季
		2015—2016赛季
		2016—2017赛季
		2017—2018赛季
		2019—2020赛季
NBA最佳阵容二阵	3次	2004—2005赛季
		2006—2007赛季
		2020—2021赛季
NBA最佳阵容三阵	2次	2018—2019赛季
		2021—2022赛季

截至2021—2022赛季结束

全明星纪录

詹姆斯在2005年首次入选全明星，也就是从那一年开始，詹姆斯连续18年进入全明星，并且18次都是首发，创下NBA历史纪录。

在全明星票选中，詹姆斯分别于2007年、2010年、2014年、2017年、2018年、2019年、2020年、2021年和2022年成为票王。在NBA历史中只有詹姆斯与乔丹当选全明星票王的次数超过5次，两人均以9次当选票王并列历史第一，现阶段詹姆斯已经是连续6年当选票王。詹姆斯在全明星赛总计拿到了413分，他是NBA历史上唯一一个在全明星赛总得分超过400分的球员。整个NBA历史上，除了詹姆斯，还没有任何球员能在全明星赛中得分超过300分。詹姆斯在全明星赛投进了172球，这也是历史第一。

2022年的全明星赛中，詹姆斯拿到了24分、6个篮板、8次助攻。库里手感滚烫，所以詹姆斯也将更多的机会留给了勇士队核心，但在关键时刻他还是接管比赛，用一记后仰跳投锁定胜局。

2006年休斯敦全明星赛，东部队在比赛中一度落后西部队21分，詹姆斯带队奋起直追。21岁的詹姆斯砍下29分，与拿到20分的韦德携手完成大逆转，东部队以122：120险胜，詹姆斯成为最年轻的全明星MVP。

2008年新奥尔良全明星赛，东西部明星战队再次对决，在前一年的拉斯维加斯全明星赛中，西部队以21分的优势大胜东部队，这令好胜心极强的詹姆斯憋着一口气，“他们在去年打爆了我们，我们不希望那样的情况再次发生，我们渴望胜利。”

詹姆斯展示全能身手，贡献27分、8个篮板、9次助攻、2次抢断、2次盖帽。终场前55秒，詹姆斯完成了这场比赛最精彩的一攻，他运球突破西部队四名球员的围堵，中路刺杀凌空暴扣。西部队全明星后卫保罗坦言：“我们有多位防守者，但还是不足以阻挡他将球打进。”

最终，东部队以134：128取得胜利，詹姆斯第二次当选全明星赛MVP。

2018年全明星赛在洛杉矶举行，这届比赛采取了全新的组队模式，东西部全明星票选的票王作为队长，在入选全明星的球员中选人组队对抗。詹姆斯队与库里队展开对决，新模式带来了更高强度的对抗，尤其是防守方面一改之前几年松散的模式，每球必争，非常激烈。

詹姆斯拿下29分、10个篮板、8次助攻，不仅在进攻端冲锋在前，还在防守端带动全队。比赛最后时刻，詹姆斯队领先3分，詹姆斯与杜兰特联手阻断了库里队的最后一击，詹姆斯队以148：145将胜利收入囊中，詹姆斯第三次捧起全明星赛MVP奖杯。

MVP

全明星赛数据

年份	年龄	球队	首发/替补	出场时间
2005年	20	骑士队	首发	31'25''
2006年	21	骑士队	首发	30'34''
2007年	22	骑士队	首发	32'16''
2008年	23	骑士队	首发	30'15''
2009年	24	骑士队	首发	26'50''
2010年	25	骑士队	首发	32'28''
2011年	26	热火队	首发	32'20''
2012年	27	热火队	首发	32'09''
2013年	28	热火队	首发	30'02''
2014年	29	热火队	首发	33'08''
2015年	30	骑士队	首发	31'45''
2016年	31	骑士队	首发	20'13''
2017年	32	骑士队	首发	19'29''
2018年	33	骑士队	首发	31'17''
2019年	34	湖人队	首发	26'32''
2020年	35	湖人队	首发	18'48''
2021年	36	湖人队	首发	13'00''
2022年	37	湖人队	首发	36'15''
生涯数据			18	509'

命中率	篮板	助攻	抢断	盖帽	失误	得分
46.2%	8	6	2	0	3	13
57.1%	6	2	2	0	1	29
55.0%	6	6	1	0	4	28
54.5%	8	9	2	2	4	27
42.1%	5	3	0	0	3	20
45.5%	5	6	4	0	2	25
55.6%	12	10	0	0	4	29
65.2%	6	7	0	0	4	36
38.9%	3	5	1	0	4	19
50.0%	7	7	3	0	1	22
52.4%	5	7	2	0	4	30
46.2%	4	7	0	0	4	13
58.8%	3	1	0	0	4	23
70.6%	10	8	1	0	5	29
52.9%	8	4	0	2	1	19
45.0%	5	6	1	2	6	23
28.6%	2	4	0	1	1	4
45.8%	6	8	3	1	3	24
51.5%	109	106	22	8	58	413

截至2022年2月21日

季后赛王者

季后赛是检验超级巨星的舞台，而在这个舞台上，詹姆斯书写了波澜壮阔的篇章。在2006—2007赛季东部决赛第五场的比赛中，詹姆斯面对当时的东部霸主活塞队，在第四节和加时赛，包揽了骑士队最后30分中的29分，包括终场前2秒的制胜上篮，全场狂砍48分、9个篮板和7次助攻，这被公认为季后赛史上最伟大的个人表演之一。

2011—2012赛季东部决赛第六场，詹姆斯面对凯尔特人队，他在球队总比分2：3落后的情况下绝地反击，全场比赛轰下45分、15个篮板和5次助攻，最终带领全队以125：113击败凯尔特人队。2017—2018赛季季后赛，詹姆斯带着阵容不佳的骑士队，场均得到34分、9.1个篮板和9次助攻，率领球队进入总决赛，这是詹姆斯个人带队能力的完美体现。

在季后赛数据排行榜上，詹姆斯多项数据位居历史第一。詹姆斯在季后赛出场266次，为历史第一；季后赛总得分7631分，不仅排在第一，而且也是NBA季后赛史上唯一得分突破6000分和7000分的球员；14次季后赛都至少得到250分、100个篮板和75次助攻，是历史第一人；9次单赛季季后赛得到至少500分，独占历史第一；6次在单赛季季后赛中得到500分、150个篮板和150次助攻，和拉里·伯德并列历史第一。

此外，詹姆斯还送出1919次助攻，位居第二位，仅次于“魔术师”约翰逊（2346次）；抢断454次，高居季后赛第一位；篮板2391个，排在第六位；盖帽也有252个，排在第十位。

23
54

NBA
季后赛总数据

赛季	年龄	球队	出场	首发	出场时间	命中数	出手数	命中率	三分命中数	三分出手数	三分命中率
2005—2006	21	骑士队	13	13	604	146	307	47.6%	21	63	33.3%
2006—2007	22	骑士队	20	20	893	166	399	41.6%	21	75	28.0%
2007—2008	23	骑士队	13	13	552	113	275	41.1%	18	70	25.7%
2008—2009	24	骑士队	14	14	580	159	312	51.0%	27	81	33.3%
2009—2010	25	骑士队	11	11	460	106	211	50.2%	20	50	40.0%
2010—2011	26	热火队	21	21	922	174	373	46.6%	30	85	35.3%
2011—2012	27	热火队	23	23	983	251	502	50.0%	22	85	25.9%
2012—2013	28	热火队	23	23	960	212	432	49.1%	36	96	37.5%
2013—2014	29	热火队	20	20	763	192	340	56.5%	35	86	40.7%
2014—2015	30	骑士队	20	20	844	227	544	41.7%	25	110	22.7%
2015—2016	31	骑士队	21	21	822	219	417	52.5%	32	94	34.0%
2016—2017	32	骑士队	18	18	744	217	384	56.5%	44	107	41.1%
2017—2018	33	骑士队	22	22	922	275	510	53.9%	39	114	34.2%
2019—2020	35	湖人队	21	21	762	214	382	56.0%	44	119	37.0%
2020—2021	36	湖人队	6	6	224	54	114	47.4%	18	48	37.5%
生涯数据			266	266	11035	2725	5502	49.5%	432	1283	33.7%

两分命中数	两分出手数	两分命中率	罚球命中数	罚球次数	罚球命中率	篮板	助攻	抢断	盖帽	失误	犯规	得分
125	244	51.2%	87	118	73.7%	105	76	18	9	65	44	400
145	324	44.8%	148	196	75.5%	161	159	34	10	66	40	501
95	205	46.3%	122	167	73.1%	102	99	23	17	54	33	366
132	231	57.1%	149	199	74.9%	128	102	23	12	38	30	494
86	161	53.4%	88	120	73.3%	102	84	19	20	42	23	320
144	288	50.0%	119	156	76.3%	176	123	35	25	66	56	497
229	417	54.9%	173	234	73.9%	224	129	43	16	81	47	697
176	336	52.4%	136	175	77.7%	193	152	41	18	70	43	596
157	254	61.8%	129	160	80.6%	141	95	36	11	61	46	548
202	434	46.5%	122	167	73.1%	226	169	33	21	82	58	601
187	323	57.9%	82	124	66.1%	200	160	49	27	75	54	552
173	277	62.5%	113	162	69.8%	164	141	35	23	72	43	591
236	396	59.6%	159	213	74.6%	200	198	30	23	94	52	748
170	263	64.6%	108	150	72.0%	226	184	26	18	84	40	580
36	66	54.5%	14	23	60.9%	43	48	9	2	25	7	140
2293	4219	54.3%	1749	2364	74.0%	2391	1919	454	252	975	616	7631

截至2022年6月17日

史诗逆转

2015—2016赛季NBA总决赛，是克利夫兰体育史上的一座丰碑，是詹姆斯与骑士队创造的奇迹。

2015—2016赛季总决赛，骑士队与勇士队连续第二年对决，前四场战罢，骑士队总比分1：3落后，之前的NBA历史中，总决赛从未发生过1：3落后的情况下还能实现逆转的传奇。

在第四场失利后，詹姆斯在更衣室坐了很久，直到凌晨两点半才回到家中。詹姆斯向他的妻子倾诉了心中的苦闷，获得家人支持和鼓励的他，给队友们群发了短信："第五战，我们要去客场，相信我，我会将这个系列赛带回克利夫兰，大家跟随我的领导。"

第五场比赛很难，如果骑士队输球就要输掉这个系列赛，由于詹姆斯与勇士队球星德雷蒙德·格林在第四战发生冲突，格林打了詹姆斯的腹股沟，被联盟追加恶意犯规，恶犯总数达到三次被禁赛一场，勇士队球迷对詹姆斯充满敌意。那场比赛，詹姆斯每一次触球都会听到满场的嘘声，但他扛住了压力，攻下41分、16个篮板与7次助攻，带队取胜将系列赛带回克利夫兰。第六场对于骑士队仍是背水一战，詹姆斯再度力挽狂澜，以41分、8个篮板、11次助攻的表现，带队再下一城迎来抢七。

第七场，打赢就是冠军加冕，输掉就是功亏一篑。詹姆斯交出27分、11个篮板、11次助攻的三双数据，比赛生死关头，送出了封盖伊戈达拉快攻上篮的动作，这成为NBA季后赛的历史经典时刻“The Block”（特指詹姆斯对伊戈达拉的盖帽）。

那次闪耀着光芒的封盖，发生在比赛结束前1分50秒，当时两队战成89：89，率先进球打破僵局的球队，将从比分和心理上都压制对手。欧文投篮不中，伊戈达拉保护篮板发动反击，骑士队只有JR.史密斯回防到位，伊戈达拉与库里做了一个相互传球的配合，令史密斯防守难以兼顾，伊戈达拉接到回传球后起身上篮，如果打进，总冠军将向勇士队招手。电光石火之间，詹姆斯追了上来，现场跟踪数据显示，詹姆斯追防的起点位置距离篮筐有27米，当他起步时，伊戈达拉已经到了中线位置。詹姆斯只用了2.7秒就跑完了前18米的距离，詹姆斯以惊人的速度追了上来，在伊戈达拉身后跃起。从伊戈达拉将球投出，到球碰到篮板，只有0.2秒的间隔，如果詹姆斯的封盖超过这0.2秒，那将是一次干扰球，但就在这比眨一下眼还要快的瞬间，詹姆斯完成了盖帽。

这是改变总冠军归属的一次防守，对于克利夫兰更是有着非凡的意义。在这座城市的体育史中，专属名词大多代表着失败与痛苦。

“The Shot”——乔丹绝杀骑士队；

“The Drive”——橄榄球队克利夫兰布朗队被对手打出一组推进98码的进攻，被追平进入加时赛后输球；

“The Fumble”——克利夫兰布朗队在距离达阵区2码的位置丢球，错失扳平绝佳机会；

“The 95and97 World Series”——棒球队克利夫兰印第安人队两次错失好局；

而詹姆斯的“The Block”代表的是胜利。

随着欧文投进那记刺入勇士队“心脏”的三分球，乐福防住了库里的单打，詹姆斯投进罚球，比分最终定格在93：89，NBA总决赛历史上首个由1：3落后到4：3获胜的翻盘诞生。这是骑士队的历史首冠，也是克利夫兰52年来首个职业体育联赛冠军，这一切，塑造了不朽的体育神迹。

NBA

2016 NBA CHAMPS
2016 NBA CHAMPS
2016 NBA CHAMPS
2016
2016

2015—2016赛季

总决赛数据

场次	1	2	3
比赛	勇士队104：89骑士队	勇士队110：77骑士队	勇士队90：120骑士队
出场时间	41	34	40
命中率	42.9%	41.2%	53.8%
命中数	9	7	14
出手数	21	17	26
三分命中率	50.0%	20.0%	50.0%
三分命中数	2	1	1
三分出手数	4	5	2
罚球命中率	75.0%	100.0%	60.0%
罚球命中数	3	4	3
罚球次数	4	4	5
篮板	12	8	11
助攻	9	9	6
抢断	2	4	1
盖帽	1	1	2
失误	4	7	5
犯规	2	3	2
得分	23	19	32

4	5	6	7
勇士队108：97骑士队	勇士队97：112骑士队	勇士队101：115骑士队	勇士队89：93骑士队
46	43	43	47
52.4%	53.3%	59.3%	37.5%
11	16	16	9
21	30	27	24
20.0%	50.0%	50.0%	20.0%
1	4	3	1
5	8	6	5
50.0%	62.5%	75.0%	80.0%
2	5	6	8
4	8	8	10
13	16	8	11
9	7	11	11
2	3	4	2
3	3	3	3
7	2	1	5
4	1	3	1
25	41	41	27

ALL-POWERFUL WARRIOR

第三章

全能战士

wish
LAKERS
23

全能战士

你无法用具体的位置去定义詹姆斯的赛场角色，他的职业生涯以得分后卫开启，后来司职小前锋，加盟热火队后，四年中有两个赛季打大前锋位置，重返骑士队后则在小前锋与大前锋之间切换，披上湖人队战袍后改打组织后卫，又在37岁的时候，让自己成为全职中锋。

詹姆斯真正做到了从一号位打到五号位，并且每个位置都打出顶级水准，球队需要什么，他就能够提供什么，这样强大的综合战斗力，书写了NBA历史最强全能战士的辉煌篇章。

詹姆斯NBA生涯的常规赛总得分为37062分，排在历史第二位，以7631分加冕季后赛总得分王，常规赛和季后赛总分为44693分，排名历史第一。在打出历史级得分表现的同时，詹姆斯以10045次助攻排在NBA历史第七位，是榜单前十中唯一的非纯控卫，2136次抢断位列第十位——他是NBA常规赛历史上唯一总得分、总助攻与总抢断都进入前十的球员，NBA创立至今甚至没有其他球员可以做到三项数据排名都进入前三十。

詹姆斯NBA生涯篮板总数达到10210个，是NBA常规赛历史唯一获得篮板10000+同时助攻10000+的球员，总得分37000+、总篮板10000+、总助攻10000+的数据同样是独享历史第一。在NBA常规赛历史三双榜上，詹姆斯以105次位列第五。在NBA季后赛历史三双榜上，詹姆斯以28次排名第二，仅次于“魔术师”约翰逊的30次。

截至2022年4月11日

CAVALIERS
23

詹姆斯全能战士纪录

常规赛

- 历史唯一实现总得分、总篮板、总助攻37000+10000+10000的球员，从27000+10000+9000直至37000+10000+10000都是詹姆斯一人独享。
- 历史唯一做到总得分、总助攻、总抢断都进入前十的球员。
- 历史唯一连续四个赛季拿到2000分、500个篮板、500次助攻、100次抢断的球员。
- 历史唯一八个赛季拿到2000分、500个篮板、500次助攻、100次抢断的球员。
- 历史首位对NBA30支球队都打出过三双的球员。

季后赛

- 历史唯一总得分、总篮板、总助攻、总抢断、总盖帽都进入前十的球员。
- 历史唯一总得分、总助攻、总抢断都进入前五的球员。
- 历史唯一单赛季季后赛总得分、总篮板、总助攻700+200+150的球员，也是唯一单赛季季后赛600+200+150以及500+200+150的球员。
- 历史唯一得分、篮板、助攻30+10+10场次达到10场或以上（15场）的球员。
- 3次在季后赛打出单场得分、篮板、助攻40+10+10历史第一。

总决赛

● 历史唯一总决赛系列赛场均三双（2017年总决赛场均33.6分、12个篮板、10次助攻）的球员。

● 历史唯一总决赛系列赛场均得分、篮板、助攻35+10+5（2015年总决赛场均35.8分、13.3个篮板、8.8次助攻）的球员。

● 历史唯一总决赛系列赛场均得分、篮板、助攻25+10+7（总计6次做到）的球员。

● 历史唯一总决赛系列赛总得分、总篮板、总助攻都是参赛两队球员第一（2015年与2016年两次做到，其中2016年总抢断和总盖帽也是两队第一）。

● 历史唯一在总决赛至少5次拿到得分、篮板、助攻30+10+10的球员。

ALL-POWERFUL WARRIOR DATA RECORDS

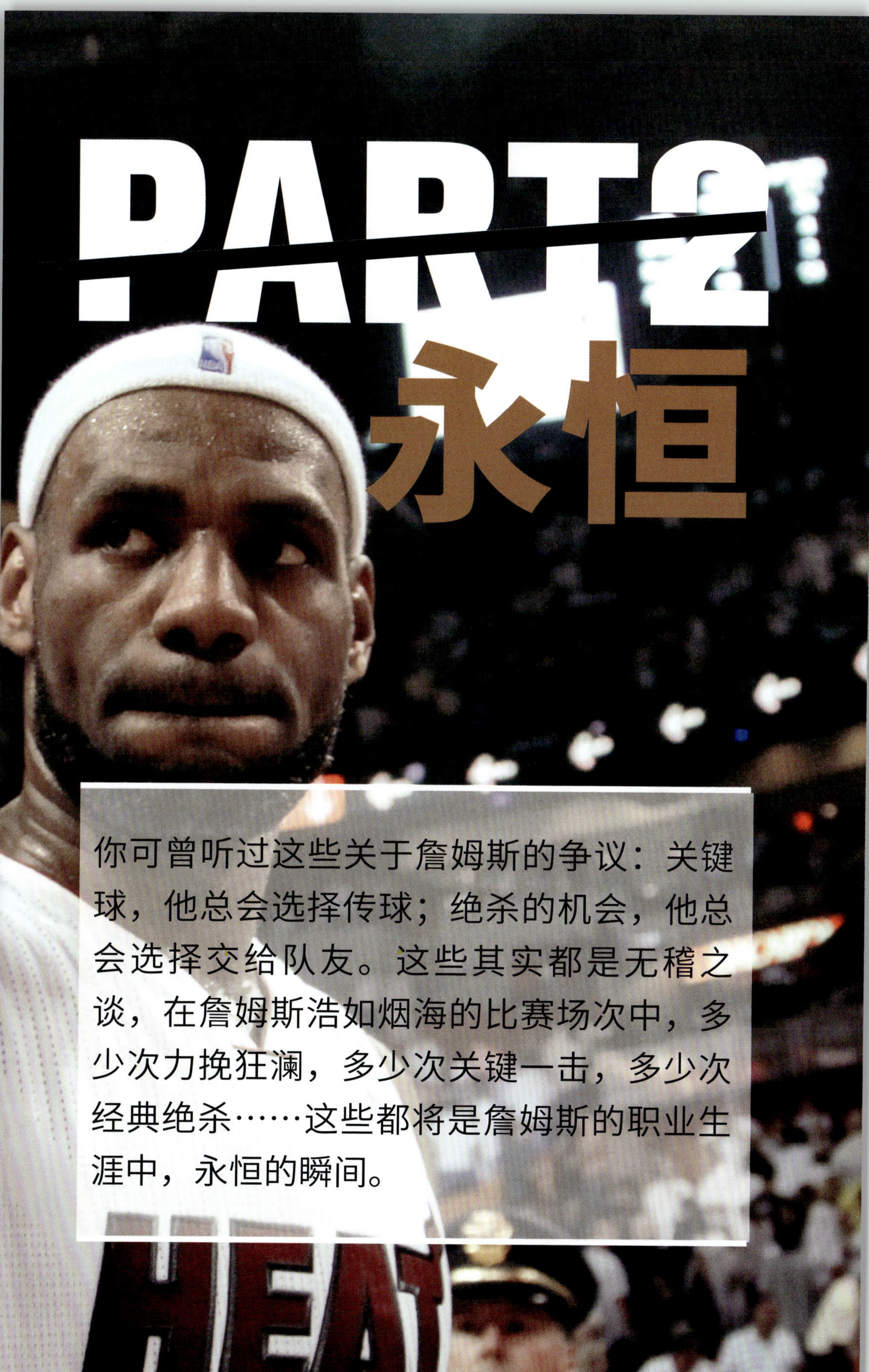

PART2 永恒

你可曾听过这些关于詹姆斯的争议：关键球，他总会选择传球；绝杀的机会，他总会选择交给队友。这些其实都是无稽之谈，在詹姆斯浩如烟海的比赛场次中，多少次力挽狂澜，多少次关键一击，多少次经典绝杀……这些都将是詹姆斯的职业生涯中，永恒的瞬间。

MR.BIG SHOT

第一章

绝杀之王

BUTLER
21
BULLS
34
CHICAGO
BASKETBALL

截至2021—2022赛季常规赛结束，詹姆斯一共有28次绝杀，排在历史第一，堪称当之无愧的绝杀之王。詹姆斯曾在季后赛5次压哨绝杀，荡气回肠，包括2008—2009赛季东部决赛绝杀魔术队、2012—2013赛季东部决赛绝杀步行者队、2014—2015赛季东部半决赛绝杀公牛队、2017—2018赛季东部首轮再次绝杀步行者队和2017—2018赛季东部半决赛压哨抛投绝杀猛龙队。

十大绝杀瞬间

1．一剑封喉

2009年5月22日，东部决赛第二场。骑士队落后魔术队2分，詹姆斯最后时刻三分球出手，球进哨响一剑封喉，骑士队以96：95取得胜利。

2．压哨一击

2015年5月10日，东部半决赛第四场。这场比赛前，骑士队总比分1：2落后，如果再输，就将陷入1：3的困境。罗斯在终场前9秒上篮打进将比分追平，时任骑士队主教练布拉特原本安排詹姆斯去发球以便出奇制胜，但詹姆斯否决了教练的计划，他自己画了一个战术，然后上场执行，接球中投打进，压哨绝杀，骑士队86：84过关。

3．夺命上篮

2013年5月22日，东部决赛首战。热火队与步行者队鏖战到加时，保罗·乔治终场前三罚全中，步行者队反超1分，热火队要么绝杀，要么输球，詹姆斯勇挑重担，压哨上篮得手，热火队103：102涉险过关。

JAMES
6
GOLDEN STATE
9
WARRIORS

4．骑马射箭

2018年5月5日，东部半决赛第三场骑士队与猛龙队在终场前8秒打成103：103，詹姆斯从后场开始运球，过了中线加速变向突破杀向底线，骑马射箭抛射出手，球进，终场哨响起，骑士队105：103获胜。

5．远投击杀

2018年4月25日，东部首轮第五场。骑士队与步行者队前四场打平，这场是“天王山之战”。距离比赛结束还有3秒，两队95：95，詹姆斯封盖了奥拉迪波的上篮，为骑士队争取到绝杀机会，詹姆斯亲自操刀，手起刀落三分球压哨命中，一击致命，骑士队98：95获得胜利。

6．经典之战

2007年5月31日，东部决赛第五场。这是詹姆斯NBA生涯经典比赛之一，骑士队与活塞队的东部决赛“天王山之战”，骑士队在这场比赛的最后30分中有29分来自詹姆斯，包括一波连拿25分的进攻狂潮。第二个加时赛结束前2秒，詹姆斯中路强攻，突破了活塞队的防守上篮绝杀，骑士队以109：107高奏凯歌。

7．强杀篮下

2006年5月3日，东部首轮第五场骑士队与奇才队的天王山之战。两队鏖战至加时，阿里纳斯终场前3.6秒两罚全中，奇才队领先1分，詹姆斯底线切入，突破了奇才队三名球员的围堵，杀入禁区，将球放入篮筐，骑士队121：120“登山” 成功。

8．霸气亮剑

2014年2月12日，热火队大战勇士队，库里终场前15秒打成2+1，勇士队领先2分，詹姆斯形成单打，后撤步三分绝杀，热火队以111：110取胜，投进这一球的詹姆斯迈出“霸王步”君临天下。

9．极限后仰

2018年2月7日，骑士队与森林狼队展开激战，两队斗至加时，终场前1秒，詹姆斯封盖了吉米·巴特勒的投篮，为骑士队拿回了绝杀机会。杰夫·格林送出长传，詹姆斯在罚球线位置接球，转身大幅度后仰跳投命中，压哨一击，骑士队140：138降服森林狼队。

10．一击决胜

2006年3月22日，骑士队与山猫队战至加时，詹姆斯承担关键一击，运球佯装突破，急停中距离出手，一击决胜，骑士队以120：118战胜山猫队，这是詹姆斯NBA生涯首次在比赛最后1秒完成绝杀。

TOP 10 WINNING MOMENTS

CLASSIC GAMES

第二章

经典战役

常规赛经典战役

1. 纪录之夜

2014年3月3日，热火队主场对垒山猫队，詹姆斯出战41分钟，33投22中，三分球10中8，罚球12罚9中，砍下创NBA生涯单场得分纪录的61分，带领热火队以124：107取得胜利。

2. 宝刀不老

2017年11月3日，詹姆斯带领骑士队客场挑战奇才队，詹姆斯在首节就7投6中，砍下15分，上半场入账24分。詹姆斯进入下半场后越战越勇，后两节21投14中，轰下33分，第四节独取19分，全场斩获57分、11个篮板、7次助攻，骑士队以130：122获胜，此役詹姆斯32岁308天。

3. 征服纽约

麦迪逊广场花园球馆，篮球世界的圣地，也是检验球星成色的战场，乔丹曾在这里书写传奇，詹姆斯同样在这里创造辉煌。2009年2月4日，詹姆斯在麦迪逊广场花园斩获52分、9个篮板、11次助攻，带领骑士队以107：102战胜尼克斯队。

4. 三分盛宴

突破是詹姆斯的赛场必杀技，但他绝非只会突破，三分球同样是詹姆斯攻城拔寨的利器。2009年2月20日，詹姆斯在对雄鹿队的比赛中轰下55分，三分球11中8，创造了詹姆斯NBA生涯单场三分球纪录，骑士队以111：103客场告捷。

HEAT
6

5. 弹无虚发

2011年1月9日，热火队在客场对垒开拓者队，詹姆斯在这场比赛中砍下44分、13个篮板、6次助攻，第四节和加时赛拿到了22分，从第三节结束前1分23秒上篮打进开始，詹姆斯连中8球，第四节和加时赛7投全进，带领热火队以107∶100打赢战斗。

6. 攻破绿军

2006年2月15日，骑士队与凯尔特人队展开一场恶战，双方拼杀了两个加时赛才分出胜负。詹姆斯贡献43分、12个篮板与11次助攻的大号三双，率领骑士队以113∶109取胜。

7. 助攻大餐

詹姆斯是卓越的得分手，但得分只是他的赛场强项之一，他还有其他可以克敌制胜的武器，比如传球。2018年2月9日，骑士队在客场遭遇老鹰队，詹姆斯上半场送出9次助攻，下半场10次助攻，在他的穿针引线之下，骑士队拿到123分取得胜利，詹姆斯全场比赛贡献22分、12个篮板、19次助攻，创造个人生涯单场助攻纪录。

8. “詹韦”对决

詹姆斯与韦德是亲密无间的好友，更是携手夺冠的队友，但他们也曾是赛场上互不相让的对手，共同谱写了经典之战。2006年4月1日，骑士队在主场与热火队狭路相逢，詹姆斯、韦德展开对决。韦德砍下44分、8个篮板、9次助攻，下半场拿下25分；詹姆斯更胜一筹，贡献47分、12个篮板、9次助攻，下半场独得28分，骑士队以106∶99取得胜利。

9. 超越乔丹

乔丹是詹姆斯的偶像，更是他篮球生涯追赶的目标。2019年3月7日，詹姆斯在对掘金队的比赛中拿到31分，NBA生涯常规赛总得分达到32311分，在NBA历史得分榜上超越乔丹，排名升至第四位。赛后，詹姆斯坦言："我不知道应该如何表达，我在职业生涯中取得过很多成就，这一次可以排在更高的位置，能够与夺冠相媲美。"

10. 生涯首秀

2003年10月29日，萨克拉门托阿科球馆，骑士队客场挑战国王队，18岁的詹姆斯迎来NAB生涯首秀，他在这场全美直播、万众瞩目的比赛中，拿到了25分、6个篮板、9次助攻、4次抢断，展示了选秀状元的实力，就此开启NBA征途。

CLASSIC GAMES OF THE REGULAR SEASON

季后赛
经典战役

1. “死亡之瞳”

2011—2012赛季东部决赛第六场，热火队此前总比分2：3落后，一旦输球就宣告出局。承受着巨大压力的詹姆斯，砍下45分、15个篮板、5次助攻，单枪匹马带队踏平波士顿花园球馆，热火队98：79击败凯尔特人队。詹姆斯在这场比赛中展露了前所未见的杀气，必胜的眼神被称为“死亡之瞳”。这是詹姆斯季后赛生涯里程碑之战，不仅仅是挽救了赛点，更是心理层面的大跨越。

2.“天王山”绝杀

2006—2007赛季东部决赛第五场，骑士队与活塞队此前战成2：2，詹姆斯在底特律奥本山宫殿球馆轰下48分，独取全队最后30分中的29分，其中连得25分，第二个加时赛结束前2.2秒上篮绝杀，骑士队以109：107胜出。

3．惊世三分

2008—2009赛季东部决赛第二战，骑士队在比赛结束前1秒落后两分，詹姆斯执行最后一攻，接球后，他迎着防守球员干拔而起，三分球入筐的瞬间哨响，一击致命，骑士队96：95击败魔术队，詹姆斯全场比赛砍下35分。

I PROMISE
MIAMI

4．力挽狂澜

2017—2018赛季东部决赛，骑士队前五场战罢，总比分2：3落后，第六场背水一战，詹姆斯拿到46分、11个篮板、9次助攻，全场比赛只休息了不到2分钟，扛起球队绝地生存的大旗，以109：99战胜凯尔特人队，迎来抢七。抢七战在波士顿举行，詹姆斯打满全场，贡献35分、15个篮板、9次助攻，骑士队以87：79胜出，连续第四年进入总决赛。

5．夺命一击

2017—2018赛季季后赛首轮，骑士队与步行者队的“天王山之战”，詹姆斯拿到44分、10个篮板、8次助攻，两队战至最后3秒比分打平，詹姆斯关键时刻统治攻守两端，先是封盖奥拉迪波的上篮，然后三分球压哨命中，一击夺命，骑士队98：95战胜步行者队。

6．封喉屠龙

2017—2018赛季东部半决赛第三场，骑士队在克利夫兰迎战猛龙队，詹姆斯得到38分、6个篮板、7次助攻，第四节独取16分，最后时刻运球突破，抛投压哨绝杀，骑士队以105：103收获胜利。

7．对决“真理”

2007—2008赛季东部半决赛抢七，虽然骑士队最终92：97不敌凯尔特人队，但詹姆斯挑战波士顿三巨头杀得荡气回肠，詹姆斯贡献45分，与拥有“真理”绰号的皮尔斯对攻，皮尔斯得到41分。这场比赛是NBA季后赛历史上经典的球星飙分之战。

8．队史纪录

2013—2014赛季东部半决赛第四场，热火队客场挑战篮网队，詹姆斯从首节开始便火力全开，上半场拿走25分，下半场继续开足马力，两节比赛轰下24分，全场比赛24投16中，拿下49分，热火队以102：96取胜，詹姆斯的49分打破了韦德保持的热火队季后赛历史单场得分46分的纪录。

9．夺命重锤

2005—2006赛季季后赛首轮“天王山之战”，詹姆斯与奇才队球星阿里纳斯展开砍分对决，阿里纳斯砍下44分，詹姆斯拿下45分。终场前3.6秒，阿里纳斯两罚全进，奇才队领先骑士队1分，詹姆斯翻转战局，他底线强突上篮，如一柄重锤砸开奇才队的防守完成绝杀，骑士队以121：120反败为胜。

10．惊艳首秀

2006年4月22日，2005—2006赛季季后赛首轮第一场，骑士队在主场对决奇才队，这是詹姆斯季后赛首秀，21岁113天的他，打满48分钟，交出32分、11个篮板、11次助攻的成绩单，成为1979—1980赛季的“魔术师”约翰逊之后，首位在生涯首场季后赛中打出三双的球员，最终骑士队以97：86将胜利收入囊中。

CLASSIC
PLAYOFF
GAMES

总决赛 经典战役

1．伟大逆转

2015—2016赛季总决赛第七场，詹姆斯季后赛生涯最伟大的比赛，他打出了27分、11个篮板、11次助攻的三双数据，送出了铭刻于NBA历史丰碑上的致命盖帽，封杀了勇士队的夺冠希望，骑士队在客场以93：89击败常规赛豪取73胜的勇士队，完成了NBA创建以来首个总决赛由1：3落后到4：3的大逆转，骑士队获得队史首冠，詹姆斯第三次当选总决赛MVP。

2．孤胆英雄

2017—2018赛季总决赛首战，詹姆斯带领骑士队挑战拥有杜兰特、库里、汤普森与格林的勇士队。面对群星云集的对手，詹姆斯凭借一己之力独挑大梁，狂砍51分、8个篮板、8次助攻，成为1992—1993赛季的乔丹之后，首位在总决赛单场得分50+的球员。虽然骑士队最终以114：124告负，但詹姆斯孤胆英雄的表现成为经典。

3．创造历史

2019—2020赛季总决赛第六场，詹姆斯贡献28分、14个篮板、10次助攻的三双数据，带领湖人队以106：93战胜热火队，湖人队总比分4：2夺冠，詹姆斯当选总决赛MVP。詹姆斯成为NBA历史首位在三支球队拿到总决赛MVP的球员，是第四位在35岁之后还能获得该奖项的球员，成为第二位NBA生涯四次夺取常规赛MVP、四次加冕总决赛

CAVS
23

MVP的球员，另一位是乔丹。

4．绝地反击

2015—2016年总决赛第五场，骑士队总比分1：3落后，此战若输，勇士队就加冕冠军。此战在勇士队主场进行，詹姆斯赛前给队友们发去短信，承诺一定会将系列赛带回克利夫兰。在这场绝无退路的战斗中，詹姆斯贡献41分、16个篮板、7次助攻，骑士队112：97绝地反击。第六场，詹姆斯贡献41分、8个篮板、11次助攻，骑士队再次挽救赛点将系列赛带入抢七，并最终抢七夺冠。

5．史诗翻盘

2012—2013赛季总决赛第六场，总比分2：3落后的热火队背水一战，热火队在前三节结束时已经落后马刺队10分，詹姆斯扔掉发带挽狂澜于既倒，第四节与加时赛独取18分，带领热火队在绝境中杀出血路，以103：100完成史诗级大翻盘，詹姆斯全场比赛贡献32分、10个篮板、11次助攻。

6．抢七卫冕

2012—2013赛季总决赛抢七大战，赢球，冠军加冕；输球，功亏一篑。詹姆斯闪耀全场，23投12中、三分球10中5，劈落37分、12个篮板、4次助攻，热火队以95：88战胜马刺队，连续第二年夺取总冠军，詹姆斯也连续第二年当选总决赛MVP。

7．带伤建功

2011—2012赛季总决赛第四战，詹姆斯在第四节结束前6分钟持球突破时左腿严重抽筋，连正常站立都难以维持，不得不在队友和工作人员的搀扶下离场治疗。在詹姆斯下场后，雷霆队追了上来，詹姆斯只在场下停留了1分钟，就重新返回，虽然他的腿仍无法全力跑动，但依旧咬牙坚持。回到场上的詹姆斯，投进了打破僵局的关键三分球，这一球让胜利天平重新向热火队倾斜。詹姆斯全场比赛收获26分、9个篮板、12次助攻，热火队以104：98击败雷霆队，在总决赛拿到总比分3：1领先。

8．首度登顶

2011—2012赛季总决赛第五场，对于詹姆斯是意义非凡的比赛，他贡献26分、11个篮板、13次助攻的三双数据，带领热火队在前三节结束时领先雷霆队24分，热火队最终以121：106取胜，詹姆斯NBA生涯首度夺冠，并第一次当选总决赛MVP。

9．独撑危局

骑士队的乐福与欧文在2014—2015赛季季后赛先后受伤，他们在总决赛首战输给了勇士队，三巨头中仅有詹姆斯一人还能出战。系列赛第二场，詹姆斯单枪匹马砍下39分、16个篮板和11次助攻，带领骑士队以95：93击败勇士队。第三战，詹姆斯轰下40分、12个篮板、8次助攻，率领骑士队以96：91再下一城。虽然勇士队最终凭借“死亡五小”打赢了这个系列赛，但詹姆斯场均35.8分、13.3个篮板、8.8次助攻的表现堪称虽败犹荣。

10．不老战神

2019—2020赛季总决赛第五场，35岁284天的詹姆斯砍下40分、13个篮板、7次助攻，打破乔丹保持的纪录，成为NBA历史总决赛单场40+年龄最大的球员。这是詹姆斯在总决赛第八次斩获40+，在NBA历史中只有詹姆斯与杰里·韦斯特在总决赛拿到过八场40+。

梦之队
经典战役

1. 美国队得分王

2012年奥运会男篮决赛，美国队遭遇老对手西班牙队，詹姆斯拿到19分，带领美国队以107：100卫冕奥运会金牌，詹姆斯奥运会总得分达到273分，打破当时的美国队球员奥运会总得分纪录，不过这一纪录在之后被安东尼与杜兰特超越。

2. 美国队首次三双

在2012年奥运会对澳大利亚队的比赛中，詹姆斯拿到11分、14个篮板、12次助攻，带领美国队以119：86取胜，这是美国队球员首次在奥运会打出单场三双。

3. 称霸美洲杯

2007年美洲杯，詹姆斯代表国家队出征，带队以十战全胜的成绩夺冠。美国队在决赛遭遇阿根廷队，詹姆斯打了26分钟就轰下31分，三分球11投8中，美国队以118：81大胜对手登顶。

4. 救赎之战

由于美国队在2002年世锦赛、2004年奥运会与2006年世锦赛都没有获得金牌，参加2008年奥运会的美国队被称为“救赎之队”，他们需要用金牌实现自我拯救。美国队在决赛与2006年世锦赛冠军西班牙队争冠，詹姆斯场上表现极为高效，9投6中，三分球3中2，贡献14分、6个篮板、3次助攻、3次抢断，帮助美国队118：107夺取金牌。

5．末节英雄

2012年奥运会小组赛，美国队对阵欧洲劲旅立陶宛队，这场比赛双方杀得难解难分，立陶宛队在第四节开始后反超了比分，美国队有输球的危险。詹姆斯挺身而出，先是三分球命中，随后在反击中暴扣，带领美国队打出一波17：6的攻势，重新掌握比赛主动权。最终，美国队以99：94取胜，詹姆斯全场比赛14投9中，得到20分。

STATISTICS & ~~HONORS~~

第三章

数据荣誉

NBA
常规赛场均数据

赛季	年龄	球队	出场	首发	出场时间	命中数	出手数	命中率	三分命中数	三分出手数	三分命中率
2003—2004	19	骑士队	79	79	39.5	7.9	18.9	41.7%	0.8	2.7	29.0%
2004—2005	20	骑士队	80	80	42.4	9.9	21.1	47.2%	1.4	3.9	35.1%
2005—2006	21	骑士队	79	79	42.5	11.1	23.1	48.0%	1.6	4.8	33.5%
2006—2007	22	骑士队	78	78	40.9	9.9	20.8	47.6%	1.3	4.0	31.9%
2007—2008	23	骑士队	75	74	40.4	10.6	21.9	48.4%	1.5	4.8	31.5%
2008—2009	24	骑士队	81	81	37.7	9.7	19.9	48.9%	1.6	4.7	34.4%
2009—2010	25	骑士队	76	76	39.0	10.1	20.1	50.3%	1.7	5.1	33.3%
2010—2011	26	热火队	79	79	38.8	9.6	18.8	51.0%	1.2	3.5	33.0%
2011—2012	27	热火队	62	62	37.5	10.0	18.9	53.1%	0.9	2.4	36.2%
2012—2013	28	热火队	76	76	37.9	10.1	17.8	56.5%	1.4	3.3	40.6%
2013—2014	29	热火队	77	77	37.7	10.0	17.6	56.7%	1.5	4.0	37.9%
2014—2015	30	骑士队	69	69	36.1	9.0	18.5	48.8%	1.7	4.9	35.4%
2015—2016	31	骑士队	76	76	35.6	9.7	18.6	52.0%	1.1	3.7	30.9%
2016—2017	32	骑士队	74	74	37.8	9.9	18.2	54.8%	1.7	4.6	36.3%
2017—2018	33	骑士队	82	82	36.9	10.5	19.3	54.2%	1.8	5.0	36.7%
2018—2019	34	湖人队	55	55	35.2	10.1	19.9	51.0%	2.0	5.9	33.9%
2019—2020	35	湖人队	67	67	34.6	9.6	19.4	49.3%	2.2	6.3	34.8%
2020—2021	36	湖人队	45	45	33.4	9.4	18.3	51.3%	2.3	6.3	36.5%
2021—2022	37	湖人队	56	56	37.2	11.4	21.8	52.4%	2.9	8.0	35.9%
生涯数据			1366	1365	38.2	9.9	19.6	50.5%	1.6	4.5	34.6%

两分命中数	两分出手数	两分命中率	罚球命中数	罚球次数	罚球命中率	篮板	助攻	抢断	盖帽	失误	犯规	得分
7.1	16.1	43.8%	4.4	5.8	75.4%	5.5	5.9	1.6	0.7	3.5	1.9	20.9
8.6	17.2	49.9%	6.0	8.0	75.0%	7.4	7.2	2.2	0.7	3.3	1.8	27.2
9.5	18.3	51.8%	7.6	10.3	73.8%	7.0	6.6	1.6	0.8	3.3	2.3	31.4
8.6	16.8	51.3%	6.3	9.0	69.8%	6.7	6.0	1.6	0.7	3.2	2.2	27.3
9.1	17.1	53.1%	7.3	10.3	71.2%	7.9	7.2	1.8	1.1	3.4	2.2	30.0
8.1	15.2	53.5%	7.3	9.4	78.0%	7.6	7.2	1.7	1.1	3.0	1.7	28.4
8.4	15.0	56.0%	7.8	10.2	76.7%	7.3	8.6	1.6	1.0	3.4	1.6	29.7
8.4	15.3	55.2%	6.4	8.4	75.9%	7.5	7.0	1.6	0.6	3.6	2.1	26.7
9.1	16.5	55.6%	6.2	8.1	77.1%	7.9	6.2	1.9	0.8	3.4	1.5	27.1
8.7	14.5	60.2%	5.3	7.0	75.3%	8.0	7.3	1.7	0.9	3.0	1.4	26.8
8.5	13.6	62.2%	5.7	7.6	75.0%	6.9	6.3	1.6	0.3	3.5	1.6	27.1
7.3	13.6	53.6%	5.4	7.7	71.0%	6.0	7.4	1.6	0.7	3.9	2.0	25.3
8.6	14.9	57.3%	4.7	6.5	73.1%	7.4	6.8	1.4	0.6	3.3	1.9	25.3
8.3	13.5	61.1%	4.8	7.2	67.4%	8.6	8.7	1.2	0.6	4.1	1.8	26.4
8.6	14.3	60.3%	4.7	6.5	73.1%	8.6	9.1	1.4	0.9	4.2	1.7	27.5
8.1	14.0	58.2%	5.1	7.6	66.5%	8.5	8.3	1.3	0.6	3.6	1.7	27.4
7.4	13.1	56.4%	3.9	5.7	69.3%	7.8	10.2	1.2	0.5	3.9	1.8	25.3
7.1	12.0	59.1%	4.0	5.7	69.8%	7.7	7.8	1.1	0.6	3.7	1.6	25.0
8.6	13.8	62.0%	4.5	6.0	75.6%	8.2	6.2	1.3	1.1	3.5	2.2	30.3
8.3	15.1	55.2%	5.7	7.8	73.4%	7.5	7.4	1.6	0.8	3.5	1.8	27.1

截至2022年6月17日

NBA
季后赛场均数据

赛季	年龄	球队	出场	首发	出场时间	命中数	出手数	命中率	三分命中数	三分出手数	三分命中率
2005—2006	21	骑士队	13	13	46.5	11.2	23.6	47.6%	1.6	4.8	33.3%
2006—2007	22	骑士队	20	20	44.7	8.3	20.0	41.6%	1.1	3.8	28.0%
2007—2008	23	骑士队	13	13	42.5	8.7	21.2	41.1%	1.4	5.4	25.7%
2008—2009	24	骑士队	14	14	41.4	11.4	22.3	51.0%	1.9	5.8	33.3%
2009—2010	25	骑士队	11	11	41.8	9.6	19.2	50.2%	1.8	4.5	40.0%
2010—2011	26	热火队	21	21	43.9	8.3	17.8	46.6%	1.4	4.0	35.3%
2011—2012	27	热火队	23	23	42.7	10.9	21.8	50.0%	1.0	3.7	25.9%
2012—2013	28	热火队	23	23	41.7	9.2	18.8	49.1%	1.6	4.2	37.5%
2013—2014	29	热火队	20	20	38.2	9.6	17.0	56.5%	1.8	4.3	40.7%
2014—2015	30	骑士队	20	20	42.2	11.4	27.2	41.7%	1.3	5.5	22.7%
2015—2016	31	骑士队	21	21	39.1	10.4	19.9	52.5%	1.5	4.5	34.0%
2016—2017	32	骑士队	18	18	41.3	12.1	21.3	56.5%	2.4	5.9	41.1%
2017—2018	33	骑士队	22	22	41.9	12.5	23.2	53.9%	1.8	5.2	34.2%
2019—2020	35	湖人队	21	21	36.3	10.2	18.2	56.0%	2.1	5.7	37.0%
2020—2021	36	湖人队	6	6	37.3	9.0	19.0	47.4%	3.0	8.0	37.5%
生涯数据			266	266	41.5	10.2	20.7	49.5%	1.6	4.8	33.7%

两分命中数	两分出手数	两分命中率	罚球命中数	罚球次数	罚球命中率	篮板	助攻	抢断	盖帽	失误	犯规	得分
9.6	18.8	51.2%	6.7	9.1	73.7%	8.1	5.8	1.4	0.7	5.0	3.4	30.8
7.3	16.2	44.8%	7.4	9.8	75.5%	8.1	8.0	1.7	0.5	3.3	2.0	25.1
7.3	15.8	46.3%	9.4	12.8	73.1%	7.8	7.6	1.8	1.3	4.2	2.5	28.2
9.4	16.5	57.1%	10.6	14.2	74.9%	9.1	7.3	1.6	0.9	2.7	2.1	35.3
7.8	14.6	53.4%	8.0	10.9	73.3%	9.3	7.6	1.7	1.8	3.8	2.1	29.1
6.9	13.7	50.0%	5.7	7.4	76.3%	8.4	5.9	1.7	1.2	3.1	2.7	23.7
10.0	18.1	54.9%	7.5	10.2	73.9%	9.7	5.6	1.9	0.7	3.5	2.0	30.3
7.7	14.6	52.4%	5.9	7.6	77.7%	8.4	6.6	1.8	0.8	3.0	1.9	25.9
7.9	12.7	61.8%	6.5	8.0	80.6%	7.1	4.8	1.8	0.6	3.1	2.3	27.4
10.1	21.7	46.5%	6.1	8.4	73.1%	11.3	8.5	1.7	1.1	4.1	2.9	30.1
8.9	15.4	57.9%	3.9	5.9	66.1%	9.5	7.6	2.3	1.3	3.6	2.6	26.3
9.6	15.4	62.5%	6.3	9.0	69.8%	9.1	7.8	1.9	1.3	4.0	2.4	32.8
10.7	18.0	59.6%	7.2	9.7	74.6%	9.1	9.0	1.4	1.0	4.3	2.4	34.0
8.1	12.5	64.6%	5.1	7.1	72.0%	10.8	8.8	1.2	0.9	4.0	1.9	27.6
6.0	11.0	54.5%	2.3	3.8	60.9%	7.2	8.0	1.5	0.3	4.2	1.2	23.3
8.6	15.9	54.3%	6.6	8.9	74.0%	9.0	7.2	1.7	0.9	3.7	2.3	28.7

截至2022年6月17日

个人荣誉

NBA总冠军
4次

2011—2012赛季
2012—2013赛季
2015—2016赛季
2019—2020赛季

常规赛MVP
4次

2008—2009赛季
2009—2010赛季
2011—2012赛季
2012—2013赛季

总决赛MVP
4次

2011—2012赛季
2012—2013赛季
2015—2016赛季
2019—2020赛季

NBA全明星
18次

2005年至2022年
（连续18年）

全明星MVP
3次

2005—2006赛季
2007—2008赛季
2017—2018赛季

最佳阵容 **18次**

最佳阵容一阵13次
最佳阵容二阵3次
最佳阵容三阵2次

最佳防守阵容 **6次**

最佳防守阵容一阵5次
最佳防守阵容二阵1次

最佳新秀阵容 **1次**

2003—2004赛季

年度最佳新秀 **1次**

2003—2004赛季

周最佳球员 **65次**

月最佳球员 **40次**

月最佳新秀 **6次**

得分王 **1次**

2007—2008赛季

助攻王 **1次**

2019—2020赛季

奥运会男篮金牌 **2次**

2008年北京奥运会
2012年伦敦奥运会

奥运会男篮铜牌 **1次**

2004年雅典奥运会

世界男子篮球锦标赛铜牌 **1次**

2006年

NBA75周年75大球星

2021年

其他荣誉

美国篮球先生 2次
2002年、2003年

麦当劳高中全明星赛MVP 1次
2003年

奈史密斯高中篮坛MVP 1次
2003年

《时代周刊》全球年度100大最具影响力人物 4次
2005年、2013年、2017年、2019年

全球百大影响力人物 4次
2005年、2013年、2017年、2019年

ESPY最佳NBA球员 6次
2007年、2009年、2012年、2013年、2016年、2018年

ESPY最佳男运动员 3次
2012年、2013年、2016年

ESPY体育奖最佳冠军表现奖 4次
2012年、2013年、2015年、2016年

《体育画报》年度最佳运动员 3次
2012年、2016年、2020年

美联社最佳男运动员 4次
2013年、2016年、2018年、2020年

世界最强壮运动员 1次
2014年

全球50位领袖人物 1次
2015年

"H. Peter Burg"奖 1次
2015年

杰基罗宾逊体育奖 1次
2017年

肯尼迪公民奖 1次
2017年

球员工会最理想队友 1次
2017年

球员工会全球最具影响力球员 1次
2017年

《时代周刊》年度最佳运动员 1次
2020年

"儿童选择奖"最受欢迎男运动员 1次
2020年

"新华社"国际体育十大人物 1次
2020年

NBA
JAMES
23

PART3
江湖

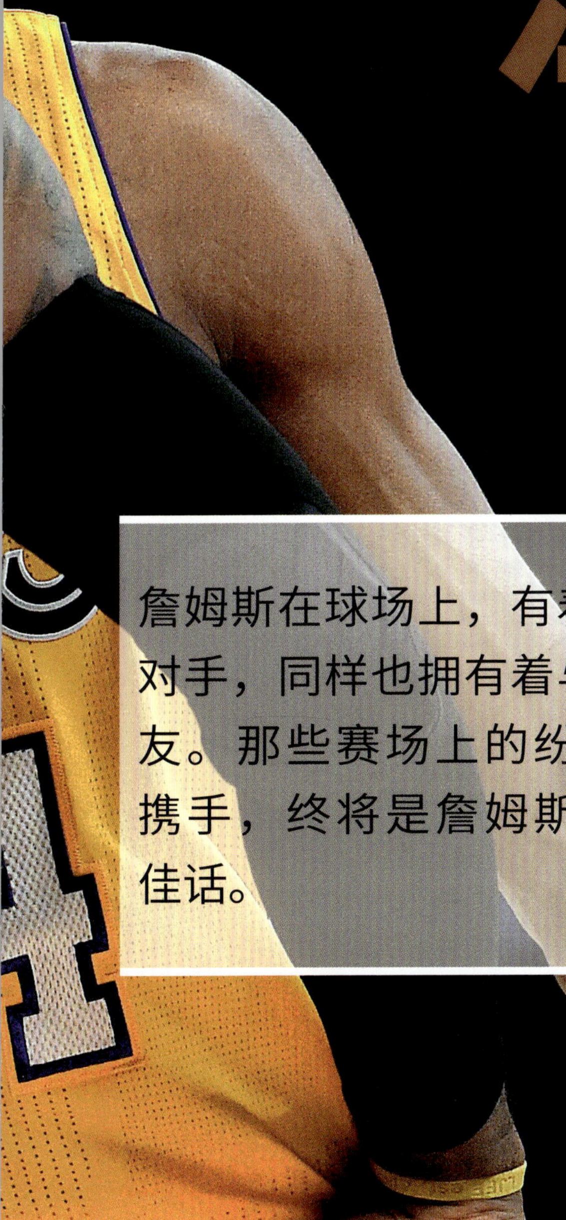

詹姆斯在球场上，有着与自己堪称宿敌的对手，同样也拥有着与自己并肩作战的队友。那些赛场上的纷争，那些赛场上的携手，终将是詹姆斯篮球之路的一段段佳话。

LIKE ~~KNOWS~~ LIKE

第一章

惺惺相惜

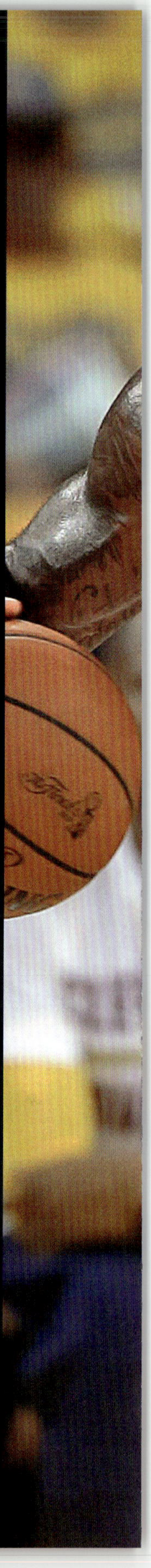

CAVS
23

凯文·杜兰特

“东詹西杜”——这曾经是NBA争冠主题。詹姆斯与杜兰特从常规赛斗到总决赛，留下了一系列精彩对决，逼出了最好的詹姆斯和最好的杜兰特。两人在常规赛交锋21次，詹姆斯15胜6负占优，在这21场比赛中场均得到28分、7.3个篮板、6.5次助攻，杜兰特场均得到28.5分、6.7个篮板、4次助攻。季后赛对阵14场（全部是总决赛），杜兰特9胜5负领先，詹姆斯在这14场比赛中场均得到31.9分、10.4个篮板、9.1次助攻，杜兰特场均得到31.7分、8.1个篮板、4.9次助攻。

科比·布莱恩特

“23PK24”——这曾是球迷们万分期待的会师，但遗憾的是，当时分处东西部的詹姆斯与科比未能在总决赛相遇，但这并没有影响两位球星每次在常规赛交锋时的关注度。詹姆斯与科比总计交手22场，詹姆斯16胜6负，场均得到28.2分、7.4个篮板、7.3次助攻，科比场均得到24.6分、5个篮板、5.2次助攻。

斯蒂芬·库里

在詹姆斯诸多对手中，真正与他持续多年巅峰大战的正是库里，从2015年开始，詹姆斯与库里连续四年在总决赛交手，库里赢下了其中的三次，但詹姆斯在2015—2016赛季完成了由总比分1∶3落后到4∶3的翻盘，让库里的全票MVP赛季以遗憾落幕。詹姆斯与库里代表着不同的篮球风格，他们曾经针锋相对，也曾英雄惜英雄，他们都是划时代的巨星。

科怀·伦纳德

同样司职小前锋，同样攻守兼备，詹姆斯与伦纳德曾连续两年在总决赛对决，詹姆斯在2012—2013赛季总决赛逆风翻盘，伦纳德在2013—2014赛季总决赛实现复仇。伦纳德在2018—2019赛季带领猛龙队夺冠，进一步确立了挑战詹姆斯的地位，现在两位球星都在洛杉矶，双雄对决加上德比战的剧情，将有更精彩的故事呈现给观众。

蒂姆·邓肯

2006—2007赛季总决赛中，邓肯那句“未来是你的”成了很有前瞻性的预言。在2012—2013赛季和2013—2014赛季，詹姆斯和邓肯两度会师总决赛。2012—2013赛季，詹姆斯以惊天逆转的方式实现两连冠；2013—2014赛季，邓肯王者归来获得生涯第五冠。邓肯之于詹姆斯既是尊敬的前辈，更是通过比赛鞭策他越变越好的对手，他们成就了更好的彼此。

保罗·皮尔斯

铁血风格的皮尔斯是詹姆斯的宿敌，每次相遇都是全力以赴的较量，因此留下许多经典对决：2007—2008赛季东部半决赛抢七的砍分大战，2011—2012赛季东部决赛的逆天改命。皮尔斯与他的队友们曾经将詹姆斯从季后赛淘汰，而与皮尔斯的较量，就是詹姆斯不断挖掘自身潜力的过程。正因为有这样的对手，才有逐年进化终成一代篮球天王的詹姆斯。

德克·诺维茨基

2010—2011赛季总决赛对于詹姆斯是一次残酷的洗礼，让他认识到夺冠还缺少什么：强韧的意志品质，无瑕疵的进攻技术，关键球的执行力，这些构成了诺维茨基带领小牛队击败热火队登顶的驱动力，也让詹姆斯看到了差距，通过努力抹掉心理和技术层面的缺陷。有了伟大的对手，才有伟大的詹姆斯。

德怀特·霍华德

在2008—2009赛季、2009—2010赛季詹姆斯连夺MVP的时候，霍华德拥有“可单换詹姆斯”的称号，因为那时候的霍华德是联盟第一中锋，更因为他在2008—2009赛季东部决赛带领魔术队淘汰了骑士队，詹姆斯在那个系列赛场均得到38.5分、8.3个篮板、8次助攻，表现不俗却孤掌难鸣。

然而，霍华德的生涯走势，从侧面证明了詹姆斯的非凡。在2009年来到职业生涯巅峰后，霍华德的篮球之路逐渐走低，而詹姆斯一直向上攀登，可见天赋固然重要，但自律与努力同样关键。詹姆斯与霍华德在2019年夏天相聚湖人队，携手取得2019—2020赛季的总冠军，从对手到队友，都是精彩的篇章。

卡梅隆·安东尼

从高中时期开始，詹姆斯就与安东尼成为“绝代双骄”，两人都在2003年参加选秀，一位状元，一位探花，埋下了一生之敌的故事线。虽然两位球星进入NBA之后，发展轨迹渐渐拉开差距，但双方的对阵仍是精彩非凡。两人在常规赛交手36场，詹姆斯22胜14负，场均得到25.8分、7.1个篮板、7.7次助攻，安东尼场均得到21.3分、6.3个篮板、2.8次助攻。季后赛对阵10场，詹姆斯8胜2负，场均得到27.6分、8.2个篮板、7.9次助攻，安东尼场均得到21.5分、6.6个篮板、2.1次助攻。

吉尔伯特·阿里纳斯

阿里纳斯是詹姆斯在季后赛遇到的第一个强敌，阿里纳斯的得分能力形成了对詹姆斯的挑战，詹姆斯以“战必胜，攻必取”的表现回应了挑战。詹姆斯与阿里纳斯在季后赛交锋10场，詹姆斯赢下其中的7场，场均得到33.2分、7.9个篮板、6次助攻，阿里纳斯场均得到24.7分、4个篮板、4.3次助攻。

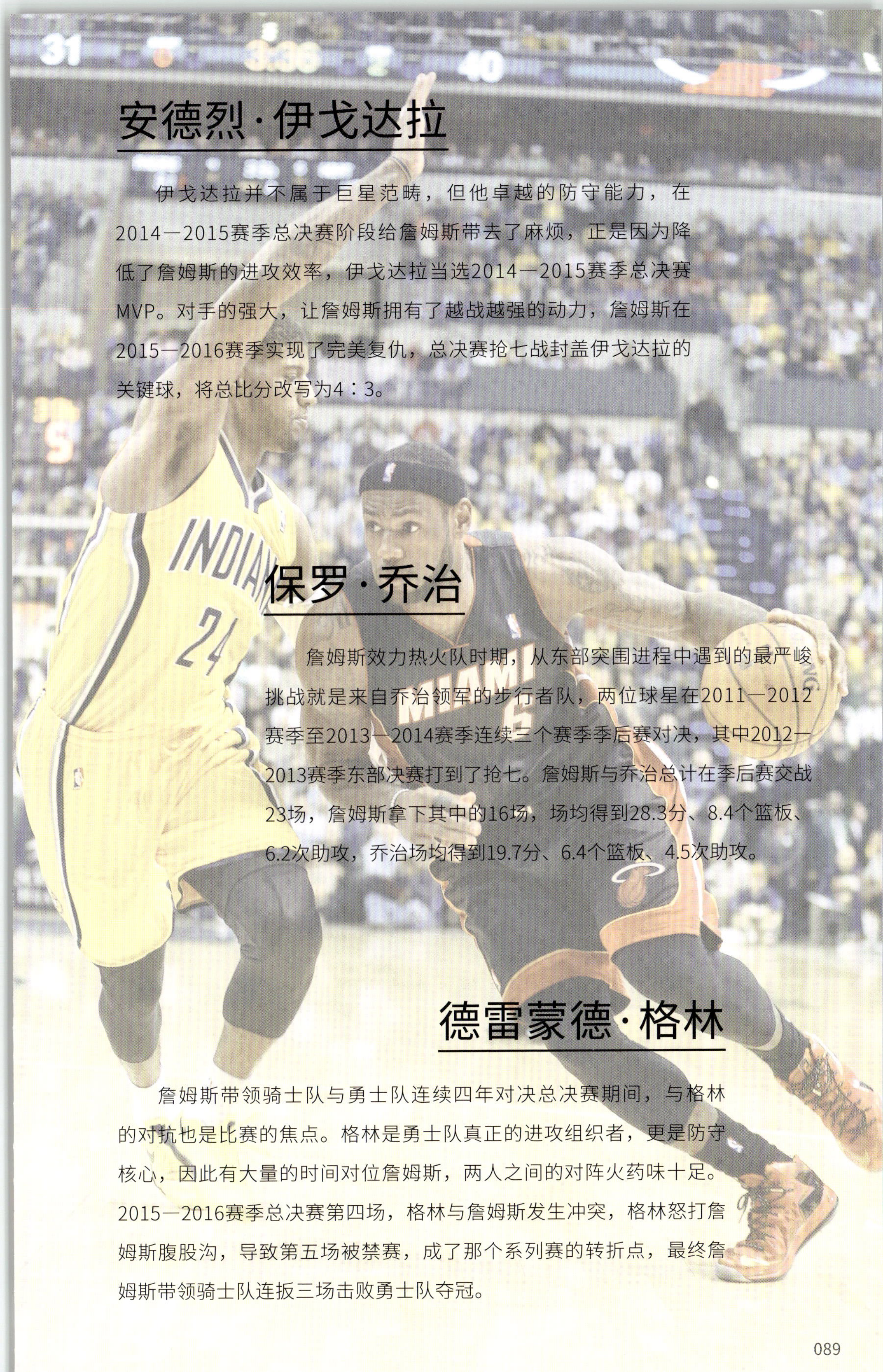

安德烈·伊戈达拉

伊戈达拉并不属于巨星范畴，但他卓越的防守能力，在2014—2015赛季总决赛阶段给詹姆斯带去了麻烦，正是因为降低了詹姆斯的进攻效率，伊戈达拉当选2014—2015赛季总决赛MVP。对手的强大，让詹姆斯拥有了越战越强的动力，詹姆斯在2015—2016赛季实现了完美复仇，总决赛抢七战封盖伊戈达拉的关键球，将总比分改写为4：3。

保罗·乔治

詹姆斯效力热火队时期，从东部突围进程中遇到的最严峻挑战就是来自乔治领军的步行者队，两位球星在2011—2012赛季至2013—2014赛季连续三个赛季季后赛对决，其中2012—2013赛季东部决赛打到了抢七。詹姆斯与乔治总计在季后赛交战23场，詹姆斯拿下其中的16场，场均得到28.3分、8.4个篮板、6.2次助攻，乔治场均得到19.7分、6.4个篮板、4.5次助攻。

德雷蒙德·格林

詹姆斯带领骑士队与勇士队连续四年对决总决赛期间，与格林的对抗也是比赛的焦点。格林是勇士队真正的进攻组织者，更是防守核心，因此有大量的时间对位詹姆斯，两人之间的对阵火药味十足。2015—2016赛季总决赛第四场，格林与詹姆斯发生冲突，格林怒打詹姆斯腹股沟，导致第五场被禁赛，成了那个系列赛的转折点，最终詹姆斯带领骑士队连扳三场击败勇士队夺冠。

吉米·巴特勒

巴特勒与詹姆斯之间并不存在宿敌关系，但在2019—2020赛季总决赛，巴特勒成为詹姆斯通往生涯第四冠途中的强大阻力。巴特勒在那个系列赛中场均砍下26.2分、8.3个篮板、9.8次助攻、2.2次抢断，第三战轰下40分、11个篮板、13次助攻，第五战拿到35分、12个篮板、11次助攻，可谓表现相当出色。面对实力强劲的对手，詹姆斯拿出了更强有力的回应，系列赛场均杀下29.8分、11.8个篮板、8.5次助攻，带领湖人队通过六场大战浇灭“热火”，詹姆斯捧起生涯第四冠以及第四座总决赛MVP奖杯。

德玛尔·德罗赞

德罗赞是中投之王，曾在季后赛带领猛龙队一次次阻击詹姆斯带领的骑士队，但詹姆斯不畏挑战，他在对阵德罗赞的14场季后赛交锋中，杀下了12场胜利，场均轰下31.1分、8.4个篮板、7.6次助攻，德罗赞场均拿下20.6分、3.6个篮板、3.4次助攻。德罗赞是被詹姆斯打服了的明星球员之一，他曾坦言：“如果我们有勒布朗，我们也能赢。”

凯文·加内特

作为波士顿三巨头的精神领袖与防守核心，加内特承担着在篮下阻击詹姆斯的任务，两人之间的拼斗同样火星四溅，加内特精准的防守和伤害性不小的垃圾话，一次次刺激着詹姆斯的战斗神经，推动着他开发出更优秀的自己。加内特领军的凯尔特人队给予詹姆斯的每一次阻击，都是他进步路上的阶梯。

克莱·汤普森

汤普森与库里的“水花兄弟”组合，是勇士队进攻体系的核心，汤普森的跑位与接球投篮，能够起到调动对方防守并给予防线打击的效用。此外，汤普森还是勇士队外线的重要防守者，在防御端也能给对手带来强大威胁。巅峰时期的汤普森，是詹姆斯冲冠的重要阻力之一。

德里克·罗斯

詹姆斯在2009年至2013年期间四次夺取常规赛MVP，五年间唯一未能获奖的赛季，是罗斯拿到的。詹姆斯与罗斯在常规赛相争，季后赛对决，一度成为东部制霸的重头戏。在季后赛16场交锋中，詹姆斯拿下12场胜利，场均得到27.8分、9.4个篮板、7.9次助攻，罗斯场均得到23.8分、4.3个篮板、6.8次助攻。

托尼·帕克

詹姆斯NBA生涯第一次总决赛失利是在2006—2007赛季，那个赛季马刺队击败骑士队夺冠，拿到总决赛MVP的正是帕克。帕克的灵动型打法，结合马刺队的团队配合，给骑士队和热火队时期的詹姆斯制造了很大的麻烦，但也正是帕克和马刺队锤炼出了最强版本的詹姆斯。

德怀恩·韦德

韦德是詹姆斯的最佳队友，但在两人没有合作之前，相互之间的交手是东部的重头戏，对砍40+的场面激动人心。詹姆斯与韦德总计交锋31场，詹姆斯赢了16场，场均贡献28.5分、5.7个篮板、7.5次助攻，韦德场均贡献25.4分、4.9个篮板、5.9次助攻。

FIGHT TOGETHER

第二章

并肩作战

BOSH
1
HEAT
6
HEAT
3

德怀恩·韦德

韦德是詹姆斯NBA生涯第一队友，从绝对的技术风格匹配度而言，韦德或许不及欧文和戴维斯，但韦德给予了当年还在追逐冠军路上彷徨的詹姆斯很大的支持，尤其是在2010—2011赛季冲冠失败后，韦德主动让出队内核心的位置，成就了詹姆斯接下来的连续两个赛季包揽总冠军、常规赛MVP与总决赛MVP。詹姆斯、韦德在热火队合作期间，连续四年杀入总决赛，两次夺冠，他们是NBA历史顶级的双人组之一。

安东尼·戴维斯

就综合天赋而言，戴维斯或许是詹姆斯合作过的队友中最好的，他是小球时代的终极解码，进攻端能里能外，防守端机动性极强，可以说是样样精通。戴维斯与詹姆斯携手带领湖人队夺取了2019—2020赛季总冠军，两人的合作仍在继续中，未来有望收获更多的成功。

凯里·欧文

或许欧文在性格上与詹姆斯不搭，两人的合作也因为欧文主动要求转会而终结，但在他们联手期间，骑士队连续三年进入总决赛，并在2015—2016赛季夺取骑士队史首冠，在总决赛中，欧文发挥了重要作用，他场均砍下27.1分，抢七战关键时刻投进决定胜负归属的三分球。

克里斯·波什

昔日热火队三巨头中詹姆斯与韦德星光璀璨，而波什相对要低调很多，但就战术作用而言，波什的贡献非常大，他是“詹韦”之外十分可靠的持球攻击点，同时在防守端有着出众的移动能力，是热火队防御体系中的重要屏障。波什的作用经常被低估，但他总是可以在关键时刻为“詹韦”提供帮助，最经典的时刻莫过于2012—2013赛季总决赛第六场生死关头抢到进攻篮板，助攻雷·阿伦投进绝平三分球。

凯文·乐福

骑士队三巨头时代，乐福的存在感相对较低，但与波什相似，乐福是战术系统中的重要一环，他的三分球投射能力可以为詹姆斯的突破提供空间，他的拼抢能力为球队带来更好的篮板保护。乐福的防守能力不及波什，但他同样拥有经典防守瞬间，2015—2016赛季总决赛抢七决胜时刻，是乐福一对一防住了库里的投篮，为骑士队保住胜利。

雷·阿伦

雷·阿伦只和詹姆斯合作了两个赛季，却对詹姆斯生涯荣誉的加成起到了重要作用。2012—2013赛季总决赛第六场，热火队在第四节结束前5.2秒仍落后3分，雷·阿伦顶着巨大的压力投进了追平比分的三分球，那是拯救热火队的一击，最终成就了詹姆斯与热火队的逆风翻盘夺冠。

詹姆斯·琼斯

就赛场作用而言，琼斯并不突出，但他在詹姆斯的队友中却有着举足轻重的地位。拥有极高情商以及丰富比赛经验的琼斯，是典型的更衣室老大哥，能够在幕后起到激励队友、团结球队的特殊作用，这就是为什么詹姆斯无论在热火队还是骑士队，都有琼斯陪在身边。琼斯在2011—2012赛季、2012—2013赛季与2015—2016赛季帮助球队夺冠。退役后的琼斯进入球队管理层，成为太阳队总经理，当选为2020—2021赛季年度最佳经理人。

扎诸纳斯·伊尔戈斯卡斯

绰号“大Z”的伊尔戈斯卡斯是詹姆斯效力骑士队前七年的重要队友，“大Z”的投射和篮板保护能力给詹姆斯带去了很多帮助，两人也有着很好的私交。当詹姆斯在2010年去往热火队时，伊尔戈斯卡斯也跟随前往迈阿密，虽然“大Z”只在热火队效力一年后就宣布退役，未能等到总冠军加冕，但他与詹姆斯的友谊长存。骑士队曾在2014年3月退役伊尔戈斯卡斯的球衣，詹姆斯专门向热火队请假，去参加仪式，那次活动也为詹姆斯重返骑士队做了铺垫。

迈克·米勒

米勒与詹姆斯同在2010年加盟热火队，两人不但是合作默契的队友，也是交情不浅的好友。凭借着精湛的三分球，米勒成为詹姆斯身边的重要辅助。2011—2012赛季总决赛第五场，米勒三分球8投7中助热火队夺冠，那是詹姆斯首次加冕。热火队为了减轻奢侈税压力，在2013年休赛期裁掉了米勒，此举造成了詹姆斯与球队之间的裂痕，为詹姆斯一年后离队埋下伏笔。

特里斯坦·汤普森

与技术细腻的波什和乐福相比，汤普森属于刚猛型的球员，尤其擅长篮板拼抢。在2015—2016赛季总决赛，汤普森场均贡献10.3分、10.1个篮板，在第五场和第六场总计抢到31个篮板，成为骑士队大逆转夺冠的功臣。

肖恩·巴蒂尔

巴蒂尔效力热火队三年间，帮助球队连续闯入总决赛拿到两个总冠军。巴蒂尔是一位防守专家，同时兼备三分投射能力，他在2011—2012赛季总决赛投进了全队最多的15记三分球，三分命中率高达57.7%。2012—2013赛季总决赛抢七大战，巴蒂尔三分球8投6中，为热火队卫冕立下汗马功劳。

JR·史密斯

虽然史密斯在2017—2018赛季总决赛首战那次莫名其妙的“头脑短路”让骑士队痛失胜机，但就他与詹姆斯合作的整体表现而言，史密斯还是起到了“带刀护卫”的作用，他的三分投射以及积极的防守，减轻了詹姆斯的压力。2015—2016赛季总决赛抢七战，当勇士队在第三节将分差拉大到8分时，史密斯连续两次接到詹姆斯传球命中三分球，稳住了局面，为最终取胜创造了条件。

莫·威廉姆斯

在詹姆斯为骑士队打球的前七年中，除詹姆斯之外，队内只有两名球员入选了全明星，分别是2004—2005赛季的伊尔戈斯卡斯与2008—2009赛季的莫·威廉姆斯。莫·威廉姆斯是詹姆斯骑士队生涯1.0时期，在火力支援方面做得最好的队友，为詹姆斯两次夺取常规赛MVP提供了帮助。稍微遗憾的是，这种支援只限于常规赛，莫·威廉姆斯在季后赛未能起到帮助詹姆斯冲冠的作用。

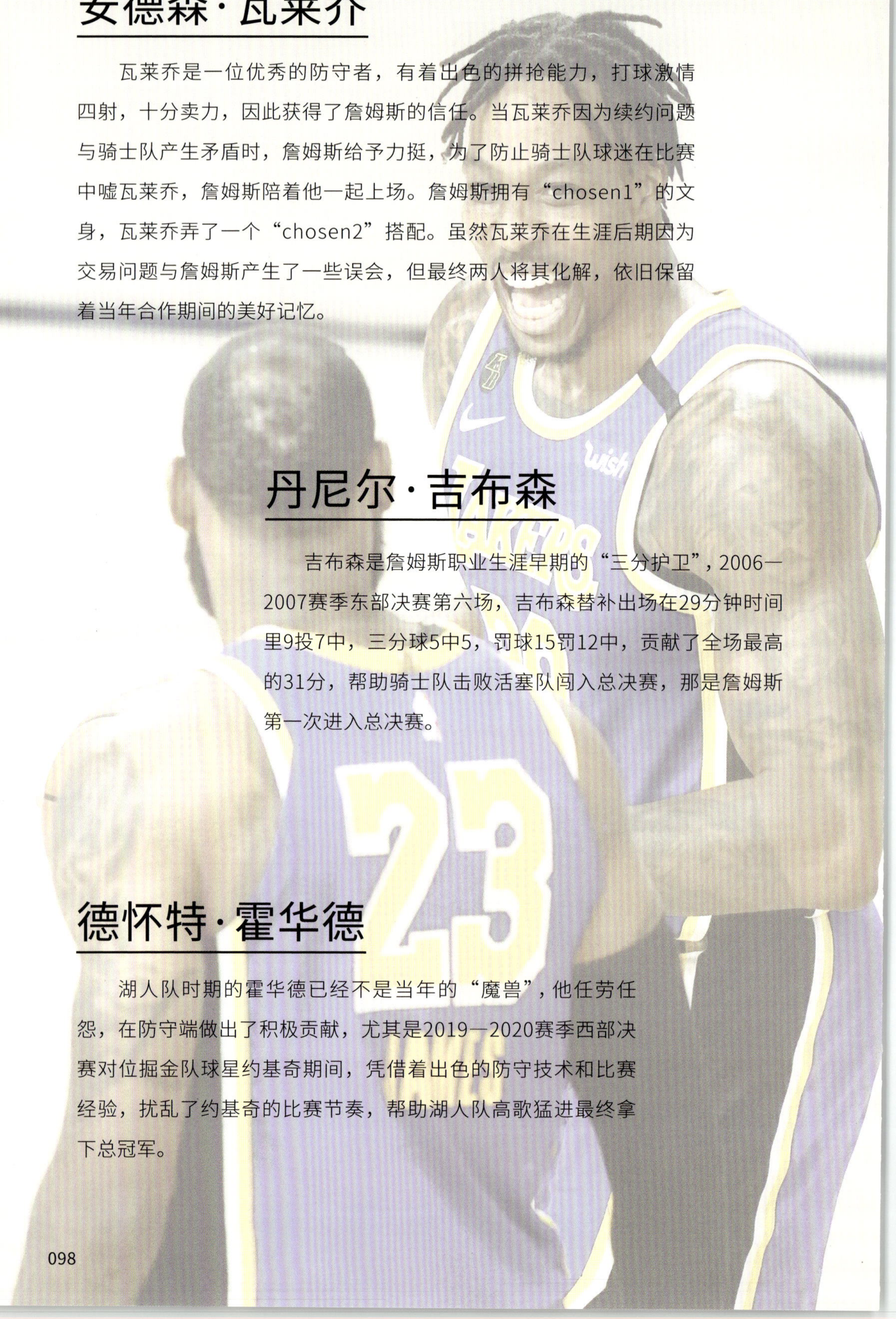

安德森·瓦莱乔

瓦莱乔是一位优秀的防守者，有着出色的拼抢能力，打球激情四射，十分卖力，因此获得了詹姆斯的信任。当瓦莱乔因为续约问题与骑士队产生矛盾时，詹姆斯给予力挺，为了防止骑士队球迷在比赛中嘘瓦莱乔，詹姆斯陪着他一起上场。詹姆斯拥有“chosen1”的文身，瓦莱乔弄了一个“chosen2”搭配。虽然瓦莱乔在生涯后期因为交易问题与詹姆斯产生了一些误会，但最终两人将其化解，依旧保留着当年合作期间的美好记忆。

丹尼尔·吉布森

吉布森是詹姆斯职业生涯早期的“三分护卫”，2006—2007赛季东部决赛第六场，吉布森替补出场在29分钟时间里9投7中，三分球5中5，罚球15罚12中，贡献了全场最高的31分，帮助骑士队击败活塞队闯入总决赛，那是詹姆斯第一次进入总决赛。

德怀特·霍华德

湖人队时期的霍华德已经不是当年的“魔兽”，他任劳任怨，在防守端做出了积极贡献，尤其是2019—2020赛季西部决赛对位掘金队球星约基奇期间，凭借着出色的防守技术和比赛经验，扰乱了约基奇的比赛节奏，帮助湖人队高歌猛进最终拿下总冠军。

拉简·隆多

凯尔特人队时期的隆多与詹姆斯是赛场上的死对头，但在共同效力湖人队时期，两人成为携手冲冠的伙伴。隆多的组织能力与大赛经验在2019—2020赛季季后赛起到了重要作用，减轻了詹姆斯持球发起进攻的压力，保障了湖人队阵容轮换期间攻击火力的持续性，他是湖人队夺冠的主要功臣之一。

肯塔维奥斯·卡德维尔·波普

詹姆斯身边需要“3D”型队友，能防能投，在他带领湖人队冲冠期间，波普就是辅助詹姆斯的“3D”队友。在2020年季后赛中，波普投进了45记三分球，在湖人队历史单赛季季后赛三分球命中数榜上排名第二，仅次于2009—2010赛季季后赛中的科比（投中49记三分球），用强劲的三分火力，为詹姆斯提供进攻支援，推动湖人队登上王座。

乌杜尼斯·哈斯勒姆

哈斯勒姆是热火队的铁血队长，球风凶悍，在队友中有号召力，他在场上是强横的防守者，场下是更衣室领袖，是平衡队内关系的关键人物。詹姆斯在热火队打球的时候，曾与队友查尔莫斯发生矛盾，就是哈斯勒姆出面平息的。一支冠军队往往有着很复杂的人际关系，需要一位像哈斯勒姆这样的队长保障队内的和谐气氛。

达蒙·琼斯

达蒙·琼斯号称“宇宙第一射手”，这或许有些夸张，但在詹姆斯的职业生涯中，琼斯确实有着特殊的地位。2005—2006赛季季后赛首轮第六场，琼斯在终场前4.8秒贡献绝杀，帮助骑士队淘汰奇才队，这是詹姆斯第一次在季后赛晋级。

FATHER AND SON

第三章

父子情深

“我生涯的最后一年将与我的儿子一起度过。布朗尼（勒布朗·詹姆斯的大儿子）在哪，我就在哪。只要能陪我儿子打上一年球，我什么都愿意做。在这件事上，钱不是重点。”2022年的克利夫兰全明星赛，詹姆斯因为这席发言，再度成为全美舆论场的焦点。

在湖人队陷入低迷的情况下，他的职业生涯规划成为媒体关注的焦点。但詹姆斯的回答依旧坚定以及霸气，他表态自己不会为了中产合同打球，更不会以低于顶薪的合同回到骑士队。但当提到自己的儿子布朗尼时，他话锋一转——钱不是重点。

詹姆斯的大儿子布朗尼，将于2022年踏入NCAA的赛场。目前他在2023届新秀的预测顺位在第32位（2022年2月的预测顺位），詹姆斯的表态无疑是给儿子的选秀，提供了强有力的保障。

想要我吗？那就选布朗尼吧！说不定还会附赠一场历史总得分超越贾巴尔的比赛，以及一段轰轰烈烈的退役巡演。

漫长的NBA赛季，詹姆斯要经历频繁的主客场奔波。休赛期他还有大量的商业活动以及各地的季前赛需要出战。把时间留给家庭对于詹姆斯以及很多NBA球员来说，都是非常困难的。但对于詹姆斯来说，这是必须要做到的事情。他曾表态：“如果我有时间，我会尽量去陪伴孩子。”他的几个孩子，从小便是NBA更衣室的常客。不仅如此，但凡布朗尼有比赛的日子，詹姆斯只要有时间必然会亲临场边助阵，甚至叫上克里斯·保罗、德维恩·韦德等好友一起，为自己的儿子助阵。他加盟洛杉矶湖人队，很重要的原因就是为了能让布朗尼更好地读书和打球。

对于勒布朗·詹姆斯而言，作为儿子的那一页略显凄凉，他曾经对自己的父亲心怀怨念，但这一页已经翻篇。如今的勒布朗·詹姆斯，将“父亲”这个角色演绎得十分伟大。他没有让自己的大儿子成为只会挥霍青春的星二代，反倒是让他子承父业，成为了一名具备冲击NBA实力的球员。詹姆斯在2022年2月的表态，更是让人无比憧憬父子同场竞技的好戏。

NBA赛场上，上阵父子兵的例子不少，星二代们有所成就的同样不少，但父子同场竞技却绝无仅有。2023年的NBA选秀之后，这样的场景很有可能诞生在詹姆斯和他的儿子身上。这位NBA历史上最伟大的运动员之一，将给自己传奇的生涯再度添上浓墨重彩的一笔，并将其永远镌刻在NBA的历史长河上。

结语

当落笔描绘詹姆斯这些难以置信的伟大时刻时，他和他的湖人队正陷入前所未有的危机，然而37岁的詹姆斯依旧交出了让人尊敬的成绩单。

2021—2022赛季，詹姆斯场均得到30.3分、8.2个篮板、6.2次助攻、1.3次抢断以及1.1次盖帽，投篮命中率达到52%。詹姆斯是NBA历史上年纪最大的、场均得分28分以上并且命中率不低于50%的球员。在湖人队因为阵容构建和伤病等原因陷入挣扎时，詹姆斯用强悍的进攻表现撑起了球队。

数据并不能彰显詹姆斯的伟大和不易，他为了球队进行的调整更显可贵。为了弥补湖人队目前的空间缺陷，他改打中锋并交出了生涯最高的三分球产量。

成名已久的、37岁的顶级巨星，仍然愿意走出舒适区，为了球队改变打法，挑战自己，无论从心理还是实战层面上都非常困难，但詹姆斯真的做到了。

这便是，以上书写的詹姆斯最值得称道和尊敬的地方——作为天之骄子，他并非完美无瑕，或者说放眼整个联盟，天赋顶级者不胜枚举，但最终能走到詹姆斯这个高度的人寥寥无几。

从“小皇帝”到如今37岁的坚守者，过去十几年的詹姆斯都在讲述着相同的故事，他为了胜利能竭尽全力、拼尽所有；他为了球队勇敢地走出舒适区、勇敢地挑战自己；他以高度的自律以及对篮球的热爱，不断强迫自己前进、不断推动自己变成更好的球员、不断完善技术让自己变得更全面。

这才有了如今的詹姆斯，这才有了他灿若星空、让后人仰望和尊敬的生涯。

图书在版编目（CIP）数据

勒布朗·詹姆斯 ： 王．灿若星空 / 苏群著．— 北京 ： 北京时代华文书局，2022.4
ISBN 978-7-5699-4568-3

Ⅰ．①勒… Ⅱ．①苏… Ⅲ．①勒布朗·詹姆斯一生平事迹 Ⅳ．① K837.125.47

中国版本图书馆 CIP 数据核字（2022）第 045797 号

勒布朗·詹姆斯：王 灿若星空

LEBULANG ZHANMUSI: WANG CANRUO XINGKONG

著　　者 | 苏　群

出 版 人 | 陈　涛
选题策划 | 董振伟　直笔体育
责任编辑 | 张彦翔
执行编辑 | 黄娴懿　王振强　马彰羚
责任校对 | 凤宝莲
装帧设计 | 程　慧　赵芝英
责任印制 | 訾　敬

出版发行 | 北京时代华文书局 http://www.bjsdsj.com.cn
北京市东城区安定门外大街 138 号皇城国际大厦 A 座 8 层
邮编：100011　电话：010－64263661　64261528
印　　刷 | 河北京平诚乾印刷有限公司　010－60247905
（如发现印装质量问题，请与印刷厂联系调换）
开　　本 | 710 mm×1000 mm　1/16　印　　张 | 7　字　　数 | 107 千字
版　　次 | 2022 年 8 月第 1 版　印　　次 | 2022 年 8 月第 1 次印刷
书　　号 | ISBN 978-7-5699-4568-3
定　　价 | 236.00 元（全四册）

典藏版

勒布朗·詹姆斯：王
永不落山

苏群 著

LeBron James

北京时代华文书局

JAMES

LEBRON

勒布朗·詹姆斯

目录 CONTENTS

PART1

荣归故里　不忘初心

PART2

绝处逢生　铸就传奇

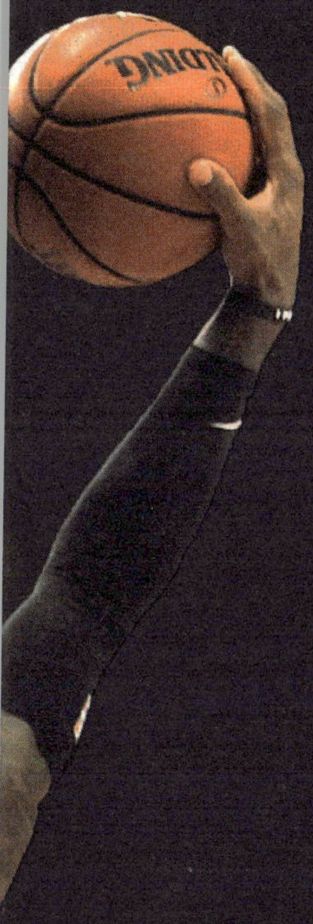

PART3

血战江湖　孤胆英雄

PART4

紫金时代　力挽狂澜

PART1

荣归故里 不忘初心

JAMES
23

1

HOMING

归巢，笑泯恩仇

迈阿密已经知道了夺冠的感觉，但我的城市克利夫兰在漫长的时间都没有过这样的感觉。

百舸争流千帆竞，乘风破浪正远航。当28岁的勒布朗·詹姆斯将生涯第四次常规赛MVP和第二座总决赛MVP奖杯收入囊中，并率领热火队完成两连冠后，他接下来的目标只有一个，那就是剑指三连冠。

> 在NBA，三连冠是王朝球队的标志，詹姆斯当然渴望能创建属于自己的王朝，在历史上书写下浓墨重彩的一笔，就像他的偶像迈克尔·乔丹曾经做到的那样。

但被鲜花和掌声包围着的热火队，其实也是暗流涌动。由于薪资总额居高不下，热火队为了节省奢侈税支出，忍痛裁掉了夺取两连冠的功臣迈克·米勒。管理层这一不近人情的运作不仅让球队折损一员大将，也寒了队中老将的心，包括詹姆斯，他开始怀疑热火队高层是否真有为冲击三连冠而不惜一切代价的雄心壮志。

与此同时，詹姆斯与热火队的合同行将到期，联盟内外都流传着他可能会在赛季结束后离开迈阿密的种种议论。这影响不了见惯了大风大浪的詹姆斯，但在漫长的赛季当中，热火队其他球员不可能不受干扰，他们没办法做到内心毫无波澜，这进而成了队中的另一大不安定因素。

两连冠后的热火队是一支以老将为主的球队，伤病问题也开始凸显，尤其是球队第二核心、已经32岁的德维恩·韦德就体会到了什么叫“伤病猛于虎”。在2013—2014赛季，韦德因伤只打了54场比赛，竞技状态也严重下滑，场均得分下降至19分，是自新秀赛季以来的最差表现。而整个赛季，热火队受困于队员的伤病，前前后后一共使用了20套不同的首发阵容。

不管这个赛季如何困难和具有挑战性，詹姆斯负重前行，将热火队扛在了自己的肩上，他依然是球队的定海神针和风向标。2014年3月4日，热火队对阵黄蜂队，詹姆斯火力全开，他前8次三分球出手弹无虚发，上半场轰下24分，第三节更是独得25分，而在终场前，他的总得分突破了60分大关。

61

全场比赛，詹姆斯手感极佳，**33投22中，三分球10投8中，罚球12中9，轰下了61分、7个篮板和5次助攻。**单场61分不仅创造了热火队的队史纪录，而且也是詹姆斯职业生涯的最高分，那一晚成了他的破纪录之夜。

“在上半场，我的感觉非常好，但有时候经过中场休息调整，事情会有所变化。”詹姆斯说道，“当第三节我还能够连续不断地砍分，我就知道今晚将会是一个特别的晚上。上天给予我无与伦比的天赋和比赛能力，加上队友和教练的信任，我就放手去干，向纪录发起冲击。”

“詹姆斯不仅得到了这么多的分数，更难得的是，他还打出了极高的效率。”热火队主帅斯波尔斯特拉说道，“对詹姆斯来说，今晚的篮筐就像是大海一样宽阔。”

整个2013—2014赛季，詹姆斯场均得到27.1分、6.9个篮板和6.3次助攻，他一如既往地献上MVP级别的表现。在詹姆斯的率领下，热火队最终还是取得了54胜28负的不俗战绩，作为东部二号种子队进入季后赛。

而在季后赛中，詹姆斯再次成了东部的主宰者，热火队首轮横扫黄蜂队，次轮4：1淘汰拥有凯文·加内特、保罗·皮尔斯、德隆·威廉姆斯和乔·约翰逊的篮网队。其中，在2014年5月13日，热火队与篮网队系列赛第四场，詹姆斯打出了季后赛生涯里最具统治力的一场比赛，他24投16中，狂砍49分和6个篮板，49分在当时追平了詹姆斯季后赛生涯的得分纪录。到了东部决赛，詹姆斯率领热火队用六场比赛有惊无险地击败了保罗·乔治和“高塔”罗伊·希伯特领衔的东部一号种子队步行者队。

詹姆斯先后在常规赛与季后赛里创造和追平个人生涯得分纪录，用个人的高光表现率领热火队渡过一个个难关。詹姆斯携热火队连续四年杀入总决赛，并且再次和马刺队会师。

但这次总决赛的结果与2013年总决赛截然不同。热火队已露衰败之相，而为复仇而来的马刺队将团队篮球发挥到了极致。

2014年总决赛，马刺队的进攻如行云流水，全队投篮命中率达到52.8%，三分球命中率为46.6%，用传球、空切和投篮肆意羞辱着热火队的防线。热火队只坚持了五场比赛就以1：4败下阵来，整个系列赛，他们净负70分，这是一场彻头彻尾的惨败。

当总决赛结束的哨声响起时，詹姆斯只能无奈接受卫冕失败的结果。总决赛五场比赛，詹姆斯场均砍下28.2分、7.8个篮板和4次助攻，投篮和三分球命中率分别达到57.1%和51.9%，但热火队与马刺队在整体实力上的巨大差距，已经不是詹姆斯用个人能力就可以弥补的。

“马刺队是更好的球队，所以他们是2014年的NBA总冠军。”

——詹姆斯

热火队三连冠梦碎后，外界之前的猜疑成为现实，詹姆斯选择跳出合同约束，成了自由球员，他又一次来到了职业生涯的十字路口。

在自由球员市场，詹姆斯享受着众星捧月般的待遇，所有球队都对他求贤若渴，各队老板亲自出面招募，媒体记者在机场围追堵截一切与詹姆斯所做决定相关的人士，打探可能的消息。但詹姆斯保持着冷静，他只想把命运掌握在自己的手中。

在当时，詹姆斯的选择非常之多，他可以留在热火队继续和韦德、波什并肩作战。詹姆斯也能前往纽约，大苹果城是NBA最大的市场，他的商业价值在那里将会被充分挖掘。公牛队也向詹姆斯抛来了橄榄枝，德里克·罗斯、乔金·诺阿和吉米·巴特勒等人，足以帮助詹姆斯再夺总冠军。勇士队也在詹姆斯的考虑范围之内，当时的斯蒂芬·库里和克莱·汤普森已经初露锋芒，如果再有詹姆斯加盟，试想下，这支球队的统治力将会多么可怕。

彼时的詹姆斯就像是一位大玩家，他坐在桌边，眼前有一大堆牌可以任他挑选。但在詹姆斯的内心，他已经有了一个初步的决定，一旦抽出这张牌，然后翻开，几乎所有人都会目瞪口呆，因为詹姆斯将会选择骑士队。

遥想2010年夏天，詹姆斯做出“决定一”，他被所有骑士队球迷所唾弃，背上了“软蛋”“叛徒”“懦夫”等骂名，球迷当街焚烧詹姆斯的球衣，骑士队老板吉尔伯特甚至亲自上阵，对詹姆斯下达了恶毒的“诅咒”。詹姆斯的职业生涯遭遇到了前所未有的诋毁，他每次以热火队球员身份回到克利夫兰，都会遭到震耳欲聋的嘘声和谩骂声。骑士队球迷最初有多爱詹姆斯，在“决定一”之后就有多恨他。

所有人都能感受到詹姆斯和骑士队之间的紧张关系，他们就像是曾经深爱的情侣，在分手后撕破脸皮，种下了深仇大恨，从此水火不容。

没有人会想到，有朝一日詹姆斯会选择回到克利夫兰，再度披上骑士队的战袍。

但旁人不知道的是，在詹姆斯心中，他一直都存着一个念想，那就是要为家乡球队夺冠。正是这种信念，使詹姆斯愿意和吉尔伯特握手言和，一笑泯恩仇，他渴望回家，重新面对那些对他又爱又恨的家乡球迷，让他们重新接受自己。詹姆斯想要回到克利夫兰，去完成自己未竟的事业。

“我依然会对‘决定一’之后发生的一些事情耿耿于怀，感觉他们做得有些过了。”詹姆斯说道，“但我心中有一种更强烈的感觉，我在克利夫兰还有未竟的事业，我做任何事情都不能够半途而废。”

但从萌生重回骑士队的想法到最终让这个想法变成现实，詹姆斯走过了一段复杂的心路历程。

美国当地时间2014年7月1日0点一过，NBA自由市场正式开启，詹姆斯的经纪人里奇·保罗的电话不出所料地忙碌起来，联盟30支球队用电话或者短信的方式向保罗表达了他们对詹姆斯的兴趣。

在这段时间前后，詹姆斯召集了自己最信赖的智囊团，除了经纪人里奇·保罗，还有自己从小玩在一起的两位老友马弗里克·卡特和兰迪·米姆斯。卡特现在已经是詹姆斯的长期商业伙伴，负责处理詹姆斯的商业和投资事务，而米姆斯相当于詹姆斯的“后勤总管”，他跟随詹姆斯南征北战，负责一切的后勤和行程安排。另外，亚当·孟德尔松也进入了詹姆斯的核心圈子，他担任詹姆斯的媒体策略顾问。

当然，詹姆斯也会征询妻子萨瓦娜的意见，两人从高中相识相恋，谱写了令人羡慕的爱情故事，组建了一个完美的家庭。詹姆斯进入NBA后从未有过绯闻，可见他对萨瓦娜的情深义重。

里奇·保罗向30支球队回复了短信，婉拒了其中24支球队，而小牛队、湖人队、骑士队、公牛队、太阳队和热火队收到的消息则是“詹姆斯会考虑你们的邀请”。保罗的回复传达了詹姆斯的态度，也就是说当自由市场开启时，詹姆斯尚未决定加盟骑士队，他在小牛队、湖人队、骑士队、公牛队、太阳队和热火队这六支球队当中摇摆不定。詹姆斯邀请了这些球队的代表来克利夫兰与自己的团队会面，商讨合作的可能性。

为了确保会面的隐秘性，詹姆斯本人没有出席，他带着全家前往加勒比海度假，只留下了经纪人里奇·保罗和他的搭档马克·特米尼来应付前来上门游说的各球队代表。在会议上，保罗向球队代表团提出了两个条件：首先在签约方面，詹姆斯希望得到一份完整的顶薪合同，他不会再像2010年加盟热火队时那样接受小幅度的降薪。其次，保罗询问六支球队的代表，他们是否愿意为了夺冠去缴纳奢侈税以及连续多年支付奢侈税。

代表骑士队出面与里奇·保罗会谈的是总经理大卫·格里芬，他当时并不知道在这场竞争中骑士队在詹姆斯心中所处的位置，也没有把握是否真的有机会签回詹姆斯。因此会谈开始后，格里芬更多谈论的是骑士队未来的前景，他们有全明星控卫凯里·欧文和刚刚选中的状元安德鲁·威金斯，这两人将会成为詹姆斯的左膀右臂，除此之外，骑士队还有可观的筹码，比如年轻球员和未来选秀权。

当保罗提出他们希望得到的两个条件时，格里芬做出允诺，他们会腾出空间，给詹姆斯一份顶薪合同，他也能够说服骑士队老板吉尔伯特，让他愿意为了夺冠大业缴纳奢侈税。事实上，在为球队花钱方面，吉尔伯特一直是一个出手大方的老板，在詹姆斯第一次效力骑士队期间，他就缴纳了数千万美元的奢侈税。

在格里芬与保罗完成会面之后，事情来到了最为关键的节点，保罗将安排詹姆斯和吉尔伯特面对面交谈。在2010年的“决定一”事件后，詹姆斯和吉尔伯特之间已经有四年时间没有讲话，詹姆斯当年离开骑士队给吉尔伯特造成了深深的伤害，但吉尔伯特的“诅咒”同样充满恶意。

詹姆斯最终在迈阿密和吉尔伯特见了面，这是两个男人之间的对话，没有道歉，也没有忏悔，他们只是彼此看着对方的眼睛，解释着当初发生的一切，各自诉说了过去几年来的情感变化。再接着，吉尔伯特开始与詹姆斯畅聊美好的未来，并且承诺愿意围绕詹姆斯打造一套足够有竞争力的阵容。最后，詹姆斯和吉尔伯特站起来握手，所有恩怨一笔勾销，他们的故事将进入新的篇章。

“我曾经无数次想象过这个场景，我和詹姆斯之间要花多少时间去谈论过去，彼此释怀，结果对于过去我们只谈了10到15分钟。”吉尔伯特说道，“我们更多的时间是在谈其他事情，聊了两三个小时。”

CAVALIERS
23

詹姆斯与吉尔伯特的会面顺利解开了两人的心结。而这时候，詹姆斯内心里渴望重回克利夫兰的声音变得愈发铿锵有力，他遵从自己的内心，做出了最终的决定。

很快，里奇·保罗就向除骑士队以外的五支候选球队发去了短信，称詹姆斯已经不再考虑与他们签约。

“关于詹姆斯是否应该重回骑士队，我们有过很多的争论。”詹姆斯的好友兰迪·米姆斯说道，“但詹姆斯表示，他的决定与吉尔伯特无关，他只想去做一件必须由他才能够完成的事情。当詹姆斯说出一番话后，其他人都安静了，我们尊重他的决定。”

2010年，詹姆斯做出“决定一”后引发了巨大的公关危机，原本正面的形象受到严重破坏。而到了2014年的“决定二”，变得更加成熟的詹姆斯恰到好处地处理了自己的转会事件。7月12日，詹姆斯在《体育画报》以第一人称发表了一封感人肺腑的“家书”，宣布了从热火队加盟骑士队的决定。

“当我离开克利夫兰的时候，我的任务是寻找总冠军，现在我拥有了两枚总冠军戒指。迈阿密已经知道了夺冠的感觉，但我们的城市克利夫兰在漫长的时间都没有过这样的感觉。毫无疑问，对我来说最重要的是把一座奖杯带回俄亥俄州。我一直相信我会回到克利夫兰并且在这里结束我的职业生涯，除了克利夫兰，我不会为其他任何地方离开迈阿密。我想要明年就赢得总冠军，但我也知道这是个漫长的过程。我有耐心，希望能够带领球队团结起来，帮助他们达到他们自己都不知道能够达到的高度。我觉得自己可以帮助凯里·欧文成为联盟当中最好的控球后卫，让特里斯坦·汤普森和迪昂·维特斯提升他们的表现，我也等不及想与安德森·瓦莱乔重聚，他是我最喜欢的队友之一。我已经准备好接受挑战，现在是时候回家了。”

仅仅过了一天，詹姆斯就马不停蹄地和骑士队签署了两年4210万美元的合同，在外飘荡四年的游子终于归来，雄鹰在羽翼丰满之后回到了熟悉的巢穴。而在这一天，克利夫兰的球迷成了全世界最健忘也最幸福的一群人，他们早已将2010年“决定一”后发生的所有不快抛诸脑后，心怀最热烈的情感，张开双臂欢迎詹姆斯回归。

“欢迎‘国王’詹姆斯回家。我为克利夫兰和俄亥俄州的球迷和民众感到高兴。没有人比他们更值得拥有一座总冠军奖杯。”骑士队老板吉尔伯特率先表态。

“我们怀着无比高兴的心情欢迎詹姆斯再次回到克利夫兰。”骑士队总经理大卫·格里芬说道，“我们已经迫不及待和詹姆斯开启新的时代，我们期待詹姆斯于未来数年里在场内场外展现他的领导力，引领这支球队前进。”

詹姆斯的

骑士队

2.0时代就此

拉开大幕。

CAVS
0
CAVS
2
CAVS
23

2

ALLIANCE

结盟，左膀右臂

我期待着与队友们并肩作战，欧文是联盟当中最优秀的控卫之一，乐福也是一个出色且聪明的球员。

勒布朗·詹姆斯拥有非凡的影响力，他是一名能够决定球队未来方向的球员。在詹姆斯重返克利夫兰之前，骑士队正陷入无尽的黑暗深渊，他们在四个赛季里一共只赢了97场比赛，是人见人欺的鱼腩部队。

不过，骑士队的运气不错，他们四年时间里三次赢得乐透抽签，在2011年、2013年和2014年先后用状元签挑选了凯里·欧文、安东尼·本内特和安德鲁·威金斯。另外，骑士队还有迪昂·维特斯和特里斯坦·汤普森等高顺位球员，聚集了一批年轻有天赋的新星。

在詹姆斯回归之前，骑士队的当家球星是2011年的选秀状元凯里·欧文，他个人能力出众，数据漂亮，球风华丽，在2013年和2014年连续入选全明星。但欧文为人诟病的一点是，他在自己生涯前三年并未展现出足够的领袖气质，单独带队能力欠佳，骑士队长期在联盟底部徘徊。当时的骑士队连争取季后赛资格都是一种奢望，距离总冠军更是遥不可及。

正因如此，骑士队在2014年6月签下了欧洲冠军教头大卫·布拉特作为主教练。

布拉特是一名美国教练，但此前从未执教过NBA，他所有的成功履历都来自欧洲。布拉特在2014年率领以色列篮球联赛的马卡比队获得欧洲篮球冠军联赛的冠军，自己荣膺欧冠最佳教练。骑士队聘请布拉特，本意是着眼于长期的未来，让他和队中的年轻球员一起成长、共同进步。

但詹姆斯的到来改变了一切。当时的詹姆斯在热火队功成名就，成了联盟的门面和名副其实的“第一人”，而且他正处于29岁的运动黄金年龄。对这样的超级巨星而言，他是没有耐心等待一支球队缓慢成长的。

詹姆斯想要的就是立马夺冠，这是他对克利夫兰的承诺，当然，这也是骑士队求之不得的目标。骑士队管理层迅速掉转方向，他们必须尽快将未来潜力兑换为即战力，提升球队的夺冠竞争力。由于战略上的转变，初来乍到的布拉特已经不再是骑士队主帅位置的最合适人选，但考虑到球队和他签署了长期合同，管理层只能继续让他带队，走一步看一步。

俗话说，一个好汉三个帮。自2007年凯尔特人队组建保罗·皮尔斯、凯文·加内特和雷·阿伦并在2008年顺利夺冠以来，三巨头就成了争冠球队的标配。

詹姆斯在热火队与韦德、波什组成三巨头，连续四年进入总决赛并两度夺冠，进一步印证了三巨头是行之有效的争冠方式，是通往成功大门的钥匙。

CELTICS
5
CELTICS
20

HEAT
1
HEAT
3
6

而2014年总决赛的失利也让詹姆斯清醒地意识到，球队想要夺冠，光靠他一个人强是不够的，他身后需要一个有实力的团队作为支撑。因此在詹姆斯决定回归骑士队之前，他才会要求得到球队老板吉尔伯特的承诺，让吉尔伯特同意不惜一切代价去提升阵容实力，实现两人共同的愿景——把NBA总冠军奖杯带到克利夫兰。詹姆斯之所以与骑士队签署两年合同，其中一个原因也是要给球队管理层施加一定的压力，让他们有一种紧迫感，抓住一切可能的机会进行补强。

于是，在詹姆斯到来之后，骑士队管理层一门心思要做的就是围绕詹姆斯组建一个新的三巨头组合。

骑士队已经有了年轻的全明星控卫凯里·欧文，他是詹姆斯身边二当家的合适人选。在2013—2014赛季，欧文场均能够得到20.8分、3.6个篮板、6.1次助攻和1.5次抢断。从球风上来看，欧文与詹姆斯也有一定的互补性，詹姆斯乐于组织，为队友创造机会，而欧文是一个单打能力超强的攻击手，而且在关键时刻不手软，是一个大心脏球员。

事实上早在2013年休斯敦全明星赛上，欧文就引起了詹姆斯的注意。当时两人是东部全明星队的队友，有了近距离的接触，对于这位骑士队新星，詹姆斯毫不掩饰自己的欣赏之意。

“与欧文携手打比赛的感觉很棒，”詹姆斯说道，“我经常看欧文打球，与这些球员交手感觉总是很激动，有机会与他们并肩作战之时，感觉更加良好。欧文已经打出不可思议的表现，他的未来不可限量，会让这个联盟和所有人感到疯狂。”

在2014年7月初，欧文和骑士队签署了五年约9000万美元的提前续约合同，这意味着他将和球队保持着长期的合作关系。在骑士队招募詹姆斯的过程中，老板吉尔伯特和总经理格里芬都谈到了球队与欧文的新合同，以此来增加对詹姆斯的吸引力。

詹姆斯搭档欧文，就像是之前热火队詹姆斯与韦德的组合，而接下来，骑士队还需要一个类似于克里斯·波什那种角色的大个子，最好也是全明星内线，这样一来，骑士队就能照搬热火队的三巨头模式。而机缘巧合的是，当时在骑士队眼前真就出现了这样一个千载难逢的大好机会。

在NBA版图北部的明尼苏达州，森林狼队正经历着队史上的寒冬，他们又一次无缘季后赛，球队上下动荡不止。身为当家球星，凯文·乐福空有一纸漂亮的数据，打比赛却胜少负多，被冠上了“数据刷子”的名号。郁郁不得志的乐福萌生了离开明尼苏达的想法，他想换一个环境。

在交易市场上，乐福是香饽饽，垂涎他的球队远不只骑士队。要知道在2013—2014赛季，乐福共为森林狼队出战77场比赛，场均能够得到26.1分、12.5个篮板和4.4次助攻，投篮和三分球命中率分别达到了45.7%和37.6%。乐福是联盟中最擅长抢篮板的内线球员之一，他能够背打，也可以拉到外线投三分球，是当时最具三分球威胁的大个子球员之一。同时，乐福还能够策应组织，他除了防守存在短板，其他方面都相当不错，也成功入选了当赛季的西部全明星队。

> 随着联盟小球战术越来越盛行，乐福的打法顺应现代篮球的发展潮流。从球风来看，他也非常适合在詹姆斯身边打球，一切都很符合骑士队的需求。

如果能交易得到乐福，骑士队小前锋位置上有詹姆斯，控卫位置有欧文，内线则有乐福坐镇。在进攻端有欧文和乐福拉开空间，詹姆斯的突破将畅通无阻，对对手将是巨大的威胁，而当詹姆斯突破吸引防守，他又能够将球分到外线，让欧文或者乐福获得空位的三分机会。

因此，对于乐福，骑士队是志在必得，他们希望能够换来这位全明星内线，这是打造三巨头的最后一步，也是送给自己和詹姆斯重归于好的最佳礼物。而且，骑士队经过前几个赛季的摆烂，手中积累了足够多的筹码，包括年轻球员和未来选秀权。只要乐福肯点头同意来克利夫兰打球，骑士队有充分的底气击败其他的竞争对手。

勇士队是骑士队争夺乐福的最主要对手，根据媒体报道，他们一度考虑把克莱·汤普森放入交易方案当中，结果遭到了主教练斯蒂夫·科尔和球队高管杰里·韦斯特的反对，后者甚至以辞职相威胁。

随着勇士队退出，骑士队成了乐福的不二选择。而对于乐福来说，他有机会跟联盟最好的球员詹姆斯和最具天赋的后卫之一欧文一起打球，携手争冠，他又有什么理由拒绝呢？在NBA和森林狼队的允许之下，乐福在7月份就和骑士老板吉尔伯特完成了见面，两人相谈甚欢。

只不过由于骑士队在7月24日和状元威金斯签约，根据联盟规定，签约的新秀必须等一个月之后才能够被交易。骑士队和森林狼队关于乐福的交易最终拖到了2014年8月24日，他们拉上76人队完成了一笔三方交易。

骑士队送出了2013年状元本内特、2014年状元威金斯和2016年的首轮选秀权换来了乐福。

需要指出的是，骑士队在2014年选中威金斯，之后与他签约，然而威金斯没有打过一场比赛就被交易，他也创造了一个尴尬的历史，成为联盟首位与球队签约却没有打过一场比赛就被交易的状元。原因不难理解，詹姆斯和骑士队需要的是快速夺冠，他们没有耐心也没有时间去等待威金斯成长。这只能说是威金斯生不逢时，他在错误的时间遇上了詹姆斯，两人擦肩而过，未能携手在NBA开疆拓土。

当乐福空降克利夫兰，骑士队球迷陷入了疯狂，他们一下拥有了三位正处当打之年的全明星。詹姆斯29岁，他之前一个赛季场均得到27.1分、6.9个篮板和6.3次助攻，是位全能战士，也是四次常规赛MVP、两次总决赛MVP和两次总冠军得主，拥有丰富的季后赛经验，是当时联盟无可争议的“第一人”。22岁的欧文在2013—2014赛季场均得到20.8分和6.1次助攻，身怀绝技，运球、突破、上篮和跳投等进攻手段样样精通，有着超强的个人单打实力。25岁的乐福在之前一个赛季场均26.1分、12.5个篮板和4.4次助攻，单赛季六次打出得分40+外加篮板10+的数据，是名副其实的两双机器。

“乐福成功加盟骑士队，这代表着我们球队正面临着一个非常特别的机遇，”大卫·格里芬说道，“乐福只有25岁，但他用球场上的表现证明了自己是联盟当中的顶尖球员，他的天赋、全面身手和适配性对骑士队会有很大的帮助，他将成为我们未来成功的关键部分。”

詹姆斯、欧文和乐福并肩作战，这是足以让整个联盟都为之颤抖的三巨头组合。詹姆斯离开热火队，失去了韦德和波什，但在骑士队，他身边又多了欧文和乐福，他们将是詹姆斯新的左膀右臂。

“乐福，欢迎来到克利夫兰。”詹姆斯说道，“我非常兴奋能够和乐福搭档，我不是非常关心乐福场均26分和12个篮板的数据，我最欣赏乐福的是他的篮球智商。乐福极为聪明，篮球智商很高，他将是骑士队非常重要的一部分。”

詹姆斯的激动之情完全可以理解。回顾自己的骑士队1.0时代，詹姆斯可以说是哑巴吃黄连——有苦说不出。从2003年到2010年，詹姆斯效力于骑士队，他虽然曾两次荣膺常规赛MVP，也在2007年闯入了总决赛，但终究是没能获得总冠军。詹姆斯是联盟中最好的球员，但在生涯前七年，他一直都缺少强力的帮手。

詹姆斯招募过很多球员，但没有人愿意来克利夫兰这个小城市打球。在这段时间里，詹姆斯合作得最好的队友可能就是莫·威廉姆斯和拉里·休斯这样的球员，最大牌的队友则是生涯晚期、临近退役、实力大打折扣的“大鲨鱼”奥尼尔。

“我真的尝试去说服很多球员来骑士队打球，但那些处于巅峰期的明星球员根本没有兴趣来克利夫兰。”詹姆斯说道，“我在2010年也招募过波什，但波什和其他很多球星的心态是一样的，他不肯来克利夫兰。波什愿意和我一起打球，但前提是我要离开克利夫兰。”

直到詹姆斯在热火队连夺两座总冠军为自己正名，提升了号召力，当他再次回到骑士队，才有更多的球员愿意来到克利夫兰追随詹姆斯，他们相信跟着詹姆斯能够赢得总冠军。比如乐福，他就是冲着詹姆斯和冠军奖杯加盟骑士队的，放弃了可能前往大城市球队打球的机会。

而除了乐福之外，骑士队在2014年夏天还签下了多名用以提升阵容深度的角色球员，有迈克·米勒、詹姆斯·琼斯和肖恩·马里昂。这三位老将比赛经验丰富，且都有总冠军戒指，如果不是因为詹姆斯，如果不是骑士队现在有实力争夺冠军，他们根本就不会考虑来克利夫兰打球。

米勒和琼斯跟詹姆斯的关系自然不用多说，他们都是詹姆斯效力热火队时期的老队友，曾在一个战壕里战斗，同甘共苦过，也一起享受到了冠军荣耀。米勒整个职业生涯一直都是一名稳健的射手，在防守端也是兢兢业业。而琼斯是外线的高炮台，他伴随着詹姆斯四年热火队生涯的所有时光。詹姆斯与米勒、琼斯一起获得过两次总冠军，他们之间的默契早已建立，米勒和琼斯都能够在场上拉开空间，为詹姆斯、欧文和乐福创造出进攻机会。

至于马里昂，他早在2011年就获得了总冠军奖杯，有趣的是，那一年他帮助小牛队在总决赛中击败的正是詹姆斯率领的热火队。在2014年的自由市场上，时任步行者队篮球总裁的NBA名宿拉里·伯德率先与马里昂会面，并向他发出了诚挚的邀请，希望他能够加盟步行者队。

而在马里昂同意加盟步行者队之前，詹姆斯向马里昂打去了一通电话，他代表骑士队向这位攻守全面的锋线老将抛出了橄榄枝。当时的骑士队只能够给马里昂提供价值140万美元左右的老将底薪合同，而在市场上有一些球队开出了比底薪合同更高的报价。

但马里昂最终还是决定加盟骑士队，他愿意为了携手詹姆斯竞逐总冠军而放弃更为丰厚的合同。

“要离开小牛队，拒绝其他球队的邀请，这真的很困难。”马里昂在采访中说道，“一切事情都悬而未决，当时我需要考虑很多方面的事情，但是我感觉，我真的想再冲击一次总冠军，对我而言，加盟骑士队是最佳的方式。这与金钱没有关系，其他球队给了我更好的合同。”

一个繁忙的夏天过后，骑士队焕然一新，瞬间就从重建球队变成了最具竞争力的争冠球队。这就是詹姆斯的超凡影响力，在球场内，骑士队不仅有了联盟中最好的篮球运动员，而且因为他的号召力，球队能够招来乐福、米勒、琼斯和马里昂这样的球员，球队实力得到了全方位的提升。而在场外，因为詹姆斯的到来，骑士队成为媒体记者追逐的对象，享受着明星球队的待遇。

随着2014—2015赛季揭幕日的临近，詹姆斯即将迎来自己重返克利夫兰后的首个赛季，三巨头正式集结，欧文和乐福以及其他球员摩拳擦掌。骑士队的球员憧憬未来，畅想着能够开创出一番大事业。

“如果能够为骑士队夺得总冠军，这将会是我职业生涯最为重要的成就，也是我现在为之努力的目标。我期待着与队友们并肩作战，欧文是联盟当中最优秀的控卫之一，乐福也是一个出色且聪明的球员。同时，我也很高兴能够再次与米勒、琼斯合作，他们的夺冠经历和季后赛经验会对骑士队有所帮助。我也与布拉特教练进行了交流，我可以在场上打任意位置，只要能够帮助到球队。”

——詹姆斯

CAVS
23

CAVS
23

3

AMBITION

雄风，过关斩将

我是这支球队的领袖，将会身体力行地带领球队前进，赢得总冠军总是非常艰难的，必须有耐心。

黄沙百战穿金甲，不破楼兰终不还。勒布朗·詹姆斯带着誓要为骑士队夺冠的信念回到克利夫兰，怀着无比期待的心情等到了2014—2015赛季的开启。重新走进骑士队主场球馆的詹姆斯笑容满面，享受到了家的温暖，而他身旁的欧文、乐福以及其他球员也是信心满满。

由于詹姆斯的到来以及骑士队三巨头公开亮相，在媒体日当天，速贷中心球馆格外热闹，涌进了300多名前来采访的记者，这一数字足足是上个赛季的两倍。面对媒体的摄像机和话筒，再次披上骑士队23号战袍的詹姆斯侃侃而谈，心情愉悦的他还谈到了自己对新赛季的期许。

“我很高兴能够回到这里，现在的感觉非常好，这种感觉才是对的。”詹姆斯说道，“我们的目标是总冠军，但很显然，这也将会是一个艰难的赛季。我相信只要每个人全情投入，球队会变得越来越好的。我是这支球队的领袖，将会身体力行地带领球队前进。赢得总冠军总是非常艰难的，你必须从11月开始，一直保持专注力，直到第二年的6月。这是个漫长的过程，必须有耐心。”

身为球队的领袖和老大哥，詹姆斯直言不讳地对充满天赋但从未打过季后赛的欧文和乐福提出了要求。詹姆斯希望欧文能够承担一定的组织任务，当球队陷入困难的时候，欧文要勇于站出来打关键球。而对于乐福，詹姆斯希望他能够多在防守上下功夫。身经百战的詹姆斯再清楚不过，当一支球队志在夺冠时，他们就需要以更高的标准来要求自己，只有这样才能够在残酷的季后赛中杀出一条血路。

骑士队三巨头合体首秀的时间是在2014年10月31日，詹姆斯对上了他的好兄弟卡梅隆·安东尼领衔的尼克斯队。詹姆斯在主场享受着现场观众山呼海啸般的助威声，四年光景过去，其实克利夫兰球迷对他的爱从未改变。

或许是此情此景触动了詹姆斯的情绪，或许是四年来首次重披骑士队战袍过于激动，也或许是和欧文、乐福之间的配合还有待提升，詹姆斯在赛季揭幕战打得有些畏首畏尾。全场比赛，詹姆斯出战43分钟，15次出手命中5球，只得到17分、5个篮板和4次助攻，反而失误次数高达8次，骑士队以90：95输掉了比赛。

“我并不紧张，也没有什么压力，只是我没有在场上做太多的事情。”詹姆斯说道，“这是一个特别的夜晚，我很开心，今晚非常棒，同时，这个晚上终于落幕了，我也为此感到高兴。”

克利夫兰球迷不会太关心一场比赛的输赢，他们真正在乎的是他们心中的“国王”终于回来了。即便骑士队最后输球，球迷们也没有停止对詹姆斯的欢呼。

“球场内的氛围不可思议，我从来没有见过这样的场景，”尼克斯队内线斯塔德迈尔说道，“这座城市被彻底点燃，整座球馆陷入疯狂，在这样的环境下打比赛感觉太棒了，对两支球队来说都是如此。”

赛季第二战，骑士队来到芝加哥对阵他们在东部的主要对手——2011年常规赛MVP德里克·罗斯和2014年最佳防守球员乔金·诺阿领衔的公牛队。相对宽松的客场环境也让詹姆斯卸下心理包袱，他找回了联盟第一人的风采。第四节还剩1分15秒，骑士队以91：96落后，三巨头首次让外界见识了他们的恐怖威力，詹姆斯助攻乐福暴扣，随后自己造犯规两罚全中。常规时间还剩27秒，詹姆斯助攻欧文打进，骑士队在短短39秒的时间里打出7：2的攻势，扳平比分，将比赛拖入加时赛。

随后，詹姆斯统治了加时赛，连续两次持球单打杀入篮下得分，其中一次更是完成了“2+1”，个人独取8分。在欧文和乐福合计34投仅11中的情况下，詹姆斯扛起球队，他30投14中，轰下36分、8个篮板、5次助攻和4次抢断，骑士队最终以114：108击败了公牛队，获得了他回归以来的首场胜利。

“在首秀失利后，我们再次走上球场，有一个新的自我救赎的机会，我们必须把它抓住。”詹姆斯如释重负地说道，“我对这个结果感到非常满意。”

骑士队三巨头磨合初期，球队战绩起起伏伏，他们在2014年11月中上旬打出一波四连胜，但接着骑士队又吞下了四连败。从11月25日到12月10日，骑士队终于渐入佳境，他们连战连捷，喜提八连胜，包括在客场以3分的优势完成了对尼克斯队的复仇，以及在主场以105：101险胜当时的东部“领头羊”猛龙队。

在与猛龙队的比赛当中，詹姆斯在克利夫兰球迷面前展现了作为联盟最强球员的雄风。

终场前48秒，骑士队与猛龙队战成99：99，詹姆斯接到乐福传球，在弧顶飙中三分球，为球队取得了102：99的领先，奠定了最后的胜利。这记远投也是詹姆斯为骑士队投中的第802个三分球，追平马克·普莱斯，并列队史第一。全场比赛，詹姆斯21投12中，三分球5投2中，罚球9中9，轰下35分，这是他重回骑士队后在主场得到的最高分。

“你主场作战，然后落后10多分，你会想回到比赛当中，夺回控制权。”在末节攻下10分的詹姆斯说道，“我们要做的就是努力比赛，努力防守，出色的防守推动了进攻，让我们完成了逆转。”

一转眼，时间就到了2014年12月26日，一年一度的圣诞大战如期上演。联盟当然知道球迷最爱看什么，于是就安排了骑士队客场挑战热火队的重头戏。詹姆斯重回迈阿密，迎战自己的老东家热火队以及好兄弟韦德。

詹姆斯与韦德并没有因为前者决定离开热火队回归骑士队而闹不愉快，相反，两人之间的情感日益深厚。詹姆斯在《体育画报》发文宣布“回家”前，已经提前打电话给韦德告知自己的决定，而对于詹姆斯的决定，韦德表示了充分的理解和支持。

“我拥抱并祝贺了詹姆斯，告诉他，‘谢谢过去的四年时光，好好享受吧，后会有期。’韦德说道，“当你的朋友做了一个重要的决定，你不能因此憎恨他，你必须支持他，这才是真正的友谊。我从没想过我能和詹姆斯在一起打球，而且还合作了四年，那段时光简直难以置信。”

在圣诞节前一天，詹姆斯和骑士队飞抵迈阿密，他前往了韦德的豪宅共度平安夜，他与韦德之间，早已亲如家人。

“对我们来说，除了篮球比赛还有生活。我们会彼此竞争，有各自不同的事务，在自己的领域里做好该做的事情。”詹姆斯说道，“但我们的友情不会变，任何事情都影响不了这段情谊。”

到了圣诞大战，詹姆斯和韦德各为其主，从并肩作战的队友变成了对手。但与往常一样，在比赛开始之前，詹姆斯和韦德默契地拥抱在一起，中场休息阶段，他们寒暄，旁若无人地开着玩笑。只是这场比赛，詹姆斯和韦德之间只能有一个胜者。

大多数的热火队球迷都在情感上接受了詹姆斯重回骑士队的决定。在比赛首节，热火队为詹姆斯举行了一个致敬仪式，播放了他热火队生涯表现的集锦，迈阿密主场观众为他献上了掌声，以此来感谢他过去四年为球队所做出的贡献。

是啊，没有人会忘却那热血沸腾的四年时光，那可是热火队历史上最为辉煌的四年！

回到比赛当中，无论是詹姆斯还是韦德，他们都没有任何手下留情的意思。詹姆斯开场就连续突破，要么上篮，要么制造杀伤，全场出战40分钟，贡献了30分和8次助攻。韦德不甘示弱，上半场就爆砍24分，全场出手达到28次，命中12球，轰下31分、5个篮板和5次助攻，捍卫了主场。球迷们再也看不到“詹韦”连线，但“詹韦”对决同样精彩纷呈。

骑士队最终以91∶101不敌热火队，终场哨响后，比赛气氛再度变得温暖起来。詹姆斯又一次和韦德抱在一起，然后詹姆斯挥了挥手，与老队友和迈阿密球迷告别。

“詹姆斯和韦德都是这个时代最好的球员。这是一场引人入胜的对决，我希望自己不是教练，而是球迷，坐在场边静静欣赏詹姆斯和韦德之间的对决，这是篮球之美。无论多久之后，看詹姆斯和韦德的比赛，都会让你的票价物有所值。”

——热火队主帅斯波尔斯特拉

圣诞大战打完后不久，詹姆斯左膝盖和腰部扭伤，错过了自己30岁生日夜与老鹰队的比赛。詹姆斯休战两周时间，一共缺席8场比赛，这是他职业生涯前12年里所遭受的最严重伤病。这本是欧文和乐福证明他们带队能力的机会，但令人大跌眼镜的是，在詹姆斯缺阵的8场比赛里，骑士队战绩竟然是1胜7负。赛季前39场比赛打完，骑士队战绩为19胜20负，这与外界的预期相去甚远，也不是一支争冠球队应该展现出来的比赛能力。

2015年1月上旬，骑士队整个赛季的转折点出现了。首先是骑士队管理层连续做了两笔交易，他们送走了年轻有天赋但与球队风格不搭的迪昂·维特斯，加上未来选秀权，换来了伊曼·香珀特、提莫·莫兹戈夫和JR·史密斯。这笔交易使得骑士队阵容深度提升，内外线实力更加均衡，香珀特和莫兹戈夫加强了球队的防守。

至于史密斯，他当时是臭名昭著的刺头球员，场上场下惹是生非，是尼克斯队的大麻烦。尼克斯队要将史密斯作为香珀特交易的添头，“硬塞”给骑士队，这让骑士队管理层为难了。身为2012—2013赛季的最佳第六人，史密斯缺的不是实力，而是一个能够在更衣室里压得住他的人。如果史密斯依然性格乖张，他将会破坏骑士队的“化学反应”。

但别忘了，骑士队中有詹姆斯，如果说联盟当中只有一名球员能够控制住史密斯，那非詹姆斯莫属。事实上，骑士队管理层在交易史密斯前真的咨询过詹姆斯的意见，詹姆斯点头同意，他的一句“我来搞定史密斯”让骑士队管理层吃下了定心丸。

事后证明，史密斯在詹姆斯身边打球果然是浪子回头，他不仅不再惹事，而且依靠三分球和防守成了骑士队外线的一员悍将，屡立战功。用史密斯自己的话说，是詹姆斯拯救了他的职业生涯。

“我原本对枯燥的NBA生活失去了希望，是詹姆斯拯救了我，帮助我重拾信心。詹姆斯也教会我成了一位合格的父亲，让我明白生活不只是篮球。我对詹姆斯只有感恩，愿意去保护他，不让任何人伤害他。”

——史密斯

而在2015年1月14日，詹姆斯终于迎来复出，他犹如一头雄狮回到了自己的领地上。1月16日，骑士队客场挑战湖人队，詹姆斯和科比两大天王巨星正面对决，这也是科比从跟腱断裂伤病复出以后首次面对詹姆斯。

那时候的湖人队已经退出冠军争夺的行列，这让詹姆斯和科比对决的竞争意味少了很多。詹姆斯似乎一直在有意调节气氛，他与科比拥抱致意，两人不停地交流，既有开玩笑，也有垃圾话，气氛变得温暖而幽默。

詹姆斯和科比最终为球迷献上了一场赏心悦目的比赛，詹姆斯23投12中取下36分，科比以14投7中得到19分、6个篮板和生涯最高的17次助攻。

“与科比比赛总是很有趣，他是我们所见过的最具竞争精神的球员之一。”詹姆斯说道，“我尊重科比，从小就看他的比赛，看他从高中直接跳入NBA比赛，而现在我能够与他同场竞技。我讨厌看到科比因为伤病退出比赛，他现在能回归，这太棒了。”

“如果湖人队和骑士队都是冠军竞争者，我将会保持原有的比赛态度，气氛不会这么友好，”科比说道，“但我知道湖人队的真实情况，也明白自己和詹姆斯交手的机会越来越少了。所以，我就努力去享受比赛。”

詹姆斯率领骑士队以109：102击败了科比领衔的湖人队，结束六连败。正是从这场比赛开始，骑士队完成了一波十二连胜，是自2010年以来球队的最长连胜纪录。在连胜期间，詹姆斯场均27.9分、5.5个篮板和7.1次助攻，投篮命中率达到49.3%。这就是詹姆斯的魔力，他拥有扭转乾坤的能力，骑士队也一扫此前的阴霾，变成了常胜将军。在连胜开始之前，骑士队落后中部赛区第一名公牛队有七个胜场之多，而十二连胜后，他们一举反超对手，领跑中部赛区。

“我们已经在很长时间里都延续着胜利，这对我们来说是一个很棒的结果，也是我们想要呈现出来的表现。”

——詹姆斯

在常规赛最后43场比赛里，骑士队赢下了34场，成为联盟当中势头最猛的球队之一。在詹姆斯的率领下，骑士队通过了常规赛的考验，他们先抑后扬，最终战绩定格在53胜29负，排名东部第二，仅次于60胜22负的老鹰队。骑士队上个赛季的战绩仅为33胜49负，詹姆斯的到来让球队整整多赢了20场比赛，也让克利夫兰球迷自2010年之后再次尝到了季后赛的滋味。

整个2014—2015赛季，詹姆斯个人场均数据为25.3分、6个篮板、7.4次助攻和1.6次抢断，他在MVP评选当中高居第三，仅次于勇士队的斯蒂芬·库里和火箭队的詹姆斯·哈登。

但对志存高远的詹姆斯而言，重返季后赛只是第一步，他真正的目标只有一个，那就是为克利夫兰这座城市带来总冠军奖杯。

> 季后赛是超级巨星的舞台，而詹姆斯天生就属于这样的场合。

只有到了季后赛，詹姆斯才会迸发出更大的能量。在季后赛首轮，詹姆斯遭遇了老对手凯尔特人队，但这个赛季的“绿衫军”已经面目全非，三巨头皮尔斯、加内特和雷·阿伦早已远走，拉简·隆多也交易离队，球队由布拉德利、斯马特、特纳等年轻人当家。詹姆斯率领骑士队轻松以4：0的比分完成横扫，四场比赛，他场均得到27分、9个篮板和6.5次助攻。

在东部半决赛，骑士队遭遇罗斯、诺阿和大加索尔领衔的公牛队，他们遇到了麻烦，前三场比赛打完以1：2落后。关键的第四战在2015年5月11日打响，公牛队在主场继续与骑士队周旋，两队斗得难解难分。终场前9秒，罗斯突破上篮得手，将比分扳成84：84。

所有人都将目光投向詹姆斯，骑士队需要一个英雄从天而降，而詹姆斯是不二人选。主帅布拉特布置最后一攻的战术，他原来的想法是让詹姆斯发界外球。但詹姆斯拿过战术板，划掉了战术图，他跟布拉特说道：“其他人散开，把球给我，我来投最后一球。”

比赛还剩1.5秒，德拉维多瓦发界外球，骑士队全员散开，给了詹姆斯单独面对巴特勒的机会。詹姆斯突然启动跑向底角，巴特勒紧追不舍，德拉维多瓦将球传出，詹姆斯接球后第一时间起跳投篮，这是一个远距离的两分球，球越过了巴特勒的手掌，空心入网。球进哨响，詹姆斯完成了真正意义上的压哨绝杀。

“詹姆斯是如此出色的球员，他投中了一个重要的进球，”作为对手的罗斯已经被詹姆斯的表现所折服，“詹姆斯在有干扰的情况下还能命中投篮，你对此无计可施。”

之后的“天王山之战”，詹姆斯毫无保留，让球迷见识了“全力詹”的恐怖表现。面对公牛队主帅锡伯杜打造的铜墙铁壁，詹姆斯见招拆招，他出战41分钟，24投14中，轰下38分、12个篮板和6次助攻，率领骑士队再下一城，将总比分反超为3：2。骑士队后来居上，在这轮系列赛中占据了主动权，在第六场比赛中，骑士队全员发挥，而公牛队没有顶住压力，进攻失常。

> 骑士队最终狂胜21分，以总比分4：2昂首挺进东部决赛。

骑士队东部决赛的对手是东部一号种子老鹰队，他们在常规赛中取得队史最佳的60胜，比骑士队足足多赢了7场，而且队中拥有四位当赛季的全明星球员，分别是艾尔·霍福德、保罗·米尔萨普、杰夫·蒂格和凯尔·科沃尔。

本以为这是一场势均力敌的较量，但詹姆斯一个人决定了东部决赛的胜负天平。从系列赛第一场开始，詹姆斯就冲锋陷阵，在敌军阵中七进七出，牵制了老鹰队大量的防守注意力，进而带动了骑士队的射手群。骑士队出人意料地连赢四场横扫老鹰队，队史上第二次晋级总决赛。

东部决赛的四场比赛，詹姆斯场均得到30.3分、11个篮板和9.3次助攻，准三双的数据，使他连续第五年闯入总决赛。克利夫兰上一次获得美国四大体育联盟冠军还是在1964年，如今这座城市只差一步就能打破冠军荒，这个艰巨的重担自然落在了骑士队和詹姆斯的肩上。

CAVS
23
21

我知道这座城市的

球迷

经历了什么，
清楚他们有多么

渴望冠军。

不仅仅是克利夫兰，
还有整个俄亥俄州东北部
以及所有

支持骑士队

的球迷。

我们走到了

总决赛的舞台，

这是令人激动的一天。

CAVALIERS
23

4

JINX

噩运，独木难支

无论我在哪里打球，如果输掉总决赛，这就是一个令人失望的结果。但不管如何，我们已经在场上倾尽所有了。

骑士队高歌猛进杀入总决赛，剑指队史首座总冠军，但在攀登荣耀阶梯的过程当中，詹姆斯的球队却损兵折将。在季后赛首轮与凯尔特人队的第四场比赛中，首节还剩5分多钟，凯尔特人队进攻，杰·克劳德远投不中，乐福与奥利尼克卡位，占据了有利的位置，守住了后场篮板。但令人气愤的是，奥利尼克以近乎胡搅蛮缠的方式狠拽乐福的胳膊，这一粗暴的动作直接导致乐福的肩膀脱臼。

乐福右手捂着受伤的左胳膊径直跑向更衣室，他被确诊为肩膀脱臼及相应部位的盂唇和韧带撕裂，需要接受手术治疗，休战四到六个月的时间。这就意味着乐福本赛季的季后赛征程已经提前结束，也让骑士队的夺冠前景蒙上了阴影。

凯尔特人队主帅斯蒂文斯为奥利尼克辩解，称他并不是一个会在场上故意伤害对手的球员。奥利尼克也是深感歉疚，多次试图打电话联系乐福，想亲自道歉，但都遭到了乐福的拒绝。乐福是立志要在这个赛季和骑士队冲击总冠军的，却以这种方式遭遇重伤，他对奥利尼克的所作所为不可能在这么短的时间里释怀。

“是的，我不想再提这件事了，我现在只想恢复健康。”乐福说道，“如果有机会，我会和奥利尼克当面谈谈，但现在，我有更重要的事情去做，专注恢复健康，并继续为队友加油。”

当球队遭遇重挫，詹姆斯再次以领袖之姿站出来表态，他鼓励球队不要气馁，号召其他球员能够挺身而出，填补乐福受伤“报销”的空缺。

“我为乐福感到难过，但我们有足够的深度，其他球员必须尽力做到最好，以此弥补乐福缺阵所带来的影响。”詹姆斯说道，“我们不会找借口，只能继续向前看。”

屋漏偏逢连夜雨，船迟又遇打头风，上天似乎有意要为詹姆斯设置额外的障碍。在东部决赛，欧文左膝盖受伤，缺席第二场和第三场，但好在他伤势并不严重，能够赶在东部决赛第四场复出。而且，即便没有欧文和乐福，詹姆斯一人也足以对付老鹰队，率领骑士队轻松过关。

但詹姆斯和骑士队的噩运并没有因此到头。2015年6月5日，骑士队和勇士队的总决赛如期打响，首战在勇士队主场进行。詹姆斯试图上来就为比赛定下基调，他在首节火力全开，单节砍下12分，骑士队也是先声夺人，早早取得了两位数的优势。

但随着比赛的进行，勇士队利用阵容深度以及库里和汤普森的三分球远投，蚕食着骑士队的优势，在第三节结束前将比分扳平。最后一节，两支球队依然是不相上下，常规时间还剩下24秒钟，骑士队与勇士队打成98：98，比赛到了一球定胜负的时刻。

欧文后场运球到前场，在时间还剩9秒时把球交到詹姆斯手中，由他去单打伊戈达拉。詹姆斯边控制住球，边瞅着计时器，他在还剩6秒时发动攻击，左手突破，然后撤步漂移三分球投篮。在伊戈达拉的干扰之下，詹姆斯的远投偏筐而出，香珀特抢到进攻篮板，随手将球一扔，球弹筐而出。骑士队连续错过两次锁定胜局的机会，比赛进入加时阶段。

加时赛中，骑士队忽然失去了手感，前8次投篮竟然无一命中。更致命的是，终场前2分22秒，骑士队进攻，欧文单挑汤普森，他运球快速突破后急停，试图甩开对手的纠缠。就在此时，意外发生了，欧文毫无征兆地滑倒在地，表情痛苦。紧张的比赛容不得欧文喘息，他顽强地爬了起来退防。但欧文的腿显然受伤了，他步履蹒跚，无法正常移动。勇士队抓住机会，巴恩斯命中三分球，取得105：98的领先。

骑士队请求暂停，欧文被提前换下场，在球员通道，他沮丧而愤怒地扔球衣。欧文心里明白，他这一次伤得不轻，完全不同于东部决赛的那次伤病。随着欧文受伤离场，骑士队球员内心有了起伏，他们加时赛只得到2分，最终以100：108落败。詹姆斯全场狂砍44分、8个篮板和6次助攻，但依然没能拿下胜利。

更加残酷的是，欧文的伤情在经过进一步的检查后，被确诊为左膝盖骨折，他将会接受手术，需要休战几个月的时间。对詹姆斯而言，他一定是在懊悔自己没能在常规时间最后投中那记三分球，如果能投中，他不仅能率领骑士队获胜，也可以让欧文避免这次不幸的伤病。

“我在自己舒服的位置拿到球，后撤步出手，那些球放在之前我都能够投中。”詹姆斯说道，“这就是进或者不进的问题，我们本有机会赢下比赛的。”

随着欧文倒下，骑士队三巨头当中已经有两人宣告季后赛报销，总决赛系列赛剩余的比赛，球队就只剩下詹姆斯一个超级巨星。詹姆斯“单核”带队，骑士队能过老鹰队这一关，但他们总决赛遭遇的可是勇士队，这是一个比老鹰队强大得多的对手。

2014—2015赛季的勇士队异军突起，他们整个赛季的表现都令人惊叹。在常规赛中，勇士队就一骑绝尘，他们一路攻城略地，最终打出了67胜15负的队史最佳战绩。

勇士队当家球星斯蒂芬·库里一举揽获常规赛MVP，队中还有克莱·汤普森、德雷蒙德·格林、哈里森·巴恩斯、安德烈·伊戈达拉、安德鲁·博古特、肖恩·利文斯顿、莱安德罗·巴博萨和大卫·李等人，勇士队猛将如云，阵容非常深厚。

CAVS
23

而骑士队现在的王牌就只剩下詹姆斯，他也是球队还敢于同勇士队一争高下的底气所在。名不见经传的马修·德拉维多瓦顶替欧文进入首发阵容，而乐福之前的空缺则由特里斯坦·汤普森填上，如此一来，骑士队本就深度不足的板凳球员实力被进一步缩减。

总决赛首战之后，骑士队中保持健康且能获得稳定轮换时间并做出贡献的球员只剩下七人，分别是詹姆斯、汤普森、香珀特、莫兹戈夫、德拉维多瓦、史密斯和琼斯，被外界称为“绝地七武士”。

即便如此，詹姆斯也没有选择退缩，他的字典里没有“放弃”这两个字。詹姆斯带着“风萧萧兮易水寒，壮士一去兮不复还”的悲壮率领骑士队继续与勇士队战斗，他真的差一点就创造了不可能的奇迹。

6月8日，总决赛第二场依然是在勇士队主场甲骨文球馆进行，对骑士队来说，这是一场不能再输的比赛。在2015年之前，总决赛历史上出现过31次2：0的情况，其中28次都是领先一方的球队最终获得了总冠军。

因此开场哨响之后，骑士队就立足于拼，全情投入到比赛当中，詹姆斯上来就开启攻击模式，无论这一晚手感如何，他都知道自己必须打出侵略性。德拉维多瓦不惜体力地追着库里跑，莫兹戈夫在内线的肉搏中努力抓住每一次机会。当勇士队派出“死亡五小”阵容时，布拉特就让史密斯换下莫兹戈夫，用同样灵活的小个阵容去应对勇士队的撒手锏。

常规时间还剩1分40秒，詹姆斯两罚全中，骑士队以87∶82领先，取胜在望，但勇士队五小阵容发挥威力，连追5分，将比分扳平，两队连续第二场比赛进入了加时。这一次，骑士队没有掉链子，香珀特命中三分球，詹姆斯和德拉维多瓦连续罚球，更重要的是，在防守端，骑士队众志成城，防得勇士队5分钟里只得到6分。骑士队以95∶93击败勇士队，将总比分扳平。

当最后一攻勇士队进攻失误，终场哨响起后，詹姆斯所有的情绪都迸发出来，他抓住球狠狠砸向地面，然后挥拳怒吼，仿佛他的吼叫声能够从奥克兰传到克利夫兰。

这场比赛，年过30岁的詹姆斯拼了足足50分钟20秒，罕见地疯狂出手35次，轰下了39分、16个篮板和11次助攻的大三双数据。

93
95

而骑士队其他球员也是挺身而出，德拉维多瓦贡献9分、5个篮板和3次抢断，包括加时赛最后时刻反超比分的两个关键罚球，而且在防守端，他牛皮糖式的防守有效限制了库里，让勇士队当家球星23投仅5中，三分球15投2中，仅得到19分，却出现6次失误。莫兹戈夫抢下17分和11个篮板，汤普森摘下14个篮板，史密斯和香珀特分别得到13分和7分。

这是骑士队历史上首次在总决赛的舞台上赢得胜利，在此之前，他们只在2007年进入过总决赛，当时被马刺队4：0横扫。

“我只想为了球队和我的队友们全力以赴，毫无保留地去竞争。”詹姆斯说道，“他们给了我同样的回馈，他们打得很棒，付出了百分百的努力。能够在这样的情况下扳平总比分，这对我们来说非常重要。”

这场比赛，骑士队投篮命中率只有惨淡的32.2%，自1984—1985赛季以来，在季后赛当中，没有球队能够以这么低的命中率赢得胜利。骑士队靠的就是勇气、坚韧和一股不服输的拼劲，他们在篮板球上以55：45领先勇士队。

“我们现在不可能再打出性感的漂亮篮球。之后的每场比赛都会无比艰难，都会经历跟这场比赛一样的苦战。”

——詹姆斯

总决赛第三场移师克利夫兰，主场观众成了球队的最佳第六人。詹姆斯没有让苦苦期盼的骑士队球迷失望，他又一次献出了神一般的表现，出战46分钟，出手34次，命中14球，爆砍40分、12个篮板、8次助攻和4次抢断。终场前2分45秒，库里命中三分球，勇士队一度将比分追至80∶81。但关键时刻，德拉维多瓦再立奇功，他进攻得手还造成库里犯规，詹姆斯随后单打飙中三分球，将优势扩大到7分。最后时刻，詹姆斯稳稳地6罚6中，为骑士队守住了胜利的果实，以96∶91险胜勇士队。

“这是一个重大的时刻，我知道我的队友们需要我站出来。”詹姆斯说道，“我的工作就是走上球场，领导好我的队友，教他们如何打好比赛，大声鼓励他们，告诉他们一切都没问题，我们将会继续为下一场比赛做好准备。”

没有人能想到，詹姆斯竟然带着残缺不全的骑士队连胜两场，总比分2∶1反超了勇士队。詹姆斯的强势表现令所有球迷动容，也让勇士队感到不安，他们必须想方设法扭转局面。勇士队主帅科尔决定调整阵容，伊戈达拉被提上首发，换下博古特。

科尔的用意简单明了，他要从开场就亮出底牌，派出最强的“死亡五小”阵容。在外线，勇士队将有伊戈达拉、汤普森和巴恩斯三大守将，轮流去消耗詹姆斯。同时，格林把守内线，随时补防和进行包夹。詹姆斯遭遇到了最高级别的防守待遇，但即便是这样，他在之后的三场比赛中场均依然有30.7分、14.7个篮板和9.3次助攻的表现。

不过在勇士队的层层防守下，詹姆斯的进攻效率明显下降，投篮和三分球命中率分别被限制到了39.3%和27.3%。身边没有欧文和乐福，詹姆斯终究是独木难支、寡不敌众。而面对勇士队的变阵，骑士队主帅布拉特也是无计可施，因为他的可用之人就只有七人，巧妇难为无米之炊。

勇士队的变阵成了这轮系列赛的转折点，骑士队连输三场，总比分2：4不敌对手，克利夫兰距离51年来的首座四大体育联盟冠军奖杯最终还是差了两场胜利。

虽然功亏一篑，但詹姆斯无愧于自己，无愧于球队，也无愧于球迷，他已经将个人能力发挥到了极致，倾尽所有，六场比赛场均35.8分、13.3个篮板和8.8次助攻，可以高昂着头离开赛场。在总决赛MVP评选当中，作为败方，詹姆斯还获得了四张选票，而获得总决赛MVP的是负责主防他的伊戈达拉，这本身就是对詹姆斯最大的认可。

当然，对詹姆斯来说，没有总冠军，所有的数据和赞誉都毫无价值。在总决赛结束后，詹姆斯难掩失望之情，他把毛巾披在头上，面对着更衣室的衣柜，坐了将近一个小时。除了失望，詹姆斯内心还有不甘。

詹姆斯在2011年效力热火队时经历过更糟糕的总决赛失利，但随后在2012年和2013年，他两度率队夺冠，由此可见，他绝不是一个轻易被困难和挫折击倒的男人。总决赛失利之后，詹姆斯一边“舔舐着”自己的伤口，一边早已在酝酿自己的复仇计划。

CURRY
30

“无论我在哪里打球，不管是迈阿密、克利夫兰还是在火星上，如果输掉了总决赛，这就是一个令人失望的结果。

“我们失去了欧文和乐福，这让我们的实力大受影响。但不管如何，我们已经在场上倾尽所有了。”

——詹姆斯

2016 NBA CHAMPS
2016 NBA CHAMPS

PART2

绝处逢生 铸就传奇

CAVS
CAVS
0

1

RECOVERY

休整，厉兵秣马

输掉总决赛令我感到愤怒，我们有复仇的决心，每个人都渴望重新来过，我们知道自己的终极目标是什么。

勒布朗·詹姆斯回归骑士队的首个赛季就将球队带入总决赛，再次证明了他是这个星球上最杰出的球员，拥有改变球队命运和影响比赛胜负天平的神奇力量。

尽管由于欧文和乐福先后因伤倒下，詹姆斯没能完成夺冠的目标，但心中燃烧的复仇火焰让他对接下来的一个赛季充满动力。詹姆斯需要做的就是号召自己的兄弟们回来再干一场。

2015年休赛期，詹姆斯跳出合同，再次成为完全自由球员，但所有人都知道他将会和骑士队续约。因此，自由市场上并没有出现像2014年夏天那样众多球队哄抢詹姆斯的盛况。对詹姆斯来说，他和骑士队重新签约也是一个不需要考虑就能做出的决定，正如他此前所言，他在克利夫兰有未竟的事业。

在2015年7月10日，詹姆斯正式同意和骑士队续约，他再次签下“1+1”模式的两年合同，总价值达到4697万美元。

詹姆斯之所以连续第二年选择“1+1”模式的合同，主要出于两方面考虑：一是NBA与电视转播商达成了九年价值240亿美元的巨额转播合同，并且将从2016—2017赛季起生效，可以预见，联盟工资帽将在2016年迎来暴涨，届时，詹姆斯可以签下更丰厚的合同；另一方面，詹姆斯合同第二年为球员选项，他能够决定是否跳出合同，这对骑士队管理层是一种威慑，他们必须履行曾答应詹姆斯的“不惜一切代价争冠”的承诺。

尽管骑士队早就预料詹姆斯会续约，但当他确定留守后，球队管理层才算是吃了一颗定心丸，他们后续的工作也变得明确起来。骑士队需要保留上个赛季打入总决赛的阵容班底，并且在这个基础上尽可能地补强阵容。

“詹姆斯续约骑士队，是他个人对球队和克利夫兰这座城市的承诺的强势体现和延续，他要为克利夫兰以及全体骑士队球迷带来冠军。”骑士队总经理格里芬说道，“我们会和他一起来兑现这一承诺。他对社区、对比赛的影响没有被夸大，我们期待着继续一起来完成这一使命。”

跟2014年一样，骑士队在2015年夏天同样忙碌，除了詹姆斯外，凯文·乐福、伊曼·香珀特、JR·史密斯、特里斯坦·汤普森和马修·德拉维多瓦也都进入了自由市场。其中，骑士队重中之重是要留下乐福，他是球队在2014年用两个状元作为筹码才换来的，虽然因伤错过了上个赛季季后赛大部分的比赛，但他是三巨头中的第三人，也是球队的内线核心。

骑士队与乐福的谈判工作进展顺利，不同于詹姆斯，乐福选择了更为稳妥的续约方案，直接和骑士队签署了五年价值1.13亿美元的合同。乐福此举等于是要把自己职业生涯剩余巅峰期全部留在克利夫兰，他相信骑士队，更相信詹姆斯，同时也希望能弥补上个赛季因伤错过总决赛最终与冠军奖杯失之交臂的遗憾。

“上个赛季，在骑士队征战总决赛时，我当时坐在场边，有一种从未如此迫切想上场比赛的感觉。我的梦想就是站在总决赛赛场上，帮助球队和我的队友去赢得比赛，与他们一起倾洒心血、汗水和眼泪，为荣耀而战。”乐福说道，“我知道之前也有很多流言，我确实可以去任何一支我想去的队，但克利夫兰一直是我不变的选择。我们在同一个步调上，有着相同的目标，同时也有未完成的任务，我们想要赢得总冠军，现在是时候回来工作了。”

> 骑士队成功续约詹姆斯和乐福，加上他们早在2014年就和欧文提前续约，这意味着他们成功保留了詹姆斯、欧文和乐福的三巨头组合。

骑士队总经理大卫·格里芬如释重负，他顺利完成了自己在休赛期里最重要的一项任务。

“自乐福加盟球队开始，他就是我们赢球计划的一部分。球队上个赛季能够获得成功，乐福起到了关键的作用。”格里芬难掩喜悦之情地说道，“乐福和球队续约证明了我们对未来有着共同的预期，他是联盟中最好的球员之一，我们非常激动和高兴他选择留在克利夫兰打球，继续和詹姆斯、欧文一起打球。”

与乐福一样，香珀特与骑士队的续约谈判也是顺风顺水。香珀特2014—2015赛季中期从尼克斯队交易加盟骑士队，迅速成为球队重要的拼图之一，他能够防守对方球队的外线进攻尖刀，同时也具备一定的三分威胁。在自由市场开放没多久，香珀特就和骑士队达成了四年4000万美元的合同。

但在这之后，由于巨额奢侈税的压力，骑士队的运作开始变得困难起来，他们和德拉维多瓦的谈判就陷入僵局。德拉维多瓦在2015年总决赛上有不俗的发挥，在欧文因伤报销的情况下，他临危受命，不仅在防守库里时给外界留下了极为深刻的印象，而且在进攻端也是多次立功。在打出这样的表现之后，德拉维多瓦当然想得到一份待遇更高的合同，但骑士队迫于薪资压力，只能竭力压价，双方出现了分歧。

好在德拉维多瓦在试水自由市场后并没有得到其他球队积极的追逐，骑士队最终以一年115万美元的合同留住了德拉维多瓦。这对双方而言都是可以接受的结果，骑士队以低廉的合同再使用德拉维多瓦一年，而德拉维多瓦留在骑士队可以继续冲击总冠军。如果新赛季他还能打出不错的表现，到时候可以再去争取一份优厚的合同。

真正的困难还在后面，骑士队与JR·史密斯进行了一场旷日持久的谈判。史密斯加盟骑士队前是尼克斯队急于甩掉的包袱，几乎没有球队愿意接纳这个烫手山芋。但在加盟骑士队后，史密斯改过自新，在常规赛中坐稳了主力得分后卫的位置，季后赛中主要扮演第六人的角色，发挥可圈可点。在乐福和欧文受伤的情况下，史密斯简直就是詹姆斯的“带刀侍卫”，他是骑士队上个赛季季后赛闯入总决赛的功臣之一。

在骑士队当中，史密斯也是与詹姆斯关系最亲密的球员之一。史密斯视詹姆斯为自己职业生涯的拯救者，对他感恩戴德，而詹姆斯同样欣赏史密斯的比赛和个性。在场内场外，两人打成一片，称兄道弟。

士为知己者死，对史密斯来说，他当然希望能够继续和詹姆斯一起打球，只要詹姆斯还在骑士队，他就愿意为球队赴汤蹈火。而且在球场上，詹姆斯拥有强大的防守牵制力和出色的传球，能够为队友创造出大量的空位，这正好有利于史密斯发挥出他远投的特点。可以说，在詹姆斯身边，史密斯才找回了自我，在球场上充分展现出了自己的价值。

在2015年夏天的自由市场，史密斯跳出价值640万美元的球员选项，成为自由球员，他想要从骑士队那里得到一份更高的合同。但有意思的是，自由市场没有球队出来抬价，因为他们没有詹姆斯这样的球员，生怕压不住史密斯的脾气，纷纷打退堂鼓，不愿给出高价合同。

这样的境地着实令史密斯感到尴尬，他到最后只能选择被动式降薪，以两年1000万美元续约骑士队，但合同第二年是球员选项。不管怎样，史密斯总算是如愿留在了骑士队，依然能与詹姆斯并肩作战，而且跟德拉维多瓦一样，史密斯也能够在2016年夏天再度进入自由市场，趁着工资帽大涨去寻求一份佳约。

“我非常高兴能够继续留在骑士队，这个夏天的谈判像是一段很漫长的旅程，但我认为这样的等待是值得的。

“我跳出合同本想去了解一下NBA的市场，找到最适合自己的球队。而骑士队正在组建一套冠军级别的阵容，我决定放弃获得其他更丰厚合同的机会，选择留在克利夫兰，与队友们一起去冲击总冠军。我已经迫不及待希望新赛季快点开始了。”

——史密斯

“欢迎你回归，兄弟。很高兴看到你依然留在这里。”

——詹姆斯

乐福和史密斯的续约，也从侧面反映了詹姆斯的领导力和非凡影响力。詹姆斯提升了一支球队对于球员的吸引力，能够帮助球队留下关键球员，这是一种巨大的无形资产。

史密斯留队之后，骑士队就只剩下最后一个麻烦，那就是特里斯坦·汤普森的续约问题，这也是其中最复杂和持续时间最长的，堪称一场闹剧。汤普森和欧文都是2011届的新秀，根据规则，他可以和欧文一样，在2014—2015赛季开始前和骑士队提前续约。而当时，骑士队确实有这个意愿，他们为欧文提供了顶薪合同，为汤普森提前提供的则是四年5200万美元的合同。

骑士队当时的这两份报价合情合理，并没有偏向欧文。欧文在2013—2014赛季结束后已经两次入选全明星，是联盟当中的超级新星，而汤普森在2013—2014赛季场均得到11.7分和9.2个篮板，相比之前一个赛季几乎没有进步。最终，欧文在合同上签字，汤普森一口回绝了骑士队的报价。

2014—2015赛季，由于乐福和莫兹戈夫的到来，汤普森失去了自己的主力位置，他常规赛场均数据下滑到了8.5分和8个篮板。但上天似乎在眷顾汤普森，2014—2015赛季季后赛，由于乐福受伤，汤普森受到了重用，他抓住机会，在20场比赛中首发15次，场均能够贡献9.6分和10.8个篮板的准两双数据。总决赛对勇士队的六场比赛，汤普森场均贡献10分和13个篮板，每场比赛都篮板上双，一举打出了身价。

在2015年自由市场开启后，骑士队提高了对汤普森的续约报价，开出了五年8000万美元的合同，双方几乎就要达成一致。但出人意料的是，汤普森阵营突然提高报价，要求得到五年9400万美元的顶薪合同。汤普森一方狮子大开口，这让要承受巨额奢侈税压力的骑士队不堪重负，管理层和汤普森的经纪人里奇·保罗讨价还价，谈了好几个月也没有谈拢。保罗更是扬言，如果骑士队不提供顶薪合同，那么汤普森将只会和骑士队签署为期一年的报价合同，选择在2016年夏天成为完全自由球员。

> 汤普森阵营在续约问题上和骑士队扯皮，也让詹姆斯陷入了舆论的风波当中。

原因是汤普森和詹姆斯是同一经纪人，都是里奇·保罗。而保罗不仅是詹姆斯的经纪人，也是他智囊团中的核心成员，两人是伙伴，更是生意场上的搭档。舆论认为，汤普森和里奇·保罗之所以在与骑士队谈判时态度强硬，就是因为有詹姆斯在背后撑腰。

詹姆斯也深知这起事件有些敏感，在接受采访时，他也是选择性地回避。“对于汤普森的续约问题，我该说的都说了，也没有更多的评论。”詹姆斯说道，“我乐观地相信他们双方最终会达成共识，汤普森回到球队只是时间问题。”

但不可思议的是，直到常规赛开始前一周多时间，骑士队和汤普森的续约问题居然还没有解决，他因此错过了球队的训练营和季前赛的比赛。这对骑士队的备战造成了一定的影响，也不利于整支球队的安定和持续性。

在这时候，詹姆斯终于忍不住了，他向媒体发话，表示骑士队是一支志在夺冠的球队，汤普森是其中的重要一员，他希望双方能够尽快续约。如果续约闹剧一直持续，詹姆斯认为这会伤害到球队，进而会影响到骑士队的夺冠机会。

詹姆斯的这番言论成为解决汤普森续约问题的催化剂，骑士队和汤普森最终各退一步，达成了五年8200万美元的合同。这也让汤普森成了2015—2016赛季薪资第六高的大前锋球员，仅次于乐福、阿尔德里奇、格里芬、米尔萨普和大卫·李。

“这是一个漫长的夏天，我们完成了一项艰巨的任务。”汤普森回顾这个长达四个月的马拉松式谈判时说道，“现在，我终于回到了克利夫兰，是时候重新回来工作了。”

至此，骑士队在2015年休赛期的运作方才告一段落，他们跟詹姆斯、乐福、汤普森、香珀特、史密斯和德拉维多瓦都完成了续约，总金额花费接近3亿美元。另外，骑士队还和老将詹姆斯·琼斯续签了一份老将底薪合同，他在上个赛季东部决赛和总决赛都获得了不少的轮换时间。加上原本就有合同在身的欧文和莫兹戈夫，骑士队保留了打入上个赛季总决赛阵容的主体框架。

除了保留原有球员外，骑士队还利用一切可能的条件在自由市场上引援。在2015年8月，骑士队和理查德·杰弗森达成协议，用老将底薪合同签下了这位锋线悍将。杰弗森在加盟骑士队之前已经在联盟效力了14个赛季，场均能够得到13.9分和4.3个篮板。杰弗森曾在2002年和2003年帮助篮网队连续打入总决赛，他此后还在包括马刺队在内的多支球队打过球，有着丰富的季后赛经验。

骑士队能够以底薪合同签下杰弗森绝对是捡了一个大便宜，而杰弗森选择克利夫兰，也是冲着詹姆斯和夺冠的目的而来的。

“2002年，我在篮网队第一次进入总决赛，然后输给了湖人队。2003年，我们再次进入总决赛，最后不敌马刺队。我彻底崩溃了，我在想：‘嘿，我明年再来，这种事还会发生。’”杰弗森说道，“但在我前往克利夫兰之前，我一直都没能再进总决赛，这里将是我努力回到总决赛舞台的最后机会。”

骑士队还用稍高于底薪合同的双年特例条款签下了莫·威廉姆斯，他是球队的旧将，也是詹姆斯的老搭档。莫·威廉姆斯曾在2008年到2011年间效力于骑士队，他在这里打出过生涯最高光表现，在2008—2009赛季生涯唯一一次入选了全明星。

有人来，自然就有人走。骑士队通过交易送走了迈克·米勒和布兰登·海伍德。在短暂的骑士队生涯当中，米勒状态严重下滑，他在常规赛中场均得分只有2.1分，赖以生存的三分球命中率也跌到了32.7%。在季后赛中，米勒也没有派上用场，哪怕总决赛骑士队人手如此短缺，米勒获得的上场时间也非常有限，几乎没有做出贡献，整个季后赛，他一共就只得到9分。

休赛期的运作尘埃落定，骑士队为了打造这套阵容，新赛季薪资总额和奢侈税总支出将高达1.7亿美元。

这就是球队管理层向詹姆斯所展示出来的一种态度，他们一直都在履行当初的承诺，愿意不惜一切代价围绕詹姆斯打造一套有足够竞争力的阵容，向队史的首座总冠军奖杯发起冲击。

对于骑士队管理层在这个夏天的运作，詹姆斯没有理由不感到满意。詹姆斯身边依然有欧文和乐福两大巨头，而其他的得力干将史密斯、汤普森、香珀特等人悉数回归。骑士队管理层做到了自己应该做的事情，而接下来的挑战就要轮到詹姆斯来面对，他需要为使命而战，将冠军奖杯带回克利夫兰。

在新赛季训练营开始之前，詹姆斯就发挥表率作用，提前号召队友们来迈阿密集合，举行一个迷你训练营，加强队友之间的联系和磨合，这将会对整支球队“化学反应”的提升起到积极的作用。在采访中，詹姆斯坦言虽然总决赛已经过去数月，但他没有忘记失利的痛苦，这是他新赛季向勇士队复仇的动力源泉。

“上个赛季输掉总决赛令我感到愤怒。在2011年，我在总决赛中输给了小牛队，接下来的一个赛季，我们在常规赛横扫了他们，都取得大胜。我们有复仇的决心，每个人都渴望重新来过。因此，我们现在就提前集合，为什么要等到训练营开始再练呢？我们调整好心态，提前为新的赛季做好准备，我们知道自己的终极目标是什么，这是不言自明的。”

——詹姆斯

詹姆斯的情绪也感染到了身边的队友，尤其是欧文，他在总决赛首战受伤，导致球队最后痛失总冠军。欧文跟詹姆斯一样，他对于上个赛季的总决赛失利依然耿耿于怀。

“我和队友们都很生气。这个赛季，我们将保持一种不同的心态，期待迎接挑战。骑士队内不会有太多欢声笑语，这是我们要向外界传递的信号。”欧文在接受采访时说道，“我们都没有忘记上个赛季的总决赛经历，这将促使我们变得更好更强。在新的赛季里，对手会向我们发起挑战，而我们也要做出回击。我们全队上下都将一起努力，为这个充满挑战性的赛季做好准备。”

23
FanDuel

Cavaliers
23
9

2

STRUGGLE

发力，攻无不克

我们要走上球场继续去战斗，
我们依然要打好每一场比赛，
去证明自己是冠军之师。

在骑士队三巨头组建的首个赛季，即2014—2015赛季，球队在开局阶段表现挣扎，很大一部分原因是当时球队是全新的阵容，球员们需要时间来熟悉彼此。但2015—2016赛季变得有所不同，詹姆斯、乐福和欧文已经在一起打了一整个赛季，上个赛季中期加盟球队的史密斯、香珀特和莫兹戈夫等人经过半个赛季和季后赛的磨合，已经融入球队。当然更为重要的是，2015—2016赛季的骑士队和詹姆斯都是为复仇而来，他们有一种誓将对手摧毁的心态。

欧文在上个赛季总决赛遭受的膝伤尚未痊愈，他缺席了赛季的前24场比赛，但只要有詹姆斯在，骑士队的战绩就有保障。2015年10月28日的揭幕战，骑士队客场挑战老对手公牛队，詹姆斯赛季首秀就展现出了良好的状态，他22投12中，轰下25分、10个篮板和5次助攻。在最后时刻，骑士队落后2分，詹姆斯本有机会将比分扳平，但他的上篮遭到了保罗·加索尔的封盖，骑士队以2分之差惜败。

自揭幕战后，詹姆斯率领骑士队连战连捷，豪取八连胜。在这八场比赛中，詹姆斯场均拿下26分、5.8个篮板和6.8次助攻，投篮命中率达到50.3%，他早早就进入了一个相当不错的状态，率领骑士队在东部排名中占据了领先的位置。

在11月3日骑士队客场对阵76人队的比赛中，詹姆斯贡献22分、9个篮板和11次助攻的准三双数据，以30岁307天成为NBA历史上最年轻的25000分先生。之前的纪录由科比·布莱恩特保持，他得到第25000分的年龄是31岁351天。

谈到这一里程碑式的纪录，詹姆斯由衷地发出感慨，称自己已经是联盟中的一名老将了，但同时，他壮心不已，表露了要百尺竿头更进一步的期许。

BUTLER
21
NBA
SPALDING

“我很荣幸能成为历史上最年轻的25000分先生，但同时，这也意味着我已经打了很多个年头，与很多伟大的队友合作过，在众多出色的教练手下打过球。”

“我在一些出色的球队里打球，这让我受益匪浅。这是一个很酷的纪录，但同时，我知道自己还有很多的事情要做。当有一天我停下脚步，再回头看这个纪录，我一定会感觉酷极了。”

——詹姆斯

随着生涯年限的延长，詹姆斯各项数据不断积累，不断赶超NBA历史上那些大名鼎鼎的传奇。在11月11日到18日期间，詹姆斯连续四场比赛轰下30+，并借此在NBA历史得分榜上超越了“Logo Man”——湖人队名宿杰里·韦斯特，升至历史总得分榜第19位。

“无论是什么时候，无论是谁，当我们谈论到韦斯特，都会充满敬意，联盟中的任何一个人都是如此，”詹姆斯说道，“因此在历史得分榜上超越韦斯特，这是一个巨大的荣耀。我曾拜读过韦斯特的书，也有幸和他对话，韦斯特就是篮球这项运动的代表。”

在欧文复出前的最后一场比赛中，骑士队坐镇主场迎战杜兰特和威斯布鲁克领衔的雷霆队，这是两支争冠球队的直接对话。詹姆斯大战杜兰特，联盟中最好的两大巨星正面对决。詹姆斯忘我地投入到比赛当中，终场前5分钟，他为了救球，奋不顾身地飞向场边观众席，结果詹姆斯自己没事，却把在一旁观战的女观众艾莉·代伊撞晕过去。

艾莉·代伊是美国高尔夫锦标赛冠军简森·代伊的爱妻，她上个月才刚刚产下自己的第二个孩子。艾莉·代伊被詹姆斯这一撞后，被抬上担架，紧急送往当地的医院。对于这次意外事件，詹姆斯不仅当场对艾莉·代伊表达了歉意，赛后还前往医院看望了她。

“艾莉抓住我的手，告诉我她没事。”詹姆斯说道，“对我来说，艾莉的健康是最为重要的。而当时，我只是为了救球，希望球队能够得到一个球权，结果发生了这样的事情，这是我不愿看到的。艾莉，我希望你没事，再次表示我的歉意，期待你下次再来骑士队主场看球。”

回到与雷霆队的比赛当中，决胜时刻，詹姆斯二次进攻得手，并助攻乐福命中三分球，终场前，骑士队防住了杜兰特和威斯布鲁克的远投，以4分优势赢下了这场强强对话。詹姆斯轰下33分、9个篮板和11次助攻，表现力压只得到25分和5次助攻的杜兰特。

在欧文休战的24场比赛里，詹姆斯率领骑士队取得了17胜7负的不俗战绩，他场均能够得到26.6分、7.7个篮板和6.5次助攻，投篮命中率达到49.8%，又是MVP级别的表现。

CASINO RESORT
Cavaliers
23
11

而在欧文复出之后，詹姆斯有意收敛了自己的进攻火力，他更多的是负责统领大局，把摧城拔寨的任务交给了欧文。在圣诞大战前，骑士队轰出了一波6连胜，总战绩达到19胜7负。

到了2015年12月26日，万众瞩目的圣诞大战即将打响，对詹姆斯和所有骑士队球员来说，这场比赛有着特殊的意义，因为他们的对手是勇士队，这不仅是上个赛季总决赛的重演，也是一场复仇之战。

值得一提的是，勇士队在2015年获得总冠军后，他们在2015—2016赛季变得更加强大，新赛季开局，他们打出令人瞠目结舌的表现，豪取24连胜，一举刷新了NBA历史的最佳开局纪录。在圣诞大战前，勇士队只输了一场，总战绩为27胜1负，这毫无疑问给詹姆斯和骑士队提出了更大的挑战，他们将要面对的对手是一支历史级别的球队。

这场全美直播的圣诞大战在奥克兰的甲骨文球馆举行，勇士队和骑士队心照不宣，都是全力以赴，打出了季后赛级别的强度。前三节打完，骑士队以59：64落后勇士队，这样的低比分在常规赛中是非常少见的。显而易见，两队球员拿出了打总决赛的态度来对待这场比赛。

末节决战，骑士队三巨头展现威力，欧文突破，詹姆斯连续暴扣，乐福补篮，他们一度将比分追到80：83。只可惜最后时刻詹姆斯远投不中，骑士队功亏一篑，以83：89告负，旧仇未报又添新恨。詹姆斯得到25分和9个篮板，但在勇士队锋线群的防守下，他26投仅10中，助攻也只有2次。在这场比赛中，勇士队的“死亡五小”阵容再次笑到了最后。

“我们是有机会赢下比赛的，”詹姆斯说道，“我们打出了强悍的防守，当打出这样的防守表现，我们是很难被击败的。但在进攻端，我们没有打出应该有的表现，所有人都手感不佳。”

尽管输掉了圣诞大战，但詹姆斯和骑士队并没有受到影响，他们在2015年12月底到2016年1月上旬状态爆棚，完成了一波八连胜。2016年1月19日，骑士队和勇士队再次相遇，这是他们在常规赛中复仇勇士队的最后机会。

而且当时的骑士队可以说正处于最好的状态，球队过去十场比赛赢下九场，欧文已经完全摆脱膝伤的影响，表现渐入佳境。骑士队上下几乎全员健康，阵容齐整，而且他们还拥有主场优势。无论是詹姆斯还是其他球员，都对再战勇士队抱有非常高的期待。对骑士队而言，这就像一个宣言之战，他们极度想要证明自己有实力击败当时看起来无敌的勇士队。

但这场大战的进程却让骑士队始料未及，勇士队早早进入状态，他们反客为主，首节就取得了13分的优势，半场将优势扩大到了26分，第三节打完，勇士队已经以104：67遥遥领先，比赛早早就失去了悬念。

骑士队翘首以盼的一场比赛，最终换来的却是净负34分的耻辱惨败。

骑士队三巨头在主场也是颜面扫地，詹姆斯只得到16分、5个篮板和5次助攻，而且他依然没有打出应有的效率，16投仅仅7中。欧文和乐福的发挥更是不忍直视，欧文11投3中只得到8分，乐福干脆5投1中仅进账3分。相比之下，勇士队的库里一人就轰下35分，比骑士队三巨头的得分加起来还要多，他们还另有四名球员得分上双。

作为东西部最强的两支球队，骑士队在常规赛中遭遇勇士队横扫，如果算上上个赛季的总决赛，骑士队已经连续五场不敌对手，这对他们的自信心是一个巨大的打击。在两队的冠军竞争当中，骑士队在心理上已经落入下风。

“我们让勇士队为所欲为，根本就没办法阻止他们。”詹姆斯在赛后略显沮丧地说道，“面对顶级强队，我们想要打出好的表现，但我们没有做到。本赛季面对“西部双雄”勇士队和马刺队，我们0胜3负。这样的比赛让我们意识到了差距，证明我们距离冠军奖杯还有相当遥远的距离。”

而在这场比赛后不久，骑士队做出了一个重大的人事决定，球队在2016年1月23日宣布解雇主帅布拉特。要知道，在布拉特下课之前，骑士队以30胜11负高居东部第一，胜率为73.2%，他担任骑士队主帅以来，总的常规赛战绩达到了83胜40负，胜率为67.5%。

> 布拉特由此也创造了一个尴尬的纪录，他成了NBA历史上胜率最高的下课主帅。

在布拉特的下课事件中，詹姆斯被卷入舆论旋涡当中，他和他的经纪团队被外界指为幕后推手。布拉特的执教能力虽然享誉欧洲，但在NBA，他还是个菜鸟主帅，根本压不住这个联盟中最具影响力的超级巨星。

有媒体披露，在骑士队内部，布拉特始终无法与当家球星詹姆斯形成良好的"化学反应"，而在多场比赛中，詹姆斯都公开质疑布拉特的换人决定以及战术布置。詹姆斯还经常随意取消布拉特布置的战术，甚至在总决赛上也是如此。这也导致连骑士队的其他球员都敢违背布拉特的指令，最终布拉特在骑士队里没有一点儿话语权。

而在常规赛连续输给勇士队和马刺队之后，詹姆斯心中已经认定，布拉特根本无法帮助他和骑士队去击败联盟的顶级球队，因为从上个赛季总决赛到本赛季与勇士队的两场对决，骑士队始终没有找到能击破对手"死亡五小"的策略。

不能破解勇士队的"死亡五小"，意味着骑士队在争冠路上永远会横亘着一块无法逾越的巨石，詹姆斯要为克利夫兰夺冠的诺言就难以兑现。这就直接决定了布拉特在骑士队的命运，他不是球队帅位上的答案。

骑士队总经理大卫·格里芬在采访中澄清，称球队解雇布拉特没有征求过任何球员的意见，言下之意是布拉特的下课与詹姆斯无关。但在外人看来，格里芬的话颇有点儿欲盖弥彰的味道。对于外界的猜测，詹姆斯在采访中做出了回应，他强调自己没有参与骑士队的换帅决定，也不在乎别人的说法。

“我没有影响管理层去做换帅的决定，事实上，对于布拉特的下课，我也感到惊讶和猝不及防。”詹姆斯说道，“我无法控制别人说什么，也不在乎外界的评论。我和其他骑士队球员一样，也是突然知道这个消息的。无论是否喜欢管理层的做法，你只能尊重这个决定。”

> 骑士队解雇布拉特后就将首席助教泰伦·卢提拔为主帅，他此前从未有过执教NBA球队的经验。

但泰伦·卢的优势在于他有11年的NBA球员生涯，并在2000年和2001年效力湖人队期间两次获得总冠军奖杯。泰伦·卢还在多位名帅手下打过球，包括菲尔·杰克逊、道格·科林斯、道格·里弗斯和杰夫·范甘迪等人。退役之后，泰伦·卢在凯尔特人队和快船队担任助教，协助冠军教头里弗斯。

相比布拉特，泰伦·卢要更加熟悉NBA的大环境，了解联盟不同球队的战术打法，他也更擅长处理更衣室里的问题。泰伦·卢和骑士队球员都保持着不错的关系，詹姆斯也在采访中力挺新帅，他表示自己愿意听泰伦·卢的指导。

“从我17岁起，我就和泰伦·卢成了朋友。但现在，泰伦·卢是教练，我得听他的。”詹姆斯说道，“他会指导我、督促我，我也会听他作为教练员的所有指导。不要去试着编什么我和泰伦·卢关系如此紧密致使骑士队换帅的故事了。我想这个联盟中许多教练和队员之间都有这种深厚的感情，只不过现在各种事情刚好一起发生在我身上了。”

临阵换帅本是兵家大忌，但詹姆斯强大的控场能力让骑士队免于经历动荡。

在布拉特下课后不久，詹姆斯就率领骑士打出了一波五连胜，其中就包括2016年1月31日他们在主场以117：103击败总决赛假想敌之一的马刺队。

这场比赛，骑士队打出了詹姆斯所希望看到的那种表现。三巨头联手发威，詹姆斯17投10中，得到29分、5个篮板和7次助攻；欧文17投9中，贡献21分和6次助攻；乐福13投8中，抢下21分和11个篮板。骑士队攻防俱佳，用货真价实的表现战胜了联盟的顶级球队马刺队，这对他们争冠的信心是一个巨大的提升。

“我们今晚打出了一场漂亮的比赛，无论是进攻还是防守都发挥出了高水平。”詹姆斯满意地说道，“我们加快了进攻节奏，做到了教练要求我们想要战胜强大球队所应该做到的一切。”

“三巨头引领我们赢球，”新官上任不久的泰伦·卢说道，“他们的表现给了整支球队信心，让我们知道我们是有能力击败马刺队这样出色的球队的。”

在2016年全明星赛后，詹姆斯再次率队豪取五连胜，巩固了球队在东部的排名。在2015—2016赛季结束之后，骑士队以57胜25负的战绩锁定了东部第一的位置，这也是球队常规赛历史上并列第三好的战绩。在2008—2009赛季和2009—2010赛季，骑士队分别在常规赛取胜66场和61场，而当时球队的领军球员都是詹姆斯。

整个2015—2016赛季常规赛，詹姆斯场均数据达到25.3分、7.4个篮板和6.8次助攻，他连续12年入选了全明星，连续9年入选最佳阵容第一阵，在MVP评选中，詹姆斯位居第三，仅次于勇士队的库里和马刺队的伦纳德。

但对詹姆斯这种级别的超级巨星而言，常规赛不过是走过场，季后赛才是真正的舞台。2016年季后赛打响之后，骑士队的运气要比2015年好得多，主要球员基本都保持健康，詹姆斯和他的球队开始展现出恐怖的统治力。

在首轮对阵活塞队和第二轮面对老鹰队的比赛中，骑士队都是轻松完成横扫。而有欧文和乐福在身边，詹姆斯不用再像上个赛季季后赛那样背负沉重的压力。詹姆斯留着力打完了季后赛前两轮，对活塞队的四场比赛中，他场均获得22.8分、9个篮板和6.8次助攻。与老鹰队的系列赛，詹姆斯稍稍提升了自己的表现，四场比赛场均贡献24.3分、8.5个篮板和7.8次助攻，投篮和三分球命中率分别达到50.7%和42.1%。

“我们现在状态火热，手感正佳，在比赛当中，我们的节奏感也非常棒。”詹姆斯说道，“我们知道球队的目标是什么，清楚我们想要到达什么样的位置。”

到了东部决赛，骑士队面对的是猛龙队，这是一块难啃的骨头。猛龙队在常规赛中赢下56场，排名东部第二，仅落后骑士队1个胜场。而且，猛龙队也有自己的明星球员，那就是后场双星德马尔·德罗赞和凯尔·洛瑞，他们都在2015—2016赛季入选了全明星。

IRVING
2
23

但没想到的是，东部决赛前两场完全成了骑士队的碾压局，他们在主场分别以31分和19分的优势狂胜猛龙队，取得了总比分2：0的成绩。詹姆斯是猛龙队在防守端无法解决的问题，他一场24分、6个篮板和4次助攻，一场23分、11个篮板和11次助攻，两场比赛的投篮合计26投18中，命中率接近七成，场上效率值分别是+20和+16。

> 骑士队在季后赛开始后打出了十连胜的完美开局，他们是NBA历史上第四次做到这一点的球队，此前的三次分别是1989年、2001年的湖人队和2012年的马刺队。

骑士队展现了比上个赛季更强的争冠决心，做好了更充分的准备工作。

但为了防止骑士队产生自满的情绪，詹姆斯在采访中特意淡化了十连胜，他提醒队友们必须时刻保持清醒，要牢记他们最终的目标是什么。

“我并没有连胜的感觉。”詹姆斯说道，“事实上，我们现在做的就是赢下一场比赛，然后接着再赢下一场，一步步接近我们的目标。我们想要努力处理好场上发生的一切。”

在东部决赛第三场和第四场，骑士队前往多伦多打客场比赛果然就遭遇了季后赛开始以来的首次挑战。猛龙队回到主场后做出了强势的回应，他们在多伦多不仅破了骑士队季后赛的不败金身，而且是连扳两场，将总比分改写为2：2，两队回到了同一起跑线上。

东部决赛重新变得富有悬念，第五场的“天王山之战”成了骑士队和猛龙队争夺的重点。但詹姆斯不想让这轮系列赛有更大的变数，他回到速贷中心球馆后再次统治了球场，继续打出高效率的进攻，17投10中砍下23分、6个篮板和8次助攻。比赛很快就呈现一边倒的局面，詹姆斯率领骑士队首节就取得18分的巨大领先，最终以38分的优势大胜猛龙队。

除了詹姆斯外，骑士队另外两大巨头也有不俗发挥，欧文17投9中得到23分，乐福找回状态，10投8中，罚球6中6，取下25分。当三巨头联手发威之时，骑士队就是一支难以战胜的球队。

“我们必须在开场就展现出统治力，而这一切都要从我们三个人开始做起。”詹姆斯说道，“这场比赛，我们的感觉和表现都要好很多。乐福及时调整了自己的状态，他是真正的职业球员。”

之后的系列赛第六场，詹姆斯和骑士队同样没有给猛龙队任何的机会。詹姆斯首节独得14分为比赛奠定了基调，骑士队最终在客场以113：87轻取猛龙队。詹姆斯进攻依然高效，22投13中，送出了33分、11个篮板和6次助攻。

东部决赛六场比赛，詹姆斯场均得到26分、8.5个篮板和6.7次助攻，投篮命中率高达62.2%，毫无疑问是整轮系列赛表现最为出色的球员。骑士队以总比分4：2淘汰猛龙队，连续第二年杀入总决赛，这也是詹姆斯个人连续第六年晋级总决赛。詹姆斯是NBA历史上第八位能连续六年闯进总决赛的球员，而之前的七位都是20世纪60年代凯尔特人队“王朝”的成员。

“我们需要詹姆斯早早站出来为比赛奠定基调，我觉得他做到了，他干得非常棒。”泰伦·卢说道，“詹姆斯已经连续六年杀入了总决赛，这是一个不可思议的成就。”

在锁定总决赛席位后，詹姆斯在采访中却绝口不提个人的荣誉，他所念及的是要为骑士队赢得队史首座总冠军的目标，以及结束克利夫兰这座城市52年没有四大体育联盟冠军的历史的使命。

CAVS
23

“我知道我们这座城市配得上一座冠军奖杯，我们的球迷也理应享受到夺冠的喜悦。”詹姆斯说道，“但现在，我们还没有取得最终的胜利果实。我们要走上球场继续去战斗，我们依然要打好每一场比赛，去证明自己是冠军之师。”

从重伤中走出来的欧文再次叩开了总决赛的大门，他表达了跟詹姆斯一样的态度，那就是骑士队还有终极任务需要去完成。

“我们不会因此而感到满足，一点儿也不。”欧文说道，“我们眼前依然还有一个目标，那是一个必须去完成的目标。我知道球队中的其他家伙已经为此做好准备了。”

2016
NBA

3

IMPASSE

绝境，史诗逆转

克利夫兰，这个冠军是献给你的！

詹姆斯率领骑士队从东部突围，再次走上总决赛场地，他们的对手不是别人，正是去年总决赛击败他们的勇士队。而且相比上个赛季，本赛季的勇士队更为可怕，他们在常规赛中豪取开局24连胜，最终以73胜9负的战绩打破了公牛队在1995—1996赛季创造的72胜10负的常规赛最佳战绩纪录，这之前被认为是NBA历史上最难打破的纪录之一。

勇士队最致命的杀招就是“死亡五小”阵容，可以说是令联盟其他球队闻风丧胆。在常规赛中，当勇士队以两位数的分差落后时，他们就会祭出五小阵容，并且多次成功翻盘。骑士队在常规赛中遭遇勇士队横扫，詹姆斯和他的队友们就见识过了五小阵容的厉害。

在季后赛中，勇士队也是过关斩将，前两轮都是以4：1的总比分分别淘汰了火箭队和开拓者队。在西部决赛面对杜兰特和威斯布鲁克领衔的雷霆队，勇士队一度以1：3落后被逼到悬崖边上，但此后勇士队爆发出惊人的能量，他们连胜三场，成就了西部决赛历史上首次1：3落后最终逆转晋级的经典好戏。

骑士队有詹姆斯、乐福和欧文三巨头，而勇士队的球星成色也不差，库里有了上个赛季总冠军的光环后，在本赛季展现出了超级巨星的风范。他在2015—2016赛季常规赛中场均取得30.1分、5.4个篮板、6.7次助攻和2.1次抢断，包揽联盟得分王和抢断王。

整个赛季，库里一共投进了402个三分球，创NBA历史纪录，他不仅蝉联常规赛MVP，而且是历史上首位全票当选的MVP。

KIA

跟库里一起，克莱·汤普森和德雷蒙德·格林都在2015—2016赛季入选了全明星。汤普森是联盟当中最好的射手之一，在对阵雷霆队的西部决赛第六场比赛中，他狂砍41分，投中11记三分球，创造了季后赛单场三分球纪录。在防守端，汤普森也是外线的铁闸。而格林是联盟当中最全能的内线，他防守能力顶级，还能组织、策应和掩护，是勇士队进攻战术的主要发起者。除此之外，勇士队中还有博古特、巴恩斯、2015年总决赛MVP伊戈达拉、利文斯顿、巴博萨和斯佩茨等悍将。

当骑士队和勇士队连续第二年会师总决赛，骑士队尽管拥有詹姆斯，但依然被认为是处于下风的那一方。

在总决赛前的预测当中，*ESPN*有20位专家投票，其中14人都看好勇士队，只有6人支持骑士队。

总决赛前两场比赛似乎也印证了这样的预测，面对勇士队一气呵成的进攻和密不透风的防守，骑士队完全没有招架之力。总决赛首战，骑士队只得到89分，以15分之差不敌勇士队。第二场，骑士队更是一溃千里，以77：110惨负，33分也是勇士队征战总决赛以来的最大净胜分差。

这两场比赛，詹姆斯遭到勇士队的车轮防守，进攻发挥受到限制，他场均得到21分、10个篮板和9次助攻，虽然是准三双的数据，但一对上勇士队的防守，他的进攻效率总是不够理想，两场比赛投篮合计38投16中，命中率只有42.1%。

> “他们完全击溃了我们。我们没有任何的赢球机会，这场比赛我们完败，从自始至终都没有看到赢球的希望。”
>
> ——詹姆斯

在NBA季后赛历史上，从来没有球队能够在0：3落后的情况下完成逆转，所以詹姆斯和骑士队非常清楚总决赛第三场意味着什么，他们在回到主场之后必须强势反弹。“要么生存，要么死亡。对克利夫兰而言，现在就是决一死战的时候了。”詹姆斯说道。

对骑士队而言，雪上加霜的是，球队内线核心乐福由于在上场比赛中遭遇脑震荡，他将无法出战生死攸关的第三场。泰伦·卢决定让理查德·杰弗森代替乐福首发，并且让这位老将打了足足33分钟。

没想到，骑士队因祸得福，泰伦·卢意外发现，当杰弗森在场上时，他们能够在一定程度上压制勇士队的五小阵容。这场比赛，骑士队防得勇士队只得到90分，“水花兄弟”库里和汤普森加起来只有29分。

而在进攻方面，詹姆斯身为球队的领袖，当然是以身作则。总决赛第三场开场哨响后，詹姆斯就如同一头愤怒的狮子，他连续冲击篮下，要么暴扣，要么上篮，首节就得到了8分。欧文也是给詹姆斯提供了强力帮助，他在首节一个人就轰下16分。骑士队首节以33：16大比分领先勇士队，全场占据主动权，他们最终以120：90大获全胜，回赠给勇士队一场30分的惨败。

这场比赛，詹姆斯找回了进攻的感觉，他26次出手，命中14球，得到了32分、11个篮板和6次助攻，而欧文也扮演好了自己进攻箭头的角色，他25投12中，贡献30分。

“感谢现场的20000名球迷，他们从一开始就给了我们能量。我们终于打出了应有的表现。我们的节奏很好，打出了一场流畅的比赛，这是整个团队的胜利。”

——詹姆斯

詹姆斯满怀信心地期待总决赛第四场，但勇士队方面早有对策，球队主帅斯蒂夫·科尔亮出底牌，那就是在比赛中更早地上“死亡五小”阵容，并且尽可能长地使用。

勇士队首发中锋是博古特，但他只打了10分01秒，替补席上的伊戈达拉的出场时间则达到了37分08秒。在比赛大部分时间里，勇士队场上阵容都是库里、汤普森、格林、伊戈达拉和巴恩斯。

这是勇士队的无敌阵容，但既然是总决赛舞台，骑士队也是放手一搏。依靠詹姆斯和欧文的个人发挥，骑士队在前三节仅仅以77∶79落后勇士队2分。在决定胜负的第四节，勇士队的小个阵容发挥出威力，巴恩斯和库里连续命中三分球，而在防守端，伊戈达拉有效钳制詹姆斯，勇士队将骑士队的单节得分限制到了20分。

第四场结束，骑士队以97∶108不敌勇士队，总比分1∶3落后。在NBA总决赛历史上，从来没有球队能够在1∶3落后的情况下逆转，此时此刻，骑士队已经深陷绝境，没有人看好他们能够逆天改命。根据*ESPN*的数据模型计算，骑士队的夺冠概率仅剩下3%。

难道詹姆斯和骑士队要又一次败在勇士队手下了吗？或许连最坚定的骑士队球迷都已经不抱希望了，但詹姆斯依然没有放弃，他有信心在客场抢下一场胜利，将系列赛再次带回到克利夫兰。

JAMES
23
CURRY
30

GOLDEN STATE
23

“让我们先努力去赢下下一场比赛。”
“无论如何，在第五场比赛后，我们都会飞回家。既然如此，我们为什么不尝试去赢下比赛，带着胜利回到克利夫兰，然后再在主场与勇士队一较高下呢？”
——詹姆斯

在第四场比赛结束之后，一个后来被证明将改变系列赛走势的转折点出现了。在第四场比赛终场前2分多钟，勇士队进攻，库里持球，詹姆斯负责跟他对位，此时格林上来挡拆，他与詹姆斯纠缠在一起。在推搡中，格林倒地，急于回防的詹姆斯直接从格林身上跨了过去。感觉受辱的格林自然不会善罢甘休，他起身一拳挥向了詹姆斯，打到了后者的裆部和背部。

联盟通过录像回放，对格林的这个报复性动作做出了追加处罚，给了他一个一级恶意犯规。由于在季后赛之前的比赛里，格林已经有过二级恶意犯规和一级恶意犯规，他累计恶意犯规的积分达到了自动禁赛的标准。这样一来，格林便无缘总决赛第五场比赛。

在勇士队中，格林的作用不可忽视，他是球队的防守核心，同时，在进攻端他也是组织核心。勇士队的“死亡五小”阵容之所以能横行天下，格林就起到了至关重要的作用。格林遭遇禁赛，等于是破坏了勇士队的战术体系，这对于处于悬崖边上的詹姆斯和骑士队而言是一个千载难逢的机会。

在第五场，没有了格林的勇士队果然防守质量严重下滑。雪上加霜的是，球队首发中锋博古特在比赛中左膝盖受伤，勇士队失去了内线的屏障。在受伤下场前，博古特只打了8分钟就送出了3次封盖，有他坐镇内线，詹姆斯和欧文就有所忌惮，不敢随便突破到勇士队的篮下。

格林禁赛，博古特受伤，勇士队再也无法限制住詹姆斯和欧文两个人的发挥。在这场濒临出局的比赛中，詹姆斯火力全开，他疯狂出手30次，命中16球，轰下了41分、16个篮板和7次助攻的惊人数据。在球队最需要詹姆斯的时候，他再显英雄本色。欧文同样打出了惊世骇俗的表现，他24次出手，命中了17球，命中率高达70.8%，最终砍下41分和6次助攻。

詹姆斯和欧文携手创造历史，他们成为NBA总决赛有史以来第一对在比赛中同时砍下40+的队友。

詹姆斯说到做到，他率领骑士队以112：97在客场击败了勇士队，将总比分改写为2：3，他将带着胜利回到克利夫兰，为骑士队延续夺冠的希望。

“我们来到奥克兰的心态就是，我们要延续总决赛的悬念。我们要为自己的命运而战，争取再与勇士队打一场。”詹姆斯说道，“这就是我们现在要关心的问题，我们有能力完成既定的计划。”

接下来的总决赛第六场对骑士队而言同样是生死战，而对勇士队来说，他们也要竭力取胜，争取不要让系列赛进入抢七，免得夜长梦多。这场比赛，勇士队迎来了格林的复出。由于博古特赛季报销，勇士队开场就派出了库里、汤普森、格林、伊戈达拉和巴恩斯的“死亡五小”阵容，目的就是毕其功于一役。

但在主场速贷中心球馆内超过20000名球迷的欢呼声中，骑士队完全打疯了，他们首节让勇士队的五小阵容陷入了前所未有的窘境当中。骑士队单节打出了31：11的进攻狂潮，上来就确立了20分的巨大优势。

但勇士队打得非常顽强，他们在第三节最多落后24分的情况下奋起直追，逐渐蚕食骑士队的优势。打到终场前8分06秒，勇士队竟然将分差缩小到了7分，他们有足够的时间完成逆转。

在决定胜负的关键时刻，詹姆斯挺身而出，他连续强杀内线，中远距离跳投也是频频命中目标。在整个末节，詹姆斯一个人轰下17分，他几乎凭一己之力率领骑士队抵御住了勇士队的疯狂反扑。

全场哨响，詹姆斯连续第二场轰下41分，而且这一战他的进攻更加高效，27次出手命中16球，三分球6投3中，贡献了41分、8个篮板、11次助攻、4次抢断和3个盖帽的超级数据。

“詹姆斯就是詹姆斯，他是有史以来最伟大的球员。”骑士队主帅泰伦·卢对詹姆斯赞不绝口，“我们已经被逼到墙角，但詹姆斯扛起了球队，把我们带到了想去的地方，那就是总决赛抢七大战。”

> 骑士队成了总决赛历史上第一支能够在1：3落后的情况下将总比分改写为3：3的球队，他们和勇士队回到了同一起跑线上。现在，詹姆斯和他的球队距离梦寐以求的冠军奖杯只差一场胜利。

“抢七，这是世界上最好的词。”詹姆斯说道，“我不在意抢七在谁的主场举行，我愿意在任何一个地方打这场抢七生死战。”

骑士队和勇士队需要靠最后一场比赛来决定他们整个赛季的命运。2016年6月20日，2015—2016赛季最后一场大戏，总决赛抢七大战如期上演。

开场哨响后，比赛的气氛就令人窒息，两队都毫无保留，拿出了最高级别的对抗强度。即使见惯了大风大浪的詹姆斯都难免紧张，而像欧文和库里这样的进攻好手，也几乎很难连续取分。比赛变成了一场拉锯战，勇士在第二节依靠格林的连续三分球取得优势，但骑士队在第三节做出回应，将比分追到了75：76，等待两队的将是第四节的终极对决。

此时此刻，只有真正的超级巨星才能够站出来决定比赛。詹姆斯用中投、突破和三分球帮助骑士队反超比分，但库里飙中三分球，汤普森上篮，终场前4分39秒，两队战成89：89。之后几分钟的比赛让人无法呼吸，两队将防守强度升级到了最高级别，在近4分钟的时间里竟然一分未得。

终场前1分50秒，勇士队获得了绝佳的得分机会，他们防守成功打反击，伊戈达拉一马当先，直杀骑士队篮下，准备躲过史密斯的干扰来一个拉杆上篮。但詹姆斯在2.7秒的时间里狂追18米，他腾空而起，赏给伊戈达拉一个钉板大帽。

SPALDING
9

很难想象，这种强度的比赛打到最后时刻，詹姆斯还有体力完成这么长距离的追防，还能跳这么高去送出钉板大帽。支撑詹姆斯做到这些的不只是他超人的身体素质，还有内心无比坚定的夺冠信念。

詹姆斯这个盖帽无论是完成难度还是视觉感官抑或者是对比赛的意义，都堪称历史级别。媒体将詹姆斯的这个封盖定义为“The Block”，认为这是NBA历史上最伟大的盖帽。

“当史密斯在更靠近伊戈达拉的位置防守他时，我心里就想着史密斯，你可千万别犯规，伊戈达拉这个上篮就交给我来搞定。’”詹姆斯说道，“我计算好步数，然后跳了起来，张开双手。因为我要确保从两边都能盖到，如果他从左边上篮，我就用左手盖，如果他从右边上篮，我就用右手盖。”

作为“The Block”的背景板，伊戈达拉很懊悔没有选择用扣篮去终结这次进攻，他在事后也多次回看这记盖帽的视频。如果伊戈达拉当时能够将这球打进，后面的故事可能就完全不同了。

“我曾不止一次回看过那记封盖，我本来真的可以用扣篮去得分。但当时我只看见史密斯在防我，他并没有想着去封盖我，所以我想着就是把球护好，然后上篮。”伊戈达拉说道，“但后面追过来的可是詹姆斯，他跳得实在太高了，无论我从哪边上篮，都逃不过被盖的命运。被封盖之后，我感觉就像是中了枪一样，但不管怎样，我尊敬詹姆斯的这次防守演出。”

詹姆斯献上了至关重要的防守表现，而骑士队另一巨头欧文则在终场前53秒命中神仙进球。

当时两队已长时间没有进球，谁打破僵局就将占据有利的位置。欧文挺身而出，他面对库里的防守，连续胯下运球，紧接着后撤步投三分球，球空心入网，骑士队以92：89领先。最后时刻，骑士队团结协作，防下了库里的三分球。詹姆斯被战术犯规，他走上罚球线，稳了稳心神，两罚一中，骑士队最终以93：89惊险胜出，从而完成了从1：3到4：3的逆转，创造了总决赛的历史纪录。

詹姆斯终于得偿所愿，他兑现了自己的承诺，率领骑士队首次登上联盟之巅，将总冠军奖杯带到了克利夫兰，结束了这座城市52年的冠军荒。

整个总决赛，詹姆斯

场均得到**29.7**分，
11.3个篮板、8.9次助攻、
2.3个盖帽、2.6次抢断，
五项数据全部位居两队球员之首，

他是季后赛历史上**首位**
能够做到这一点的球员。

在为骑士队夺冠之后，
詹姆斯也毫无悬念地当选
总决赛MVP，

这是他个人的
第三座FMVP奖杯。

在NBA总冠军的颁奖仪式上，骑士队所有人都沉浸在欢乐的海洋中，但只有詹姆斯最清楚，他这一路走来是多么艰难，是怎样的五味杂陈。面对着媒体记者和电视镜头，詹姆斯说出了这几年来最想说的话，他把自己的情绪彻底释放了出来。

“我不知道为什么上天会给我安排一条最艰难的路，但没有关系，天无绝人之路，我最终还是做到了。”詹姆斯说道，“不管遭遇怎样的挫折，我一直都保持积极的心态，与其怨天尤人，感慨前路难行，不如认为这就是上天有意要让我经历的磨炼，埋头前进。”

“克利夫兰，这个冠军是献给你的！”在采访的最后，詹姆斯说出了经典的感言。

理查德·杰弗森虽然刚来骑士队一个赛季，只和詹姆斯一起打了几个月的球，但他清楚，这个冠军对其他球员来说可能就是一个冠军，但对詹姆斯却有不同的意义。

“在现实世界的体育历史上，我们是否有见到过这样一位运动员，他对着家乡的人说我要给这个地方赢得一个冠军。’”杰弗森说道，“这不是一个从小在洛杉矶长大的孩子说我要把湖人队变成冠军之师。’因为在洛杉矶，在湖人队，你会得到很多的帮助。但詹姆斯来自俄亥俄州东北部，这里有体育历史上最惨痛的经历，他想要为克利夫兰夺冠，就必须经历最艰难的历程，但他做到了。

Finals CHAMPIONS
2016 NBA CHAMPS
2016
NBA CHAMPIONS

“体育历史上没有人像詹姆斯这样，他成长于那个州，成长于那个地区，他被那座城市选中，然后他说：‘我会回来的，我们会赢得一个冠军，我必须完成我未竟的事业。’在我们看来，我们都想为自己赢得冠军，但我们也知道，那个家伙所踏上的征程，和我们所处的历程并不一样。我们是队友，是兄弟，但我可以说那个家伙所处的历程和我有区别。所以，你必须尊重那段历程，当你感受到那些情绪时，你会说：‘兄弟，我不知道你是如何做到的，但你真了不起。’”

*ESPN*传奇女记者多丽丝·伯克是詹姆斯在2016年夺冠时的场边采访记者，她坦言詹姆斯夺冠那一刻是她自己几十年记者生涯唯一动情的时刻，而且伯克并非骑士队球迷，她实际上是尼克斯队球迷。在采访詹姆斯的过程中，伯克的声音在颤抖，有些许哽咽，尽管她已经努力去克制自己的这种情绪。

“当骑士队赢下抢七战夺冠，詹姆斯跪在总决赛地板上流泪，肩膀止不住地抖动，尽情释放出内心的激情。没有人察觉到我有什么不同，但事实上，我问詹姆斯问题的时候确实有些哽咽。”伯克说道，“詹姆斯承受了所有的重压，他这一路走来的漫长历程，还有他当初离开克利夫兰时所发生的往事。此情此景，没有人会不动容。”

PART3

血战江湖 孤胆英雄

1

SHAKE

飘摇，有心无力

我的动力是那个我一直在追赶的魂灵，那个曾在芝加哥效力的魂灵。

2016年的成功夺冠，让詹姆斯的个人声望达到了顶点，在7月份的ESPY年度运动员颁奖盛典上，他第五次被评为年度最佳NBA球员，同时还当选了年度最佳男运动员，这也是他第三次获此殊荣。

而在8月份一次接受《体育画报》专访时，詹姆斯第一次正面承认了那个外界已经猜测多年，但他本人从未正式回应的目标。

> “我的动力，”他说，“是那个我一直在追赶的魂灵，那个曾在芝加哥效力的魂灵。”

詹姆斯口中的魂灵，指代的正是他的童年偶像，也是他选择23号的原因，那位被公认为篮球历史上最伟大球星的男人——迈克尔·乔丹。

“篮球之神”在20世纪90年代将NBA推上了史无前例的高度，而自从他离开以后，人们一直在寻找他的接班人——从“便士”安芬尼·哈达威到格兰特·希尔，从科比·布莱恩特到文斯·卡特，篮球世界一直在期待着下一个乔丹的出现。

詹姆斯当初以“天选之子”身份出道，惊世骇俗的篮球天赋，少年老成的大将风范，加上球衣背面的23号数字，理所当然地继承了这份期待，但詹姆斯本人，却一直拒绝他和乔丹之间的直接对比。这中间，除了“不做第二个谁，只做唯一的我”的骄傲，也包含着对偶像的敬畏。

而在赢得了个人职业生涯第三座，同时也是含金量最足的一座总冠军后，詹姆斯决定不再回避。

“我的职业生涯和迈克尔·乔丹的职业生涯完全不同，我们所经历过的事情也不一样。他的成就难以置信，作为见证者，我对此万分景仰。我觉得，能够和那些伟大的球员一起相提并论，这已经是很酷的一件事情了。但是，如果能够成为最伟大的球员，那一定会是非凡的成就。”

当然，想要追赶乔丹，又谈何容易？乔丹曾带领公牛队两次实现三连冠，六次打进总决赛，从未让冠军旁落。而詹姆斯即便在2016年夺冠之后，手中仍然只有三枚戒指。

但詹姆斯也做到了一些乔丹没能做到的事情——他终结了一座城市体育历史上52年无冠的纪录，在总决赛上演史无前例的落后大翻盘，五项主要技术统计全部领先全队，被他击败的，还是创造NBA历史最佳战绩表现的球队。

就连詹姆斯自己也承认：“和前两个冠军相比，这次夺冠对我有着更加重大的意义。因为它代表了一切。”

所以詹姆斯说要追赶他心中的魂灵，只是为了给自己设立一个目标，一个让他在攀上职业生涯又一座顶峰之后，还有继续奋进动力的新的目标。詹姆斯清楚，在通往这一目标的征途上，他会面临比以往更加艰难的挑战。

骑士队总决赛逆转勇士队的表现堪称奇迹，这不仅仅是因为他们开创了历史，还在于对手的强大。如果一切清零，两支球队再打一轮系列赛，恐怕就连詹姆斯自己也没有必胜的把握。

而更加令人绝望的是，接下来的这个夏天，丢掉了总冠军的勇士队，在完整保留了核心阵容的基础上，又补充了一位强力帮手。

凯文·杜兰特，NBA四届得分王，2013—2014赛季的常规赛最有价值球员，詹姆斯在2012年总决赛上的直接对手。杜兰特在这个夏天合同到期，成为一名自由球员。老东家雷霆队当然不惜一切代价想把他留在俄克拉荷马城，而联盟中其他任何一支有薪金空间的球队，也都希望把这位综合实力稳居联盟前三的超级巨星收归麾下。

已经拥有三位全明星的勇士队，本来没有再引进一位顶薪球员的计划，但2016年夏天，适逢NBA全新电视转播合同开始生效，联盟工资帽大幅上涨。于是勇士队通过一番运作，为杜兰特的加盟清理出了足够的空间，并以总冠军为诱饵，成功将其说服，组建了NBA有史以来最豪华的超级四巨头组合。

> 杜兰特的加入，让勇士队重新成了夺冠头号热门，而骑士队的卫冕前景，则一下子变得灰暗起来。

有记者曾就此事征询詹姆斯的看法，但詹姆斯只用官方的口吻表示这对联盟是件好事，至于对骑士队卫冕的影响，他并没有正面回答。

可值得注意的是，这个夏天，詹姆斯将自己的闹钟又往前调了一个小时——每天凌晨5点，他就早早起床，开始一整天的训练计划。

詹姆斯知道对手有多强大，但他不会轻易退缩。他在休赛期跳出合同，与骑士队重新签订了一份为期三年、总价值1亿美元的新合同，这份合同的最后一年是球员选项，但他仍至少会为骑士队效力至2018年。

此时的詹姆斯已经31岁了，通过这次续约，他决定将自己作为一名篮球运动员最好的年华，全都留给克利夫兰。

但并不是每个人都和詹姆斯做出了相同的选择。2016年夏天，骑士队的夺冠阵容当中，包括莫兹戈夫、德拉维多瓦、史密斯等多名球员也都合同到期。莫兹戈夫和德拉维多瓦面临职业生涯第一次赢取大合同的机会，先后离开球队，只有史密斯，在詹姆斯的一再强调下，被骑士队不惜重金挽留了下来。

史密斯的续约谈判持续了整个夏天，直到新赛季常规赛眼看就要启幕之前，双方才终于达成一致——四年5700万美元的价格，既体现了史密斯的个人价值，也证明了骑士队想全力卫冕的决心。

在2016年10月26日揭幕战对尼克斯队的比赛开始之前，骑士队在主场速贷球馆升起了他们的第一面总冠军旗帜，詹姆斯则兴奋地面对镜头展示他的第三枚戒指。两个多小时之后，詹姆斯用19分、11个篮板、14次助攻的三双表现带队收获了一场大胜，新赛季取得开门红。

赛后接受采访时，詹姆斯谈到赛前的颁奖仪式，承认自己非常激动：“在球迷面前接受冠军戒指，这是一个伟大的时刻。”

与尼克斯队的比赛，只是骑士队连胜的开始，接下来，他们又接连击败猛龙队、魔术队、火箭队、凯尔特人队、76人队，六连胜的表现创造了詹姆斯职业生涯以来的最佳开局纪录。

在10月和11月的26场比赛里，詹姆斯场均得到23.5分、8.1个篮板和9.3次助攻，带队打出13胜3负的表现，场均净胜对手7.5分，众望所归当选了东部月最佳球员。在一次接受媒体采访时，已过而立之年的詹姆斯表示，自己的状态甚至感觉比19岁时还要好！

“我的身体感觉真的特别好，感觉比19岁时还要好！虽然有些动作你19岁时能做，31岁肯定做不了。”

整个2016—2017赛季，詹姆斯的个人状态和表现都无可挑剔。这一年，他场均出战37.8分钟，高居全联盟第一，平均每场比赛贡献26.4分、8.6个篮板、8.7次助攻和1.2次抢断，其中篮板和助攻两项数据均为生涯新高。他也因此成为历史上首位生涯至少七个赛季打出场均25+7+7表现的球员，以及历史上首位13个赛季场均得分超过25分的球员。

随着赛季的深入，詹姆斯的数据统计不断累积，在NBA历史得分榜上接连超越四位传奇巨星——“大梦”哈基姆·奥拉朱旺、埃尔文·海耶斯、摩西·马龙和沙奎尔·奥尼尔，从第11位直接升到第7位。

除此之外，他还成了历史上首位职业生涯总得分超过27000分、总篮板超过7000个、总助攻超过7000次的球员。

这一年，詹姆斯连续第13个赛季以首发身份入选全明星，还连续第10个赛季入选了年度最佳阵容一阵。

然而，骑士队的整体表现却有些跟不上詹姆斯的脚步，在前两个月的良好开局之后，进入2017年他们显露出明显的疲态，最终仅仅取得51胜31负——这一成绩虽然在东部可以排到第二，但和他们的主要争冠对手勇士队相比，差距明显。

这一年的勇士队，虽然不像前一个73胜赛季那样狂突猛进，但仍然打出了67胜的表现，轻松拿到常规赛第一。而在和骑士队两次直接交手的过程中，他们更是表现出明显高出一筹的实力。

两支球队在2016—2017赛季的第一次碰面就是圣诞大战。这场比赛的特殊意义，不仅在于它是NBA的一道传统假日大餐，更关键的是两个主要争冠对手对于彼此的初次试探。

在这场焦点大战开始之前，詹姆斯就对比赛的困难程度有足够的心理准备。他在接受采访时特别提到了杜兰特的加盟对于勇士队的影响："没签杜兰特之前，他们已经是我职业生涯所遇到过的最难防守的球队了，现在是不是更难防了？我想答案是肯定的。他们增加的可是凯文·杜兰特——篮球历史上最出色的得分手之一。"

正如詹姆斯所预料的那样，杜兰特的加入让勇士队变得更加难以对付，他在第一节就独得12分，全场斩获36分和12个篮板，帮助勇士队在库里11投4中只得15分的情况下，始终占据着场面优势，直到第四节开始后，勇士队还手握14分的领先。

不过关键时刻，欧文表现出色，为詹姆斯提供了强力支持。他在第四节连续得分，最后3.4秒更是命中高难度翻身跳投，凭借这一进球，骑士队最终在主场以109∶108取得了胜利。

本场拿到31分、13个篮板的詹姆斯赛后显得十分兴奋，特别称赞了投进关键球的欧文："这孩子很特别，这一点从来没有任何疑问。"

骑士队虽然赢下了这场比赛，但赢得十分惊险。除了欧文的大心脏表现发挥了决定性作用外，一次争议性的判罚也帮了他们的忙。

DURANT
35
23

杜兰特在最后时刻本有机会完成绝杀，但他在理查德·杰弗森的防守对抗下身体失去平衡摔倒，错失了最后的机会。赛后接受采访时，他坚持认为对方有犯规动作："我当时正要做动作，不可能没人碰就自己摔倒。"

杜兰特很快迎来了复仇的机会。仅仅三周之后，两支球队再次相遇，这一次，比赛地点换成了甲骨文球馆——几个月前，詹姆斯正是在这里率队击败勇士队，捧起了总冠军奖杯。

这一次，好运没有站在骑士队一边。

杜兰特依然不可阻挡，三节砍下21分，"水花兄弟"也合取46分，勇士队上半场就狂轰78分，建立起29分的巨大领先，几乎将整个下半场都变成垃圾时间。

本场比赛，詹姆斯18投仅6中，在场期间骑士队净负对手32分，创下职业生涯第二糟糕的净胜分纪录，骑士队最终遭遇了一场35分的惨败。

如果说圣诞大战欧文的绝杀和库里糟糕的手感掩盖了骑士队和勇士队真实实力的差距，那么这场惨败将残酷的现实血淋淋地撕开在全世界面前，也让骑士队陷入一场内部危机。

接下来的一周时间里，骑士队接连输给马刺队、鹈鹕队和国王队，其中对阵马刺队和国王队都是加时告负。而在输给鹈鹕队的比赛结束之后，詹姆斯公开批评了球队的引援工作，指出球队阵容畸形，头重脚轻，为了卫冕，管理层本该做得更多。

“我们需要一个能组织进攻的人。”情绪激动的詹姆斯甚至少见地爆了粗口，“我认为最重要的是，你想争夺总冠军，就得有足够的人员储备，随时做好有人受伤其他人能够顶上的准备。不是我乌鸦嘴，假如凯里受伤要休息两周，我们该怎么办？要是我也要休息三周呢？我们又该怎么办？

“我不知道我们能做什么，我只知道，对我而言，已经没有时间可以浪费了。等到今年冬天，我就33岁了。我们现在必须解决这个问题，现在看来，2017年真的是糟透了！”

詹姆斯显然只是因为一时情急才说出这番话来，他也很快出面澄清，他并不是针对总经理大卫·格里芬或是任何队友。但作为联盟门面人物，话题与流量的中心，媒体当然不会放过炒作的机会，各方记者通过各种渠道深挖内幕，权威媒体*ESPN*很快爆出猛料：

詹姆斯发火的矛头直接指向的是骑士队老板丹·吉尔伯特，责怪他在球员薪金支出方面投入不够。

消息源称，詹姆斯和吉尔伯特对于资金投入的问题有着不同的看法，并导致了双方的关系紧张。由于骑士队近来表现不佳，所以加剧了意见分歧。

似乎还嫌事情闹得不够大，一向对詹姆斯态度苛刻的TNT解说员查尔斯·巴克利也火上浇油，在节目中公开批评詹姆斯，说他牢骚满腹，不合时宜，称：“他已经是世界上最好的球员了，难道还想把所有的好球员全都据为己有吗？为什么他就是这么不愿意去努力竞争呢？”

巴克利的这番话彻底激怒了詹姆斯，因为和骑士队相比，勇士队显然才是那支“把所有好球员都据为己有”的球队。于是他在接受*ESPN*采访时，做出了自己的回击。

“他真是个恶毒的家伙，他凭什么信口雌黄？就因为他上了电视？我不能让他这么败坏我的名声。在我的整个职业生涯里，始终都是用正确的方式为联盟代言，14年了，我从来没惹过任何场外麻烦。我尊重这项运动，始终如一。”詹姆斯的话掷地有声。

一波未平一波又起，几乎与此同时，《纽约每日新闻》又有报道称，詹姆斯推动骑士队交易得到他的好朋友卡梅隆·安东尼，即便要以乐福作为筹码也在所不惜。

这一次，不仅詹姆斯本人坚决否认，就连福克斯体育和NBA官网的几位资深记者也都看不过去，纷纷出面帮詹姆斯澄清，证明这纯属子虚乌有的假消息。

不管外界是凭空猜测，还是真的听到了什么风声，有一点是可以确定的：詹姆斯面对勇士队带来的巨大压力，对于骑士队的卫冕前景感到担忧。这种焦虑，通过他一次又一次在采访中所传达出的负面信息，得到清晰的体现。

比如常规赛临近尾声时，詹姆斯就又在一场93：99不敌公牛队的比赛结束后，面对记者表达了对球队现状的不满：“我们现在正处在一个非常糟糕的位置上，我对球队的努力程度感到失望。现在的情况真的很不好，我们需要想出解决办法来。”

说出这番话时，距离常规赛结束已经只剩不到两周时间。往年到了这个时候，詹姆斯早就已经带领他的球队调试好一切，开始加速朝着季后赛发起冲刺了。可这一次，他们看起来还有一大堆的问题不知道如何解决。

幸运的是，此时东部联盟的竞争并不激烈，即便骑士队不在最佳状态，但在如日中天的詹姆斯面前，分区之内的对手们，仍然显得不堪一击。

骑士队的首轮对手是保罗·乔治领衔的步行者队，两位超级明星的对决精彩纷呈。乔治系列赛场均斩获28分、8.8个篮板、7.3次助攻，但詹姆斯更加夸张，除场均32.8分、9.8个篮板、9次助攻之外，还有3次抢断和2次封盖。

系列赛第三场，詹姆斯独得41分、13个篮板、12次助攻，率队完成26分的惊天大逆转，他也因此成为“大O”奥斯卡·罗伯特森之后第二位多次在季后赛斩获40分三双的球员。

> 在詹姆斯的带领下，骑士队4：0横扫步行者队晋级，这是他职业生涯第10次横扫对手，超越蒂姆·邓肯，高居历史第一位。

随后与猛龙队的分区半决赛，詹姆斯又将这一纪录增加到了11次。本轮系列赛，詹姆斯打得更加轻松，场均得分高达36分，投篮命中率和三分球命中率分别是58.6%和49.6%，四场比赛当中，骑士队有三场以两位数的优势轻松获胜。

在连续第三年与勇士队成功会师总决赛之前，骑士队所遭遇的唯一一场失利，是东部决赛和凯尔特人队的第三场系列战。

那场比赛，詹姆斯13投4中只得11分，但联系到整个系列赛的走势，与其说詹姆斯状态不佳，不如说是他在最终决战打响前的一次自我休息与调整——在系列赛的其他四场比赛里，他都得到至少30分，最终骑士队也以4：1的总比分顺利晋级。

2017年5月26日，骑士队与凯尔特人队东部决赛的第五场比赛，詹姆斯还迎来了职业生涯一座重要的里程碑——凭借本场比赛所得到的35分，他成功超越乔丹（5987分），正式成为NBA季后赛历史得分王！

NBA各种历史数据榜单，通常以常规赛的表现作为统计标准。但实际上，季后赛的数据统计更能体现一名球员在帮助球队获取胜利方面的影响力。

赛后接受采访时，詹姆斯再次谈到了乔丹对自己的影响，以及季后赛历史得分王对自己的意义："我之所以身披23号，就是因为迈克尔，我爱上篮球，也是因为迈克尔，因为他所做的一切。当你看着迈克尔·乔丹的时候，你几乎就像看到了上帝，所以当初的我，真的没想过要成为迈克尔。对我来说，最关键的是要打出自己的风格。我影响比赛的方式并非只有得分一种，但如果不能投篮得分，我又怎么能够影响比赛呢？"

凭借对凯尔特人队的这场胜利，詹姆斯还成为NBA有史以来第一位先后代表两支球队各进四次总决赛的球员。但对于詹姆斯来说，如果不能成为最终的胜利者，所有这些成就都将没有任何意义。

当总决赛开启，詹姆斯知道，真正的战斗终于打响了。

系列赛刚刚开始，勇士队就让詹姆斯品尝到了一种有心无力的苦涩滋味。总决赛首战，詹姆斯奋力拿到28分、15个篮板、8次助攻，但在他对面，杜兰特26投14中独得38分，两大超级巨星的直接对话，难分高下。

可勇士队中还有另外一位MVP，斯蒂芬·库里本场三分球11投6中拿到28分的同时，还送出10次助攻，送给骑士队一场91：113的惨败。

> 当詹姆斯赛后被问到这支勇士队和一年前有什么不同时，他的回答是："凯文·杜兰特。"

系列赛第二战，詹姆斯身先士卒，上半场就送出9次助攻，最终贡献29分、11个篮板、14次助攻，追平了由"魔术师"约翰逊保持的8次总决赛三双的历史纪录。但这依然未能为骑士队换回一场胜利，113：132的最终比分也再次体现了两支球队明显的实力差距。

杜兰特本场比赛22投13中，再次得到全场最高的33分。库里同样打出三双数据——32分、10个篮板、11次助攻。汤普森也找回手感，12投8中拿下22分。骑士队113分的得分已经不能算低，无奈对面"海啸三兄弟"的火力实在太过汹涌澎湃。

带着0：2的比分回到主场，詹姆斯试图做最后一搏。他在系列赛第三场一开场就8投7中独得15分，可在他首节结束前1分49秒被换下场休息后，骑士队马上被对手打出一波10：0。

这也成为全场比赛的缩影：詹姆斯总共打了45分37秒，27投15中，得到39分、11个篮板、9次助攻，在此期间，骑士队净胜对手7分。可是在他下场休息的短短2分23秒时间里，骑士队却输了12分。所以在某种程度上，这场仅仅5分的失利，比前两场的惨败更让詹姆斯感到沮丧。

“为了这场比赛，我已经倾尽所有，无论是身体上，还是精神上。所以不管结果怎样，你都只有选择接受。这支球队的火力之猛，超过了我之前在总决赛所遇到过的任何一支球队，你必须打出A++级别的表现，才有可能取得比赛的胜利。”

——詹姆斯

一年之前的总决赛，骑士队曾在1：3落后的情况下连赢三场，逆转勇士队，创造历史。但0：3落后再想翻盘，别说总决赛，即便把所有季后赛的比赛都计算在内，也从来没有出现过。

系列赛第四场，詹姆斯继续奉献着自己口中“A++级”的表演，拿到第9次总决赛三双——31分、10个篮板和11次助攻，欧文也手感爆发，狂砍40分，骑士队终于在自己的主场扳回一城，避免了被横扫的尴尬。

但这也成为骑士队在这轮系列赛中收获的唯一一场胜利。接下来的第五战，杜兰特和库里合取73分，勇士队129：120战胜骑士队，以4：1的总比分赢得总冠军，同时也宣告了骑士队的卫冕失败。

本场比赛，詹姆斯再砍41分、13个篮板、8次助攻，总决赛全部五场比赛的场均数据达到惊人的33.6分、12个篮板、10次助攻，他也因此成为NBA有史以来第一位在总决赛中场均斩获三双的球员。

JAME
23

然而，在卫冕失败的苦痛面前，这份成就除了凸显出詹姆斯的孤立无助，根本不值一提。

“就在一年之前，我们还能打败他们。可紧接着，他们又招募来了一个在整个联盟历史上都排得上号的球员。他们的球员招募工作做得可真棒，显然，他们也因此收到了回报。”总决赛结束后第二天，詹姆斯在采访中称赞了勇士队的管理层。而他心中的种种沮丧、不甘、无奈、羡慕的情绪，也都溢于言表。

他知道挡在他面前的，是一个前所未见的可怕对手，而且属于勇士队的时代，才刚刚到来！

CAVS
23

2

COLLAPSE

坍塌，逆风而行

比赛离开了我，街头也离开了我，只留下心情沉重的我，兄弟们说会和我在一起，但他们只说不做。

2017年6月15日，在骑士队卫冕失败的仅仅两天之后，*ESPN*名记者沃纳洛夫斯基在个人播客节目中爆料，称詹姆斯正在积极运作，想要离开骑士队。

“在克利夫兰，乃至整个联盟范围内，很多人有这种感觉，”沃纳洛夫斯基谈道，“他们觉得他非常积极地筹划着想要再次离开，可能会去西部，去两支洛杉矶球队中的一支。湖人队很可能就是他的目标。

“勒布朗有很多生意方面的事情需要考虑，他有一个好莱坞梦，媒体方面的投资也都在洛杉矶。去年我曾说过，他夺冠之后会立刻想要离开，如果没夺冠就走，他会被世人批评。但现在他已经兑现了自己的诺言，为克利夫兰带来了总冠军。”

沃纳洛夫斯基是NBA最有名的爆料大王，业内称其为“沃神”，他所发布的消息，往往被等同于官宣。但“沃神”关于詹姆斯的报道，可信度却要打个折扣。因为爆料需要有内幕消息源，而“沃神”长期以来虽然一直积极活动，却始终难以接近詹姆斯的核心团队，甚至因为这一原因，被人指出曾故意撰写负面报道“抹黑”詹姆斯。

但“沃神”毕竟不同于某些小记者，他说出来的话，即便是假也有三分真。于是关于詹姆斯会不会通过“决定三”再次离开，成了球迷和媒体讨论的热点。

需要注意的是詹姆斯当时的合同情况：一年前他刚和骑士队续签了一份三年合同，虽然最后一年是球员选项，但起码在2018年夏天到来之前，他都和骑士队绑定在了一起，除非他强行要求球队交易自己。

就在人们对詹姆斯的未来猜测不定时，骑士队内部又发生了一件大事，球队老板吉尔伯特突然发表声明，宣布与总经理大卫·格里芬分手！

格里芬从2014年开始担任骑士队总经理，正是他亲手将詹姆斯带回克利夫兰，和欧文完成续约，也是他用两个状元秀换来乐福，围绕三巨头打造全新阵容，为球队赢得了历史上第一座也是唯一一座总冠军奖杯。

在2016—2017赛季，尽管詹姆斯曾对球队现状表达过不满，但对于格里芬，他却始终保持着坚定的支持态度。

詹姆斯甚至在采访中说过这样的话：“没有格里芬，就没有骑士队的今天。”

格里芬与骑士队的合同在2016—2017赛季结束后到期，此前他一直在和球队进行着续约谈判。而包括老鹰队、雄鹿队、魔术队在内的多支球队都想要挖骑士队的墙角。

在这样的情况下，格里芬的突然离职，多少有些令人意外。据报道，在吉尔伯特对外宣布这一决定之前，没有和詹姆斯打过招呼，而骑士队的其他球员，自然更不知情。

有内幕消息称，格里芬察觉到他和吉尔伯特之间对于如何打造球队的未来存在着巨大的分歧，所以最终决定离开。

其实以格里芬的功劳和资历，早就该升任球队执行总裁，可吉尔伯特不仅拒绝他的升职请求，甚至禁止他和其他球队进行接触，导致他错失了去其他地方担任高管的机会。这一切，都让格里芬非常不满。

值得注意的是：自从吉尔伯特2005年接手骑士队以来，从来没有任何一名总经理在他这里拿到过续约合同。因此，在刚刚卫冕失败，而且有媒体爆出詹姆斯有意离开的情况下，吉尔伯特又逼走了他的冠军经理，这还是不能不让人怀疑他挽留詹姆斯，继续围绕他修补阵容，冲击总冠军的决心。

就在吉尔伯特宣布格里芬离队声明的当天，詹姆斯发了一条推特，内容耐人寻味：

“格里芬，如果没人感激你，那么我来。我希望所有克利夫兰人都能感激你，谢谢你这三年来为球队做出的所有贡献，谢谢你帮我们赢得了第一座总冠军。”

根据《体育画报》记者霍华德·贝克的报道，詹姆斯对于格里芬的离开，以及离开的时机，都非常失望。同时，他也开始关注这一动作对于骑士队未来发展方向的预示作用。

骑士队高层的变动，也直接影响到了他们的补强工作。在格里芬离任之前，骑士队正积极追求保罗·乔治和吉米·巴特勒两位超级明星，当时甚至有流言称，巴特勒可能会主动向管理层施压，将自己交易到骑士队。

骑士队虽然在刚刚结束的总决赛中不敌勇士队，但如果能够引进一位攻防全能的顶级侧翼，依然有卷土重来和勇士队再决雌雄的机会。

可格里芬的突然下课，毁了这一切。虽然骑士队的新任总经理科比·奥特曼继续着之前未能完成的谈判，但骑士队混乱的内部环境，却让原本有意加盟的明星打消了他们的想法。不仅如此，就连骑士队内部也开始对未来失去信心。有消息称，当初招募巴特勒来骑士队的球员，现在态度发生了180度的大翻转，反而开始劝阻他别再来蹚这浑水。

在此期间，《芝加哥太阳报》的一篇报道，预示了骑士队的另外一场危机，只不过当时并未引起普遍重视。

该报道指出：如果詹姆斯在2017—2018赛季结束后跳出合同离开骑士队，那么球队的另外一位核心欧文也有可能会提出交易申请。欧文在2014年夏天和骑士队提前续约五年，要到2019年才有机会重新恢复自由球员身份。

后来的事实证明，此时的欧文，已经失去了再等一年的耐心。

2017年7月22日，就在人们猜测吉尔伯特的表现是否会加速詹姆斯的离开时，*ESPN*爆出猛料：

欧文正式向骑士队提出交易申请，希望去另外一个能够让他成为焦点的地方打球，而不是继续留在詹姆斯身边。

欧文在2011年以状元秀身份在骑士队开启职业生涯，很快就被确立为“后詹姆斯时代”新的建队核心。2014年他和骑士队完成提前续约时，詹姆斯也还没有决定回归。

根据*ESPN*记者布莱恩·文霍斯特的分析，当初欧文和骑士队签下续约合同时，是希望能在可预见的未来作为当家球星率队取得成功。但大约两周之后，詹姆斯重回骑士队，这种突然的变化让欧文始料未及，在过去的三年时间里，他其实一直犹豫是继续担任詹姆斯的副手，还是脱离詹姆斯的羽翼，出去独自闯荡一番。

可仅仅这一个原因，似乎又不能解答所有疑问。因为毕竟在詹姆斯身边，欧文赢得了很多球员终其一生都未能获得的总冠军戒指，而离开骑士队，只会削弱他再次夺得总冠军的机会。

另外，就在短短两个月前，当骑士队击败凯尔特人队，赢得东部冠军时，欧文还曾在公开场合高调赞美过詹姆斯这位队友。

“当你们充分信任彼此，在球场外建立起如此深厚的友谊，大家都只想着作为一支球队能够达成怎样的成就，而没有任何自私自利的想法时，你就清楚，你们将会迎来多么伟大的一个时代。”欧文当时说。

欧文一直以来都和格里芬关系密切，所以格里芬的离开，可能也是让欧文萌生去意的原因之一。同时，骑士队混乱的内部环境，日趋渺茫的夺冠前景，也都会在欧文权衡未来选择时，对他产生影响。

在7月一次接受《体育画报》采访时，欧文曾经表达过对骑士队现状的担心：“球队在今年夏天没什么大动作，这让我们处在了一个非常尴尬的位置上。”

根据文霍斯特的报道，骑士队在6月底和7月初的各项交易谈判中，没有将欧文列为“不可交易”资产。骑士队没有主动尝试交易欧文，但是当其他球队将欧文加入交易讨论时，骑士队也没有断然拒绝。

这些消息传到欧文的耳朵里，让他意识到自己在老板心目中的地位，似乎不像他想象中那么重要。

但事实上，欧文对于骑士队非常重要。2016年骑士队抢七战击败勇士队，靠的正是欧文在终场前53秒的制胜远投。而在全部七场系列赛中，欧文场均得到27.1分，也是詹姆斯身边最有力的支援。

一直以来，骑士队号称是拥有三巨头的球队，但乐福的个人表现，其实始终未能达到人们期待的标准。2016年总决赛，乐福场均只有8.5分和6.8个篮板的贡献，骑士队更多依靠的还是詹姆斯和欧文这两位外线核心。

所以当没有任何思想准备的情况下，突然得知欧文提出交易申请的消息，詹姆斯既感到震惊，同时也非常失望。

文霍斯特甚至用“崩溃”一词描述詹姆斯的反应。他在参加电视节目时谈道：“按照我的理解，勒布朗对于欧文申请交易的消息一度感到崩溃。他们偶尔有些争执，但整体而言，他是非常喜欢欧文的。的确，勒布朗的合同只剩下一年了，但他还没有下定决心离开。而欧文的合同还有两年。大家都以为，欧文会在接下来的两年时间里决定自己未来的选择。真的，勒布朗还想着明年和他一起击败勇士队呢。他一直都是这么想的，这也是他目前唯一的打算。

很多迹象都能体现出詹姆斯对于欧文决意离开的失望，比如在欧文交易风波期间，他曾在社交媒体上晒出自己在车内收听说唱歌手米克·米尔新歌的视频，歌曲的名字叫《心情沉重》，其中一段歌词别有意味：

> “比赛离开了我，街头也离开了我，只留下心情沉重的我，兄弟们说会和我在一起，但他们只说不做。”

除了在感情上对詹姆斯造成了不小的“伤害”之外，欧文提出交易的时机，同样对骑士队非常不利。因为在此之前，两位大牌球星乔治和巴特勒都已经找到了新的东家，如果欧文早一点儿申请交易，将会成为骑士队手中非常有价值的一块筹码。而现在，当全联盟都知道欧文铁了心要走，他的交易价值也必然会被压低。

但欧文毕竟是欧文，此时年仅25岁的他，已经四次入选全明星，拥有总冠军的光环，刚刚打出了职业生涯最佳表现，赛季场均贡献25.2分、3.8个篮板、5.8次助攻和1.2次抢断，有着超过四成的三分球命中率。这样一位才华横溢的年轻球星，一旦进入市场，立即引起大半个联盟的争抢。

据报道，联盟29支对手球队当中，有20支球队都打电话询问过欧文的情况，其中6支球队提出了具体的报价。据传言，尼克斯队认真考虑用卡梅隆·安东尼交换欧文，而国王队也愿意为欧文送出年轻球星达隆·福克斯。

一位不愿透露姓名的NBA高管告诉克利夫兰当地媒体：“为了得到欧文，哪怕你要星星要月亮他们都肯给。他是个25岁的全明星，目前合同还有两年才会到期，而且合同价格还低于市场行情。”

猛龙队总经理鲍比·韦伯斯特也发表了类似的观点，他说：“作为NBA高管，当一名像欧文这样的球员出现在市场上时，如果你没有打电话去询价，那就是你的失职。”

眼看欧文如此抢手，骑士队倒也不急于完成交易，而是耐心听取各方报价，打算择优选择最有利的方案。

根据*ESPN*的报道，骑士队在具体的价值权衡过程中，把詹姆斯不愿做出留队承诺当作一个重要信号，提醒自己在操作欧文的交易时，要注意保护球队的长期利益。

说得简单一点，骑士队担心詹姆斯一年之后离开，球队又要面临新一轮的重建，因此不会把欧文这块筹码全部压在即战力上。相反，他们更希望用欧文换到一些未来资产，既能缓解“后詹姆斯时代”的薪金压力，也可以为未来的发展提供更多想象空间。

据消息人士透露，骑士队想要得到的年轻球星，包括了克里斯塔普斯·波尔津吉斯、杰森·塔图姆、约什·杰克逊、贾马尔·穆雷等球员。很显然，以这些球员当时的经验和实力，对骑士队再次挑战勇士队，冲击总冠军，无法提供太多的帮助，但如果詹姆斯一年后离开，他们的年龄会有利于骑士队的重建。

这场对于欧文的争夺战，持续了整整一个月的时间，才终于有了结果。凯尔特人队以黑马的姿态从一群竞争者中杀出，迅速和骑士队达成一致。

骑士队同意将欧文送到波士顿，换回伊赛亚·托马斯、贾伊·克劳德、安特·日日奇和来自篮网队2018年的首轮选秀权。

在当时看来，凯尔特人队的报价方案也的确是骑士队的最优选，他们既提供了骑士队渴求的未来资产，同时也兼顾到了即战力。篮网队当时还在重建的泥沼中挣扎，这支首轮签预测顺位会非常靠前，而小托马斯和克劳德更是当时凯尔特人队打进分区决赛的两位核心人物。

尤其是小托马斯，这位身高只有1.75米的小个子刚刚打出一个现象级的赛季，排除掉年龄因素，他场均28.9分、5.9次助攻的个人表现甚至比欧文还要出色。他不仅入选了全明星阵容，还是2016—2017赛季最佳阵容二阵的成员，而欧文却连三阵都未能入选。

当然，欧文的天赋远胜小托马斯，但在凯尔特人队同意搭上克劳德和一支高顺位的选秀权的情况下，这笔交易看起来已经相当公平。就连*ESPN*的专栏作家凯文·佩尔顿也在这笔交易的评级中给了骑士队一个A级好评。

佩尔顿在他的文章中分析道："欧文的交易申请，在詹姆斯即将进入合同年的情况下，让骑士队的菜鸟总经理科比·奥特曼陷入一个两难境地——是优先考虑继续围绕詹姆斯冲击总冠军，还是开始为没有他的潜在未来提前做打算？这笔交易使骑士队得以同时完成这两项目标。

"我们有理由相信：在引进小托马斯和克劳德之后，骑士队赢得2018年总冠军的机会与留住欧文相比，不仅没有降低，反而有所提升。"

但佩尔顿也在文章中提到了这笔交易的一个重要隐患，那就是小托马斯的健康问题："骑士队在2017—2018赛季变得更好的希望，取决于小托马斯的健康。在上个赛季的季后赛中，他臀部肌肉撕裂，在东部决赛与骑士队的第二场比赛过后，就提前退出了争夺。"

佩尔顿一语成谶，后来的事实证明，小托马斯再也没能从这次伤病中完全恢复，做回曾经的自己。这笔交易，也因此成了压垮骑士队的最后一根稻草，为后来发生的一切埋下了伏笔。

在与凯尔特人队完成交易，祛除了最后一块心病后，骑士队继续对阵容进行了一系列的后续修补。整个2017年休赛期，他们还完成了以下几笔人事运作：

一年底薪签下后卫**何塞·卡尔德隆**；

一年底薪签下前锋**杰夫·格林**；

三年2200万美元续约前锋**凯尔·科沃尔**；

三年850万美元签下前锋**切迪·奥斯曼**；

一年底薪签下后卫**德里克·罗斯**；

一年无保障底薪签下中锋**肯德里克·帕金斯**；

一年底薪签下后卫**德韦恩·韦德**。

在这一连串的签约当中，有两个名字格外引人注目，一个是常规赛前MVP、有着“风城玫瑰”美誉的罗斯，另一个就是詹姆斯昔日的黄金搭档——“闪电侠”韦德。

韦德在2016年夏天离开热火队，与公牛队签下一份两年总值4750万美元的合同，后来为了能够加盟一支有实力竞争总冠军的球队，他放弃800万美元的工资，与公牛队买断了最后一年的合同。最终，他以一年230万美元的价格签约骑士队，和詹姆斯再度携手。

韦德的加盟，让詹姆斯灰暗的心情大为好转，用他的话说就是："很高兴没让别人把他抢走。"

韦德也在接受采访时表示，再次和詹姆斯成为队友，就好像老同学聚会："所有人都知道我俩的关系，他是我加盟骑士队的重要原因。每次我们在更衣室或其他地方碰到，我们都会看着彼此，摇摇头，感觉好不真实。这是怎么回事？我们怎么都来这里了？我们每次碰到都会哈哈大笑。"

好友重逢对詹姆斯来说，是一次很好的感情慰藉，但理智如他，当然清楚此时的韦德，因为年龄和伤病的影响，早已不是当初那个和他携手打天下时的全明星。罗斯在几次重伤过后，更加无法承担太多期待。

事实上，这个夏天吉尔伯特和他的新任总经理奥特曼所做的一切，几乎都围绕着两个字——省钱。詹姆斯当然非常欢迎韦德和罗斯的加入，但也深知他们无法为自己再次挑战勇士队提供太多帮助。

真正能为骑士队带来帮助的，是巴特勒，是乔治，骑士队也曾经非常接近得到他们，但步行者队在最后一刻改变了主意。而错失巴特勒，完全是因为骑士队自乱阵脚。

骑士队本来也有机会得到贾马尔·克劳福德，这位三届NBA最佳第六人，这个夏天他在一笔三方交易中被送到老鹰队，但他随即便与球队买断剩余合同，并且主动联系詹姆斯，表示愿意加盟骑士队。

根据《克利夫兰老实人报》的报道，只要骑士队愿意提供价值520万美元的中产合同，克劳福德就会与球队签约。然而骑士队却因为不愿支付太多奢侈税，没有能满足克劳福德的这一要求，最终眼睁睁看着他和森林狼队签约。

整体而言，2017年夏天的骑士队，不仅没有补强，反而因为欧文的交易而使实力遭到削弱。而骑士队的争冠对手们，却正在展开一场军备竞赛。

23
SPALDING

这个夏天，勇士队保留了夺冠阵容的全部核心班底，并在此基础上引进了尼克·杨、欧米·卡斯比等各具特点的角色球员；火箭队和快船队完成先签后换，得到了全明星后卫克里斯·保罗，他与詹姆斯·哈登组成超级后场；两位曾与骑士队传过绯闻的明星前锋保罗·乔治和卡梅隆·安东尼，携手加盟雷霆队，与拉塞尔·威斯布鲁克组成三巨头……

眼看就要年满33岁的詹姆斯，即将迎来个人第15个NBA赛季，一年之后，他将可以跳出合同，对自己的未来做出新的选择。

面对三心二意的老板、老化残缺的球队阵容、即将坍塌的冠军梦想，他昂首挺胸，决定倾尽所有，奋力一搏。

不管一年之后做何选择，他都要为家乡球迷再努力一次。无论前路几多险阻，他仍要逆风而行。

23
GOLDEN
30

3

REGRETLESS

无悔，虽败犹荣

我不知道哪里出了问题，也不知道发生了什么事情，但我们必须找回赢球的方式。

2017年9月26日，在一年一度的新赛季媒体见面会上，詹姆斯接受了记者采访。当被问到是否仍然如2014年接受《体育画报》采访时所表态的那样，打算在骑士队终老时，詹姆斯回答道：

"这一点没有改变，这也是为什么今天我坐在这里，仍然身穿这套球衣，带领这支球队为冠军而战的原因。"

在季前赛，詹姆斯因为脚踝扭伤连续缺席数场比赛，人们一度担心这次伤病会一直持续到常规赛。但当10月18日，骑士队在自己的主场迎来揭幕战的对手——刚刚与他们完成了重磅交易的凯尔特人队时，詹姆斯及时做好了登场准备。

本场比赛，詹姆斯不仅19投12中，拿到全场最高的29分、16个篮板和9次助攻，还在最后时刻亲自防下了欧文本可以扳平比分的三分球，帮助骑士队102：99赢下了赛季开门红。

在完成这次成功防守，为球队锁定胜局后，詹姆斯大度地拥抱了这位曾经一起赢得过总冠军，却在几个月前以并不愉快的方式分道扬镳的前队友，用行动堵上了那些意图煽风点火挑起矛盾的人的嘴巴，也让他和欧文之间的这出"肥皂剧"暂时画上了句号。

詹姆斯不仅揭幕战表现出色，在整个2017—2018赛季的开始阶段，他似乎一直都在努力证明着什么，时有惊人之举。

因为欧文离队，换来的小托马斯还在养伤，詹姆斯甚至一度被泰伦·卢安排在了首发控卫的位置上。在对阵公牛队和篮网队的两场比赛当中，控卫詹姆斯总共送出63分和26次助攻，表现相当高效，但骑士队却只收获一胜一负。

卢在接受采访时承认：这样的安排只是迫于伤病的权宜之计，他不想让詹姆斯长时间出任控球后卫，因为这会对他造成过多消耗，长此以往，对球队并非好事。

卢的话很快得到了验证。在詹姆斯个人发挥出色的同时，骑士队却开始不断输球，在赛季初的前8场比赛里，他们的战绩仅仅是3胜5负，8场比赛的净胜分相累计，骑士队总共输给对手55分，这创下了詹姆斯职业生涯的最差纪录。

> 11月4日对阵奇才队的比赛，成为骑士队扭转颓势的一场关键战役。本场比赛，詹姆斯“老夫聊发少年狂”，用了34次出手投中23球，狂砍57分、11个篮板、7次助攻，率队以130：122取得比赛胜利。57分的单场得分，追平了此前由欧文保持的骑士队队史纪录。

这一天，詹姆斯已经是32岁308天，他也因此成为NBA有史以来拿到55分、10个篮板、5次助攻的最年长的球员。

另外，这也是詹姆斯连续第800场比赛得分上双，在整个NBA的历史上，仅次于迈克尔·乔丹的866场，比当时现役排名第二的詹姆斯·哈登多了599场！

赛后谈到自己火热的手感，詹姆斯这样形容道：“每一次出手，我都感觉能进！”

对方主帅斯科特·布鲁克斯也对这位老将心悦诚服：“他仍然不可阻挡，你们也许不清楚，但我们清楚。”

詹姆斯的疯狂表现，犹如一针强心剂，极大鼓舞了骑士队的士气。从11月12日主场打小牛队开始，到12月7日客场战国王队结束，骑士打出了一波惊人的13连胜，追平了队史连胜纪录。此前在2008—2009赛季和2009—2010赛季，骑士队也都打出过13连胜的表现，而当时率队缔造这一成绩的，正是詹姆斯本人。

The eDiscovery Leader in
BEAL
3

与国王队之战，詹姆斯18投12中，其中三分线外8投5中，独得32分、11个篮板和9次助攻，他在终场前16秒的高难度后撤步三分球，直接为球队锁定胜局。

骑士队老将凯尔·科沃尔于2003年和詹姆斯同时进入联盟，曾经和阿伦·艾弗森做过队友，也在芝加哥亲眼看见过德里克·罗斯MVP赛季的表现，但在他眼中，詹姆斯完全是另一个级别的球员。在詹姆斯面前，他就好像是一名球迷：

“他真的不可思议，他不断地要球，对我们说：‘把球给我，我们就能赢下比赛。’我曾见证过一些伟大球员的巅峰表现，但他真的将自己的表现提升到了一个全新的层次。很高兴我是他的队友，因为这样我就能获得比前排观众更好的位置，现场观看他的表演。”

詹姆斯和骑士队的好状态一直持续到了圣诞节，然后，他们遇上了老对手勇士队。阵容鼎盛的勇士队，不仅是全联盟的梦魇，也是骑士队试图翻越，但始终高山仰止的终极障碍。

在那场圣诞夜的焦点大战当中，库里因伤休战，两支球队展开一场防守大战，一直打到最后1分钟还难分高下。

终场前26秒，骑士队92：95仅仅落后对手3分，关键一攻，詹姆斯当仁不让，他从后场运球推进到前场，一个变向直冲篮下，但最后的出手却遭到了杜兰特的封盖。

慢镜头回放显示，在詹姆斯的突破过程中，杜兰特与他发生了两次身体接触，两次都有明显的犯规嫌疑——首先当詹姆斯加速启动时，杜兰特的主动对抗延阻了詹姆斯的行进速度，另外在最后詹姆斯上篮出手之前，杜兰特也触碰到了他的手臂。而现场裁判，并未做出任何吹罚。

裁判的执法尺度在赛后引起巨大争议，包括开拓者队球星达米安·利拉德在内的很多人都为詹姆斯鸣不平。但不管怎样，结果已经无法更改，这次关键的判罚，直接导致骑士队最终输掉比赛。

> 我们无从得知这场遗憾的失利对骑士队的士气造成了多大影响，但结果是：此战过后，骑士队又接连负于国王队、爵士队，以三连败这样一种令人沮丧的方式，告别了2017年。

詹姆斯凭借出色的个人表现包揽了2017—2018赛季前两个月的东部月最佳，这也是他连续第11个赛季至少两次当选月最佳。然而到12月31日与爵士队的比赛为止，骑士队24胜12负的战绩只能说差强人意。

好消息是，小托马斯经过漫长的康复，马上就要复出，这让骑士队上下对即将开始的2018年有了新的期待。

骑士队当时没有意识到的是，小托马斯再也不是从前那个全明星了。虽然他在1月3日的首秀中，对阵开拓者队替补登场拿到17分，帮助球队结束连败，但在那之后，骑士队却陷入自2014年夏天詹姆斯回归以来最黑暗的一段时期，直到交易截止日前小托马斯被骑士队转手送走，这段隧道才算走到尽头。

从首秀到再被交易，小托马斯只代表骑士队出战了15场比赛，场均出战27.1分钟，得到14.7分、2.1个篮板和4.5次助攻，投篮命中率和三分球命中率分别只有36.1%和25.3%。

在此期间，骑士队仅仅取得了7胜8负的战绩，如果算上他刚刚复出时轮休的两场比赛，骑士队的总战绩是7胜10负。小托马斯总共为骑士队打了406分钟的比赛，当他在场时，骑士队总共输了135分，平均每场比赛他的在场净胜分值是-9分，创下詹姆斯职业生涯所有合作过的队友中的最差个人纪录。

1月12日客场对猛龙队之战，骑士队99：133遭遇一场惨败，这是他们连续第二场失分超过127分，也是连续第二场以超过25分的巨大分差输球。小托马斯本场比赛前11次出手全部偏出，最终15投2中，只得到4分、3次助攻。

> 赛后詹姆斯表达了他的困惑：“我不知道哪里出了问题，也不知道发生了什么事情，但我们必须找回赢球的方式。”

祸不单行，就在小托马斯苦苦挣扎的同时，骑士队休赛期另外一个重要的引援罗斯也再次深陷伤病困扰。这位前MVP因为严重的膝伤，当时的状态早已今非昔比，而在仅仅代表骑士队出战了七场比赛之后，他就又因为脚踝伤势开始无限期休战。

因为反复不断的伤病，罗斯身心俱疲，后来干脆请假离开了球队。据权威媒体报道，当时罗斯甚至认真考虑是否就此结束自己的球员生涯。

几个月后，罗斯转投森林狼队，在昔日恩师汤姆·锡伯杜的帮助下迎来生涯第二春，但在离开骑士队之前，他始终没能为詹姆斯提供太多帮助。

连续的输球，加上期盼已久的新援派不上用场，詹姆斯备感沮丧。在1月16日主场再负勇士队之后，他面对记者承认：这是他职业生涯开始以来最艰难的一个赛季。

竞技场上，胜利可以掩盖一切，失败也能将所有问题全部暴露出来。1月21日，骑士队主场被雷霆队狂轰148分，遭遇了一场灰头土脸的惨败。积蓄已久的怨气，终于集中爆发了！

根据*ESPN*的报道，在输给雷霆队之后的第二天，骑士队在更衣室里召开了一次非常情绪化的内部会议。会上，几名球员指责乐福在对阵雷霆队的比赛中以生病为由提前离场，而作为球队二号球星，乐福被迫当众做出解释。

据内部消息透露，本该是针对球队糟糕现状表达各自想法的一次总结性会议，最终变成了球员们的互相埋怨。从乐福到小托马斯，甚至是奥特曼、吉尔伯特领导的管理层，都受到了直接的批评。其中直接向乐福提出质疑的，正是和他在高中时就认识且自身表现也很糟糕的小托马斯。

当这场闹剧一般的会议结束时，大家感觉似乎解决了一些问题，又似乎没有解决任何问题。至于实际效果究竟如何，随后与马刺队之战中发生的一幕，更能说明问题。

对马刺队之战，原本应该是一场值得纪念的比赛，因为詹姆斯迎来了个人职业生涯中一项非常重要的里程碑——凭借这场比赛所得到的28分，他的生涯总得分突破30000分，不仅因此超越科比，成为历史上最年轻的30000分先生，还成为NBA有史以来第一位职业生涯至少得到30000分、7000个篮板和7000次助攻的球员。

詹姆斯却丝毫高兴不起来，因为他的球队又输了，而且在比赛中出现了非常难堪的一幕。

乐福在一次与拉马库斯·阿尔德里奇争抢篮板时摔倒，对方二次进攻把球打入。结果面对倒在地上的乐福，竟然没有一名骑士队球员上前搀扶。

当时场上离乐福最近的是克劳德，他低头看了乐福一眼，乐福以为他要拉自己起身，于是伸出了右手，没想到克劳德径直从他身上跨了过去，好像倒在地上的不是他的队友，而是他的敌人。

在NBA，队友即战友，不管私下关系如何，到了场上，就要携手并肩，一致对外。通常情况下，有球员摔倒，队友们都会第一时间冲过来将其扶起，以此展示团队的凝聚力。而乐福摔倒无人搀扶的这个细节，将骑士队糟糕的更衣室环境彻底曝光在全世界面前。这样的球队，怎么能不输球呢？

冰冻三尺，非一日之寒，骑士队的更衣室问题，不是单独由某一个人引起，也非一人之力能够解决的，哪怕他们有詹姆斯这样的领袖。

休赛期引援不利的骑士队管理层，在痛定思痛之后，决定为自己的错误买单。

2月9日，NBA一年一度的交易截止日，骑士队再次成了全联盟的焦点，但他们的连续大动作，却似乎与“补强”二字没有任何关系。

在短短的一个小时内，骑士队接连完成了三笔交易，送走了近半支球队，以闪电般的速度完成了对更衣室的大清洗。

首先被送走的就是小托马斯，骑士队将他和老将钱宁·弗莱打包，搭上一支首轮选秀权，从湖人队换来乔丹·克拉克森和拉里·南斯；然后是克劳德和罗斯，在一笔三方交易中，骑士队将这两名在詹姆斯身边表现不佳的队友送给了爵士队（罗斯随后被爵士队裁掉，签约森林狼队），同时还把香珀特送去国王队，换回乔治·希尔和罗德尼·胡德；最后，骑士队又和热火队完成了一笔说大不大、说小又不算小的交易，把韦德送回迈阿密，换回一个有条件保护的二轮选秀权。

这连续的三笔交易，骑士队总共送走6名球员，他们的平均年龄达到30.7岁，而他们换回的4名球员，平均年龄只有27岁。通过这一细节，骑士队管理层调整目标，开始为未来打算的意图已经表现得非常明显。

至于韦德的交易，则纯粹是出于“人情”。在效力骑士队的半个赛季里，这位昔日的全明星表现不温不火，场均只得到11.2分，证明那些对于“詹韦”连线的重新期待，终究是情怀作祟。骑士队把韦德送回迈阿密，既有对这位热火队队史传奇“叶落归根”的成全，同时也相当于变相承认了当初这笔签约的失败。

骑士队管理层的大手笔，虽然对于夺冠大计没有实质上的帮助，但在球队已经不能更糟糕的情况下，好歹算是一个新的开始。

对于詹姆斯来说，他也需要这样一个机会，调整混乱的思绪，以积极的态度去迎接赛季后半段的征程。

恰逢此时，一年一度的全明星赛如期到来，也让詹姆斯紧绷的神经稍稍得到一点放松。

2018年2月19日，NBA第67届全明星赛在洛杉矶的斯台普斯中心上演，连续第14年被选为首发，超越鲍勃·库西成为历史第一人的詹姆斯，上场31分钟，17投12中，三分球8投4中，得到29分、10个篮板、8次助攻，率领自己的球队以148：145逆转战胜库里所在的西部全明星队，并当选MVP。

这是詹姆斯职业生涯第三次当选全明星赛MVP，追平了乔丹和奥斯卡·罗伯特森，仅次于科比和鲍勃·佩蒂特（同为4次）。

NBA
ALL-STAR MVP
ALL-STAR MVP
KIA
KIA
TEAM

以全明星为契机，詹姆斯重新上紧了发条，带领全新的骑士队向季后赛发起了最后的冲刺。在常规赛剩余的26场比赛里，詹姆斯场均贡献出29.4分、9.8个篮板和9.5次助攻的华丽数据，骑士队16胜10负的战绩虽然仍不能完全令人满意，但相比全明星前的动荡，已经开始慢慢回到正轨。

常规赛结束，詹姆斯场均数据定格在27.5分、8.6个篮板、9.1次助攻，其中篮板、助攻两项数据再创新高，得分也是2010年以来个人最佳表现。虽然在MVP的最终评选中，詹姆斯输给了打出现象级表现的哈登，但这却是他重回骑士队以来与MVP奖杯最接近的一次。

在詹姆斯的带领下，骑士队最终战绩定格在53胜29负，排名东部第四，他们将在季后赛首轮面对步行者队的挑战。

系列赛刚刚开始，骑士队就遭遇当头棒喝，詹姆斯奋力拿下24分、10个篮板、12次助攻的三双数据，但骑士队还是以80：98惨遭失利，结束了他季后赛首轮21连胜的纪录，以及季后赛首轮第一场不败的神话。

赛后接受采访时，詹姆斯对于失利轻描淡写，表示："这不过是首轮0：1落后而已，我可是经历过总决赛1：3落后的。"

话虽如此，但这场比赛仍然提醒人们，骑士队早已不是两年前的那支总冠军球队，有詹姆斯坐镇，或许他们还能取得系列赛的胜利，但过程一定会比从前艰辛许多。

这轮系列赛最终经过了七场苦战才分出胜负，而首轮就打到抢七，这在詹姆斯此前的职业生涯里，是从来没有遇到过的情况。

骑士队虽然成了获胜一方，但七场比赛累计净负对手40分，比赛的艰苦程度可见一斑。而他们最终能够成功晋级，詹姆斯是唯一的原因。

整轮系列赛，詹姆斯场均贡献34.4分、10个篮板、7.7次助攻，其中有三场比赛得分超过40分，包括第五场"天王山之战"独得44分、10个篮板、8次助攻并奉送压哨三分球绝杀。

骑士队有很多次处在被淘汰的边缘，是詹姆斯用一次又一次逆天改命的惊人表现，帮助球队拿到了晋级所必需的四场胜利。

在赢下与步行者队的抢七大战之后，詹姆斯拖着一身的疲惫，接受了记者采访：“我现在浑身酸疼，今天我不想再去考虑（下一轮对手）猛龙队的事情了，我想回家。我累了，我现在就想回家。”

幸运的是，和首轮与步行者队的七场大战相比，接下来分区半决赛面对常规赛东部排名第一的猛龙队，骑士队打得相当轻松。在詹姆斯场均34分、8.3个篮板、11.3次助攻的出色发挥下，骑士队连赢四场，以4：0横扫对手晋级。

本轮比赛最值得一提的是系列赛第三场，詹姆斯最后8秒接底线发球一条龙奔杀到前场，面对防守重压使出一招骑马射箭，打板命中，完成压哨绝杀！这也是詹姆斯在2018年季后赛的第二次压哨绝杀。

横扫猛龙队，为詹姆斯赢得了五天的休息时间，这让他的身体得到了必要的恢复，但与此同时，因为紧绷的状态突然放松，骑士队的比赛节奏也受到了明显的影响。

东部决赛开打，面对老对手凯尔特人队，骑士队一上来就连输两场。好在詹姆斯及时调整了状态，在接下来的五场系列赛当中，场均轰下35.6分、9.2个篮板、7.6次助攻，重新掌握了比赛的主动权。

在东部决赛的最终抢七战当中，33岁148天的詹姆斯打满了48分钟，拼光最后一颗子弹，拿到35分、15个篮板和9次助攻，其中第四节独得12分，这才帮助骑士队87：79艰难战胜对手。他也因此连续第八年成功打进NBA总决赛。

此时的骑士队，对于詹姆斯的依赖已经达到顶点。泰伦·卢在比赛中申请了一些本无必要的暂停，就是能为詹姆斯赢得几分钟的喘息时间，而为了尽可能节省体能，詹姆斯甚至没有参加下半场开始的投篮热身。

“今晚我必须打满全场，所以我千方百计想着要怎么样才能熬过去。”詹姆斯说。

所谓强弩之末，势不能穿鲁缟。詹姆斯的体力虽然并未完全耗尽，但骑士队作为一支球队，已经透支了他们所有的想象空间。接下来面对强大的勇士队，他们会有怎样的表现呢？

总决赛开始之前，博彩公司开出FMVP赔率，詹姆斯落后于杜兰特和库里，仅排名第三。因为按照惯例，FMVP会颁给获胜一方的球员，詹姆斯个人表现再突出，如果骑士队赢不了勇士队，他也将与这一奖项无缘。

事实证明，詹姆斯的确双拳难敌四手。总决赛第一场，他就疯狂掠下51分，刷新个人职业生涯季后赛单场得分纪录，将比赛拖入加时。但对面“海啸三兄弟”联手掀起巨浪，骑士队最终还是以114：124输掉比赛。詹姆斯也因此成为总决赛历史上第一位拿到50分还无法赢球的球员。

本场比赛，骑士队本有机会取得胜利，希尔在常规时间结束前4.7秒获得两次罚球机会，两罚全中就可以反超比分，可他罚丢了第二球，场上比分变成106平。

关键时刻，JR·史密斯抢到前场篮板，可他并没有选择出手，而是将球运出三分线外，仅剩的一点时间就此耗尽。这次低级的失误，在赛后被球迷反复拿来调侃，同时，也成为骑士队在这轮系列赛当中的一个关键转折点。

总决赛首战的戏剧性失利，真实反映出骑士队的尴尬现状——詹姆斯做到了一名篮球运动员所能做到的一切，但队友的拖累，让骑士队不具备与勇士队抗衡的条件。在希尔罚丢关键罚球、史密斯自乱阵脚葬送了绝杀比赛的机会后，骑士队创造奇迹的希望也就此湮灭。

本轮系列赛，詹姆斯场均贡献34分、8.5个篮板和10次助攻，这还是在眼睛和右手先后受伤的情况下所打出的表现，但骑士队除了他和场均19分的乐福之外，再没有第三名球员场均得分上双。

面对拥有“汉普顿五虎”的勇士队，骑士队完全不堪一击，结果连输四场，场均净负15分，连续第二年成为总冠军的背景板。

骑士队整体的羸弱，更衬托出詹姆斯个人的悲壮。实际上早在骑士队休赛期完成欧文的交易时，这一结果便已经可以预料。只是出于对家乡球迷的责任，恪守球员的职业道德，詹姆斯坚持战斗到了最后。骑士队输了，但詹姆斯并没有输。

30

LAKERS
23

PART 4

紫金时代 力挽狂澜

wish
LAKERS
23

1 MISSION

使命，出师不利

要建设一支能够赢球的球队，需要漫长的过程。我来到湖人队，本来就没指望一开始就打得如何精彩。

在2018年总决赛第四场，骑士队85：108不敌勇士队，总比分0：4告负宣告冲冠失败后，记者第一时间向詹姆斯抛出了那个所有人都想知道答案的问题："下个赛季你会去哪儿？"

詹姆斯并没有用官方口吻直接回避这个话题，而是非常认真地做出了解答："很显然，一直以来，家庭都是我要认真考虑的因素，尤其是考虑到我的两个儿子已经这么大了。四年前当我做出（回克利夫兰的）决定时，他们比现在小很多。而现在，大儿子已经是个小伙子了，小儿子也快13岁了，还有一个小女儿。所以，所有因素我都要考虑。在我的职业生涯里，无论我做出任何决定，家庭都是我一个重要的考虑，未来也一样。所以，我现在真的没法给你答案。

"就我个人而言，还有很多动力支撑我继续打下去。我希望自己能够继续处于争冠模式当中，而且我觉得我在今年的表现也已经证明了，为什么我还处在冠军争夺当中。"

詹姆斯没有直接回答他会去哪儿，可能他自己当时也真的还没想好要去哪儿。但他的回答提供了两条线索：一处好的城市环境，一个有机会继续追逐胜利的球队基础，将会是他纳入考量的重点条件。

从总决赛结束到自由市场开启，大概有三周的时间，在这三周时间里，NBA几乎所有的话题中心，都围绕着詹姆斯的决定。

从马刺队主帅格雷格·波波维奇，到詹姆斯的好友克里斯·保罗，再到扬尼斯·阿德托昆博、科怀·伦纳德、乔尔·恩比德、维克托·奥拉迪波……传闻中，联盟中一小半的球队都在派出各自的代表招揽詹姆斯。各大媒体的记者，活跃在电视屏幕上的NBA名宿们，也纷纷就詹姆斯会去哪儿、詹姆斯该去哪儿发表各自不同的意见。

在博彩公司为詹姆斯去向所开出的赔率中，湖人队高居第一成为最大热门，火箭队、骑士队和76人队紧随其后。有詹姆斯"御用记者"之称的文霍斯特在参加节目时表示，他认为詹姆斯只会考虑两个选择：加盟湖人队，或者留在骑士队。

随着自由市场的日益临近，詹姆斯似乎越来越接近湖人队。有媒体爆料，说他和湖人队篮球运营总裁"魔术师"约翰逊共进晚餐。看起来，这个已经持续了一年多的猜测，即将成为现实。

詹姆斯并不想吊大家的胃口，经过一番深思熟虑的他，在自由市场正式开启的当天，就通过自己的经纪公司Klutch Sports正式宣布：

> 他将与湖人队签订一份为期四年、总价值1.54亿美元的合同。

在宣布加盟湖人队后的第一时间，詹姆斯还特地在社交媒体上向自己的家乡，以及所有家乡球迷表示了感谢："感谢在俄亥俄州这四个美妙的赛季，这里将是我永远的家。"

显然，和八年前第一次离开时相比，此时的詹姆斯已经成熟了许多。另一方面，感激詹姆斯在2016年为这座城市赢得52年来第一座冠军奖杯的克利夫兰球迷，面对他的再次离开，也不再心怀嫉恨，而是纷纷献上诚挚的祝福。

就连一向和詹姆斯关系紧张的骑士队老板吉尔伯特也发表声明，向詹姆斯表示感谢，并明确提出，期待有一天能退役詹姆斯的23号球衣。

两天后，广告商拆除了速贷球馆墙外的詹姆斯巨幅海报。一个时代，至此宣告终结。接下来，詹姆斯也将迎来职业生涯的全新篇章。

> 在成功签下詹姆斯之前，湖人队正处于整个球队历史上最黑暗的一段时期——连续五个赛季无缘季后赛。

虽然他们也因此收获了几名高顺位新秀，但年轻人空有天赋，却不懂得如何赢得比赛，前一个赛季的战绩只有35胜47负，在西部排名第11位。

在这样的情况下，詹姆斯的加盟，对湖人队来说，如同久旱过后的一场甘霖——如果说联盟中有哪名球员可以让一支乐透球队在一夜之间成为总冠军的竞争者，那这个人绝对非詹姆斯莫属。只此一签，就足以让“魔术师”成为年度最佳经理人的热门候选！

“临危受命”的詹姆斯，知道夺冠大计不能一蹴而就，并未催促湖人队立即引进第二位超级明星。湖人队当然愿意最大限度把握詹姆斯的巅峰期，并打算不遗余力围绕他重塑阵容，但詹姆斯明白2019年的自由市场才是湖人队最佳补强时机，因此并不希望球队不计代价地立即向冠军发起全力冲刺。

詹姆斯显然对成功保持着足够的耐心，因此当他在湖人队的第一个赛季从一波三连败作为开始时，他仍表现得十分冷静。

“我们会持续进步，我喜欢我们前进的方向。要建设一支能够赢球的球队，需要漫长的过程。我来到这里，本来就没指望一开始就打得如何精彩。我明白这都是必经的过程。”詹姆斯说道。

湖人队用了差不多两周时间，才开始慢慢找到赢球的感觉。2018年10月28日，湖人队主场迎战小牛队，詹姆斯独得29分，并在最后2.1秒利用罚球完成致命一击，帮助湖人队1分险胜对手。

从这场球开始算起，湖人队在连续的11场比赛里赢下了9场胜利，詹姆斯个人场均得到29.2分，三分命中率高达48.5%。

在此期间，有几场比赛值得一提：

首先是11月15日主场对开拓者队之战。詹姆斯手感火热，19投13中斩获44分、10个篮板、9次助攻，率领湖人队126：117将连胜纪录延续到四场。这场比赛，让詹姆斯职业生涯总得分超越维尔特·张伯伦，升至NBA历史第五！

11月19日湖人队客场打热火队，詹姆斯面对老东家，手下不留情，用了31次出手，砍下个人职业生涯第13次50+，拿到51分和8个篮板球，湖人队也以113：97收获一场大胜。这也是詹姆斯2014年离开热火队之后，第一次在迈阿密赢球。

仅仅三天之后，詹姆斯又带领他的新球队回到另外一个熟悉的地方——速贷球馆，并用32分、14个篮板、7次助攻的表现为湖人队赢下又一场胜利。

这场比赛最令人感动的地方在于，詹姆斯自始至终受到现场球迷的热烈欢迎，让他知道：无论身在何方，他都永远是阿克伦的孩子、克利夫兰的城市英雄！

wish
LOS ANGELES
5
BIOFREEZE
BLAZERS
33

凭借这一轮连胜，湖人队很快将胜率提升到50%以上，排名一路上升，一度来到西部第五。

也许是重新看到了夺冠的希望，热心媒体开始为湖人队谋划未来。在12月22日主场对鹈鹕队的比赛开始之前，有记者请詹姆斯发表一下对于当时深陷交易流言的鹈鹕队球星安东尼·戴维斯的看法。

一时“大意”的詹姆斯当着现场所有记者的面，做出如下评论：“（如果戴维斯能来）那可太好了，难以置信的好！”

没想到，这番话引起轩然大波。各大媒体纷纷用诸如“詹姆斯公开招募浓眉哥”这样的标题对此事进行大肆渲染，结果鹈鹕队还没太当回事，其他球队却看不下去了。

据*ESPN*报道，几位小市场球队的总经理先后致电鹈鹕队总经理戴尔·邓普斯，表达了对联盟“纵容詹姆斯非法招募”行为的不满。

看到民意鼎沸，NBA官方也不得不出具正式说明，解释了詹姆斯没有受到处罚的原因，因为没有湖人队官方的参与，詹姆斯的个人行为不算非法招募。

詹姆斯也在随后的采访中调侃，说他不光想和戴维斯合作，还想和杜兰特、伦纳德、巴特勒、欧文、恩比德、西蒙斯、东契奇等所有超级明星合作，言外之意是：难道这都是非法招募？

这场风波刚刚平息，湖人队就迎来了与勇士队的圣诞大战。本场比赛，詹姆斯状态异常出色，前两节打完就已经砍下17分、10个篮板和5次助攻，带领湖人队取得半场15分的巨大领先。

然而意外不期而至——当比赛进行到第三节还剩7分51秒时，詹姆斯在一次倒地救球时，不慎拉伤了腹股沟，不得不提前退出比赛。

虽然湖人队最终取得了这场比赛的胜利，但詹姆斯的伤情却让所有关心他、关心湖人队的球迷捏了一把汗。因为依据现场报道，詹姆斯曾告诉训练师，受伤时他听到了“砰”的一声，而这显然不是一个好的讯号。

湖人队第一时间为詹姆斯安排了详细检查，结果显示并没有出现结构性的损伤，算是不幸中的万幸。但詹姆斯依然因此缺席了接下来的17场比赛，而他此前职业生涯最长的连续缺阵纪录，不过是8场比赛。

这次受伤，让人们意识到，曾经被认为有“金刚不坏之体”的詹姆斯，终究也是血肉之躯，随着年龄的增长，伤病总有一天也会找上门来。这次伤病，也成为2018—2019赛季湖人队的关键转折点。

在詹姆斯缺阵的17场比赛里，湖人队只取得了6胜11负的战绩。

在赢下圣诞大战之后，湖人队还以20胜14负的战绩与快船队并列西部第四，可等到2月1日詹姆斯伤愈复出时，湖人队26胜25负的表现已经跌出西部前八。

在詹姆斯缺阵期间，联盟中还发生了一件大事：戴维斯正式向鹈鹕队提出了交易申请，而湖人队立即成为相关流言的热门球队。包括布兰登·英格拉姆、隆佐·鲍尔、凯尔·库兹马、约什·哈特、伊维查·祖巴茨在内的几乎所有湖人队年轻球员，都被卷入了交易流言。

后来英格拉姆曾在一次接受采访时承认，那段时间湖人队更衣室内人人自危，陷入交易流言的球员甚至无法专心训练，极大影响了他们的球场表现。

2019年2月1日，伤停了17场的詹姆斯终于迎来复出，并用24分、14个篮板、9次助攻的全能表现带领湖人队击败快船队。赛后接受采访时，詹姆斯表示这场比赛是湖人队新的开始，他们将从此开启赛季下半程的战斗。可实际上，因为连续的输球加上交易流言，湖人队的军心已经涣散。

雪上加霜的是，就在詹姆斯准备率队反弹，再次向季后赛发起冲击时，湖人队又连续遭遇伤病打击。

鲍尔在詹姆斯复出之前就扭伤了左脚踝，恢复的过程极其不顺利，复出之期被一拖再拖。终于到了3月10日，湖人队官方宣布他本赛季不会回归。

就在鲍尔确定赛季报销的同一天，湖人队还公布了另外一个坏消息——之前因为右肩酸痛连续缺席三场比赛的英格拉姆，经检查发现手臂中存在深静脉血栓，也将无限期休战。

鲍尔和英格拉姆的连续伤停，极大削弱了湖人队的战斗力。在球队冲击季后赛的关键时刻，这无异于雪上加霜。詹姆斯就算个人能力再强，也没办法逆转乾坤，更何况他在遭遇了职业生涯的第一次大伤之后，身体状态也始终没有完全恢复。

在这样的情况下，继续硬拼到底已经没有多少意义，只会增加受伤的风险。毕竟此时的詹姆斯，已经是一名34岁的老将。

在英格拉姆和鲍尔双双确定赛季报销的当天，湖人队主场负于凯尔特人队，遭遇五连败。赛后詹姆斯第一次公开承认，球队要从长计议，得把目光放得长远一些。这番表态，基本意味着他已经接受了自己连续13年打进季后赛的纪录要从此中断的事实。

在季后赛无望的情况下，詹姆斯开始在2018—2019赛季余下的比赛中接受“轮休”。3月30日，湖人队在主场对黄蜂队的比赛之后正式做出决定：詹姆斯将不再出战赛季的最后6场比赛。自从2003年进入联盟以来，这还是詹姆斯第一次“享受”如此待遇。

湖人队的2018—2019赛季，也基本以这样的方式走到了尽头，詹姆斯“无所不能”的神话，似乎也因此破灭。

质疑的声音随之而来，继*ESPN*名嘴史蒂芬·A.史密斯在做节目时将湖人队失败的症结归因于詹姆斯，称他已不再是联盟中最好的球员后，一位不愿透露姓名的西部球队总经理也在接受采访时表示：詹姆斯再也不是那个能靠一己之力带队杀进总决赛的超级英雄了。

对于所有这些质疑，詹姆斯并未过多理会，在十几年的职业生涯里，他经历过太多，也学会了太多。他早就清楚：让质疑者闭嘴的唯一方法，就是拿成绩和表现说话。

CHAMPIONS
Champions
NBA FINALS
NATIONAL BASKETBALL ASSOCIATION
LOS ANGELES
LAKERS
20
CHAMPIONS
LAKERS
LOS ANGELES

2

GLORY

荣光，重返巅峰

我们会继承科比的遗志，带着沉重的心情继续前行。

湖人队的2018—2019赛季，以一出肥皂剧作为结束——在常规赛最后一场比赛开赛前大约一个小时，“魔术师”在事先没有知会任何人的情况下，突然向媒体宣布，他将辞去球队篮球运营总裁的职务。

关于“魔术师”为何会突然辞职，他自己进行了解释，各大媒体也都有自己的解读，虽然可以确定的一点原因是，“魔术师”不喜欢这份工作的琐碎和约束，但同时也让很多人猜测，是否在湖人队高层之间，存在着一些不为人知的内部矛盾。

而仅仅几天之后，湖人队总经理罗勃·佩林卡就代表球队发表声明，解雇了还有两年合同在身的主教练卢克·沃顿。

因为战绩不佳，在常规赛尚未结束之前，就有各种小道消息称湖人队会炒掉沃顿，而“魔术师”在辞去运营总裁职务之前和沃顿的关系也相当紧张。种种说法，让人对湖人队高层的乱局、对球队未来的命运，都很难感到乐观。

沃顿下课之后，马上就在国王队完成下岗再就业，而湖人队也开始了对新一任主教练的物色工作。

泰伦·卢、蒙蒂·威廉姆斯、杰森·基德、朱万·霍华德、弗兰克·沃格尔、J.B.比克斯塔夫等目标人物先后接受了球队面试，其中曾在2016年和詹姆斯携手赢下总冠军的卢成为头号热门。

卢和湖人队的第一轮谈判进行得非常顺利，但在接下来深入探讨合同细节时谈崩。于是湖人队临时转向，与沃格尔签下三年合同，聘请其出任球队主教练，另一位候选人基德也受到聘请，出任首席助教。

詹姆斯对于湖人队没能搞定自己信任的泰伦·卢既感意外，也有些失望，但他还是对沃格尔表示了支持，除了多次在社交媒体上为与沃格尔相关的新闻点赞外，他还亲自现身沃格尔的媒体见面会，并在会后与沃格尔见面、交谈。种种迹象显示，詹姆斯将以开放的心态去迎接这段合作关系。

与鹈鹕队的交易，成为湖人队这个关键休赛期的标志性事件。湖人队在2月交易截止日前就曾与鹈鹕队就戴维斯的交易进行过深入谈判，但因为种种原因，双方在当时并未当成一致。

2018—2019赛季结束后，鹈鹕队聘请大卫·格里芬出任篮球运营副总裁，很快和湖人队恢复了有关戴维斯交易的对话。

此时的戴维斯已经铁了心要走，而湖人队也是诚心想得到他，加上戴维斯和詹姆斯共同的经纪人里奇·保罗从中撮合，双方在经过一番讨价还价之后，于2019年6月6日敲定最终方案：

湖人队用英格拉姆、鲍尔、哈特以及三个未来的首轮选秀权，换回了他们垂涎已久的戴维斯。

英格拉姆和鲍尔两位曾经的榜眼秀，都在效力湖人队期间展现出过人的潜力，哈特也有希望成长为一名优秀的3D球员，三支首轮签更几乎是规则允许范围内湖人队能拿出的最有诚意的未来资产。但有机会得到戴维斯这样一位技术全面、能突能投，并且拥有顶级防守能力的新型内线，一切都是值得的。

后来的事实也证明，佩林卡为詹姆斯找到了一个完美的帮手，也为湖人队找到了一把重启总冠军大门的钥匙。

戴维斯的加盟，让詹姆斯的心气一下提了上来，在媒体曝出相关消息的第一时间，他就在社交媒体上发文庆祝：“AD要来了！@安东尼·戴维斯，一起大干一场吧！这只是个开始。”

为了表达对新队友的欢迎，詹姆斯还主动表态，愿意让出23号球衣，只是后来在赞助商的干涉下，这一计划才被搁置。

但戴维斯感受到了詹姆斯主动示好的诚意，两个人很快产生了良好的“化学反应”，并且开始联手招募其他自由市场上的球星——尤其是刚刚率领猛龙队夺得总冠军且一心想回家乡洛杉矶打球的伦纳德。

早在一年之前詹姆斯刚刚加盟湖人队时，他就已经和球队高层达成共识，将把2019年的自由市场当成搭建冠军阵容的“主战场”。这个夏天，包括伦纳德、巴特勒、欧文在内的多位超级明星同时合同到期，湖人队早就准备好了薪金空间，即使在换来戴维斯之后，仍然可以容纳“第三巨头”。

伦纳德是南加州人，当初与马刺队因为伤病问题闹出矛盾时，就一心想要回洛杉矶打球。后来猛龙队半路杀出，用当家球星德玛尔·德罗赞作为主要筹码，得到当时合同只剩一年就要到期的伦纳德。

猛龙队的豪赌收获了巨大的成功，伦纳德在多伦多恢复了健康，打出职业生涯最佳表现，加盟猛龙队后的第一个赛季，就为他们赢得了球队历史上第一座总冠军。2019年季后赛期间，伦纳德场均得到30.5分、9.1个篮板、3.9次助攻和1.7次抢断，在第二支球队拿到总冠军和总决赛MVP，声望之盛，一时间甚至有超过詹姆斯的势头。

伦纳德攻守俱佳，如果真能和詹姆斯、戴维斯联手，将会成为NBA有史以来最强大的三人组。虽然他迟迟没有公布自己的决定，但湖人队觉得他们的等待是值得的。

可惜事与愿违，湖人队心心念念的伦纳德，最终选择与湖人队的同城对手快船队签约，这让珍妮·巴斯和罗勃·佩林卡领衔的湖人队高层遭遇沉重一击。

不仅如此，因为伦纳德推迟了他的决定时间，湖人队还错过了追逐其他大牌自由人的最佳时机，当他们得知伦纳德不会来时，欧文、巴特勒等值得一份顶薪报价的明星球员，都已经找到了各自的归属。

因为这次关键的抢人失败，湖人队只能掉转方向，把薪金空间拆散，用一堆零散合同填满阵容名单——丹尼·格林、拉简·隆多、埃弗里·布拉德利、德怀特·霍华德等老将——和球队完成签约，成了詹姆斯和戴维斯的主要夺冠帮手。

这个夏天，快船队不仅成功抢到伦纳德，还同时交易引进了全明星前锋保罗·乔治，相比之下，湖人队在自由市场上的表现可以用雷声大雨点小来形容。所以当时在社交媒体上，人们普遍认为快船队比湖人队更有希望赢得2020年的总冠军。

但詹姆斯并没有被这些声音影响，整个夏天，他都十分安静，只是他的闹钟每天都会在凌晨四点就准时响起，他会早早起床完成几个小时的训练，然后才去参加《空中大灌篮2》的拍摄。当期盼已久的新赛季终于开始后，人们发现，减重成功的詹姆斯更快，也更敏捷了。

针对湖人队的阵容结构，沃格尔将詹姆斯安排在了首发控卫的位置上，事实证明，这是一步妙招。湖人队虽然揭幕战负于快船队，但接下来马上进入状态，打出一波七连胜，登上联盟积分榜榜首。在那之后的漫长赛季里，他们再也没有离开过这一宝座。

湖人队的快速成功，詹姆斯厥功至伟。而他的作用主要体现在三个方面：首先，改打控卫的詹姆斯，将自己的传球功力发挥得淋漓尽致。尽管在詹姆斯的整个职业生涯里，一直被定义为组织前锋，但专职打控卫还是头一遭，2019—2020赛季，詹姆斯总共参加了67场比赛，其中55场助攻上双，长时间领跑联盟助攻榜。

沃格尔是一名防守型教练，调教进攻并不是他的专场，有詹姆斯这样一位场上指挥官在，为他解决了许多麻烦。

其次，詹姆斯还主动让权，确立了戴维斯攻击核心的地位。作为前辈，这种姿态对于两名超级明星日后的成功合作，起到了决定性作用。

詹姆斯非常清楚，想要在职业生涯的最后阶段再次向总冠军发起冲击，他离不开戴维斯的帮助。反过来，在戴维斯心中，詹姆斯也是他一直在寻找的导师。正如他的父亲老安东尼·戴维斯所说："他之前就是一名出色的球员，但现在有机会和勒布朗合作，能从他身上学到一切。"

最后，也是最关键的一点，作为联盟第一人，一名即将年满34岁的老将，詹姆斯还在防守端不遗余力，为新赛季设立了一个良好的基调——湖人队在赛季初的防守效率一度高居联盟第一，詹姆斯的榜样作用是核心原因。

湖人队主帅曾经这样称赞詹姆斯："我都不知道该怎么形容他了，作为联盟中统治级的球员，他太全面了。同时，他的防守也非常努力，像一名中后卫一样领导和指挥着全队的防守，他真的非同凡响。"

詹姆斯不仅赢得了自己人的夸赞，就连对手也为之折服。一位西部球队的总经理在接受媒体采访时就表示：“勒布朗正在打出高水平的防守，我们已经有好多年没看到他在防守端有这么高强度的表现了，他能一直保持下去吗？”

詹姆斯有足够的动力保持全力输出，重新看到冠军希望当然是很重要的一点，另外，他也一心想要证明自己并没有“过气”。

2019年11月初，詹姆斯在五天之内打了三场比赛，对手分别是小牛队、马刺队和公牛队。这连续的三场比赛，詹姆斯都打出三双表现，成为NBA有史以来有类似表现的年龄最大的球员。

在完成这一不可思议的壮举后，詹姆斯发了一条推特，上面写道：“过气的国王！”

很显然，他还在为之前那些对他的质疑耿耿于怀。

湖人队在11月11日对猛龙队的比赛中中断了七连胜的脚步，但接下来的18场比赛里，他们又打出了17胜1负的骄人战绩。截至到12月16日与老鹰队的比赛，湖人队24胜3负高居全联盟第一，而在西部积分榜上，他们领先第二名快船队4.5个胜场！

一帆风顺的湖人队，在圣诞大战到来前迎来赛季第一次真正考验。按照赛程，他们将在一周时间里连续遭遇雄鹿队和快船队，快船队自不必说，从休赛期开始就是湖人队的主要竞争对手，雄鹿队则是东部第一，是除快船队、湖人队之外另一个总冠军的大热门。

wish
LAKERS

为了更好地备战两场重头戏，詹姆斯和戴维斯分别在对阵步行者队和掘金队的比赛中被安排轮休，但湖人仍然输掉了与雄鹿队的榜首大战和与快船队的圣诞大战。

12月20日与雄鹿队一战，湖人队几乎整场比分落后，最多时分差达到21分，虽然最终比分是104：111，湖人队只输了7分，但这却是一场彻头彻尾的失败。

圣诞大战对快船队，湖人队倒是一度看到了赢球的希望，他们领先对手两位数分差结束上半场，但被快船队后程发力将比分反超。终场前3.6秒，詹姆斯本有机会扳平比分，但他的三分球出手却被帕特里克·贝弗利破坏掉，湖人队遭遇四连败。

四连败本身已经足够糟糕，加上接连输给争冠对手，让很多人开始对湖人队这个西部第一的成色产生怀疑，怀疑他们是不是一只欺软怕硬的“纸老虎”。

詹姆斯和戴维斯很快就用一波九连胜重新证明了自己，在这九场比赛里，他们七次以两位数优势获胜，场均净胜对手15.2分，重新坐稳西部第一的宝座，将头顶的些许阴霾一扫而空。

2020年1月24日，NBA公布全明星投票结果，35岁的詹姆斯再次成为票王，这也是他职业生涯第16次当选全明星首发，超越湖人队传奇科比·布莱恩特，成为历史第一人。

仅仅两天之后，在客场对76人队的比赛中，詹姆斯又超越了科比的另外一项纪录。本场比赛进行到第三节还剩7分多钟时，詹姆斯左翼接球，突然加速过掉本·西蒙斯，在艾尔·霍福德和谢克·米尔顿的夹击下强势上篮得手。

这一进球，让詹姆斯的职业生涯总得分上升到33644分，他也因此超越科比（33643分），升至NBA历史得分榜的第三位。

随后场边请求暂停，詹姆斯在自己的客场，在科比的家乡费城，接受了全场观众的起立鼓掌。

詹姆斯与科比，NBA的两代领军人物，在各自的职业生涯里，曾经交手多次，但从来没能上演总决赛的对决，这不仅是他们俩的遗憾，更是全世界篮球迷的遗憾。许多年来，媒体和球迷总是试图将两大巨星树立为对手，但其实他们俩一直彼此钦佩，互相欣赏。

科比不仅毫不介意自己的得分纪录被詹姆斯超越，还在第一时间给詹姆斯打去电话，向他表示祝贺，所有湖人队球员，都在更衣室里成了那一历史性时刻的见证者。

詹姆斯也在赛后接受*ESPN*采访时分享了他和科比的一些小故事。据詹姆斯透露，他第一次见到科比是去参加一次训练营，当时科比已经是超级巨星了，他向现场所有孩子分享经验，而詹姆斯就像一个小迷弟一样，静静地坐在一边认真倾听，不肯错过科比说出的每一个字。

据詹姆斯回忆，科比当时还送给他一双红白蓝配色的签名球鞋，尽管詹姆斯的脚比科比大了一码，他还是马上就穿上了这双宝贝，不愿多等一秒。

詹姆斯还说，即使是他进入NBA之后，也还是科比的忠实粉丝，2008年北京奥运会，当詹姆斯作为美国队的一员，第一次有机会成为科比的队友时，那一刻就像梦想成真。

时至2020年，科比已经退役四年，而詹姆斯依然作为联盟领军人物，继续缔造着属于他的传奇。

在通过电话向詹姆斯表示祝贺之后，科比还在社交媒体上发文，寄语詹姆斯："朝着历史第二进发吧，@勒布朗·詹姆斯！继续推动比赛的发展，为下一代铺平道路。"

没人能够想到，这竟成为一代传奇的最后"诀别"。

2020年1月27日凌晨，一个令人心碎的消息，震惊了整个世界——科比和他的二女儿吉安娜，在一起直升机事故中不幸去世。

事发当时，科比正以教练身份陪同女儿以及她的几名中学队友一起前去参加一场比赛，而包括飞行员在内的9名乘客，全部当场遇难。

消息传来，每一个热爱篮球的人都经历了从错愕、怀疑、震惊，到不愿接受的心理变化过程，为篮球世界遭遇如此重大损失而扼腕叹息，詹姆斯和他的湖人队队友更是如此。

事发当时，湖人队正在从客场赶回洛杉矶的途中，当飞机落地后，有媒体拍到詹姆斯情绪明显失控，不断擦拭着泪水。那一晚，詹姆斯彻夜未眠。

2020年2月25日，科比的追悼会在斯台普斯中心上演，很多球星都来到了现场，但却没有人找到詹姆斯，只拍到一个帽衫罩头的疑似他的身影。事后接受采访时，詹姆斯回避了有关他是否参加了追悼会的提问，只表示希望人们将更多关注放在科比的亲人身上。

当被问到这场追悼会是否会让湖人队如释重负时，詹姆斯的回答是：“永远不会结束，永远不会。我们会继承他的遗志，带着沉重的心情继续前行。”

继承科比遗志的湖人队，在2月的11场比赛里取得了9场胜利，但相比之下，他们在进入3月后的四连胜更加令人印象深刻。

这4场比赛，他们依次战胜了鹈鹕队、76人队、雄鹿队和快船队，其中后面3支球队都是他们争冠路上的潜在对手，雄鹿队和快船队更一度被认为是湖人队难以逾越的障碍。

3月7日主场对雄鹿队的比赛，是两位准MVP之间的直接对话，面对状态如日中天的“字母哥”，詹姆斯独得37分、8个篮板、7次助攻、3次抢断，率领湖人队113：103赢下比赛胜利。本场比赛，詹姆斯的职业生涯总得分突破34000分，在最后6分钟的决胜时刻，他独得14分，还亲自防守并成功限制住了“字母哥”。

此战过后，湖人队以48胜13负的战绩正式提前锁定西部前八的排位，结束了六年无缘季后赛的历史！

3月9日，湖人队在斯台普斯中心迎来与快船队的又一次同城大战，詹姆斯用28分、7个篮板、9次助攻的全面表现，结束了对伦纳德的五连败。当常规赛开始进入最终的冲刺阶段，詹姆斯和他的球队看起来已经调整好了自己的状态，准备向着总冠军发起冲击了。

然而，就在湖人队一路高歌猛进，詹姆斯的MVP呼声也越来越高时，一场席卷全球的疫情暴发了，它直接导致NBA停摆超过四个月，在此期间，没人知道2019—2020赛季还能不能继续进行。

因为疫情原因，训练馆被强令关闭，球员们长时间隔离在家，但詹姆斯却从未中断过自己的训练，也没有放弃过继续竞争总冠军的希望。他不止一次表达过希望赛季重启的愿望，也提醒队友随时为复赛做好准备。

复赛之路并不平坦。NBA需要创建一个安全的比赛环境，最终，他们在奥兰多的迪士尼世界度假村内设置了一个被称作“气泡”的封闭园区。

但光有“气泡”还不够，接下来，NBA还需要说服球员进入气泡，接受可能长达几个月的封闭隔离。

因为球员工会的努力，大部分球员意识到赛季中断会造成多么大的经济损失，愿意参加复赛。但就在此时，美国爆发了一场全国范围内的平权运动，欧文组织近百名球员召开视频会议，号召大家抵制复赛。很多球员，包括湖人队的德怀特·霍华德和埃弗里·布拉德利，都纷纷响应。

在这样一个关键时刻，詹姆斯再次发挥领袖作用。他理智地提出：只有回到比赛场上，球员们才能更好地利用他们的平台，表达自己的诉求。

詹姆斯的表态，对推动复赛起到了至关重要的作用。而当2019—2020赛季终于在奥兰多得以继续时，勤练不辍的詹姆斯也展示出了他出色的状态，在他的带领下，湖人队顺利以西部第一的成绩结束常规赛季。

2020年8月19日，詹姆斯终于迎来了湖人队生涯的第一场季后赛，这距离他上一次站上季后赛的舞台，已经过去793天。

季后赛首轮，湖人队的对手是达米安·利拉德和他率领的开拓者队。这位全明星控卫在复赛后争夺季后赛资格的八场排位赛中场均狂轰37.6分、4.3个篮板和9.6次助攻，三分球命中率达到43.6%，最终全票当选复赛MVP。

在附加赛击败灰熊队，赢得西部最后一张季后赛门票后，利拉德向湖人队发出了战斗宣言：“我们在园区里这么拼，不是就为了一个西部第八。我们觉得对任何人，我们都有机会，即便对手是湖人队。我们尊重他们，但我们对赢下这轮系列赛有足够信心，就这么简单。”

系列赛首战，开拓者队一上来就给了湖人队一个下马威，开场33：17取得16分巨大领先，虽然詹姆斯打出23分、17个篮板、16次助攻的“大号”三双，带领湖人队在最后时刻将比分追到93：95，但加里·特伦特关键时刻命中三分球，湖人队最终还是以93：100输掉比赛，总比分0：1落后。

系列赛第二场，湖人队调整策略，从一开场就疯狂包夹利拉德，迅速拉开比分，最多时一度领先达到33分，最终以111：88大胜对手，将总比分扳成1：1平。本场比赛，詹姆斯11投4中只得10分，但在场期间，湖人队净胜对手23分。

通过本场比赛，湖人队找到了对开拓者队的赢球密码：只要限制住利拉德，他们就相当于限制住了对方的整支球队。接下来的两场比赛，利拉德的命中率都被限制在40%以内，湖人队3：1拿到赛点，而且在第四场比赛当中，利拉德右膝扭伤提前退出比赛，更是直接宣判了开拓者队的“死刑”。湖人队轻松拿下第五战，以4：1的总比分晋级下一轮。

本轮系列赛，詹姆斯场均贡献27.4分、10.2个篮板和10.2次助攻，还成为季后赛历史上，第一位打出单场20+15+15表现的球员。

淘汰了利拉德后，湖人队马上又遇到了另外一位超级巨星，连续三届的NBA得分王詹姆斯·哈登。与开拓者队不同，火箭队拥有双MVP后场，除了哈登，他们还有拉塞尔·威斯布鲁克。不仅如此，这支球队在交易截止日前用克林特·卡佩拉换来罗伯特·考文顿，摆出“极致五小”。这套阵容虽有缺陷，可一旦被他们推起速度，却也防不胜防。

遭遇战，火箭队外线三叉戟威斯布鲁克、哈登、戈登合砍83分，而湖人队除了詹姆斯和戴维斯之外找不到第三个稳定得分点，最终97：112告负，连续第二轮首战失利。

赛后接受采访时，詹姆斯承认面对火箭队的速度有些不适应，但同时也表示，经过感受和调整，他们能够找到赢球的办法。

接下来的第二场比赛极富戏剧性，湖人队上半场一度领先多达21分，但第三节让火箭队单节轰下41分，将比分反超。关键时刻，詹姆斯连续上演空中动作，两记势大力沉的飞扣，加上一记送给威斯布鲁克的“大火锅”，带领湖人队打出比分高潮，湖人队最终以117：109取得比赛胜利。

本场比赛，詹姆斯得到28分、11个篮板、9次助攻，沃格尔赛后称赞他的当家球星：“当他处于攻击模式时，我们也就达到了最佳状态。”

詹姆斯的攻击模式，又接连帮助湖人队赢下了三场比赛，他们按照和首轮同样的剧本，在主场先输一场后连下四城，顺利晋级。

在与火箭队系列赛的第三场比赛中，詹姆斯创造了另外一项NBA历史纪录。凭借这场112：102的胜利，他的季后赛胜场数达到162场，超越德里克·费舍尔，高居历史第一！

对于这一成就，詹姆斯谦虚地说：“这是我做梦都没想到的。”

最后还是沃格尔说了句公道话：“没有人比勒布朗·詹姆斯对于胜利的影响更大，这就是发生在本赛季的真实情况，也是他应该当选MVP的原因。坦白讲，在整个篮球运动的历史上，他都是对胜利影响最大的球员，这项数据就真实地说明了这一事实。”

wish
24
I PROMISE
88

击败火箭队之后，湖人队静待分区决赛对手的诞生，预想中，快船队会击败掘金队，和他们竞争一个总决赛名额。然而世事难料，快船队在3：1领先的情况下自毁长城，让期待中的洛城德比落空。

值得一提的是，与快船队的系列赛，是掘金队连续第二轮在1：3落后的情况下逆转晋级，这支球队的韧性可见一斑。围绕着NBA最会传球的中锋尼古拉·约基奇，和得分爆发力十足的年轻后卫贾马尔·穆雷，他们组成了一支实力大于名气的球队，因此对于湖人队来说，挑战比前两轮更加严峻。

仅从比分来看，湖人队同样是只用了五场比赛就成功晋级，但具体的过程要比前两轮凶险不少。

湖人队第一场比赛赢得相对轻松，但第二场却被掘金队逼到绝境。当约基奇在终场前20.8秒勾手命中，将场上比分反超为103：102后，戴维斯完成了他职业生涯最重要的一记投篮——他从弧顶横切到左翼三分线外，接到隆多发出的底线球，果断出手，压哨命中！

这一球帮助湖人队两分险胜对手，将系列赛总比分扩大到2：0。拿到31分并完成绝杀的戴维斯是本场比赛的英雄，但詹姆斯的表现同样至关重要，他在上半场其他队友都找不到手感时独得20分，最终贡献26分、11个篮板、4次助攻，而戴维斯之所以能获得那么好的绝杀视野，正是因为詹姆斯替他把防守人牢牢卡在了身后！

“特别的球员，特别的时刻，我很高兴能参与其中。”詹姆斯赛后表示。

2：0领先，让湖人队的晋级形势看起来相当有利，但NBA有句老话：客队赢球，才是一轮系列赛的真正开始。从这个角度来说，系列赛第四场比赛才是这轮系列赛的转折点。

詹姆斯30分、10个篮板、11次助攻的三双表现，没能让湖人队赢下在丹佛的第一场比赛，但他却用防守帮助湖人队赢下第四战，取得总比分3：1的领先。

之后回到主场，詹姆斯、戴维斯携手发威，湖人队只用了三节比赛就锁定胜局，成功挺进总决赛！

> 这是詹姆斯过去十年时间里，第九次打进总决赛，但在决战开始之前，他不想多谈自己的成就，只是遗憾那个他敬爱的兄长没能亲眼见证此刻的辉煌。

据詹姆斯透露，当初他刚刚签约湖人队时，就计划和科比单独聚聚，不幸的是，因为两个人都日程繁忙，直到最后也没能完成这次会面。

“你理所当然地觉得有的是时间，总能找到机会一起聚聚。我也明白人生当中总会留下一些遗憾。但我真的真的很希望有过那么一刻，能和他一起度过。”詹姆斯说。

“我还记得当我刚刚来到这里时，他就给我发来信息，对我说：‘欢迎你，兄弟，欢迎来到这个大家庭。’那对我来说是一个非常特别的时刻，因为当时湖人队球迷还没有完全接纳我，很多人都在说：‘我们可能并不希望勒布朗在职业生涯的这个阶段加入球队。’或者说：‘他能行吗？他能带我们重回总决赛吗？’在这样的背景下，收到他的信息，得到他的认可，对我来说非常重要。”詹姆斯继续谈道，“我从不怀疑自己，但你得到的是来自科比的认可，那绝对意义非凡。

“当初我为骑士队效力时，那是我的家乡球队，我在离那里只有35分钟车程的地方长大，所以我对那儿的情况非常了解。后来我去了迈阿密，韦德又向我详细介绍了那里的情况。但我从来没有为像湖人队这样拥有辉煌历史的球队效力过。怎样才能赢得湖人队球迷的支持？怎样才能让他们欣赏我的比赛？我当然很想得到这方面的指导，本来我是可以让他好好教教我的。”

詹姆斯还说，他也想和科比一起聊聊两人从未在总决赛碰面的遗憾：“我只想跟他说句抱歉，我在2009年输给德怀特·霍华德，搞砸了可能的碰面。那种感觉，就好像我辜负了他的期望。”

詹姆斯在2011年以热火队球员身份杀进总决赛，但湖人队分区半决赛倒在小牛队脚下，从那以后，渐渐开始没落。十年之后，詹姆斯带领湖人队重返总决赛舞台，而他们的对手刚好是詹姆斯的老东家热火队。

2020年的热火队，堪称季后赛最大黑马，当家人物吉米·巴特勒颇有老派球星风骨，年轻中锋巴姆·阿德巴约扛起内线大旗，搭配上一群神射手，他们一路高奏凯歌杀进总决赛。尤其是分区半决赛，面对MVP“字母哥”和常规赛冠军雄鹿队，他们完全统治了系列赛，展现出令人信服的实力。

在与湖人队的系列赛中，巴特勒打出史诗级表现，场均得到26.2分、8.3个篮板、9.8次助攻、2.2次抢断，投篮命中率达到55.2%。但詹姆斯更胜一筹，以59.1%的命中率、41.7%的三分命中率，场均贡献29.8分、11.8个篮板、8.5次助攻。两位超级巨星的对决，最终还是以詹姆斯的胜利而告终。

TOGETHER
MIAMI
22

湖人队用了六场比赛才击败热火队夺冠，考虑到在这轮系列赛中，阿德巴约和老将德拉季奇都先后经历伤病，热火队的表现令人肃然起敬。

但詹姆斯实在太强大，也太稳健了，全部六场系列赛，他没有一场得分低于25分，篮板少于9个，助攻低于7次。任何一名球员，如果能在总决赛拿到25分、9个篮板和7次助攻的数据，都足够他骄傲一辈子，但对詹姆斯来说，这却仅仅是一条“最低标准线”。

湖人队虽然输掉了两场系列赛，但有詹姆斯的保驾护航，这不过是他们抵达胜利彼岸前的一点微风细浪。2020年10月12日，詹姆斯用季后赛生涯第28次三双表现，率领湖人队大胜热火队，赢下球队历史上第17座总冠军奖杯。詹姆斯本人也众望所归地全票当选总决赛最有价值球员。

这是詹姆斯第四次当选FMVP，在整个NBA的历史上，只有乔丹比他更多。但有一件事就连乔丹也没有做到——詹姆斯先后带领三支球队赢得NBA总冠军，并当选MVP，篮球历史上绝无仅有！

诡谲的2020年，加州大火、新冠疫情肆虐、科比不幸去世，对于所有湖人队球迷来说，这是无比黑暗的一年。但同时，这又是无比荣耀的一年，因为在詹姆斯的带领下，湖人队上下团结一心，克服重重困难，再次站上世界之巅！

“作为一名职业球员，这可能是我做过最具挑战性的事情。我来到这里只有一个原因，就是为了争夺冠军。”

詹姆斯承认，那些怀疑，是自己不断奋进的动力。

“就我个人而言，觉得有些东西需要证明，会成为我前进的动力。自打我受伤以来，这一年半的时间里，怀疑一直存在。我之所以憋着一股劲儿想要证明自己，是因为不管我在职业生涯里做到了什么，总还是有人质疑我，对我指指点点。

“所以，我脑海里就有了这样的声音，它告诉我自己：‘为什么不再给自己多设定一些要去证明的目标呢？’我想，这成了我一路走到今天的重要动力。”

对于詹姆斯的伟大贡献，湖人队主帅沃格尔也有很多话想说：“我一直相信勒布朗，他是篮球世界有史以来最伟大的球员。你以为你了解他，但其实你了解得还不够，除非你和他朝夕相处。能有机会执教他，亲眼见证他带领这支去年连季后赛都没进的球队抵达这处人们口中的‘应许之地’，这实在是一段非凡的经历。”

这次夺冠，让詹姆斯成为现役所有球员中拥有总冠军数量最多的球员，而在可预见的未来，他还可以继续向着更多的总冠军发起冲击。

wish
LAKERS
SPALDING

3

DOUBT

质疑，荆棘满布

我之所以憋着一股劲儿想要证明自己，是因为不管我在职业生涯里做到了什么，总还是有人质疑我，对我指指点点。

因为新冠疫情的影响，2019—2020赛季被迫中断，虽然时隔几个月后在奥兰多成功复赛，但等到湖人队击败热火队赢得总冠军时，已经是10月中旬的事情，相比以往的正常赛程延后了整整四个月的时间。

更麻烦的是，NBA发现如此一来，他们与MLB（Major Leagne Baseball，美国职业棒球大联盟）、NFL（National Football League，美国橄榄球联盟）等联盟的季后赛发生了冲突，收视率大受影响，创下历史新低。所以，他们必须想办法避免这样的情况再次发生，尽快让赛季回归正常日程。

经过反复的权衡，NBA最终提出了一项大胆的提案：赶在圣诞节到来之前开启新赛季，并通过压缩常规赛赛程等举措，在7月末东京奥运会开幕之前，打完总决赛。

但这样一来，就意味着NBA将迎来有史以来最短的休赛期，特别是像湖人队这样进入总决赛的球队，更是只有71天的休息时间。

对于这一提前开赛计划，詹姆斯最初持反对意见。这当然完全可以理解，作为一名即将年满36岁的老将，他需要足够的休息时间让自己疲劳的身体得以恢复，否则不仅会影响到未来的比赛状态，还会增加伤病的风险。

但在听取并理解了联盟做出这一安排的意图时，一向顾全大局的詹姆斯还是表示了支持。他说："对于12月23日开赛，我没意见，就算这会改变我的日程安排。我对如此短暂的休赛期也有不满，但从生意的角度，这是最好的安排。"

仓促开赛不仅对球员的身体是个巨大考验，同时还带来了许多其他影响。一个最直接的例子就是，因为选秀大会在11月19日才得以进行，原本持续数月的自由球员市场工作，现在要被压缩在三周之内完成，因为12月初新赛季的训练营就要启幕了。

尽管时间紧迫，湖人队还是争分夺秒地对阵容进行了一番改组。除了詹姆斯和戴维斯之外，这支球队当中没有任何一名球员是不可或缺的，面对新赛季更加激烈的竞争，罗勃·佩林卡选择了一条更为积极主动的路线：

他放弃了合同到期的霍华德和隆多，中产合同签下蒙特雷兹·哈雷尔，并用格林和一个首轮签作为筹码，交易来丹尼斯·施罗德。

霍华德和隆多在2020年湖人队夺冠过程中都发挥了重要作用，但像他们这样的老将，每过一年状态就有可能下滑一个台阶。相比之下，在2019—2020赛季年度最佳第六人评选中排名前两位的哈雷尔和施罗德，正是当打之年，会给球队注入一股新的活力。

除此之外，湖人队还签下了前最佳防守球员——帮助猛龙队赢得2019年NBA总冠军的马克·加索尔，为了给这笔签约腾出薪金空间，他们不得不牺牲了另外一位夺冠功臣贾维尔·麦基。此外，湖人队还签下老将射手韦斯利·马修斯，用来弥补格林留下的空缺。

在经过这一番动作之后，湖人队看上去在去年夺冠阵容的基础上，实力又有明显升级。詹姆斯也对管理层的进取心感到满意，几次在社交媒体上对新来的队友表示欢迎，当然，他也没有忘记感谢曾经一起夺冠的战友，尤其是隆多、霍华德、格林。

在“迎来送往”的同时，詹姆斯本人也面临着一个重要决定。他在2018年与湖人队签订的是一份四年期合同，但其中最后一年是球员选项。按照规则，他可以选择放弃2021—2022赛季的球员选项，并在2020—2021赛季开始之前与湖人队提前续约。

2020年12月3日，湖人队官方宣布，与詹姆斯达成续约协议，新合同从2021年开始生效，到2023年结束，两年工资总额为8500万美元。这意味着詹姆斯将至少再为湖人队效力三年！

算上这份合同，詹姆斯职业生涯工资总额累计达到4.35亿美元，打破了又一项NBA历史纪录。在此之前，凯文·加内特生涯总共赚到3.343亿美元的薪水，排名历史第一。

詹姆斯选择续约两年还暗藏另一玄机——他的大儿子布朗尼将在2023年从塞拉峡谷高中毕业，如果NBA更改选秀规则，重新允许高中生参选，那么届时詹姆斯可以以自由球员身份加盟选中布朗尼的球队，上演父子并肩作战的NBA传奇佳话。

在处理完合同问题后，没有了后顾之忧的詹姆斯开启了新的征程，他的目标当然只有一个，那就是实现卫冕。

湖人队连续第二年在揭幕战中负于快船队。但在接下来的26场比赛里，他们取得了21胜5负的好成绩，排名仅次于爵士队，高居联盟第二。

在此期间，詹姆斯场均可以贡献25.8分、8个篮板和8次助攻，三分命中率39.2%，场上表现似乎比以往任何时候都更游刃有余。在NBA官网的MVP榜上，他也一直高居第一。就连老对手德雷蒙德·格林都不禁在社交媒体上发出这样的感叹："为什么勒布朗·詹姆斯还在不断变强？这怎么可能？"

已经36岁的詹姆斯不仅还在变强，而且似乎不知疲倦。

因为这个赛季的特殊性，人们对于超级明星的轮休早有预期，NBA也专门出台了一套“轮休政策”，禁止球队让健康的球员在任何备受瞩目的、有全国电视转播的比赛中轮休。但这套规定同时设置了一定的弹性，允许那些“在带领球队在2020年季后赛走到很远并且发挥了重要作用的老将，或者刚刚从新冠病毒中康复，仍在恢复状态的球员”，在相对不重要的比赛中轮休。

面对轮休的话题，詹姆斯在训练营期间接受采访时曾说过他会听从教练的建议：“要尽量聪明对待，确保自己的身体做好准备。”可等到比赛真的开打，他却将自己说过的话抛在了脑后。

詹姆斯在2020—2021赛季缺席的第一场比赛，是3月3日打国王队，在此之前，他连续出战了36场比赛，其中包括了四次背靠背的赛程。

在1月26日湖人队客场115：108击败骑士队的比赛中，詹姆斯上场38分钟，26投19中，独得46分、8个篮板和6次助攻。赛后有记者向湖人队主帅沃格尔提问：“为什么詹姆斯没有像人们普遍预期的那样被安排轮休？”

沃格尔回答道：“他可以根据自己的感觉来进行安排，我们也允许、鼓励他调整自己的身体状态。我们随时准备好让他轮休，但他并不需要。他感觉很好，想要留在比赛当中。如果他这样想，我们当然会让他继续打。

“其实去年就是这样，今年也会是这样，72场常规赛都会是这样，直到我们进入季后赛。我们相信他能掌控好自己的身体，也相信他能和医疗团队做好沟通。一些小的伤病，比如他的脚踝时不时会感到酸痛，我们会根据每场比赛的情况来做决定。如果他有需要缺阵的理由，我们就会让他休息，但目前为止还没有。”

詹姆斯本人也曾被问到相同的问题，他的回答是：“我不累，我真没觉得累。我睡眠质量不错，休息得也好，能量十足。只要有比赛，我就会打。”

2021年2月15日，湖人队客场挑战掘金队，那场比赛，成为湖人队整个2020—2021赛季的一个重要转折点。此前刚刚因为跟腱发炎缺席了两场比赛的戴维斯，在比赛进行到上半场结束前2分39秒，试图突破约基奇防守时再次受伤，不得不提前退出比赛。

因为戴维斯的受伤，湖人队最终105：122输掉了本场比赛，终结了此前的七连胜。更糟糕的是，戴维斯经过赛后详细检查，确诊为跟腱炎恶化，同时小腿肌肉拉伤。这次伤病，导致他缺席了此后的31场比赛，也给湖人队带来了一系列糟糕的连锁反应。

因为戴维斯的缺阵，湖人队很快遭遇了一波四连败，詹姆斯也在MVP榜上被恩比德和约基奇超过。而就在詹姆斯刚刚找到一点单核带队的感觉时，他自己也遭遇了职业生涯最严重的一场伤病——比两年前那次腹股沟伤势还要严重。

2021年3月21日，湖人队主场迎战老鹰队。比赛进行到第二节还剩10分50秒时，詹姆斯三分线控球遭遇三人夹击，对方前锋所罗门·希尔凶狠地倒地扑抢没能够到球，但整个人的重量却结结实实地落在了詹姆斯的右脚上，导致他的脚踝向外侧严重扭伤。

詹姆斯职业生涯曾经无数次扭到脚踝，但大多数时候，他都只是站起来跺跺脚，然后像没事人一样继续战斗。但这一次情况完全不同，因为外力的作用，詹姆斯的脚踝受到了前所未有的伤害，他痛苦地倒在地板上，把现场所有人以及电视前的每一位观众的心都揪了起来。

詹姆斯抱住自己的脚踝，在地上翻滚了数周，然后挣扎着爬起来，自己一瘸一拐地走回板凳席。暂停过后，詹姆斯竟然又神奇地回到场上，还接队友传球命中了一记底角三分球！

可在那之后，詹姆斯还是因为脚踝不敢发力，不得不提前退出了比赛。

赛后核磁共振检查结果显示，詹姆斯遭遇的是右脚高位踝扭伤，无法确定多长时间才能完全康复。

最终，这场伤病让他休息了超过一个月的时间，缺席了连续20场比赛，这也成为詹姆斯2003年进入联盟以来因伤缺阵最久的一次。

没有戴维斯，湖人队还能靠詹姆斯勉力支撑，但连詹姆斯都挂起免战牌，湖人队彻底变成了一支“鱼腩”部队。有数据显示：在没有詹姆斯的情况下，湖人队的进攻效率比全联盟进攻最差的骑士队还要糟糕。理所当然，在詹姆斯受伤之后，湖人队连战连败，排名开始不断下滑。

在詹姆斯对老鹰队一战受伤之前，湖人队28胜13负的表现，还与篮网队、76人队并列联盟第二。可在詹姆斯休战的这20场比赛里，湖人队仅仅取得了8胜12负的战绩，接连被太阳队、快船队、掘金队等队超过，排名跌到西部第五。

更加糟糕的是，湖人队余下的赛程难度极大，要接连面对掘金队、快船队、开拓者队、太阳队等队，因此等到詹姆斯5月1日对国王队的比赛中终于迎来复出时，他发现自己的球队稍有不慎就有可能跌出西部前六，不得不通过附加赛去争取一个季后赛的名额！

NBA在2019—2020赛季首次推出附加赛赛制，当时主要是因为常规赛季因疫情突然中断，复赛之后，联盟希望通过这样的方式尽可能保证竞赛的公平性，调动排名靠后的球队的积极性。但事实证明，附加赛的赛制足够刺激，为复赛增加了很多看点，于是联盟便将其保留了下来。

实际上，若不是因为掉出前六就得打附加赛，詹姆斯可能还不会这么急着复出，也就不会有后面的伤情反复。詹姆斯这次回归，仅仅打了两场比赛，就再次感觉之前受伤的部位酸痛僵硬，只能再次选择休息。这一次，他又接连缺席了六场比赛，等到再度复出时，常规赛已经只剩下最后两场比赛。

在此期间，湖人队为了弥补两大核心球员伤停造成的战力损失，签下了被骑士队买断合同的安德烈·德拉蒙德，原本的首发中锋小加索尔，则掉出了常规轮换。德拉蒙德是NBA顶级的篮板手，但进攻端能给湖人队带来的帮助却相当有限，他的加盟，非但没能解决湖人队最迫切需要解决的问题，反而为更衣室增加了很多不稳定因素。

最终，因为詹姆斯的伤情反复，湖人队仍然没能逃脱附加赛的命运。常规赛结束时，他们排在西部第七，按照规则，他们要先和排名第八的勇士队进行一场比赛，胜者将以西部七号种子的身份挑战太阳队，而输球的一方，还要再与西部第九名灰熊队和第十名马刺队之间的胜者去争夺最后一个季后赛名额。

> 就这样，詹姆斯和库里，这两位当年总决赛的对手，如今在附加赛相遇，虽然场面令人唏嘘，倒也吸引了大量关注。

根据赛后转播单位的统计数据，本场比赛，创造了2019年西部决赛以来NBA最高的收视纪录：*ESPN*直播的平均收视人数，达到560万人！

本场比赛，湖人队开局打得极为艰难，詹姆斯也明显还没有恢复应有的爆发力，转身跳投被盖，空位出手不中，对于禁区更是完全没有任何杀伤力。整个上半场，詹姆斯7投1中只得6分，湖人队42：55落后对手两位数分差。

不过当比赛进入到下半场，再不振作可能连季后赛资格都难以保证的情况下，詹姆斯终于爆发了。他在后面两节10投6中砍下16分，全场斩获22分、11个篮板、10次助攻的三双数据。

终场前58秒，詹姆斯面对库里的防守，在距离篮筐10米的距离干拔出手，完成致命一击，用库里的方式，击败了库里。

詹姆斯的这记关键三分球，让人们对他的状态恢复了几分信心，也忘记了他在上半场比赛中明显的挣扎。但事实上，这记远投，以及这份三双数据，并不能掩盖詹姆斯身体状态远未恢复到伤前水准的事实。而这一点，在接下来的季后赛比赛中，被完全暴露出来。

湖人队季后赛首轮的对手，是已经连续11年无缘季后赛的太阳队。本赛季，这支年轻球队在克里斯·保罗的带领下打出脱胎换骨的表现，常规赛仅以一场之差落后于爵士队，排名西部第二，是全联盟进步最快的球队之一。

但在系列赛开始前的媒体预测中，人们仍普遍看好湖人队，除了因为他们在内线高度方面有明显优势外，詹姆斯的季后赛经验，也被认为可能成为关键时刻的制胜砝码。

但系列赛的进程远比想象中艰难。双方首回合较量，詹姆斯和保罗就双双拼到肩膀受伤，太阳队凭借德文·布克34分、7个篮板、8次助攻的出色发挥，99：90先下一城。

詹姆斯很快做出回应，在接下来第二场系列战中得到23分、9次助攻；首战表现低迷，16投5中仅得13分的戴维斯也知耻后勇，拿到全场最高的34分。湖人队109：102客场赢球，将系列赛总比分扳成1：1平。

接下来第三场比赛，对湖人队来说意义非凡——因为这是他们时隔八年之后的第一个季后赛主场比赛。虽然因为疫情原因球馆仍未完全开放，但现场7000名球迷的支持，仍然让湖人队将士热血沸腾。

在球迷的助威声中，湖人队气势如虹，经过前两节的相互试探，他们在下半场迅速拉开比分，最终109：95收获一场大胜。戴维斯再拿34分，詹姆斯也贡献22分和9次助攻。

赛后接受采访时，重新成为领先一方的詹姆斯显得心情大好，对于球队的未来似乎也很乐观：

“这是一个特别的夜晚，我们只是希望尽可能地回报我们的球迷，回报他们的忠诚，回报他们的支持，努力按照正确的方式打球。”

詹姆斯心里清楚他的脚踝还没有完全康复，但对于戴维斯的状态，他却看在眼里，喜上眉梢。让他没有想到的是，就在湖人队慢慢找到对太阳队的取胜之道时，伤病再次袭来！

系列赛的转折点出现在第四场比赛半场结束前，戴维斯不慎拉伤了腹股沟，提前退出比赛。这让湖人队战斗力锐减，先赢后输，总比分被扳成2：2平。

戴维斯缺席了接下来的第五场系列战，人们期待詹姆斯能够再一次拯救湖人队。但这一次，“全力詹”没有能够出现。

因为伤势影响了爆发力，詹姆斯的突破杀伤性大不如前，本场比赛他总共19次出手，有10次来自三分线外，而太阳队全队手感大爆发，让天王山之战成了一边倒的比赛。

在2：3被逼到绝境的情况下，戴维斯强行复出，可只打了几分钟就无法继续坚持。湖人队一溃千里，非常狼狈地被太阳队4：2淘汰出局，梦碎首轮。

比赛结束之后，詹姆斯没有按惯例和太阳队球员握手，径直走回了更衣室，有人批评他没有风度，但事实上，他只是对这样的结果感到失望。后来的事情也证明了这一点——在赛后的更衣室里，双膝缠着厚厚冰袋的詹姆斯，和太阳队年轻球星布克拥抱致意。

据统计，这是詹姆斯职业生涯第一次季后赛首轮就被淘汰出局，此前9次季后赛之旅，他都至少打到了总决赛，他上一次被同一分区的对手击败还是2010年的事情。

在与太阳队的系列赛中，詹姆斯场均得到23.3分、7.2个篮板、8次助攻，投篮命中率47.4%，三分命中率37.5%，虽然这仍然算是一份不错的数据统计，但必须承认，以他个人的标准来衡量，这样的表现远远达不到人们对他的期望。

在输掉系列赛第六场比赛之后，詹姆斯接受采访，表示自己已拼尽全力："我不担心任何事情，我需要的只是休息。我一开始就预料到了一切，我付出了我的所有。"

至于首轮不败的纪录被中断，詹姆斯并不十分在意："这对我来说真的无所谓，对我来说，最重要的是让球队恢复健康。"

根据雅虎体育名记克里斯·海恩斯报道，在与太阳队的系列赛期间，詹姆斯的健康程度，大概只有85%。并未完全康复的脚踝伤势影响了他下肢的爆发力，让他无法像往常那样去突破、去攻击禁区。

詹姆斯的2020—2021赛季，就以这样一种令人遗憾的方式，草草画上了句号。无须讳言，这可能是他进入联盟以来，个人表现最糟糕的一个赛季，在最终的MVP票选中，他只获得了一张第五序位的选票，总积分排在第13位。这是詹姆斯连续第18个赛季拿到MVP选票，但也是排名最低的一次。

在年度最佳阵容的评选中，仅仅出战了45场比赛的詹姆斯入选第二阵容，这也是他职业生涯第17次入选年度最佳阵容，排名历史第一。

对于湖人队的提早出局，很多网友认为詹姆斯该负主要责任，在社交媒体上，对他的质疑再次掀起滔天巨浪。甚至就连前队友钱宁·弗莱都认为：如果詹姆斯场均得分低于25分，他就该退役了。

类似的质疑，曾经在2019年湖人队错失季后赛时出现过一次，但在那之后，詹姆斯很快就用一座总冠军奖杯做出了有力回应。如今他又老了两岁，那些关于“詹姆斯不行了”的论调，自然也更理直气壮了一些。

但人们似乎忘了，在那次意外的受伤之前，36岁的詹姆斯仍然在联盟MVP榜上名列前茅，仍能凭一己之力带领湖人队排在联盟第二。

在与所罗门·希尔相撞倒地之前，詹姆斯可能没有意识到，休息对于这个年龄的他来说如此重要。但现在他知道了，所以，他会好好利用接下来这个假期，为自己的身体重新充电，然后以全新的姿态，再次捍卫自己的王座。

然而在詹姆斯NBA生涯的第19年，他面对的局面愈发艰难。2021—2022赛季，威斯布鲁克的加入不但没有减轻詹姆斯的组织进攻压力，反而因为他的投射极度不稳定，限制了洛杉矶湖人队的进攻空间，沃格尔教练不得不将戴维斯放在五号位，而“浓眉哥”的身体耐用性不适合长时间打中锋，膝伤与脚伤接踵而至，缺席了42场比赛。

新援不适合球队，队内“二当家”出勤率不到五成，又因为休赛期管理层的错误操作，致使湖人队成为联盟中平均年龄最大，平均身高最矮的球队，防守水平直线下降，进攻也陷入滞涩。

湖人队需要一位破局者，除了詹姆斯，没有人能够提供这样的战力贡献，尽管他已经37岁，但他依旧是球队最被依赖的那个人。

自从2019年詹姆斯与戴维斯合作开始，詹姆斯已经有意向组织者转型，将队内第一攻击手的位置让给“浓眉哥”，但这位搭档时常遭受伤病的侵袭，让詹姆斯必须重新拾起自己曾经令全联盟颤抖的杀伤力，给处于黑暗中的湖人队带来希望。

从2021年12月19日对阵芝加哥公牛队开始，到2022年2月16日对阵犹他爵士队结束，詹姆斯连续23场比赛得分25分以上，不但打破了生涯纪录，更创下NBA历史。詹姆斯为湖人队拼尽全力，由于戴维斯伤停，湖人队缺少空间型五号位，詹姆斯改打全职中锋。因为威斯布鲁克的三分球达不到及格水平，詹姆斯便将自己的三分产量提升到生涯最高值。

在2022年全明星周末到来前，詹姆斯场均拿下29.1分，投篮命中率52%，他的常规赛与季后赛总得分超越贾巴尔，位列历史第一。球迷们再一次将詹姆斯选为全明星票王，这是他第九次领跑全明星投票榜，追平乔丹保持的历史纪录。

在克利夫兰，这个詹姆斯曾经奋斗11年的地方，他用一记关键球，带队赢下全明星赛，詹姆斯成为全明星历史首位总得分400分以上的球员，他又一次刷新纪录。

胜利的喜悦总是短暂的，在全明星赛后湖人队仍处于困局中，当常规赛仅剩20场的时候，他们已经跌出西部前八。当湖人队在3月6日主场对阵金州勇士队之前，他们遭遇了四连败，形势岌岌可危，球队期待着他们的救世主，那就是詹姆斯。

比赛一开始，气氛就有些不一样。詹姆斯的常规操作是首节先带动队友，但这一次他迅速进入了个人攻击模式，首节只有1次助攻，9次出手命中5球拿到13分，无论从眼神还是肢体动作，都涌现着一股杀气。第一节结束前4分55秒，詹姆斯在篮下接到传球，面对身体素质出色的若纳唐·库明加，詹姆斯直接上篮打进并造成库明加犯规。詹姆斯的右肘在这次对抗中出现不适，但他拉紧护臂仍在坚持。

第二节比赛，詹姆斯6投5中拿下13分，上半场已有26分入账，但湖人队在此时落后5分，这正是他们与勇士队在整体实力上的差距，詹姆斯的两节26分还没有将“坑”填上。

既然26分不够，那就再多拿点吧。

下半场，队友们发现詹姆斯不怎么传球了，他在前两节有2次助攻，这已经有些反常，而后两节比赛，詹姆斯助攻仅有1次，他放下了串联球队的习惯打法，选择了更简洁的攻击模式。

第三节中段的一个进球，最能体现詹姆斯的心态：波特三分球不中，詹姆斯抢下篮板，威斯布鲁克沿着右路迅速跑动，按照寻求配合的思路，詹姆斯此时应该把球传给威斯布鲁克，这也是球队常用的反击方法，但这一次詹姆斯没有选择传球，而是运球推进直扑禁区。

勇士队看出了詹姆斯的进攻意图，他们形成了一个四人包围圈，在中路等着詹姆斯，此刻底角和左翼都有空位，但詹姆斯还是没传，他强行突入篮下，在双人包夹中将球送进篮筐。这就是詹姆斯的态度，这场球他要单枪匹马收下胜利，无论面对怎样的防守。

詹姆斯在第三节拿到14分，但战局仍不利于湖人队，战至第四节还剩9分钟的时候，勇士队仍领先6分。之前数次强攻禁区的詹姆斯，切换了攻击模式，他在不到1分30秒的时间里连进3记三分球，这3个进球越投越远，第3球詹姆斯在刚过中线的位置运球调整节奏，直接干拔而起，在距离篮筐29英尺的地方迎着防守球员将球投出，球冲破篮网，湖人队反超比分，主场球迷起立欢呼。

在决定胜负归属的第四节，詹姆斯拿下了16分，最终以124：116的比分逆转比赛，并终结球队连败。詹姆斯全场比赛31投19中，三分球11中6，罚球13中12，轰下56分、10个篮板，56分创下詹姆斯湖人队生涯单场得分新高，是他在2018年后首次单场55+。

赛后，记者和摄影师将詹姆斯团团围住，一路跟拍到更衣室，他们很想知道詹姆斯此刻的感受。

“挺有趣，大家跟着我到了更衣室，都问我拿到56分感觉如何，我感觉还不错，但并不是因为56分，而是我们终于赢球了，我开心的是能够做出贡献帮助球队取得胜利。”詹姆斯说。

这样的贡献是有代价的，大量的消耗让詹姆斯的左膝不堪重负，他因为左膝疼痛缺席了接下来对阵马刺队的比赛，对阵火箭队詹姆斯虽然复出，但仍受到膝盖不适的干扰，26投9中，三分球9中1，湖人队输给了西部垫底的球队，这令詹姆斯十分懊恼。

“我投丢了明明可以把握住的机会，那些球在通常状况下是完全能够命中的，可我今晚就是投不进，我需要打得更好才行。”詹姆斯说。

更好的比赛在两天后到来，湖人队在主场迎战奇才队，詹姆斯与前队友库兹马、波普在赛场重逢。詹姆斯在上半场还是按照个人与团队相结合的节奏处理比赛，得到17分的同时送出了5次助攻，但湖人队落后7分，这就是让詹姆斯最为纠结的地方，他希望能够平衡自己与队友的火力输出，但换来的往往是队友投篮不中，如果不亲自操刀，球队就看不到胜利的希望，詹姆斯下半场再一次进入到“把球给我”的杀神模式，带球突破直攻篮下，三分线外干拔怒射，快攻奔袭滑翔劈扣，詹姆斯打出了逆生长的比赛，一次次撕开对手的防线。

在下半场比赛中，詹姆斯得到了33分，其中第四节6投全中收下14分，率队以122∶109击退奇才队。詹姆斯全场比赛25投18中，三分球9中6，罚球8中8，得到50分，成为NBA历史单赛季两场50+最年长的球员，詹姆斯在对阵奇才队一战的年龄是37岁71天，原纪录是伯纳德·金保持的34岁。詹姆斯也是自2007年的科比之后，首位主场背靠背拿到50+的湖人队球员。

“勒布朗是真的了不起，”主教练沃格尔说，“在这个联盟的历史中，从未有人处于他这个生涯阶段，还能打出这样水平的，真是不可思议，史诗级的表现。”

从对勇士队的56分开始，詹姆斯之后的11场比赛中场均拿到36.2分，投篮命中率54%，三分球命中率40%，实现总得分突破37000分大关，并在常规赛历史得分榜上超过卡尔·马龙来到第二位，成为NBA历史37000+10000+10000第一人。

但与此同时，詹姆斯的场均上场时间达到39分钟，与年龄完全不匹配的负荷终于摧毁了詹姆斯的身体防线，左脚踝的伤势令他在赛季最后10场比赛中8场缺战。詹姆斯尝试带伤复出，结果却是脚伤加重，充满遗憾地提前告别这个赛季，湖人队也从附加赛竞争中出局。

詹姆斯在2021—2022赛季场均拿下30.3分，2008年后首次赛季场均得分30+，以惊人的幅度拔高了NBA球员在生涯第19个赛季的场均得分纪录，原纪录是贾巴尔保持的14.6分。湖人队的阵容配置问题以及主力球员的伤病，浪费了詹姆斯有着传奇色彩的一季，但这没有让詹姆斯丧失信心，他在19年的征程中经历了太多的困难，他知道如何应对挑战，懂得怎样在跌倒后再站起来重新向山顶攀登。

“我们努力了，但没有取得预期的成果，我要为此承担责任，希望自己可以在领导球队方面有更好的表现，可以出战更多的场次，我打了56场，当我因伤坐在场下的时候，我知道自己上场的话可以给球队带来积极的影响，但我却做不到，这是很煎熬的，希望下赛季我可以做得更好。”詹姆斯说。

JAMES
23

4

EXPECTATION

展望，王者无畏

每次我被提及和那些伟大的名字做比较时，我都倍加谦逊，因为那些被拿来比较的名字都是我小时候所仰望的名字。

所有竞技性体育运动，都逃脱不了一个客观规律——年龄的影响。无论你的天赋水平有多出众，也不管你的竞争心和意志力有多强大，在年龄面前，终究会有不得不认输的一天。

伟大的迈克尔·乔丹职业生涯经历两次退役，最终打到40岁，并且场均还能得到20分，但当时的他，早已不是昔日的联盟霸主，也无力独自带领奇才队打进季后赛。

拥有曼巴精神的科比·布莱恩特是联盟历史上意志力最坚强的球员之一，但随着年龄的增长，伤病也开始不断找上门来，于是不得不在打完他的第20个NBA赛季后宣布退役，哪怕他最后一场比赛还能狂砍60分。

卡里姆·阿卜杜·贾巴尔是NBA最有名的“常青树”，57446分钟的总出场时间、38387分的生涯总得分，至今无人能及。但在职业生涯的最后一年，他场均也只能打22.9分钟，贡献区区10.1分。

所以当37岁的勒布朗·詹姆斯又一次遭遇失败后，人们不禁开始怀疑：曾经的“天选之子”，终于正式进入衰退期？属于他的时代，就要终结了吗？

要想回答这个问题，我们首先需要搞清楚“衰退”这两个字的定义。

是的，如果你理解中的衰退，指的是无法再随心所欲地用身体天赋碾压对方整条防线，一挑五强势杀进禁区完成隔人暴扣，是每个晚上都能稳定输出30+的三双，统治联盟数据统计榜，是凭一己之力率领一支球队杀进分区决赛，那么詹姆斯的确已经进入了衰退期。这些他曾经能够轻松完成的事情，如今已经很有难度。

但是，如果“衰退”代表的含义是退出一线明星行列，无法再对比赛造成足够的影响，甚至开始成为球队的负担，那么詹姆斯离衰退的那一天，还有很长的距离。

在整个NBA的历史上，在37岁的年纪，还能保持状态没有明显下滑的球员，大概只有“天勾”贾巴尔、卡尔·马龙和约翰·斯托克顿等寥寥数人，但几个人的技术特点和身体条件都与詹姆斯不尽相同。

马龙天赋异禀，高大强壮，力量惊人；贾巴尔善于照料自己的身体，饮食节制，还是一名瑜伽高手；而从技术角度而言，身为NBA历史助攻王的斯托克顿，能找出和詹姆斯更多的相似之处——两个人都是天生的指挥官，能够通过对场上局势的阅读用传球帮助球队赢球。

以职业篮球运动员的标准来衡量，斯托克顿的身体天赋非常普通，但也正因如此，他的赛场表现受年龄老化的影响相对较低。他在40岁那一年，还能打满82场，带领爵士队以西部第四身份打进季后赛。

詹姆斯有马龙般强壮的身体，和贾巴尔一样自律，又能凭借和斯托克顿相似的方式影响比赛，这是让人们对他未来表现依然感到乐观的重要原因。

詹姆斯是整个NBA历史上篮球智商最高的球员之一，他比任何人都懂得如何扬长避短，用最正确和省力的方式，达到自己想要的效果。而作为一名领袖，他只会一天比一天更好。从综合的比赛影响力而言，你甚至可以说，即便个人绝对能力有所衰退，他依然是这个星球上最好的篮球运动员。

和在迈阿密与克利夫兰时期相比，詹姆斯的确有些不一样了，那时候的詹姆斯年富力强，身体里似乎蕴含着用不完的精力和体力，当被逼到绝境时，他能够爆发出惊人的能量，上演逆转乾坤的表现。

而现在的詹姆斯，似乎更需要一名强有力的帮手，和一群可靠的角色球员。但只要满足了这样的条件，他依然是总冠军最强有力的竞争者。

2020—2021赛季的湖人队，在安东尼·戴维斯倒下之前，看起来已经完全控制了对太阳队的系列赛。后来的事实证明，这有多不容易。如果不是因为伤病，完全可以预期詹姆斯能再次带领湖人队杀进总决赛，甚至完成职业生涯的第二次成功卫冕。

不要忘了，除了戴维斯之外，詹姆斯自己也并非百分之百健康。他遭遇了职业生涯迄今为止最严重的一次伤病，*ESPN*的“沃神”也在参加节目时说过，詹姆斯的脚踝可能至少要到休赛期才能完全康复。

伤病是竞技体育当中无法避免的一部分，但2020—2021赛季却是一个极其特殊的赛季。因为提前开赛，NBA迎来历史上最短休赛期，导致新赛季伤病不断，多位明星球员中招。

詹姆斯在2019—2020赛季常规赛和季后赛总出场时间高居联盟第二，仅次于热火队年轻中锋阿德巴约，而他只获得了71天的休息时间，就又匆匆开启了新赛季的征程。在与老鹰队一战受伤倒下之前，他在湖人队的全部42场比赛里，只缺阵过一次，或许是他对自己的身体太过自信，才导致后来的不幸受伤。

无论如何，詹姆斯和湖人队的2020—2021赛季与2021—2022赛季终究是以失败告终，而以詹姆斯在季后赛的个人表现而言，遭到质疑也是预料中的事情。积极的一面在于，詹姆斯此前也曾遭受过质疑，而质疑对他来说，一向都不是坏事。

wish
23

詹姆斯在他的职业生涯里，曾经数次遭受质疑，但每一次他都能用实际行动予以回击。

詹姆斯第一次遭到广泛质疑，是他效力骑士队的第一段时期，当时因为所获支持严重不足，他空有联盟MVP的表现，却无法率队登顶。于是在2010年夏天，他远赴迈阿密，和2003届的两位好兄弟联手，连续四年闯入总决赛，两夺总冠军，创建起一个王朝。

2014年，詹姆斯带着总冠军的光环回归骑士队，想要完成自我救赎。但2015年NBA总决赛，乐福、欧文双双伤停，尽管他打出疯狂的个人数据，终究双拳难敌四手。当时外界普遍认为，他将很难翻越勇士队这座大山。后来的故事我们都知道了，一年之后的那个6月，有欧文和乐福帮助的詹姆斯，面对73胜勇士队上演史诗级别大逆转，结束了队史无冠纪录。

2018—2019赛季，初次为湖人队效力的詹姆斯，因为一场腹股沟的伤势连续缺席多场比赛，加上鲍尔、英格拉姆等年轻球星赛季提前报销，湖人队未能打进季后赛。当时在媒体和球迷中间，就有一种普遍的质疑，认为詹姆斯已经老了，再也找不回当初的状态了。然后，在2019—2020赛季，詹姆斯不仅率领湖人队以分区第一身份打进季后赛，在MVP评选中高居第二，还赢得了个人职业生涯的第四枚总冠军戒指。

现在，詹姆斯再次遭到了质疑，这一次，他完全可以为自己找到更多辩解的理由。但是，以我们对詹姆斯的了解，他绝对不会多费口舌，而只会像之前每一次遭到质疑时，用更勤奋的训练，更苛刻的身体管理，去让自己重新恢复活力，甚至变得更好。

詹姆斯是NBA有史以来状态保持得最好的球员，他在照料自己身体方面所做出的投入，也超出绝大多数人的想象。他天赋异禀，是各种NBA“最年轻”纪录的保持者，而与此同时，他还创造了一长串“最年长纪录”。

换句话说，他比别人更早成熟，也比别人更迟衰老。正因如此，才有很多人相信，他终有一天能超越乔丹。因为他的职业生涯还远未结束，他的荣誉累积也还有很多想象空间。

詹姆斯的第一个目标，当然是赢得更多总冠军，这也是他超越乔丹的必要条件。带领三支球队夺冠的经历，让他无限接近历史第一人的宝座，但四枚戒指还不足以战胜六枚。如果詹姆斯能够再多赢得两座冠军，即使他的总决赛表现不如乔丹完美，也足够让他撼动王座。哪怕只再多拿一次冠军，让自己一只手戴满戒指，有关詹姆斯和乔丹历史地位的争论，也会变得更加激烈。

但赢得总冠军从来都不是一件容易的事，它不仅需要整支球队的协作，需要来自队友的支持，还需要很多的运气。如果戴维斯受伤无法出场，如果詹姆斯只能拖着一只脚打球，那么无论如何也没有办法赢得总冠军。

相对而言，个人目标，更在自己的掌控范围之内。对詹姆斯来说，在剩余职业生涯，他首先要努力追求的一个个人目标就是冲击NBA历史得分王。

截至2021—2022赛季结束，詹姆斯职业生涯常规赛总得分已经达到37062分，排名NBA历史第二，落后目前的历史得分王贾巴尔（38387分）1325分。

最近三个赛季，詹姆斯多次因伤休战，唯一健康的赛季，还因为疫情原因缩水，以我们对詹姆斯的了解，我们可以预期他在未来几个赛季保持平均50场的出勤记录。据此计算，他在2022—2023赛季，也就是38岁那一年，就能完成对贾巴尔的超越。

詹姆斯当前合同将持续到2022—2023赛季，所以不出意外，他在这份合同到期之前就能成为NBA历史得分王。

别忘了，这还不是詹姆斯职业生涯的终点。

詹姆斯上一份合同之所以签到2023年，是因为到那时，他的大儿子布朗尼高中毕业，将有可能通过选秀进入NBA。而詹姆斯一直以来都期待着能够和儿子同场竞技，甚至并肩作战。

所以在2023年夏天合同到期后，不管詹姆斯是选择留在湖人队，还是和儿子加盟同一支球队（也有可能两者同时实现），都肯定还会继续征战下去。以他的身体状态和对篮球的热爱程度，打到40岁，是最起码的目标。

那么，还是延续之前的估算标准，等到2025年，40岁的詹姆斯打完自己的第22个NBA赛季之后，他的职业生涯常规赛总得分将会轻松突破40000分大关。那不仅将是一项前无古人的惊人纪录，也很可能后无来者。

詹姆斯会打到多少岁？现在没人能给出答案，他本人也只曾经在一次采访时用玩笑的口吻表示：“反正我不会打到45岁，就算我想，我老婆也不会同意。”

但我们有理由相信，等到詹姆斯最终宣布退役的那一天，他很有可能会将文斯·卡特征战联盟22个赛季的纪录、和罗伯特·帕里什1611场的常规赛出赛场次纪录，通通据为己有。

至于詹姆斯能不能超越乔丹，成为NBA历史第一人？这个问题被提出的本身，就已经足以说明他的伟大。

乔丹的职业生涯是传奇的，甚至可以说是完美的，在詹姆斯出现之前，他曾经被认为是无法超越的。但詹姆斯正不断用他独特的方式，缩小着与篮球之神，也是他的偶像之间的差距。

詹姆斯能不能超越乔丹？现在很难有一个肯定的答案。可以肯定的是，36岁的他，将会继续朝着这一目标发起冲击。

虽然已经不再年轻，虽然前行路上会有更多坎坷，但他是“King”詹姆斯，身为王者，永远无畏！

图书在版编目（CIP）数据

勒布朗·詹姆斯 ：王．永不落山 / 苏群著．— 北京 ：北京时代华文书局，2022.4
ISBN 978-7-5699-4568-3

Ⅰ．①勒… Ⅱ．①苏… Ⅲ．①勒布朗·詹姆斯－生平事迹 Ⅳ．①K837.125.47

中国版本图书馆 CIP 数据核字（2022）第 045796 号

勒布朗·詹姆斯：王 永不落山
LEBULANG ZHANMUSI: WANG YONGBU LUOSHAN

著　　者 | 苏　群

出 版 人 | 陈　涛
选题策划 | 董振伟　直笔体育
责任编辑 | 张彦翔
执行编辑 | 黄娴懿　王振强　马彰羚
责任校对 | 凤宝莲
装帧设计 | 程　慧　赵芝英
责任印制 | 訾　敬

出版发行 | 北京时代华文书局 http://www.bjsdsj.com.cn
北京市东城区安定门外大街 138 号皇城国际大厦 A 座 8 层
邮编：100011　电话：010－64263661　64261528
印　　刷 | 河北京平诚乾印刷有限公司　010－60247905
（如发现印装质量问题，请与印刷厂联系调换）
开　　本 | 710 mm×1000 mm　1/16　印　　张 | 15　字　　数 | 220 千字
版　　次 | 2022 年 8 月第 1 版　印　　次 | 2022 年 8 月第 1 次印刷
书　　号 | ISBN 978-7-5699-4568-3
定　　价 | 236.00 元（全四册）

wish
SHOPPING
LAKERS
23

LeBron James

王

LBJ

KING

典藏版

勒布朗·詹姆斯：王

欲戴王冠

苏群 著

LeBron James

北京时代华文书局

JAMES

LEBRON

勒布朗·詹姆斯

CAVALIERS
23

与詹姆斯同龄
见证“詹时代”

文/黎双富
懒熊体育联合创始人&总裁

我和詹姆斯同年出生，但直到仔细读完苏群老师《勒布朗·詹姆斯：王》的书稿，我才恍然意识到，我与詹姆斯之间有那么多契合点，两位隔着太平洋的异国80后，人生都因为篮球而改变。

1984 出生

詹姆斯出生在美国农村，俄亥俄州东北部的阿克伦，是如假包换的贫民窟黑人孩子；我比他大75天，出生在湖南农村，经历过挨饿受冻、一度交不起学费的苦日子。

提及1984年，我们都会先想到迈克尔·乔丹，当年他被芝加哥公牛队用探花签选中，还未从北卡罗来纳大学毕业就披上23号战袍征战NBA（National Basketball Association，美国篮球协会，通常也指该协会主办的美国男子篮球职业联赛）。儿时的詹姆斯因此喜欢上了无数次“羞辱”自己主队克利夫兰骑士队的对手，甚至在高中时就选择了乔丹的号码来做自己的球衣号码；在大洋的另一边，我通过黑白电视机里播放的集锦，迷恋上了乔丹的优雅和“一剑封喉”，一发不可收拾。

詹姆斯说，他要进NBA，目标是超越“芝加哥幽灵”的成就；我的目标是离开农村，以记者身份去“飞人”征战过的赛场做篮球赛新闻报道。

2003 大学

2003年，詹姆斯已是美国篮球运动员中的“小皇帝”（King James），照片登上《体育画报》封面的“天选之子”，他决定以高中生的身份直接参加NBA的选秀，选择他的是家乡球队克利夫兰骑士队。

2003年的高考题目堪称史上最难的一次，可能没有之一，相信经历过的学生都忘不了。第一天的数学考试之后，教学楼里都是相互抱着、放声哭嚎的考生，空中都是书籍被撕碎后扔弃的碎纸片，大家都相约“来年再战”。意外的是，在数学不及格和作文跑题的情况下，我过了重点本科分数线，最终收到了中国地质大学（北京）的录取通知书，成为家里破天荒的第一位大学生。

那时候，我不敢抬头看女生，也基本不会讲英语，但我明白，自己离实现梦想近了一步。

2007 高点

2007年，詹姆斯首次率队打进NBA总决赛，当时才是他进入联盟的第四个赛季。虽然骑士队不敌马刺队，但几乎所有人都感觉到，詹姆斯的时代已经到来，原因大概是蒂姆·邓肯的那句赠言——“未来是你的”。没成想这句话成了善意的“谎言”，“老石佛”七年之后还能用实际行动教小兄弟，到底什么是“老将不死”。

我在2007年拿到“北京市优秀毕业生”奖，也有一堆工作的录取通知，但缺少了最重要的一份。我第一次主动联系苏群老师、向《篮球先锋报》自荐，遭到了婉拒，但同时也获得了鼓励。几番思索后，我选择保研留校，进一步提高自己。梦想是要坚守的，一旦放弃，可能就再也没有机会了。

不到两年之后，苏群老师在招聘已经结束的时候破例给了我面试机会，测试题目是翻译NBA英文官网上一段新鲜出炉的对阿米尔·约翰逊的赛后采访，前面若干年的苦练和汗水在那一刻获得回报。在那个充满阳光的午后，我离目标又近了一步。

2010
决定

在公众视野里，“决定”可以说是詹姆斯职业生涯最大的污点——通过电视直播来宣布离开自己的家乡球队，但在我看来，现在也有越来越多的人意识到，那是一个时代的转折点——球员不再是球队老板的棋子和玩具。

伴随着社交媒体的普及，NBA球星获得越来越多的话语权：他们不仅可以在合同到期后自主选择去向，甚至在合同期内都可以跟球队公开叫板；他们的商业收入不仅包含代言费，还可以包含期权和股份；他们自主做媒体内容，掌控故事走向；他们为社会事件发声，甚至不惜以罢训、罢赛相威胁……所有这些的开拓者都指向同一个名字：勒布朗·詹姆斯。

詹姆斯在篮球场上的成就可能很难超越乔丹，但他在场外的贡献已然超越偶像。

2010年秋天，我也做了个艰难的决定：离开《篮球先锋报》，加盟新浪体育做驻美记者。我是流着眼泪离开办公室的，一方面是因为“引路人”苏群老师的热情挽留，另一方面是因为编辑部那纯粹的篮球讨论氛围，实在是让人难以割舍。但我心里清楚，实现目标的时刻到了。

詹姆斯在篮球场上的成就可能很难超越乔丹，但他在场外的贡献已然超越偶像。

缘分很奇妙。我最初是被安排去跟队报道易建联的，后来临时换成迈阿密热火队，这一调整，让我得以全程见证热火队“三巨头”组建、失败、获得双冠、解散的完整过程。

第一个赛季尤其艰难，在华人甚至亚裔都很少的城市，我作为唯一的黄皮肤跟队记者，什么都要摸索和学习，经常碰壁。詹姆斯也一样，新球队要适应、新关系要处理，所以他经常感觉“自己在与全世界为敌”。

那个赛季热火队“三巨头”失败了，但所有球员的关系却更亲近了，失利让周围人更紧密地团结在一起。我跟球队、美国同行的关系也一样，大家在第二个赛季成了同路人，不少人至今还保持着联系。

2012年，詹姆斯拼杀九年，终于在南海滩捧起拉里·奥布莱恩杯，从那一刻开始，质疑和批评开始变成赞誉和支持。而我也享受到了一点荣光——费尽周折得以跟随热火队一起进白宫、受到时任美国总统巴拉克·奥巴马的接见，并因此成为中国第一位进白宫采访的跟队记者。

2014 回家

2014年，年近三旬的詹姆斯“写信”宣布“回家”，我身体里的某一部分似乎也随之消失了。随后没多久，我妻子怀孕的消息传来，因她是单卵双胎并且患有妊娠糖尿病，我最终“决定”回家。次年4月，我的双胞胎儿子出生，大儿子取名慕晨，小儿子取名慕玮，“玮”字左边的“王”代表“国王”詹姆斯，纪念我的青春岁月。

随后的四年，我和詹姆斯都开启了“回家创业路”，体验另一种艰辛的挑战，同时享受另一种成就，苦中作乐、苦尽甘来，都是快意人生。

苏群老师是国内最早的NBA传播者之一，他的作品影响了一代又一代中国篮球迷，我接触最早的一本NBA读物就是他写的《篮球王国NBA》，至今依然是我的珍藏。这次由他亲笔撰写的《勒布朗·詹姆斯：王》出版，相信会是中文图书中最好的关于詹姆斯的作品，是大家了解詹姆斯的必备读物。

一个一无所有的贫民窟少年，靠自己的努力成为资产已超10亿美元的时代偶像，这是一个值得大书特书的故事。我们绝大部分人可能毕生都无法达到詹姆斯的成就，但这不妨碍我们观察并学习他，得到启发，找到并追逐自己的梦想，达成在自己所选领域的一些成就。而我作为同龄人，有幸见证“詹时代”。

球场上的詹姆斯，什么时候停下来？

文/苏群

在过去的近20年时间里，篮球世界都无法与詹姆斯分割，不论你对他是迷恋还是讨厌。

詹姆斯究竟是一个怎样的篮球运动员？他在篮球场上有多强大？他在篮球历史中又有着怎样的地位？他成为一名NBA巨星，带给篮球世界多大的影响？他又影响了世界各个角落的多少人？这一个个问题，我们都无法回避。

这本关于詹姆斯的书，可以说是对詹姆斯全方位的普及。如果你早就深爱着詹姆斯，那么里面的每一段文字，每一场比赛的描述，每一个时刻的回眸，对于你来说都是非常熟悉的；如果你对詹姆斯半知半解，那么这本书将向你展示一个你所能了解的、最全面的詹姆斯；如果你仅仅是知道詹姆斯这个名字，那么这本书会帮你了解一个新的篮球世界。

可以说，从詹姆斯2003年进入联盟之后，他就成为我工作的一部分，甚至贯穿到我的生活中。

今年是我从事篮球相关工作30周年，这30年中，20年包含了科比，19年包含了詹姆斯。我希望通过这本书，用客观事实去描述詹姆斯的每一个赛季，甚至是他的每一个纪录。尽全力中肯地评价詹姆斯，是这本书的核心。

为什么要强调客观的评价呢？

如今互联网环境下，球员的每一件事都会无限放大。同样我在工作中的一些言论与评价，也会被无限解读。这种情况下，我们需要一个客观、中肯的描述，只有这样才对得起勒布朗·詹姆斯的名字。因为他足够伟大与出色，他是NBA历史中的“GOAT”（Greatest of All Time，历史最佳）级别的人物。

詹姆斯什么时候退役？

有朋友说，写詹姆斯是不是等到他退役更为合适呢？我觉得不一定。非常遗憾，在2021—2022赛季常规赛结束后，湖人队无缘季后赛。37岁的詹姆斯竭尽所能，也无法挽救这个失败的赛季。詹姆斯依然很出色，但是我们必须承认，37岁的詹姆斯真的老了。

他期望和自己的大儿子布朗尼同场比赛，如能效力同一队更是一段佳话。这表明，詹姆斯自知职业生涯或许真的只剩最后这几年了。让这本书陪着我们，看詹姆斯完成职业生涯的最后一段旅程。

我不知道最后几个赛季，詹姆斯会有怎样的表现，但无论如何，他的名字将载入NBA史册。至于剩下的球场时光，我想交给所有喜欢詹姆斯的人，交给他们自己的内心世界去评价。这本书，将是每个喜欢詹姆斯的人为他总结时，最先准备的99%的脚本，剩下的1%,我们一千万个人，会有一千万种评价。那些肉麻的告别语言，不如由每一个粉丝写在书的最后，更有故事感和成就感。

詹姆斯的历史地位如何？

很多媒体和球迷都在讨论，詹姆斯的历史地位到底如何？他能否超过乔丹呢？了解我的人都知道，我从不参与历史地位的讨论，在我看来，“历史地位”不是一个篮球词组，而是一个文学词组，用来描述你内心的感受。一千个人心中有一千个哈姆雷特，同样有一千个詹姆斯。别人心里的詹姆斯，并不影响你心中那个詹姆斯的历史地位。

接下来的比赛，我们将目睹詹姆斯立下各式里程碑，他会不断超越NBA世界里的各位前辈，给各种不可思议的纪录写上“勒布朗·詹姆斯”的名字。但是这一切，都不是我们去轻易给历史地位下论调的理由。还是那句话，就算现在詹姆斯退役，他已经足够伟大，足够让全世界喜欢篮球的人为他动容。

“GOAT”不是一个新词，每当有了不起的历史人物完成使命，大家都会惊呼“他是GOAT”。从张伯伦到乔丹，从科比到詹姆斯，他们都配得上这样的称呼。这个词更像是给一个球员伟大的注释，而不是给他一个成就高低的定位。所以，如同这本书里面写的那样，我们欣赏詹姆斯的故事就可以，不要给他的故事贴太多的标签。

在詹姆斯之后，还会有更多的“GOAT”出现。

为什么有那么多人谩骂詹姆斯？

答案很简单，因为詹姆斯恰好出道于互联网时代。

2003年詹姆斯以状元之身进入联盟，当时世界已经全面进入“PC”时代，每一个人的声音都能被听到。他打了10年后，世界全面进入智能手机时代，信息的传递更为便捷，人的声音被听到的机会更大。他打了将近20年后，世界进入了智能算法时代，不同个体的声音被分类，同一类声音开始聚集，经算法形成共鸣、被放大。打个比方：几千人在大礼堂开会，不同意见的人各坐各的、各说各的，声音乱哄哄一片，这时候台上的人说了算，因为他有话筒；你让台下几千人按相同的意见扎堆，会听到这一堆人说的是这个，声音整齐洪亮，那一堆人说的是那个，声音同样整齐洪亮。你听到很多人不喜欢詹姆斯，因为他们的声音集中起来，被大家听到了。

还有一个原因，那就是詹姆斯打破了球队管理层操控一切的惯例，想做自己的主人。他不断更换球队，每换一处都能夺冠，这让很多人不知所措。他们习惯了乔丹、科比在同一支球队夺冠，从一而终，詹姆斯打破观念的做法，让他们无法接受。

但詹姆斯不为所动，他仍然在不同的阶段做最有利于自己的选择。而且，时间成了他最好的伙伴，在近20年的征战中，昔日多少搭档已经告别篮球场，只有詹姆斯依然在驰骋。眼见他绝尘而去，遥遥领先，将一座座里程碑甩在身后，直至前方只剩下贾巴尔一人。

我这个人喜欢做别人没做过的事情，比如我是国内第一个去NBA现场做采访的记者；比如篮球新闻在国内还没有被广泛传播的时候，我就创办了国内第一份真正属于篮球迷的报纸；又比如我是国内第一个向国外派驻职业篮球记者的人。我喜欢有勇气的人，佩服敢于改变的人。詹姆斯让人敬佩的原因之一，就是有这样的勇气去改变。

我经常说，不要回头看过去，要抬头向前看。很多球迷问我，詹姆斯退役了怎么办？我说，当年乔丹最厉害的时候，我也曾问过同样的问题，乔丹退役了怎么办？后来有了科比，又有了詹姆斯。我相信后面还会有很多很厉害的人，比如库里。

感谢为这本书，付出的每一个人。

我之前写过几本书，但是如此高规格包装的是第一本。从书的内容来说，全方位的解读，让我们看到的是场内与场外的詹姆斯；从装帧上来说，优质纸张，四色印刷，以及精美的礼盒，让这本书成为一个收藏品，或许在很多年后，这会成为我们永恒的记忆。

在这里感谢黎双富老师，为这本书写下的序。双富曾经与我在《篮球先锋报》编辑部并肩战斗，邀请他写序，本以为他会反馈我一篇短文，但是当我看到洋洋洒洒的一篇长序时，我甚是感动。我想，双富也对詹姆斯有着非常高的敬意。

感谢北京时代华文书局，也感谢直笔体育团队的每一位老师，为这本书付出的每一份努力！

我深爱着自己的职业，这是我养家糊口的方式，也是我生活的一部分。

篮球在我工作中呈现的形式有很多。我是一个篮球评论员， 在不同的平台为大家带来比赛的直播和评述，我也是一个有30年职业经历的记者，喜欢自己操刀做自媒体，写稿、剪视频、剪音频、做动图、编排都自己来，当然我也是一个篮球迷，和大家一样，都深爱着篮球这项运动，也喜爱每一个为这项运动奉献所有的球员，不仅仅是詹姆斯。

熟悉我的朋友都知道，我平时喜欢摄影，也喜欢旅游，因为我喜欢记录，记录下生活中的点点滴滴。而这本书就是对詹姆斯最点滴的记录，希望正在读书的您喜欢这本书，感谢每一个买下这本书的您。

那么，关于球场上的詹姆斯什么时候停下来，把这个问题交给时间吧！

目录 CONTENTS

PART1

潜龙腾渊　天选之子

PART2

少年英豪　风起云涌

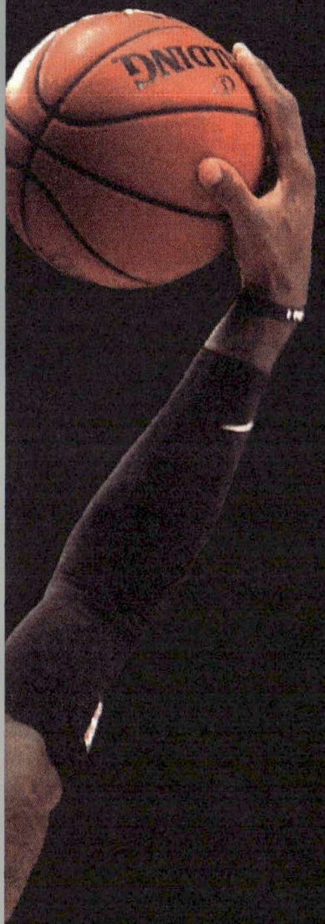

PART3

成败得失　命运转弯

PART4

如临深渊　新王加冕

23

PART1

潜龙腾渊 天选之子

FOX8
CHOSEN ONE

1 MAP

地图，心中之梦

我不理解，为什么地图上没有我的家乡，当时我就暗暗发誓，终有一天，会让全世界都知道阿克伦在哪里。

在勒布朗·詹姆斯的记忆中，那张地图清晰却刺眼。

那是一张美国地图，詹姆斯第一次看到它的时候才8岁，地图挂在教室里，很多孩子对其视而不见，但小詹姆斯却很仔细地观看图中的每一座城市。

詹姆斯发现，在俄亥俄州的版图内，没有阿克伦——他的家乡。

位于俄亥俄州东北部的阿克伦，曾是工业时代的宠儿，拥有着“橡胶之都”的美誉。但时过境迁，当詹姆斯出生的时候，这座城市已经被发展的潮流甩开，昔日繁华的工厂，大多已被废弃，那些杂草与铁丝网，仿佛是哭泣的骊歌，向阿克伦曾经的辉煌告别。

对于绘制地图的人来说，阿克伦可有可无，这如同一粒种子，埋在了年幼的詹姆斯心中，等待他用辛勤的汗水去浇灌，让梦想生根发芽，茁壮成长。

“我不理解，为什么地图上没有我的家乡，难道是他们觉得阿克伦是一座不重要的城市？”詹姆斯说，“当时我就暗暗发誓，终有一天会让全世界都知道阿克伦在哪里。那时候的我并不知道应该怎样做，但我确定那就是我的梦想。如果你有诚意并且付出努力，找到志同道合的伙伴一同为之奋斗，也许你就可以做到。”

1984年12月30日下午4点04分，
詹姆斯出生在
阿克伦城市医院。

也许是命运的巧合，四年后，另一位划时代的篮球巨星也在这家医院诞生，他与詹姆斯连续四年在总决赛对决，共同书写了巅峰之战的华彩篇章。

他就是
斯蒂芬·库里

詹姆斯的姓来自他的母亲格洛丽亚·詹姆斯，格洛丽亚成为母亲的时候才16岁。至于詹姆斯的父亲是谁，有诸多传闻，一个名叫安东尼·麦克米兰的人疑似詹姆斯的生父，但这个犯罪记录累累的男人，从未出现在詹姆斯的生活中。詹姆斯是由母亲抚养长大的，缺少父亲的陪伴对他来说是遗憾，但也是鞭策。

“我小时候不明白：为什么我没有父亲？他去哪里了？是什么原因让他抛弃了我们？”詹姆斯说，“当我慢慢长大，我渐渐理解了这件事，也许他遇到了什么麻烦，所以无法和我们在一起。没有父亲的陪伴会让我感到失落，但也推动我尽快成熟起来，肩负起生活给予我的责任。”

16岁生子的格洛丽亚太年轻，没有学历，也没有一技之长，生活过得很艰难。格洛丽亚的母亲将这对母子接到了她的家中，詹姆斯在外婆家待了三年，虽说日子并不宽裕，但最起码还有栖身之所，吃穿不愁。

然而，这样的日子很短暂。在詹姆斯3岁的时候，他的外婆因心脏病突发去世，那一天是圣诞节，外婆在之前就为她的小外孙准备好了圣诞礼物。当詹姆斯满心欢喜地打开礼盒时，妈妈将外婆离去的噩耗告诉了他，3岁的詹姆斯还不太理解死亡意味着什么，但他知道再也见不到疼爱他的外婆了。

那件圣诞礼物，是一个小篮筐，那是外婆对詹姆斯的期待。

在美国，单亲家庭长大的黑人孩子，很多有着贫苦的幼年生活，詹姆斯尤其如此。在外婆过世后不久，她留下的那栋老房子就被当地政府纳入危房名单，格洛丽亚没有钱去修缮房屋，结果就是她和詹姆斯被赶了出去，老宅夷为平地。

詹姆斯开始四处漂泊，因为格洛丽亚没有专业技能，只能打一些零工，母子两人维持温饱都很勉强，想要找个稳定住所更是奢望。在詹姆斯5岁到8岁的那段日子，他跟随母亲搬了12次家，经济最窘迫的时候，连坐车上学的钱都没有。

詹姆斯与格洛丽亚曾住在阿克伦政府设立的一处公租房里面，那些住房位于山谷中，詹姆斯居住的区域被当地人称为“谷底”。詹姆斯平时不敢往山顶走，因为那里住的人很多有犯罪前科，或者根本就是警方正在缉拿的逃犯。晚上，詹姆斯有时会被枪声惊醒，他也曾亲眼看见有人被捅死。

在公租房的上方，有一座大桥，那座桥的护栏很低，可以轻而易举地翻过去。当詹姆斯在屋外玩的时候，曾见到有人从桥上摔下来，可能是自杀，也可能是被人推下去的。绝望与罪恶，笼罩着那个社区。

“那个地方有太多的暴力犯罪，如果我当时没有得到很好的引导，或许也会成为当地案件统计数据的一部分。”

——詹姆斯

正确的引导，来自母亲格洛丽亚。

为了赚钱，格洛丽亚做过很多工作，包括去零售店值夜班。这样的晚班工作让格洛丽亚只能将年幼的詹姆斯单独留在租住的贫民区，这对于詹姆斯是一种心理上的煎熬。

“我们居住的社区总是阴森森的，时而会有警报声和枪声打破寂静，或者其他的一些噪音。你躺在床上，很清楚会有一些罪恶正在外面发生，只能祈求不要落在自己身上。”詹姆斯说，“妈妈要去上夜班，那些夜晚，我总是担心妈妈的安全，我每天期待的都是早上起来的时候可以看到她平安无事。我没有爸爸，不能再失去妈妈了。”

尽管经济条件非常差，但格洛丽亚还是竭尽所能让詹姆斯感受到爱，下班后赶回家为儿子做一顿暖暖的早餐，自己省下钱来为詹姆斯购买他渴望的小礼物。每年的圣诞节，格洛丽亚都让詹姆斯将节日愿望写在一张纸上，当圣诞树上的灯被点亮的时候，那份兑现心愿的礼物，就会出现在圣诞树下。

“我不知道妈妈是怎么做到的，但我知道，在她的生命中，没有人比我更重要。大家可能难以体会，浓浓的母子之情对于一位贫苦少年意味着什么。妈妈给了我安全感，让我坚定了信念，相信困难是可以战胜的，我能够成为一名真正的男子汉。”

——詹姆斯

格洛丽亚爱自己的儿子，但她知道儿子缺少陪伴，让年幼的詹姆斯晚上独自一人住在那样的社区很不安全，随时可能有毒贩出没，或者有人动刀动枪，许多黑人小孩因为贫困耐不住诱惑，走上了犯罪的道路。格洛丽亚不想让詹姆斯受环境的影响，她在詹姆斯9岁的时候，做出了一个十分艰难但后来被证明非常正确的决定。

“勒布朗，听我说，我要把你送到沃克先生那里住一段日子。”格洛丽亚告诉詹姆斯。

沃克先生是弗兰克·沃克，他是阿克伦当地一支儿童橄榄球队的教练，詹姆斯在那支球队训练，他在橄榄球场上展示出远超年龄的身体素质和球商。格洛丽亚不得不随身携带詹姆斯的出生证明，因为总有人看过詹姆斯的比赛后，怀疑他年龄造假。

詹姆斯拥有罕见的运动天赋，但因为经济问题，他居无定所并且长期缺课，训练也难以保障，这令沃克教练很着急，他与妻子一起找到格洛丽亚，提出让詹姆斯去他们那里居住。格洛丽亚在反复权衡后，决定接受沃克一家的帮助。

沃克夫妇有三个孩子，他们与詹姆斯成了好朋友。与沃克一家相处的那段日子，对于詹姆斯的成长起到关键作用，他不再像以前那样飘飘荡荡，而是拥有了稳定的住所和需要严格执行的日程表，上学、做作业、参加训练、一起做家务，每一天都安排得井井有条。与沃克一家在一起的那一年，詹姆斯从未缺过课，这在以前根本无法想象。

“沃克先生和沃克太太为我以后的人生奠定了基础，他们教会我要有责任心，无论在学校、家里还是体育馆，都要为自己负责。”詹姆斯说，“他们告诉我，如果我认真学习，结合我在体育方面的才华，我有机会上大学，可以改变自己的人生。”

除了执教橄榄球队外，沃克还在当地社区中心的一支儿童篮球队当教练。在橄榄球场上得心应手的詹姆斯，加入了沃克执教的篮球队。詹姆斯之前并未系统地打过篮球，但他以极快的速度适应了篮球比赛在技术和配合意识上的要求，一学就会，一点就通。

> 无论是技术练习还是战术安排，詹姆斯都不需要教练说第二遍，他非凡的运动天赋开始在篮球场上闪光，而这样的光芒让詹姆斯遇到人生中的另一位贵人。

44
RISH

IRISH
23
adidas

2

GROWING

成长，痛并快乐

你怎么对待自己的身体，身体就会怎么对待你，这样的错误，我绝对不允许自己再犯了。

AAU（Amateur Athletic Union of the USA），美国业余体育联合会，是这个国家体育事业的基础。AAU按照地区和年龄段组建球队，队伍既可以参加所在区域的比赛，也有出征全国锦标赛的机会，对于少年球员积累实战经验、扩大知名度以及丰富人生阅历都有很大的帮助。

德鲁·乔伊斯是AAU球队“流星队”的主教练。在詹姆斯9岁那一年，一次偶然的机会乔伊斯来到詹姆斯所在的社区看比赛，恰好赶上詹姆斯出战。乔伊斯在场边看了一会，就问身边的朋友。

“这个孩子是谁？他的家在哪？”

乔伊斯拜访了格洛丽亚，邀请詹姆斯加入“流星队”。格洛丽亚很诧异，因为她的儿子刚接触篮球不久，就有教练找上门来。格洛丽亚半信半疑，她要求亲自去看看乔伊斯的球队。

“勒布朗的母亲起初觉得我是个骗子，直到她亲眼见到我带领孩子们训练、比赛才相信。”乔伊斯回忆道。

“流星队”为詹姆斯打开了一道门，让他看到篮球世界前所未见的风景，他与队友一起每年要打60到80场比赛，还要参加锦标赛。对于活泼好动的孩子来说，那可是梦寐以求的机会，他们可以全国巡游，一边打比赛一边旅行。

只是，差旅费需要他们自己筹措。

“流星队”的筹款方式是从给他们赞助的公司拿到大量的胶带，公司的意思是他们不直接出钱，而是给出物品，孩子拿去推销，赚到的钱都归“流星队”所有。并非这家公司吝啬，这是一种培养方式，公益的目的绝非不劳而获，而是提供通过劳动获得收益的机会。

那段日子，每天的训练结束后，詹姆斯就会和他的小伙伴，扛着成箱的胶带，挨家挨户推销。经常与他在一起的有三个孩子，威利·麦基、锡安·考顿与小德鲁。威利是一位球风强悍的篮板高手与中投健将；锡安是橄榄球、篮球双栖球员，身材健壮，是队内的“胖虎”；小德鲁是教练乔伊斯的儿子，个子很小但控球与投篮俱佳，是“流星队”内最冷酷的射手。

这四个孩子，自称“神奇四侠”，是“流星队”的主力，也是共同长大的哥们儿。

詹姆斯是“神奇四侠”的核心，他在篮球这条路上以超快的速度前行。八年级的时候，詹姆斯的身高已经接近一米九，他如同一匹骏马在场上奔腾，虽然力量还在养成中，但综合身体条件已经遥遥领先同龄的大多数球员，甚至可以与成年的球员一较高下并且不落下风。

温霍斯特，现在是*ESPN*（Entertainment and Sports Programming Network，娱乐与体育电视网）的NBA记者。从詹姆斯的学生时代开始，温霍斯特就跟踪报道，他还记得第一次见到詹姆斯时的情景。

“那时候勒布朗才14岁，从脸上看，他还是个小孩子，但如果从身形来看，你绝对不会相信他才十几岁，他有一双长臂，两条长腿，骨架非常大，甚至我见过的很多职业球员都无法与他相比。无论你是不是体育记者，只要看一眼就可以知道，这孩子会长成一个大块头。”

——温霍斯特

温霍斯特采访了詹姆斯身边的教练和队友，当时一位负责球队力量增强项目的训练师告诉记者，詹姆斯拥有罕见的身体特质。“我训练过很多少年球员，还有职业球员，但从来没有一个人能够像勒布朗那样快速增长肌肉。他十几岁的时候，力量已经可以对抗成年人。我觉得那种力量很大程度是与生俱来的。”这位训练师说。

曾在橄榄球场发生的事情又上演了，对方球员的家长纷纷投诉，他们怀疑詹姆斯虚报年龄，好在格洛丽亚早有经验，掏出准备好的出生文件。

“你们看好了，这就是我的孩子，他真的才八年级。”格洛丽亚骄傲地说。

八年级的詹姆斯已经可以很轻松地完成滑翔扣篮的动作，他第一次扣篮是在一次师生篮球友谊赛上，快攻中起飞将球砸入篮筐。“着陆”后的詹姆斯还有些惊讶，这毕竟是他的第一次，但很快他就对扣篮习以为常了。

虽然已经可以在空中“漫步”，但詹姆斯还是一个孩子。随队参加AAU全国锦标赛给了詹姆斯第一次坐飞机的机会，他激动得上蹿下跳，但当飞机起飞后，詹姆斯望着云层，低头啜泣起来。乔伊斯教练以为詹姆斯是害怕，急忙赶过去安慰。

乔伊斯：勒布朗，你怎么了？

詹姆斯：教练，我想妈妈了，她也没坐过飞机，如果她能一起来该多好啊。

还会想妈妈想到流泪的詹姆斯，在赛场上已经是顶天立地的男子汉，他在八年级的那个赛季，带队打了八十多场比赛，几乎是一路横扫对手。对手们惊讶地发现，这个叫詹姆斯的男孩，不仅仅拥有超乎寻常的身体素质，还有着出类拔萃的篮球智商，他总是能够找到对手防守的破绽，然后将其摧毁。

来自对手的恐惧与赞美，不断攀升的赢球场次，让詹姆斯有些飘飘然，他觉得自己是赛场的统治者，可以单枪匹马搞定一切，但很快比赛给他的自负带来一记响亮的耳光。

那是AAU锦标赛的决赛，“流星队”的对手是南加州全明星队。这场球“流星队”开局不佳，一度落后15分。詹姆斯带队奋起直追，终场前12秒的时候，分差只有1分。詹姆斯习惯性地开启个人英雄主义篮球，他冲破了对方的外围防线，直奔禁区，腾空而起灌向篮筐。

如果球进，“流星队”将反超，而在对手头顶肆虐已是詹姆斯的拿手好戏，他相信这一次也不会例外。

然而，例外就这样发生了，南加州全明星队的补防球员非常勇敢地迎着詹姆斯起跳，在空中将那记势在必得的灌篮封杀。“流星队”采取犯规战术，对手两罚一中，分差变为2分，“流星队”仍有最后一击摘下冠军的机会。

“流星队”还是把球交给詹姆斯，这一次他选择了三分球，球划过一道弧线，奔向篮筐。进，“流星队”将是全美冠军，那是乔伊斯教练与“神奇四侠”最渴望得到的。

但是，球弹筐而出。

AAU锦标赛决赛“流星队”以66：88不敌南加州全明星队。这场失利，只是詹姆斯篮球生涯的一段小插曲，却产生了深远的影响，一方面让他明白篮球不是用一己之力进行战斗，另一方面也给他的心中投射了阴影，成为他进入职业篮坛后的争议话题。

“尽管我后来的篮球之路比较顺利，但我在那场比赛中的表现如一片乌云笼罩我心，挥之不去。”

——詹姆斯

年少轻狂的日子，总是很容易让人将烦恼抛在脑后。AAU锦标赛决赛的失利，迅速被进入高中的欣喜取代。“神奇四侠”共同加盟圣文森特圣玛丽高中，开始一段新的征程。

圣文森特圣玛丽高中的篮球教练是基斯·戴姆博洛特，詹姆斯在“流星队”的主帅乔伊斯也来到这所高中，进入教练组。戴姆博洛特曾执教中密歇根大学，他在看过詹姆斯的比赛后，做出一个决定：按照对待大学球员的标准去训练这个孩子。

戴姆博洛特对詹姆斯异常严厉，詹姆斯稍微出错就会遭到教练破口大骂，有一次詹姆斯突破到篮筐左侧选择右手上篮，戴姆博洛特马上叫停，冲到詹姆斯身边吼道：“你为什么不用左手？你的左手技术还没有练好吗？”

其实，左右开弓对于詹姆斯来说根本不是问题，因为他在生活中是左撇子，只是在球场上以右手为投篮手，他的左手同样可以投射和控球，具备天生的双手平衡性，但在戴姆博洛特看来，詹姆斯做得还不够好。

詹姆斯起初很反感教练过激的言行，直到戴姆博洛特后来告诉他一件事，詹姆斯才明白教练的良苦用心。

“我曾经执教的球员中，有三个后来进入了NBA，在我看来，那三个人在同年龄的时候，远不及勒布朗。”戴姆博洛特说，“我对于自己的判断还有些怀疑，于是邀请了好友，当时在加州大学执教的本·布朗来观看比赛。布朗在赛后的一段话，坚定了我的信心，他说勒布朗高中毕业就能直接去NBA打比赛，根本没必要去NCAA（National Collegiate Athletic Association，美国大学体育协会）男篮联赛浪费时间。”

被寄予厚望的詹姆斯，没有让人失望，他在高一赛季场均拿下21分，带队打出27胜0负的战绩，拿到州冠军，而这些只是一个开始。

NBA

OR

NCAA

高二赛季的詹姆斯，

场均拿下25.2分、

7.2个篮板、5.8次助攻、3.8次抢断，

当选俄亥俄州篮球先生，

入选《今日美国》评选的

最佳阵容一阵，

成为**首位**进入

第一阵容的高二球员。

这个赛季，“神奇四侠”迎来一位新伙伴，罗密欧的加入让圣文森特圣玛丽高中拥有了“五虎将”，他们在詹姆斯的率领下，再次登上州冠军的领奖台。

此时的詹姆斯已经是俄亥俄州高中篮球界的翘楚，但他距离全美扬名还差一步，这一步即将迈出。

2001年7月，新泽西州哈肯萨克市，阿迪达斯ABCD训练营开营。这个训练营云集全美高中篮球精英，参加的少年球员会进行训练，然后出征明星赛，比赛的MVP（Most Valuable Player，最具价值球员）是星中之星。

就在这一年的ABCD训练营，詹姆斯遇到了兰尼·库克。库克身高两米，来自纽约，在布鲁克林读高中，被认为是少见的天才球员，爆发力惊人，速度飞快，并且力量出众。在2000年ABCD训练营，库克击败了所有对手，是训练营中的得分王与篮板王，还是明星赛MVP，一时间如日中天，*ESPN*甚至专门派出团队去拍摄库克的训练和比赛。

“库克当时是全美第一高中生，他拥有劲爆的得分能力，传球也很出色，结合远超同龄人的体型与力量，他确实非常厉害。”一位球探说。

虽然都是高中球员，但詹姆斯与库克的球队分属不同的州，两人之前从未交过手。2001年ABCD训练营为两位才华横溢的篮球少年搭建对决的擂台，谁是更好的那一个，比赛的结果会证明一切。

比赛刚开始，库克以胯下运球、急停三分摆脱詹姆斯的防守，将球送入篮筐，现场观众报以热烈的掌声，看上去高中篮球界的最强之人真是名不虚传。这是库克本场第一个高光时刻，但也是最后一个。

库克的这记三分球“唤醒”了詹姆斯，詹姆斯在这次ABCD训练营的大多数时间显得有些意兴阑珊，因为没遇到实力接近的对手，而库克的强势攻击，点燃了詹姆斯的斗志，他开始认真了。

> 当詹姆斯全神贯注时，比赛就会由他主导。詹姆斯拿到24分，比赛最后时刻，他的球队落后1分，詹姆斯以1记三分球绝杀将胜利收走。

而库克在詹姆斯的防守下只得到9分，这位来自纽约的全美最强高中生，被来自阿克伦的詹姆斯比了下去。“天哪，这个俄亥俄州的孩子才是最强的，身体太棒了，技术太全面了，攻守兼备，简直是一个篮球‘怪物’。”一位球探惊叹道。

NCAA名帅，曾在NBA执教尼克斯队与凯尔特人队的里克·皮蒂诺就在球馆内，他见证了詹姆斯对库克的压制。尽管由于当时皮蒂诺已经回到大学执教，按照NCAA的规定，他不能在公开场合谈论一位高中球员，但皮蒂诺还是忍不住给詹姆斯送上了夸奖。

> “这个孩子将来会进入NBA，他一定能成为全明星。”
>
> ——皮蒂诺

当时在现场的还有《纽约时报》的专栏作家伊拉·伯科，他在看过詹姆斯的比赛后十分激动，撰写了一篇文章。

“来自阿克伦的勒布朗·詹姆斯，这个孩子刚刚结束高二赛季，在这次ABCD训练营见证詹姆斯表现的教练和球探普遍认为，他在高三赛季完成后就能参加NBA选秀了，虽然我们知道按照规则这是不行的，他要读完高四才可以，但这位少年的天赋与实力，真的不必在高中浪费时间了。”伯科写道。

天哪，这个俄亥俄州的孩子才是最强的，身体太棒了，技术太全面了，攻守兼备，简直是一个篮球怪物。

球探

这个孩子将来会进入NBA，一定能成为全明星。

里克·皮蒂诺

在这次ABCD训练营见证詹姆斯表现的教练和球探普遍认为，他在高三赛季完成后就能参加NBA选秀了，虽然我们知道按照规则这是不行的，他要读完高四才可以，但这位少年的天赋与实力，真的不必在高中浪费时间了。

伊拉·伯科

2001年ABCD训练营对詹姆斯是新的起点，他的生活开始发生变化，他不再是默默无闻的小角色，而是全美篮球关注的超新星，不仅仅有NCAA的球探来看他打球，NBA的球队也开始行动。首先关注詹姆斯的是公牛队，时任球队总经理杰里·克劳斯去现场观看圣文森特圣玛丽高中与顶级篮球球队橡树山高中的比赛，他起初有其他的考察对象，却一下子就被詹姆斯吸引。

“这孩子今年要高中毕业了吧，他会去哪所大学，还是直接参加选秀？”克劳斯询问身边一位了解圣文森特圣玛丽高中篮球队的朋友。

“你说勒布朗？他才高二。”那位朋友答道。

克劳斯惊讶地瞪大眼睛，拥有数十年球探经历的他，也难以相信眼前这位身高超过两米、可以挂着防守者推进的球员还不到17岁。

“你马上打电话给我们的球探，让他们盯着这个孩子。”克劳斯告诉他的助理。

NCAA与NBA的球探、体育装备赞助商、经纪人、媒体记者，各路人马纷纷涌入圣文森特圣玛丽高中，他们的目标只有一个，亲眼见见传说中的天才少年，而在看过詹姆斯打球后，无不惊叹他难得一遇的篮球才华。

圣文森特圣玛丽高中的比赛成了热门，大批的球迷来观赛，人数远超出球馆的容量。圣文森特圣玛丽高中决定将主场比赛搬到阿克伦大学的体育馆，以便容纳更多的球迷，学校也可以卖出更多的门票。

热度开始飙升，詹姆斯已经成为高中篮坛最受瞩目的超级新星之一，“之一”表示他倒也不是独一无二。虽然詹姆斯打败了库克，但还有一位实力更强劲的对手。詹姆斯去参加全美青少年发展年庆，当时全美排名前48的高中球员齐聚，詹姆斯遇到一个让他惊叹的球员。

“我和他住在一个房间，看了他的比赛。在我回到阿克伦之后，我告诉队友，这个来自巴尔的摩的球员很强，真的很强，是我见过最强的球员。”

——詹姆斯

这个球员就是

卡梅隆·安东尼。

由于分属不同赛区，詹姆斯领军的圣文森特圣玛丽高中与安东尼带领的橡树山高中相遇的机会不多，但每次对垒，都会成为美国高中篮球的大事件。

2002年2月，詹姆斯与安东尼在赛场会师，那场比赛吸引了超过一万名球迷涌进球馆，NBA球队的经理和球探纷纷赶来考察。两位少年英豪的一场大战，詹姆斯砍下36分当选比赛最佳球员，安东尼劈落34分、11个篮板，率领橡树山高中以72:66带走胜利。

那场比赛是詹姆斯在2001—2002赛季输掉的第二场比赛，失利固然令人沮丧，但并未阻挡詹姆斯和他的球队向三连冠进发。“五虎将”相信自己可以做到，圣文森特圣玛丽高中在俄亥俄州所向披靡，詹姆斯更是“星中之星”。

2002年2月18日出版的《体育画报》，将詹姆斯作为封面人物。登上《体育画报》封面是衡量一位运动员实力与人气的重要指标，詹姆斯作为一名高三的学生，能够登上《体育画报》，不可思议，却又理所当然。

IRISH
23

那期封面故事的标题是“天选之子”，记者们将詹姆斯称为迈克尔·乔丹的接班人，或者下一位“魔术师”。NBA的高管纷纷表示，虽然詹姆斯还有一年才高中毕业，但他如果此时就参加选秀，稳进乐透区，有机会进入前三甚至当选状元。

圣文森特圣玛丽高中的比赛获得*ESPN*全美直播的待遇，即便是一场普通的训练课，都会有超过30名记者到现场报道，篮球队所到之处，都是蜂拥而至的球迷，签名合影的要求应接不暇。

那些有一点脱离实际的赞美和超乎现实的拥戴，让詹姆斯和他的伙伴有些自我感觉过于良好，他们自信爆棚，认为自己不可阻挡。于是，曾经的刻苦训练不见了，曾经的严以律己消失了，逃课、派对，甚至大麻，走进了这几个孩子的生活。

这个赛季，戴姆博洛特已经辞职去大学执教，乔伊斯成了球队主帅。关于戴姆博洛特不再执教圣文森特圣玛丽高中，他自己的解释是不想失去回到大学任教的机会，但据乔伊斯了解，还有另外一个原因，和詹姆斯有关。

“和我有一些关系，当时我获得的关注度越来越高，学校里出现了很多经纪人、球鞋厂商的代表，还有各大媒体的记者。”詹姆斯说，“戴姆博洛特很担心他控制不了这种局面，因为在此之前从未有一位高中球员热度这么高，他有些紧张，一些在大学执教的朋友也劝他，最好在局面失控之前抽身离开。”

乔伊斯走马上任，他首先要解决的问题不是场上的，而是场外的。乔伊斯得到了消息，“五虎将”曾在酒店房间与女孩子一起狂欢，还吸了大麻。乔伊斯将他们叫到办公室，狠狠地骂了一顿。

“我告诉你们，我当年也吸过这个东西，我的篮球生涯就是这样被毁掉的，彻底失去打职业联赛的机会。”乔伊斯怒吼道，“如果你们想重蹈覆辙，那就继续下去，你们失去的恐怕不只是前途。”

悬崖勒马为时未晚，大麻风波对詹姆斯是一记警钟，他以后再也没有让自己与那个东西有任何关联。但是，“五虎将”在篮球场上的松懈并未就此止步，自大与狂妄还在围绕着他们，并让这些孩子付出了代价。

2002年俄亥俄州高中篮球联赛决赛，圣文森特圣玛丽高中碰上罗杰·贝肯高中，两队曾在赛季中相遇过，当时圣文森特圣玛丽高中取得胜利，所以詹姆斯他们觉得决赛无非是例行公事，他们会连续三年加冕。

于是，在比赛前的那个晚上，篮球队队员还与啦啦队女孩整夜狂欢。第二天早上起床集合的时候，“五虎将”都已筋疲力尽，詹姆斯的情况尤其糟糕，他出现了背部痉挛。

“这就是报应！”詹姆斯多年后回忆起那一天的状况时说，“我以前从未遭遇过背伤，而就在这一年最重要的比赛当天，背部的疼痛让我走路都吃力。这就是老天因为我前一晚的荒唐行为在惩罚我，这个教训对我来说太深刻了。”

虽然詹姆斯在接受治疗后坚持上场，但他显然不在最佳状态，全队也都游离在他们的正常水准之外。结果不出意料，他们输掉了决赛，三连冠的梦想破碎。

高三赛季的詹姆斯，

场均拿下29分、

8.3个篮板、5.7次助攻、3.3次抢断，

再度当选州篮球先生，

入选**全美**

最佳阵容一阵。

他是篮球世界的“天之骄子”，

但州决赛的失利，

也给他上了一课。

“你怎么对待自己的身体，身体就会怎么对待你，这样的错误，我绝对不允许自己再犯了。”

——詹姆斯

NEVER

3

TALENT

天赋，横扫千军

我的成功不只来自我的天赋和努力，也来自我的教练、朋友和妈妈的支持，他们每天都在督促着我。

2002—2003赛季，詹姆斯高中生涯最后一年，正如戴姆博洛特教练所料想的那样，詹姆斯展现出的天赋让局面有些失控了。

> 有摄影师全程跟拍詹姆斯和他的球队，最终这些拍摄形成了一部著名的纪录片**《不只是一场比赛》**。

校园里到处可见经纪公司的人、企业的代表，还有来自全美甚至国际媒体的记者，詹姆斯连在学校食堂安静地吃顿饭都有些困难，总是有人盯着他，想要接近他。

圣文森特圣玛丽高中不得不颁发禁令，不允许记者以及其他非校内人员在学校上课期间进入，虽然这引发了很多反对的声音，但校长大卫·拉茨坚持这样做。“我知道有人骂我是老顽固，但我必须这样做，我这辈子都没见过这么多记者，这太疯狂了。”拉茨说。

尽管学校采取了限制措施，但詹姆斯的吸引力太大，局面仍处在失控之中。篮球队的训练是在下课后，不在禁令范围内，因此每当詹姆斯出现在球馆，都会有大量的尾随者。乔伊斯教练发现，有越来越多的人主动接近他、恭维他，而这些人“醉翁之意不在酒”。

“那真是盛况空前，一群一群的人涌入球馆，他们找到我，赞美我的执教表现有多么出色。”乔伊斯回忆道，“我很快就明白了，他们讨好我，是为了能够留在球馆，他们真正的目的是勒布朗。”

球馆外来人员越来越多，乔伊斯教练忍无可忍，也推出了禁令，球队训练不再向外界开放。但即便如此，还是不行。每当训练结束，教练和球员走出球馆，外面人山人海，其中当然有球迷，但绝非只有球迷。

有一次，室外下着大雨，当训练完成，乔伊斯离开球馆，看到几个人冒着雨在等待，他们跑到乔伊斯身边，仿佛相识多年的老朋友一样充满热情地交谈，弄得乔伊斯都有些莫名其妙。聊到最后，这几个人递给了乔伊斯一个信封。

“教练，麻烦您将这个转交给勒布朗。”

乔伊斯回到家，打开一看，是一家经纪公司的自荐信。

商业上的事情，是詹姆斯终将面对的，他的篮球才华如同一座金矿，等待着开采，但在高中毕业季到来的时候，詹姆斯更关注赛场上的两个目标能否实现。

1 让圣文森特圣玛丽高中排名全美第一。

2 夺回州冠军。

在实现这两个目标之前，詹姆斯要做出一个决定：自己还继续打橄榄球吗？

在高中前三年，詹姆斯一直是橄榄球与篮球两不误，入选俄亥俄州高中橄榄球联赛最佳阵容一阵，获赞全美高中橄榄球选手中的最佳外接手。詹姆斯很爱橄榄球，但随着高四赛季的到来，随着他高中毕业直接进入NBA打比赛的前景愈发明朗，詹姆斯不得不在橄榄球与篮球之间做出选择。

“我特别喜欢橄榄球，我不想放弃。每当想到不能代表校队出战了，我都会很难受，”詹姆斯说，“但专业人士告诉我，橄榄球受伤风险太高，有可能葬送我的篮球生涯。我已经在打橄榄球的时候弄伤过左手食指，如果当时伤的是右手，我打篮球就会受到更大的影响。这是一个警示，告诉我必须放弃打橄榄球。”

专注于篮球的詹姆斯，
竞技水平达到高中生涯的巅峰

场均得到31.6分、

9.6个篮板、4.6次助攻、3.4次抢断。

第三次当选

州篮球先生，

第三次进入

全美最佳阵容一阵。

此时的詹姆斯，掀起了篮球风暴。圣文森特圣玛丽高中的比赛门票被一抢而空，篮球队为学校带来了数十万美元的票房，这还不包括*ESPN*以及俄亥俄州地方电视台给出的转播费。詹姆斯的一场比赛可以吸引超过100万的电视观众付费观看，随便一次队内训练，都能引发球迷围堵，甚至需要动用警察才能避免意外情况发生。

圣文森特圣玛丽高中的比赛被放到NBA的球馆举办，他们在骑士队主场冈德球馆打了一场球，超过两万张门票开卖后不久就宣告售罄。那个赛季，骑士队一场主场比赛的观众还不到1.2万人，詹姆斯的票房效应已经超过NBA球队。

詹姆斯所到之处仿佛摇滚乐巨星巡演，难以计数的粉丝围在圣文森特圣玛丽高中的大巴外，渴望获得詹姆斯的签名，甚至发生过激动的女粉丝脱掉上衣闯入车内的情况。詹姆斯去客场打球，只要当地有NBA的球队，从总经理到教练、当家球星，都是集体出动，只为一睹詹姆斯的实力。虽然詹姆斯距离高中毕业还有一些时间，但联盟内部人士基本判定，即便安东尼在NCAA男篮联赛呼风唤雨，詹姆斯仍是状元之选。

詹姆斯已经成为全美红人，《大卫·莱特曼深夜秀》与《欧普拉·温弗里秀》都打来电话邀请詹姆斯参加节目。三大球鞋厂商耐克、阿迪达斯与锐步，都在招募詹姆斯成为代言人，锐步甚至在谈判中将合同总额开到1.15亿美元的天价。球星卡制造商Upper Deck，饮料行业巨头可口可乐与百事可乐都加入对詹姆斯的争夺战中。由于詹姆斯当时尚未正式宣布将在高中毕业后直接去NBA，因此很多商业谈判都在暗中进行，但各大厂商的行动早已开始，金额以亿计。

不仅仅是电视节目、商业代言，连银行也找上门来，却给詹姆斯惹了大麻烦。

HILL
33

詹姆斯带队连战连捷，向全美第一和州冠军高歌猛进，场内已经没有任何障碍可以阻挡他实现目标，但场外有。

暴涨的名气是一把双刃剑，给詹姆斯带来光环，也带来阴暗，这两方面都在他的高四赛季达到峰值。当詹姆斯18岁生日的时候，格洛丽亚送给他一辆悍马汽车，这件事情引发轩然大波。一个曾穷困到上学坐车都没钱的家庭，竟然有钱买悍马？

俄亥俄州的高中体育联盟对詹姆斯一家展开调查，格洛丽亚表示购车款来自银行贷款，但调查方又提出质疑：以詹姆斯家的经济状况，银行是怎么批准贷款的，他们拿什么抵押？

实际上，高中体育联盟在调查后发现，不是詹姆斯一家主动去找银行，而是一家银行积极与格洛丽亚联系，愿意提供合法合规的购车贷款。这家银行的理由是詹姆斯必将进入NBA，还款毫无问题，这笔贷款很安全。银行考虑的并不是那几万美元的本息，他们知道詹姆斯将成为千万富翁，这些钱总需要存放的金融机构吧，詹姆斯总是会需要理财服务吧？以购车贷款提前与詹姆斯建立联系，为后面更大的合作铺路，银行高管的计划更长远。

一波刚平，一波又起。2003年1月的时候，詹姆斯在克利夫兰的一家服装店获赠两件复古球衣，店主霍森请他拍了一张照片悬挂在店内。此事被无孔不入的克利夫兰媒体获知，马上进行报道，俄亥俄州的高中体育联盟再次启动针对詹姆斯的调查，理由是那两件球衣价值845美元。俄亥俄州的规定是，业余球员利用自身影响力获得礼物价值不能超过100美元。

高中体育联盟在调查后对詹姆斯做出处罚，詹姆斯被禁止参加赛季剩余的比赛。这样重的处理令詹姆斯大吃一惊，赛季提前结束意味着他无法带队去登上全美之巅。禁赛生效的第一天，詹姆斯依旧随队，但他只能参加训练，无法上场打球，坐在替补席的詹姆斯大哭了一场。

在经历了情绪的巨大波动后，詹姆斯决定努力挽救他的高中告别赛季。詹姆斯聘请律师与高中体育联盟打官司，詹姆斯表示霍森是他的朋友，霍森还有另一个身份，当地公益组织“学习”的主要成员，该组织一直在为经济困难的孩子就学提供帮助。詹姆斯在高四赛季因为学业成绩达标，并且体育表现出色，当选了本校的优秀学生，那两件球衣是霍森给予詹姆斯的鼓励，詹姆斯事先并不知道球衣的价格，这件事情纯属误会。

詹姆斯一方拿出强有力的证据，推翻了高中体育联盟的判罚，法庭最终判定禁赛以两场为限，校队被判输一场，那是詹姆斯高四赛季唯一失利的比赛，之后詹姆斯可以重新代表球队出战。

禁赛解除后的第一场比赛，圣文森特圣玛丽高中遭遇西切斯特高中，这支球队的当家球星名叫特雷沃·阿里扎，也是全美排名靠前的高中篮球精英。阿里扎本人对詹姆斯并不服气，公开表示自己比詹姆斯更强。他的家人接受采访时更是火上浇油，当时詹姆斯的禁赛处罚尚未结束，阿里扎的母亲对记者说：“那个叫勒布朗的孩子被禁赛，太好了，我儿子终于可以向大家展示，他才是全美最强高中生，他一直比勒布朗更优秀。”

激怒詹姆斯的结果，很可能是自取其辱。在悍马事件后，詹姆斯就以砍下50分的方式发泄怒火。这次禁赛风波，再加上阿里扎一家的言论，更是将詹姆斯的愤怒推到顶点。当乔伊斯教练得知阿里扎一家针对詹姆斯的看法时，笑着对记者说：“你们等着瞧，西切斯特要倒霉了。”

比赛进程验证了乔伊斯的预测，詹姆斯首节就连砍18分，上半场结束入账31分，全场战罢劈落52分。78∶52，圣文森特圣玛丽高中大胜，西切斯特高中全队得分与詹姆斯一样多。一人打一队，这就是怒气冲天的詹姆斯。

“我们用了6名球员轮番防守他，但还是无能为力，”只得到12分的阿里扎说，“如果是一对一防守，他就直接把球打进；若是对他采用包夹，他又能找到处于空位的队友。”

这场**52分**之战如同宣告着：詹姆斯就是美国高中篮球的王者。许许多多的坎坷波折，并没有阻挠他的称霸之路。圣文森特圣玛丽高中在詹姆斯的带领下，实现了他许下的诺言，2002—2003赛季锁定全美第一，并且将**四年内的第三座州冠军奖杯**收入囊中。

当圣文森特圣玛丽高中在州决赛中击败奥尔特大主教高中，“五虎将”捧起梦想达成的奖杯，那是一个句点。五位少年将走上不同的人生之路，虽然他们依旧是朋友，但再也没有一起打过球。“五虎将”被写入美国高中篮球的历史，那是一段涂抹着青春色彩的篮球岁月，虽然已成过往，却也刻骨铭心。

离别也意味着开始，詹姆斯的高中生涯以最圆满的方式落幕，这个来自阿克伦的孩子，将踏上新的征途，前程似锦，却也荆棘密布。

詹姆斯

篮球列车的下一站

该是

NBA

23

PART2

少年英豪 风起云涌

CLEVELAND
23

1

TANK

摆烂，只为君临

16岁时，我知道自己有希望竞争历史最佳球员。但每次我被提及和那些伟大的名字做比较时，我都倍加谦逊，因为那些名字都是我小时候所仰望的。

俄亥俄州克利夫兰，这座位于伊利湖南岸的城市，曾是全美排名前五的大都市，但随着制造业的衰落，遭遇严重经济萧条的克利夫兰不断滑坡，成了等待复兴的“锈带城市”。

与城市共同由盛转衰的，还有他们的体育事业。克利夫兰的运动队曾取得辉煌的成就，布朗队曾在1964年赢得NFL（National Football League，美国职业橄榄球大联盟）全美总冠军，但那一刻的光辉转瞬即逝，在之后长达半个世纪的时间里，克利夫兰再也没有品尝过登上职业联赛冠军领奖台的滋味。

克利夫兰骑士队，1970年创建，在2003年之前的33年间有20年没进季后赛，从未在常规赛拿过60胜，从未进过总决赛，他们留在NBA历史中最著名的时刻是在1989年季后赛首轮第五场，成为迈克尔·乔丹滞空绝杀的“刀下亡魂”。

THE

克利夫兰和骑士队
等待着他们的
救世主。

SAVIOR

当詹姆斯的形象在2002年登上《体育画报》的封面，成为篮球的天选之子时，骑士队意识到，如果他们可以在一年后得到这位俄亥俄州的篮球少年，一切都将改变。

2002年的夏天，骑士队邀请还未满18周岁的詹姆斯进行一次秘密试训，结果这位距离高中毕业还有一年的大男孩，竟然完胜NBA球员。骑士队大喜过望，尽管这次试训被告发，骑士队被联盟罚了15万美元，但他们认为这钱花得太值了。

“我们近距离看到了勒布朗的天赋，也明白他会朝着哪个方向发展，并且预感到如果他能够与我们并肩作战会产生怎样的效果。”骑士队媒体副总裁泰德·卡珀说，“我们有‘球星到位’的说法，意思是伟大的球员已在眼前，就看你能不能得到了。”骑士队的目标非常明确，他们要拿到2003年的选秀状元签。球队管理层统计之前五个赛季的战绩榜，发现垫底的球队平均获胜场次是15场，而骑士队在2001—2002赛季赢了29场，这显然“超标”了，既然要摆烂赌选秀，就彻底一些。

于是，骑士队在2002—2003赛季开始前将队内前三得分手全部送走，他们只有一个目标，那就是尽可能输球，争取到拿状元签的最大概率。2002—2003赛季前81场比赛中，骑士队输了65场，这已经是很糟糕的战绩表现了，但当时想得到詹姆斯的可不止骑士队一家，比如西部的掘金队也在全力摆烂，当骑士队常规赛仅剩1场的时候，掘金队已经打完，成绩是17胜65负，骑士队是16胜65负，他们只有输掉这最后一战，才能确保垫底。

但是，骑士队这次没“发挥”好，他们赢了，导致与掘金队同为17胜65负。那场比赛结束后，骑士队的股东沃特森怒气冲冲地闯入教练办公室，冲着时任主帅斯玛特大吼：“你怎么赢了？你搞砸了，我们为这事花了几个月的时间，现在要被你毁了。”让一支职业球队如此“丧心病狂”地输球，詹姆斯的吸引力有多强，可见一斑。

23

有时候，竞技体育需要一些运气，NBA乐透抽签尤其如此。骑士队在2003年拥有22.5%的概率获得状元签，但这并不保险，因为掘金队也是如此，况且NBA历史中已经不止一次出现战绩最差球队无缘状元签的情况。尽管2003年候选新秀中卧虎藏龙，卡梅隆·安东尼、克里斯·波什、德维恩·韦德，都是即战力与潜力兼备的超新星，但詹姆斯是独一无二的。

NBA球探为詹姆斯做的选秀报告中，这样写道：

> “即便你的球队阵容中都是小前锋，也必须选詹姆斯，如果你不这样做，简直就是犯罪。”

2003年5月22日，骑士队历史里程碑式的一天。NBA选秀乐透抽签举行，骑士队老板甘德代表球队出席。运气这一次站在骑士队这边，他们抽到了状元签，坐在观众席的卡珀无比兴奋地冲上了台，拿出一件事先准备好的、印有詹姆斯名字的骑士队球衣。

这在NBA历史中是极为罕见的，即便所有人都知道骑士队会选詹姆斯，但在距离正式选秀还有一个月的时候，就这样直白地公布状元秀人选，是反常规的，现场以及电视机前的观众，包括骑士队的员工都感到惊讶，但卡珀顾不得那么多了。

“大家都惊讶地望着我，我这样做是不是过于激动了，是不是很不职业？”卡珀说，“我们努力了一年，目标只有一个，那就是抽到状元签，得到勒布朗，只要我们获得第一位选秀权，接下来的事情就一定会发生，我们对于这一点没有任何迟疑。”

此时此刻的詹姆斯，正在家乡阿克伦的一家酒店套房内，经纪人、家人和朋友齐聚一堂，陪着他观看乐透抽签，一起等待那个结果。当骑士队抽到状元签，所有人都兴奋地跑过来拥抱詹姆斯。“大家都扑过来，太激动了，我都没看到骑士队拿出印着我名字的球衣，我直到后来才知道。”詹姆斯说。

2003年，詹姆斯不仅是骑士队渴望的救星，也是NBA期待中的球市振兴者。2002—2003赛季总决赛马刺队击败篮网队夺冠，那个系列赛创下收视率新低，比五年前乔丹带领公牛队拿下第六冠减少了50%的观众。NBA需要超级新星来重新唤起球迷们的观赛热情，詹姆斯的到来正是时候。

但是，这个还未满19岁的大男孩，能够扛起这份重担吗？高中篮球与NBA有着巨大的差别，没有经过大学篮球洗礼的**詹姆斯**会不会是下一个**夸梅·布朗**？

NBA
6
7
8
9
10
11
12
13
14
15
CHICAGO BULLS
BUCKS
SONICS
SEATTLE SONICS

FT 2003
16
17
18
19
20
21
22
23
24
25
26
27
28
29

状元及第后的詹姆斯，首次参加骑士队的训练，就给出答案，用一种令人目瞪口呆的方式。

“那堂训练课，勒布朗让我们知道他为什么与众不同，”詹姆斯新秀赛季的队友JR·布雷默说，“我送出一个传球，本意是想与他完成空接配合，但那个球传得太糟糕了，是我这辈子传得最差的一个球，球直奔篮板上沿而去，我心想这一定是一次失误了，但勒布朗，你能想象吗，他从凯文·奥利的头顶飞过，在接近篮板最顶端的位置完成那次空接灌篮。我的天哪，他才18岁，真是一个篮球奇才。”

詹姆斯曾震撼高中篮坛的天赋，在NBA依旧闪闪发亮，然而，训练毕竟不同于比赛，篮球不是田径，当他踏上NBA的赛场，遇到远强于高中篮球的身体对抗与防守强度，又会怎样？

2003年10月29日，萨克拉门托阿科球馆，骑士队遭遇国王队，詹姆斯NBA生涯首场常规赛。比赛开始前，NBA官网打出宣传口号：“‘小皇帝’詹姆斯与国王的对决”，现场文体明星云集，来自世界各地的媒体齐聚，据统计有超过340名记者赶赴现场。*ESPN*当天计划连续直播两场比赛，第一场是尼克斯队在麦迪逊广场花园对垒魔术队，那场球打到加时赛，*ESPN*选择放弃了续播加时赛，直接将转播信号调到了萨克拉门托。

时任NBA总裁大卫·斯特恩来到现场，他看到了期待中的盛况，整个篮球世界已经开始为这位NBA历史最年轻的选秀状元疯狂。“有人对我说，这个孩子会成为联盟历史最优秀的球员，我说，‘那就先让我看看他会有怎样的表现吧’。这周是赛季揭幕周，我可能要到现场看五场比赛，说实话，这场是我最期待的，”斯特恩说，“新秀们的处子秀有很多，但勒布朗这场比赛的受关注度已经达到我能想象的极限了。”

舞台已经搭建好，这是属于詹姆斯的夜晚，但国王队并不愿意成为陪衬，他们上赛季打出59胜，比骑士队多赢了42场比赛，两队并不在同一等级，但因为詹姆斯的存在，骑士队才是媒体和球迷追捧的那支队伍，而整体实力更强的国王队反而被冷落，虽然这场比赛是在他们的主场。

国王队的球员，想给詹姆斯一个下马威，道格·克里斯蒂，2002—2003赛季最佳防守阵容成员，开场后不久就尝试背打詹姆斯，但结果让他很意外。

“我拿球之后用身体靠住勒布朗，想把他撞开，但他竟然纹丝不动！我当时的内心感受是‘我的上帝啊！’”克里斯蒂说。

国王队的大前锋托尼·马森博格近距离观察詹姆斯，他很快明白克里斯蒂的做法无异于自取其辱。“虽然勒布朗那时候刚进联盟，但他已经可以在身体素质上强于大多数人了，他就像身材大一号的乔丹，打法上还有‘魔术师’约翰逊的特点，但运动能力又强于‘魔术师’，他的综合天赋让所有人都大吃一惊。”马森博格说。

运动能力更好的“魔术师”？没错，骑士队在夏季联赛的时候就安排詹姆斯打控卫，这位万众瞩目的少年，在生涯首秀中，开赛仅89秒就送出首次助攻，他抢到篮板球后推动反击，在弧顶位置送出空接，里基·戴维斯完成灌篮。

2002—2003赛季

戴维斯

场均得到**20.6分**。

他是骑士队首席得分手，

职业生涯最著名事件是

为了拿三双投自家篮筐，

还有一句“名言”：

勒布朗

会是我的好帮手，

我们的天赋都很棒，

在一起打球很合适。

詹姆斯会传球，这一点从夏季联赛开始就获得公认，对手、媒体和球迷更关心的是另一个问题：他会跳投吗？詹姆斯在季前赛的时候投篮手感并不好，质疑声汹涌澎湃：这个小家伙是不是花架子？

比赛是最好的回答，詹姆斯在这场处子秀中的前三次得分都是来自跳投，用实际表现反驳了质疑声。“我得感谢那些认为我不会跳投的人。”詹姆斯赛后说。

詹姆斯在首节10投6中拿到12分，送出3次助攻，完成3次抢断。这节比赛结束前3分03秒，詹姆斯奉送经典一刻，国王队球星佩贾·斯托贾科维奇传球给弧顶位置的克里斯蒂，詹姆斯突然启动，赶在克里斯蒂之前将球向前一捅，然后加速，冲锋，拿球，在罚球线内一步的位置起跳，身体在空中展开，滑翔劈扣石破天惊。

篮筐附近布置了11个遥控摄像机，摄影师都在等待这一刻，詹姆斯如大鹏展翅在空中定格的一刹那，成为他NBA生涯的标志一刻。“完美的快打旋风，这就是勒布朗。”现场摄影师怀德纳说。

抢断得手，奔袭灌篮，詹姆斯一人快攻，但中学时代的他就已经懂得篮球不是一个人的事情。就在这记“旋风斩”后不到半分钟，詹姆斯再次抢断成功，一马当先冲到前场接应传球，四周没有防守者，他本可以轻松完成一次扣篮，再添一个会在*ESPN*体育中心反复播放的高光镜头。出人意料的是，詹姆斯选择传球，助攻跟进的戴维斯完成清脆的背扣。詹姆斯的这一传，让国王队的球员都感到惊讶。“你知道，大多数年轻球员是不会这样做的，他们更愿意扣篮，让自己的表现进入比赛集锦，但勒布朗在中路大开的情况下却将球传给队友，”国王队球星克里斯·韦伯说，“这太难得了，这一球让我认定，他会成为一名非常优秀的球队领袖。”

首节这12分钟，詹姆斯交出完美的答卷，他拥有历史级的身体天赋，他的技术远超外界的预期，更重要的是，这位还有62天才到19岁的年轻人，会时刻将带动队友输入自己的赛场计算机中，那是属于詹姆斯的“程序”，可以驱动整支球队。

他是新秀，也是领袖，只用了12分钟，詹姆斯就证明了“天选之子”实至名归。

当然，詹姆斯毕竟刚进联盟，才迈出第一步，国王队是一支实力雄厚、经验丰富的劲旅，还处于“小皇帝”阶段的詹姆斯，还未到可以凭借一己之力击退“老国王”的程度。国王队六名球员得分上双，以106：92取得胜利。

詹姆斯的成绩单是

出场43分钟，

20投12中、25分、

6个篮板、9次助攻、4次抢断。

以18岁303天的年纪

打破NBA历史

最年轻

单场25+5+5纪录。

NBA传奇名帅，曾带领凯尔特人队拿下八连冠的里德·奥尔巴赫看了这场比赛，这位曾挖掘无数球星，鉴别篮球人才眼光超绝的“红衣主教”，用一句话点评了刚刚完成处子秀的詹姆斯：

“这孩子名不虚传。”

23

2

ADVANCED

进阶，崛起之路

我厌恶失败，简直是痛恨至极，
我要为我们把握住赢球的机会，
我有能力做到。

职业生涯第一个25分在首场比赛就到来了，第一个两双还会远吗？

2003年10月30日，詹姆斯新秀年第二场比赛，他在对阵太阳队的比赛中拿到21分、12个篮板、8次助攻，但骑士队以9分之差落败，在詹姆斯的数据栏中，除准三双外，还有7次失误，这些数字说明他是一位优秀的新人，但他毕竟年轻。

“这孩子很特别，”太阳队主教练弗兰克·约翰逊说，“勒布朗是那种队友喜欢合作的球员，因为他能够让身边的每个人打得更好。21+12+8，不必为那7次失误担心，这只是他的第二场职业比赛，他就做出了那么多的贡献。”

只用两场比赛，詹姆斯就证明了“天选之子”绝非浪得虚名，但任何一位新秀都会遇到“欢迎来到NBA”的时刻，詹姆斯也不例外。赛季第三战，骑士队在波特兰以19分的差距被开拓者队“屠杀”，詹姆斯12投3中只得到8分。接下来回到克利夫兰，詹姆斯遇到他的老对手安东尼，这场被美国媒体炒作成“绝代双骄”一决高下的比赛有些令人失望，安东尼得到14分表现中规中矩，詹姆斯虽然有11个篮板和7次助攻，但他11投3中仅拿到7分。

更糟糕的是，骑士队又一次输掉比赛，高中时期四年内三次拿到州冠军的詹姆斯，在NBA还没赢过球。

失败还在继续，虽然詹姆斯实现了状态反弹，拿到23分，但最后时刻绝杀不中，骑士队以1分之差输给步行者队。詹姆斯的首场胜利还是未能到来。

奇才队，这支球队在詹姆斯的职业生涯中，并非名气最响亮的对手，但重要性也许不输后来的凯尔特人队、马刺队、小牛队（“达拉斯小牛队”于2018年正式更名为“达拉斯独行侠队”，本书沿用作者习惯，统一称小牛队）和勇士队。与奇才队的交锋帮助詹姆斯实现了战力升级，而这样的进阶，要从2003年11月8日说起。

那一天，在克利夫兰冈德球馆，詹姆斯拿到17分、8个篮板、9次助攻，里基·戴维斯贡献26分，骑士队以111：98告捷，在五连败后收获赛季首胜，詹姆斯终于在NBA品尝到赢球的滋味。

“感觉很好，我们团结一心，这是我们在每场比赛都需要做到的。”

——詹姆斯

篮球世界期待詹姆斯能赢下一连串荣誉，仿佛一列“篮球号“列车载着他经过一个个摆放着奖杯的站台，他在每个站台停下，留下他的名字后再赶往下一个站台。

2003年11月29日，詹姆斯在对阵灰熊队的比赛中拿到33分、16个篮板、7次助攻，18岁334天的他打破了科比保持的纪录，成为**NBA历史上单场得分30+最年轻的球员。**

但是，骑士队输掉了这场比赛，詹姆斯还在学习如何用漂亮的个人数据去换取胜利。“输掉了比赛，这些数据还有意义吗？”詹姆斯赛后得知自己创造了最年轻纪录时说。

让漂亮的数据变得更有意义，是詹姆斯在新秀赛季需要学习的重要一课，他很快就学会了。2004年3月27日，骑士队在主场遭遇篮网队，在詹姆斯进入NBA前的两个赛季，篮网队连续闯入总决赛。面对这支东部强队，詹姆斯喷射出强劲的进攻火力，狂砍41分和13次助攻，包揽骑士队在这场比赛中的最后10分，带队以107：104取胜。

“我厌恶失败，简直是痛恨至极，我要为我们把握住赢球的机会，我有能力做到。”以**19岁88天的年纪成为NBA历史上最年轻单场40分球员**的詹姆斯说。

新秀赛季的詹姆斯出战79场，40场比赛得分20+，13场得分30+，场均贡献20.9分、5.5个篮板、5.9次助攻，骑士队拿到35胜，比之前一年多赢了18场比赛。但是，他们排在东部第九，距离第八只差1胜，但就是这一场之遥，令骑士队与季后赛失之交臂。

一个疑问随之而来，詹姆斯会是最佳新秀吗？这个问题其实可以简化为：最佳新秀奖给詹姆斯还是安东尼？2002—2003赛季的新秀得分王不是詹姆斯，而是场均21分的“甜瓜”安东尼，“甜瓜”带领连续八年无缘季后赛的掘金队闯入西部前八，战绩从之前一个赛季的17胜提高到43胜。

最终结果是詹姆斯当选，安东尼排名第二。“甜瓜”对此十分不满，尽管他与詹姆斯在场外关系很好，但在场上却是竞争激烈的对手。早在2003年选秀的时候，安东尼就对于詹姆斯当选状元，而他只是探花很不服气，他在被采访时向詹姆斯宣战：“这次选秀只是出于商业考虑，我可以在任何时间、任何地点，以一对一的方式打败勒布朗。”

ANTHONY
15
JAMES
23

最佳新秀落选再次激怒安东尼，他抱怨道："我对于自己的名字总是排在他（詹姆斯）后面感到困惑。我同样付出了努力，我认为自己做得并不差。"

在那个时候，无论媒体还是球迷，大多数在最佳新秀之争中只关注詹姆斯与安东尼，对于选票排在第三位的那位年轻人并不是那么重视，但仅仅在两年之后，这位曾被"詹瓜"星光掩盖的后卫，成为2003年"白金一代"中最早获得总冠军的那一个，并且将在未来对詹姆斯的职业生涯产生深远的影响。

他，就是德维恩·韦德。

2004年的夏天，詹姆斯、安东尼与韦德共同入选美国男篮，出征雅典奥运会。在国家队主帅拉里·布朗的体系中，詹姆斯并未获得期待中的重用，他参赛8场，其中有4场出战时间未超过7分钟。美国队最终只获得第三名，这是美国男篮以职业球员组队出征奥运会以来首次未能拿到金牌。

带着奥运会的失意，詹姆斯开始了他的第二个NBA赛季，当他翻看阵容名单时，发现上赛季场均为骑士队拿到15.5分、11.4个篮板的布泽尔不见了，这位悍将去了爵士队。这是NBA历史上的一出闹剧，布泽尔的经纪人原本与骑士队谈妥，骑士队放弃布泽尔2004—2005赛季的球队选项，布泽尔成为自由球员后与骑士队续签六年4100万美元的合同。骑士队履行承诺，结果却发现布泽尔接受了爵士队开出的六年6800万美元的报价，暗箱操作此事的经纪人名叫佩林卡。

詹姆斯不会想到，16年后，他会与佩林卡共同在洛杉矶书写一段辉煌的篇章。当然，那是后话了。

JEFFERSON
USA
6
USA
USA
11

2004—2005赛季的骑士队主要轮换球员除詹姆斯外，还有扎诸纳斯·伊尔戈斯卡斯、德鲁·古登、杰夫·麦金尼斯、伊拉·纽贝尔、埃里克·斯诺等人，看看这些名字就可以知道，这支球队的天赋等级不够，能不能进季后赛就要看詹姆斯的表现了。

三连败，这就是骑士队在詹姆斯NBA生涯第二年的开局，尽管詹姆斯在这3场比赛中场均得到27分，但骑士队依旧连吞败仗。赛季第3场比赛骑士队对雄鹿队，詹姆斯扭伤了脚踝但依旧砍下31分、8个篮板、6次助攻，但骑士队一胜难求，因为雄鹿队的火力点更多，五名球员得分上双，詹姆斯孤掌难鸣。

“我很沮丧，但我知道，赛季才刚刚开始。”詹姆斯说。

接下来的10场比赛，骑士队赢得9场胜利，詹姆斯扛起球队前行，战胜太阳队轰下38分、10个篮板、6次助攻、3次抢断、3次盖帽；灭勇士队拿下33分、12个篮板；力拔上赛季总冠军活塞队，詹姆斯劈下43分。活塞队主教练是拉里·布朗，在2004年奥运会不愿给詹姆斯表现机会的国家队主帅。

“他在赛前并没有对我们说什么，但我认为他想让一些人看到他的实力，他做到了。”骑士队后卫麦金尼斯说。

骑士队被詹姆斯推上了战绩高速路，赛季前50场比赛，骑士队拿到30场胜利，詹姆斯被球迷选入全明星赛首发阵容，他在赛季前50战中场均拿到25分、7个篮板、7.7次助攻。人们已经习惯看到詹姆斯一次次交出填满数据栏的表现，却忽略了他才20岁。

“一个才20岁的孩子，已经是一位伟大的球员，这听起来有些怪异，但勒布朗就是如此，他的独特超越了所有的规则。”掘金队主教练乔治·卡尔惊叹道。

20岁的詹姆斯已是一位卓越的球星，但骑士队还不是一支真正优秀的球队。进入赛季下半程，骑士队战绩出现滑坡，对手发现自己难以阻挡詹姆斯，但可以封锁他的队友，篮球比赛毕竟是团队运动，詹姆斯虽强但他不能一个人对抗一支球队吧。

于是，就出现了这样一些比赛：詹姆斯得到38分，骑士队输给奇才队；詹姆斯得到37分、10个篮板、7次助攻、5次抢断，但骑士队被76人队打败；再战活塞队，詹姆斯得到37分、11个篮板、6次助攻，但骑士队未能取得胜利。

2005年3月21日，詹姆斯在对阵猛龙队的比赛中打满全场，36投18中，三分球12中6，罚球15中14，取走56分，还有10个篮板、5次助攻、2次抢断，创个人NBA生涯单场得分新高，破骑士队历史纪录，成为NBA最年轻的50分先生，但骑士队以98∶105败北。

为什么詹姆斯打得这么好还是输球？看一看替补得分就知道了，猛龙队板凳球员一共拿到34分，而骑士队只有1分。

“这可能是我篮球生涯打得最好的一场比赛，但比赛结果是输球，我的表现毫无意义。”

——詹姆斯

EAST
ALL-STAR
4
11
SPALDING

EAST
ALL-STAR
7
EAST
EAST
ALL-STAR
33
EAST
ALL-STAR
34
EAST
SPALDING
NBA

随着战绩的下跌，骑士队进入季后赛的前景愈发昏暗。2004—2005赛季常规赛最后一个比赛日，骑士队与篮网队同为41胜40负，但在两队交锋战绩方面，篮网队以3胜1负领先。骑士队进入季后赛只有一条路径，那就是篮网队输掉最后一场常规赛，骑士队赢下常规赛收官战。

詹姆斯再一次打满48分钟，交出27分、14个篮板、14次助攻的三双数据，带领骑士队击败猛龙队，但就在同一天，篮网队赢下与凯尔特人队的比赛，宣告骑士队无缘季后赛。

2004—2005赛季，20岁的詹姆斯场均得到27.2分、7.4个篮板、7.2次助攻、2.2次抢断，入选全明星赛首发、最佳阵容二阵。进入NBA才两年的詹姆斯，已经是这个联盟顶级的十名球员之一，但季后赛何时能够到来?

当2005—2006赛季到来时，骑士队的主教练换人了。迈克·布朗成为骑士队新帅，35岁的布朗是当时NBA第二年轻的主帅。布朗也是俄亥俄州人，大学毕业后在掘金队担任录像剪辑师和球探，之后进入奇才队任助教。2000年是布朗篮球生涯的转折点，他加盟马刺队教练组，成为波波维奇的助手。

布朗在马刺队效力的三年中，协助波波维奇打造了球队的防守体系，马刺队的防守理念与团队协作精神注入布朗的执教哲学中：在球星身边搭配与之相匹配的队友，用集体力量烘托球星，用球星带动集体。

按照布朗的篮球理念，骑士队在2005年夏天进行引援，签下2004—2005赛季抢断王、最佳防守一阵成员拉里·休斯，得到达蒙·琼斯与唐耶尔·马绍尔，琼斯在2004—2005赛季有43%的三分球命中率，马绍尔在2004—2005赛季的三分球命中率是41.6%，在2005年3月13日对阵76人队的比赛中轰进12记三分球。

休斯，骑士队设想中的詹姆斯第一辅助队友。琼斯和马绍尔，能为詹姆斯带来突破需要的空间。骑士队内线配有伊尔戈斯卡斯、古登与瓦莱乔，虽然不算顶配，但也勉强够用。至少从阵容来看，骑士队比上个赛季强了一些。

帮手到位，詹姆斯开始表演，2005—2006赛季前20场比赛，詹姆斯场均拿下6个篮板、5次助攻，都低于他上个赛季的水平，但场均得分达到30.7分。詹姆斯的最初设想是休斯分担组织工作，骑士队还拥有更好的射手资源，他可以放手开抡，不必事事分心，但现实情况与詹姆斯的期待并不一致，他的得分确实提升了，但骑士队20场比赛输了9场，胜率与上个赛季相比差别并不大。

休斯并没有成为詹姆斯身边的皮蓬，在赛季前20场比赛中，休斯场均得到16.8分、3.8次助攻，带动队友的能力被高估了，投篮命中率只有39%，效率也是偏低。

2005年12月11日，詹姆斯在对雄鹿队的比赛中轰下52分，但骑士队却以106：111输掉比赛。“我以后不想拿50分了，因为我两次50+都输球了。”詹姆斯赛后说，“这样的比赛我不能说自己表现好，因为我们输球了，胜负才是我真正关心的事情。”

这场比赛决定胜负归属的关键是得分点多少，雄鹿队五名球员得分上双，而骑士队只有两人，休斯8投2中只得到9分。美联社对于这场比赛的评语是：“雄鹿队防不住詹姆斯，但防住了他的队友。”

骑士队需要詹姆斯去得分，也需要他去传球。对大多数球员来说这有些强人所难，但詹姆斯愿意接受挑战。

赛季第21场比赛，詹姆斯得到26分、9次助攻，骑士队击败掘金队止住三连败颓势。两天之后，骑士队在克利夫兰遭遇热火队，这场比赛与詹姆斯同为2003年一代精英代表的韦德轰下33分与7次助攻，但赢球的是骑士队，因为詹姆斯有41分和10次助攻的输出，并在第四节连拿13分结束比赛。

这场比赛之前，帕特·莱利刚刚取代斯坦·范甘迪重新成为热火队主帅，这是莱利首次以主教练身份在比赛中率队面对詹姆斯。“当一位球员有这样的表现时，你还能做什么呢？这种时候，你无能为力。”莱利说。

也许就是从这一刻开始，莱利心中有了一个想法：如果韦德与詹姆斯成为队友，会怎么样呢？

得分、组织全包揽，詹姆斯在2005年12月场均拿下32.4分、6.4个篮板、6.8次助攻，进入1月后场均拿下32.8分、8.1个篮板、7.5次助攻，拿51分、8次助攻力擒爵士队，用44分、11个篮板、7次助攻击落太阳队。2月，詹姆斯得到35分、11个篮板、8次助攻斩杀森林狼队，43分、12个篮板、11次助攻大号三双灭掉凯尔特人队，还顺手在全明星赛打出东部队最高的29分，带队取胜并当选全明星赛MVP。

进入2006年，骑士队收到了一个非常不好的消息，休斯因为指伤休战，这一歇就是三个月。詹姆斯别无选择，唯有继续肩扛球队披荆斩棘，他3月场均得到32.9分、8.4个篮板、6.6次助攻，4月场均得到32.9分、5.9个篮板、6.1次助攻。骑士队在詹姆斯的带动下，在3月和4月打出18胜7负的战绩，常规赛获胜场次锁定在50场，这是骑士队自1993年后首次收获50胜。

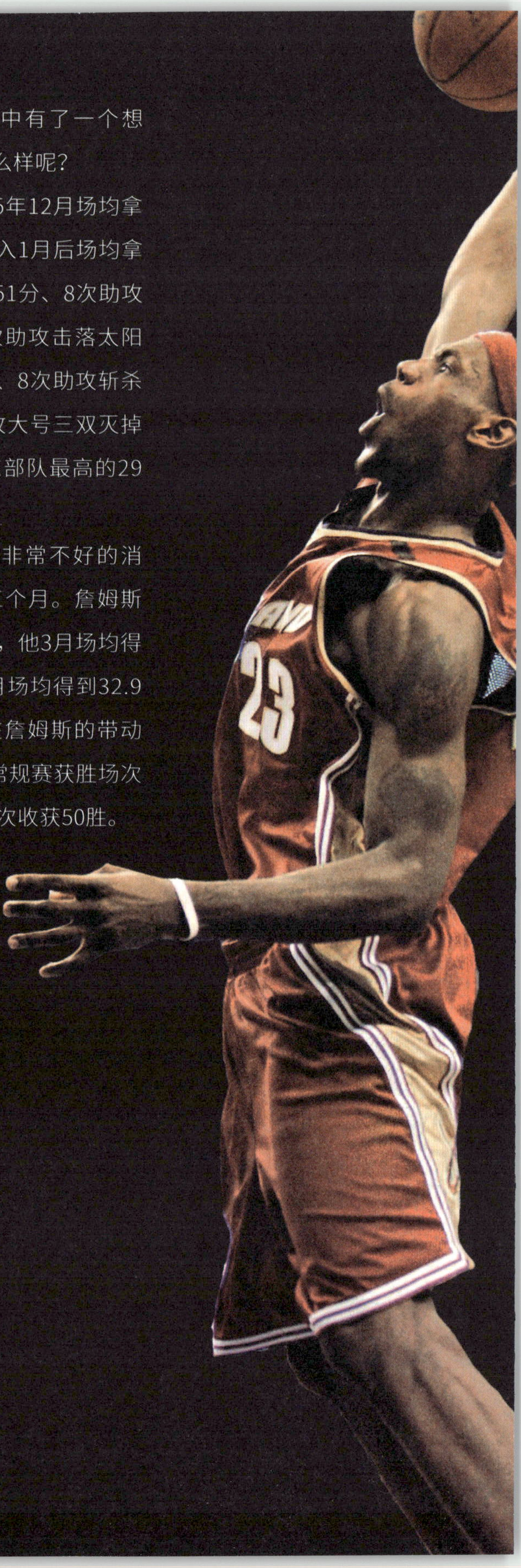

2005—2006赛季，
詹姆斯NBA生涯第三年，
他交出的成绩单：

场均31.4分、

7个篮板、6.6次助攻，

进入赛季最佳阵容一阵，

MVP票选第二。

更重要的是，詹姆斯等待了三年的NBA生涯首次季后赛之旅，终于到来了。

骑士队在首轮的对手是奇才队，这支球队拥有“三位火枪手”阿里纳斯、安托万·贾米森与卡隆·巴特勒，场均得分排名联盟第三。这样的对垒，既考验骑士队的防守，更检测詹姆斯的带队能力。

2006年4月22日，詹姆斯季后赛首秀，21岁113天的他，打满全场，砍下32分、11个篮板、11次助攻，成为1980年之后首位在生涯首场季后赛中打出三双的球员，上一位正是詹姆斯的模板——“魔术师”约翰逊。

“我们不感到惊讶，”骑士队中锋伊尔戈斯卡斯说，“他就是这样一位与众不同的球员，是极为罕见的天才，我们知道他可以随时随地打出这样的表现。”

在詹姆斯的策动下，骑士队五名球员得分上双，布朗教练的防守体系也发挥了重要作用，奇才队“三个火枪手”总计得到48分，而他们在常规赛的场均合计得分是67.4分。骑士队以97：86拿到1998年后首场季后赛胜利。

系列赛第二场，奇才队实现状态反弹，阿里纳斯拿到30分，贾米森与巴特勒分别贡献21分，奇才队以89：84扳回一局。两队重新站回同一起跑线，第三场的胜负归属将决定系列赛主动权的走向。

这场在奇才队主场进行的战斗非常激烈，詹姆斯在终场前30.7秒上篮打进，令骑士队获得2分领先，此时詹姆斯已经入账39分，但阿里纳斯以一次2+1给出了回应，奇才队实现反超。接下来，詹姆斯职业生涯最具争议性的镜头之一出现了。

詹姆斯面对奇才队后卫安东尼奥·丹尼尔斯的防守强行突破，丹尼尔斯脚步跟得非常紧，詹姆斯未能甩开对方，靠力量优势顶着丹尼尔斯抵达了禁区。詹姆斯停球虚晃骗丹尼尔斯起跳，接下来一个垫步冲到篮下，与补防的奇才队中锋迈克尔·鲁芬在空中对抗，凭借着惊人的滞空能力将球投出完成绝杀，骑士队以97：96险胜，詹姆斯全场比赛拿下创队史季后赛纪录的41分。

奇才队球员以及现场的华盛顿球迷愤怒了，他们认为詹姆斯的这一球有走步的嫌疑，但裁判并没有吹哨。从这场比赛开始，对于詹姆斯在比赛中是否存在走步屡屡出现争论，直到10年后，分管NBA录像回放与裁判培训的高级副总裁乔·博尔吉亚才对詹姆斯的走步问题给出比较全面的回应。

“也许勒布朗有些动作涉嫌走步，但他的速度太快了，裁判一方面要仔细观察防守球员的动作，同时还要盯住勒布朗的步伐，这有些强人所难了。”博尔吉亚说，“另外，勒布朗遭遇的犯规也比其他人多，但很多犯规并没有吹哨，原因是他的身体更加健壮，裁判有时候会对发生在他身上的犯规不予追究，既然那些犯规都没有吹哨，一些可吹可不吹的疑似走步也就算了。”

第四场比赛，奇才队再次自我救赎，他们以106：96再追一局，尽管詹姆斯劈下38分。系列赛来到“天王山之战”（决定比赛走向的关键场次），这场激战成为詹姆斯与阿里纳斯的较量，比赛战至加时，阿里纳斯轰下44分，他在加时赛结束前3.6秒两罚全中，奇才队领先1分。

打进，赢；打不进，输。骑士队需要一球定胜负。詹姆斯接到队友发出的边线球，沿着底线切入，突破奇才队三名球员的围追堵截直扑禁区将球放入篮筐，完成第二次季后赛绝杀，全场比赛詹姆斯得到45分，骑士队121：120战胜奇才队。第六场比赛将在华盛顿进行，骑士队有终结这个系列赛的机会。

NBA
32

MARSHALL
24

“去客场，结束战斗，就是这样。”
——詹姆斯

处于出局边缘的奇才队爆发出能量，第六战阿里纳斯交出36分、11次助攻的成绩单，将比赛再度带入缠斗模式。又一次加时鏖战，阿里纳斯在比赛还剩15秒的时候获得两次罚球机会，此时奇才队领先1分。詹姆斯走向站在罚球线的阿里纳斯，轻声地说：“如果你罚不进，你们就要回家了。”

这是一次心理战，阿里纳斯未能承受住压力，两次罚球都丢了，骑士队拥有一次淘汰奇才队的机会。谁来完成这一投，詹姆斯吗？

奇才队就是这样想的，当詹姆斯拿球，奇才队迅速地上前夹击，詹姆斯立即将球转移给左侧三分线外的休斯，休斯手不停球分给埋伏在底角的达蒙·琼斯，琼斯手起球落一剑封喉，骑士队114∶113晋级第二轮。

“这可能是我长久以来最开心的时刻，”在系列赛中场均拿下35.7分、7.5个篮板、5.7次助攻的詹姆斯说，“我再也不用听一些人说‘欢迎来到季后赛了’。”

东部半决赛，骑士队的对手是活塞队。这支来自底特律的篮球军团，有着“汽车城”独特的气质，团结、坚韧、勇猛，但又不失机智。活塞队曾是连续三年在季后赛阻挡乔丹的高山，从“坏孩子”时代到“五虎”时期，活塞队是篮球世界最强横的存在，他们在2004年与2005年连续闯入总决赛，2003—2004赛季NBA总决赛击败了汇集科比·布莱恩特、沙奎尔·奥尼尔、卡尔·马龙与加里·佩顿的湖人队。2005—2006赛季常规赛，活塞队拿下全联盟最佳的64胜，这意味着骑士队在第二轮没有主场优势。

主场的重要性很快显现出来，活塞队连下两城，其中第一场以113：86取得大胜。第三场回到克利夫兰，骑士队已无退路，詹姆斯打出21分、10个篮板、10次助攻的表现，季后赛第二次交出三双成绩单，带队扳回一局。第四场变成一次“绞肉机”式的比赛，两队力拼防守，詹姆斯再一次打满全场，得到22分、8个篮板、9次助攻，布朗教练打磨了一个赛季的防守在这场比赛中展示出来，骑士队在第四节只让活塞队18投4中拿到13分，骑士队以74：72再胜一局，追平总比分。

又到了“天王山之战”，活塞队的拉希德·华莱士赛前自信满满地告诉记者：“之前是我们大意了，这次我们不会再给骑士队机会了。”

第五场战罢时，拉希德的脸色有些不好看，86：84，胜利者是骑士队。詹姆斯得到32分，第四节结束前27.8秒助攻古登上篮打进关键一击。“这是篮球比赛，不是动画片，他们不是大灰狼，我们也不是三只小猪。”詹姆斯说。

连输三场的活塞队来到了出局的边缘，但如果他们会这样轻易缴械投降，那就不是坚若磐石的底特律篮球了。第六战依旧是一场激烈的拼斗，比卢普斯终场前10秒两罚一中，活塞队领先3分。本·华莱士对詹姆斯犯规，詹姆斯第一罚命中，第二罚故意投丢，想要抢前场篮板补进，可惜未能成功，活塞队以84：82挽救战局，詹姆斯得到32分、11个篮板、5次助攻徒劳一场。

2006年5月21日，詹姆斯NBA生涯第一次季后赛抢七。詹姆斯上半场只休息了17秒，两节比赛15投10中拿到21分。然而，下半场局势突变，活塞队展示了他们为什么可以连续两年进入总决赛，他们用精密的防守给詹姆斯施压。整个下半场，詹姆斯9投只有1中，活塞队凭借着强硬并且精确的防守，以79：61击溃骑士队闯入东部决赛，詹姆斯的首次季后赛之旅就此止步。

“这就是为什么他们是东部强队，为什么他们总是能够赢球，”詹姆斯赛后说，**“在这个系列赛中，我见识到了在篮球场上所能遇到的所有防守方式。”**

说到这，詹姆斯低头想了想，然后抬起头，笑了笑说道：

“但是，我已经明白

季后赛

是怎么回事了，

等到明年，

我会把球队带入

总决赛。”

FINALS

CAVALIERS
DETROIT
84
DETROIT
36

3

BREAK THROUGH

突围，一战封神

我要把球在正确的时间，交到正确的人手中，我从中学开始就这样打球了。

2006年夏天，詹姆斯代表美国队出征男篮世锦赛，但又一次在半决赛折戟。无论在NBA还是国际赛场，詹姆斯都展示了他的天赋，但他的球队总是掉链子。

詹姆斯能带队更进一步吗？这是很多人的疑问。

也是在那个夏天，骑士队来了一位新球员，得克萨斯大学的后卫丹尼尔·吉布森，一位身高1.88米的双能卫，队友称他为“小不点”。

“小不点”在比赛中也不起眼，对手经常放空他去包夹詹姆斯。赛后，詹姆斯找到吉布森，很诚恳地说：“小不点，他们不防你，这是对你的蔑视，你要让他们付出代价，准备好接我的传球，我需要你的支持。”

詹姆斯当时也没有想到，他的这段话，会在接下来的这个赛季抵达骑士队历史的一座里程碑。

詹姆斯对于常规赛已是轻车熟路，骑士队在2006—2007赛季拿到50胜，排名东部第二，东部第一是詹姆斯的老对手活塞队，这意味着，如果一切顺利，骑士队将再次与活塞队会师东部决赛。

连续两年，骑士队与奇才队在首轮对决，但此时的奇才队遭遇伤病重击，常规赛首席得分手吉尔伯特·阿里纳斯、二号得分手卡隆·巴特勒都因伤缺席季后赛，詹姆斯场均得到27.8分、8.5个篮板、7.5次助攻，带领骑士队横扫了奇才队。

就在骑士队晋级的时候，他们的内部出现了问题，起因是球队老板吉尔伯特接受采访时说的一段话：“最低限度也要进东部决赛，否则这个赛季就是失败的。”

记者将球队老板的话转述给詹姆斯，詹姆斯是否也像吉尔伯特那样有着强烈的紧迫感？“不，他有自己的观点，而我为我的队友打球，我不管别人怎么想。”詹姆斯答道。

吉尔伯特与詹姆斯的这次分歧，如同一粒种子埋了下来，三年后将给双方带来巨大的震荡。

骑士队在东部半决赛遭遇篮网队，他们的防守起到关键作用，篮网队在系列赛中场均只得到84.2分，骑士队用了6场比赛淘汰篮网队，自1992年后首次闯入东部决赛，与他们争夺总决赛席位的果然是活塞队。

与上个赛季东部半决赛进程相似，活塞队先声夺人，系列赛开局2∶0领先，骑士队回到克利夫兰连赢两场，时隔一年再度迎来“天王山之战”。

这场比赛在活塞队主场进行，外界对于骑士队获胜的前景普遍感到悲观，因为詹姆斯在系列赛首战和第二场做客底特律总计34投12中，拿到29分，而他回到主场两场球40投20中获得57分。底特律恐怖的主场气氛，似乎限制住了詹姆斯的篮球手感。

不过，在活塞队内，还是有人感到不安，那就是他们的全明星后卫汉密尔顿。“我们当时是NBA防守最好的球队，但勒布朗让我们感受到了压力。”汉密尔顿说，“这种压力在他新秀赛季的时候就产生了，记得第一次和他交手后，我对泰夏安（活塞队前锋泰夏安·普林斯）说，当勒布朗成长起来，我们会有大麻烦。”

2007年5月31日，底特律奥本山宫殿球馆。在这场比赛之前，詹姆斯的篮球风格是坚守按照正确方式打球的原则，努力创造出最好的投篮机会，如果这个机会属于自己就出手，若是属于队友就要传球，单打独斗不是他的首选，带动全队才是他的理念。

“我要把球在正确的时间，交到正确的人手中，我从中学开始就这样打球了。”

——詹姆斯

这一战的前三节，詹姆斯还是按照他习惯的模式处理进攻，三节比赛战罢，詹姆斯拿到了19分、7次助攻。当詹姆斯中路突破，活塞队就以两到三人站位形成人墙；当詹姆斯与队友配合挡拆，活塞队就对他进行夹击。活塞队希望詹姆斯能够把球传出去，而不是自己终结，他们相信只要詹姆斯没有在得分上大爆发，骑士队就拿不到胜利。

活塞队的计划，詹姆斯很清楚，前三节是他的试探时间，詹姆斯在试探活塞队的防守强度，调整自己的节奏，等待发动进攻的那一刻到来。

第四节结束前6分05秒，那一刻来了。詹姆斯利用瓦莱乔的掩护，在弧顶三分线内一步的位置获得投篮空间，干拔而起中投入筐。这一球仿佛是一个按钮，詹姆斯按了下去，他开始“变身”。

詹姆斯放弃了他一直坚守的篮球模式，变身冷酷的刺客，一次次拔出利刃，击穿对手的防线，而这种击穿并非鲁莽的强攻硬打，而是在了解对手的防守意图后给出的回击，当活塞队给出空间，詹姆斯会持球直奔篮下。如果活塞队选择收缩防线保护禁区，詹姆斯就在外线开火。

第四节还剩2分17秒的时候，骑士队落后4分，汉密尔顿跳投不进，古登保护篮板，詹姆斯连续拍手示意古登把球交过来，接球后运球至前场，活塞队球员的防守站位向篮下回收，詹姆斯毫不犹豫直接扔出三分球，球入篮筐。从詹姆斯拿球开始，骑士队其他球员再也没有碰过球，他要一个人解决战斗。

这记三分球是直取咽喉的“飞刀”，接下来是劈头盖脸的“铁锤”。詹姆斯与身高2.01米、体重117千克的活塞队前锋马克希尔对位，胯下运球极速变向，如同一辆重型坦克撞向禁区，正在篮下防守的普林斯，如同躲避即将发生的交通事故，缩着头跑开了，詹姆斯腾空劈扣，骑士队反超1分。

但是，比赛并未结束，比卢普斯三分球命中，活塞队再次取得2分优势。压力又来到詹姆斯这一边，活塞队知道这一球会由谁来投，他们派出普林斯去防守。普林斯是联盟顶级的防守悍将，凭借着对科比与雷吉·米勒等传奇级别得分手的成功防守享誉NBA。

然而，在这个晚上，普林斯拿詹姆斯没有任何办法。詹姆斯运球，拉开两步的冲刺距离，然后加速、突破、起飞、灌篮，普林斯被一步过掉，看着詹姆斯将球砸入篮筐。91∶91，进入第一个加时赛。

活塞队意识到，詹姆斯是想自己操刀主宰这场比赛，他们进一步强化对詹姆斯的围追堵截。第一个加时赛结束前33秒，詹姆斯在弧顶与瓦莱乔配合挡拆，比卢普斯与马克希尔根本不管瓦莱乔，共同追击向右侧移动的詹姆斯，原本在底角负责看管马绍尔的拉希德·华莱士也参与进来，与队友合作形成三人包围圈，但他们这样防的结果是集体目送詹姆斯急停中投打进，骑士队领先4分。

詹姆斯已经杀疯了，但活塞队也在证明他们为什么能够连续五年闯入东部决赛，拉希德·华莱士与比卢普斯先后两罚全中，活塞队追平比分，比赛进入第二个加时赛。

“绞肉机”式的拼杀，两个加时赛，这是对体能的极致考验，活塞队不相信詹姆斯还能延续火热的手感，难道他真的不累？很快，詹姆斯就以一记迎着普林斯的遮眼防守中投命中给出回答——这场球，不胜利不收兵。

活塞队不得不换将去防，这次是比卢普斯承担重任。詹姆斯弧顶单挑，背后运球摆脱，比卢普斯跟得很紧，但詹姆斯急停拔地而起，又一记中距离投篮稳稳命中。活塞队再次启动夹击，比卢普斯与韦伯形成合围，但詹姆斯还是一步甩开，又是一记急停干拔，活塞队主场瞬间安静下来。

第二个加时赛最后2.2秒，两队107∶107打平，詹姆斯刺出本场最后一剑，也是必杀一击，他在中线过一步的位置拿球，比卢普斯主防，其他四名活塞队球员在三分线内散开，虽然他们都有各自需要负责盯防的骑士队球员，但他们的注意力全集中在詹姆斯身上。

从中线到篮筐，形成了一条“跑道”，詹姆斯俯下身去观察一下防守球员，没有任何多余的预备动作，左手运球启动，两步就将比卢普斯甩在身后，活塞队协防的球员马上收缩防线准备“围剿”，但詹姆斯在包夹到位之前，就从中路冲了过去，空中闪躲换到右手，上篮打进。109∶107，詹姆斯结束比赛。

在这场双加时赛的恶战中，詹姆斯出场50分钟，砍下创季后赛生涯纪录的48分，他进入“神挡杀神”状态，第四节结束前7分48秒，伊尔戈斯卡斯上篮命中，这是除詹姆斯之外的其他骑士队球员在这场比赛中的最后一个运动战进球。第四节最后7分48秒和两个加时赛，总计17分48秒时间内，骑士队得到30分，其中29分来自詹姆斯，另外1分来自古登的罚球。比赛最后12分49秒，骑士队获得25分，这25分全部由詹姆斯包办。

“我们知道勒布朗能砍下高分，但起初并不觉得他靠一己之力可以打败我们，科比和奥尼尔都做不到，我们觉得勒布朗也不行。”汉密尔顿说，“但是，他竟然连续拿了25分，这难以置信。勒布朗的表现让我想起1991年的乔丹，当时乔丹翻过底特律这座篮球高山，现在勒布朗也做到了。”

FG/FGA
FT/FTA
OFF REBS
DEF REBS
ASSISTS
36 / 81
28 / 39
27
13
34 / 79
35 / 43
34
18
107
QTR
OT
03.3
JAMES
23
BILLUPS
1
PRINCE
22
26
2007

这是詹姆斯NBA生涯第一次跳出了他为自己设定的篮球框架，抛开所有的束缚，眼中只有篮筐，用精彩的个人进攻，轰碎了活塞队固若金汤的防守。

比赛结束后，美联社的记者这样写道："詹姆斯向我们做了一个鬼脸，然后坐到新闻发布会的椅子上，这是他整个晚上第一次看起来像个普通人，之前的他仿佛是超人。"

不过，一年前，骑士队也是打赢了第五场，但接下来两连败出局，这一次会不会重演？"这场比赛我们尝试包夹他，让他把球传出去，但他还是一次次攻击得手，"活塞队主教练桑德斯说，"等到下一场比赛，我们需要做一些不一样的事情。"

还记得2006年第二轮抢七战吗？那场比赛活塞队疯狂地围堵詹姆斯，送给骑士队一场惨败。时隔一年，活塞队再次拿出"围剿式"防守，试图通过困住詹姆斯来赢得挽救系列赛的机会。

活塞队的目的实现了一半，之前一场耗费太多能量的詹姆斯，面对活塞队撕咬式的防守，进攻效率下降，只得到20分，但与一年前不同，这一次詹姆斯身边的队友站了出来。

"小不点"吉布森，兑现了他在赛季初期给予詹姆斯的承诺——当你把球传给我，我会把球投进去！

吉布森替补出场29分钟砍下31分，三分球5投5中，第四节独取19分，三分球4中4，以弹无虚发的神勇表现摧毁了活塞队的希望。"如果这是一场梦，请不要叫醒我。"吉布森说，"这太完美了，我们为克利夫兰赢得了胜利。"

98∶82，骑士队赢了，总比分4∶2淘汰了活塞队，这支在詹姆斯到来前只赢了17场的球队，建队以来首次闯入总决赛。

JAMES
23
BEAT DETROIT!
EASTER
FINAL
NBA

“这就像一场梦，”詹姆斯笑着说，“这可能是我人生中感觉最美好的一刻。”

骑士队在总决赛的对手是马刺队，这支球队在1999年至2005年期间拿到三个总冠军，在波波维奇的指挥下，在邓肯、帕克与吉诺比利的率领下，马刺队是NBA团队属性最强、季后赛战力最突出的球队。

这支马刺队有一个特点，他们极为擅长捕捉对手的薄弱环节。骑士队有詹姆斯，但他们只有詹姆斯，吉布森这样的奇兵偶尔一场爆发可以，但不可能场场30+。马刺队只要能防住詹姆斯，就可以粉碎骑士队。

问题是：马刺队怎么防詹姆斯呢？活塞队已经失败了，波波维奇有什么办法？

漏斗防守，这是马刺队为詹姆斯量身定做的防守战术，其本质是针对詹姆斯远投相对不稳定的软肋，采取放投不放突。马刺队防守悍将布鲁斯·鲍文在罚球线至三分线的区域一对一防詹姆斯，队友们在中路阻击。为限制詹姆斯的突破，鲍文有意在对位时留出一段空间，美国媒体笑称鲍文与詹姆斯之间能塞进去一艘航空母舰。

当詹姆斯尝试运球突破，鲍文会与队友配合，逼迫詹姆斯向边线走，马刺队会在边线区域设置陷阱，当詹姆斯到达，立即围堵，詹姆斯陷入其中既投不了篮，也难以传球。如果詹姆斯利用身体天赋突破了马刺队的逼抢和包围，走中路袭击禁区，马刺队就会立即补位。总而言之，就是始终保持有人站在詹姆斯与篮筐之间。

“他们在挡拆后放我投篮，邓肯和鲍文死守禁区，用漏斗形的防线来干扰我的突破。”詹姆斯说，“如果我冲破了一个人的防守，他们就会有另一个人补过来。”

马刺队的防守暴露了詹姆斯在投篮技术上的缺陷，他在2006—2007赛季总决赛总计出手90次，其中47次是在三秒区之外，47投只有8中。四场比赛打下来，詹姆斯场均拿下22分、7个篮板、6.8次助攻，投篮命中率35.6%，三分球命中率20%，场均失误5.8次。

“勒布朗打得很挣扎，”骑士队主帅布朗说，“马刺队封锁了禁区，我们围绕他打挡拆，当他往内线冲的时候，他无法完成进攻，因为马刺队不断给他施加防守压力，不是一个人，而是两三个一起防。”

马刺队敢于多人封锁詹姆斯，因为骑士队无人能挺身而出提供帮助。在这个系列赛中，除詹姆斯外，场均得分最多的骑士队球员是古登，场均只能得到12.8分，詹姆斯孤立无援。

系列赛第二场就是一次典型的“群殴”，詹姆斯得到25分，面对马刺队层层封锁21投9中，而骑士队没有其他球员得分超过15分。马刺队那边多点开花，帕克得到30分，吉诺比利得到25分，邓肯得到23分。詹姆斯孤掌难鸣，他在比赛中焦躁地用手反复揉搓前额，脸上写满了沮丧。

马刺队主场的球迷火上浇油，他们高喊着“Bring Out LeBroom”（横扫詹姆斯），“Broom”是扫帚的意思，代表着横扫，“LeBron”是詹姆斯的名字，“LeBroom”是马刺队球迷对詹姆斯的嘲讽。

这场比赛，马刺队一度领先29分，即便他们在第四节有一些松懈，但还是轻取胜利，帕克在赛后笑称：“这就是为什么我有时候不喜欢领先二十多分，这样容易松懈。”

马刺队抓住了骑士队的“死穴”，他们只要降低詹姆斯的效率，就可以打败骑士队。“勒布朗就是蛇头，”马刺队前锋霍里说，“我们需要做的就是斩断蛇头。”

0：4，詹姆斯首次总决赛之行以被横扫告终，但他才22岁，这样年轻就已经为积弱多年的骑士队带来了东部冠军，他的能力已经得到证明，而他的技术缺陷并非不能改良，只是需要一些时间。

就在2006—2007赛季总决赛第四场结束后，邓肯找到詹姆斯，这位已经四次加冕的巨星，对詹姆斯说了这样一句话：“未来是属于你的。”

LEBRON

未来是属于你的。

JAMES

CLEVELAND
23

PART3

成败得失 命运转弯

23
ALLEN
20

1

FIGHT

星战，单挑三英

如果你不相信你能赢得冠军的话，那就没有必要在NBA打球了！

2007年的夏天，东、西部球队都发生了大事。西部的湖人队面临着失去科比的危险，科比厌倦了不断砍下高分却只能带队在季后赛“一轮游”，他给球队管理层下达最后通牒，如果没有强援加盟，他就要离开。

在同一时间，森林狼队的当家球星加内特也处于离队的边缘，他与球队达成共识，双方的合作已经难有光明的未来，是时候“分手”了。

但是，加内特要去哪里呢？

他给科比打了电话，但不知道什么原因，科比没有接。加内特放弃了去湖人队的念头，开始考虑另一支球队——凯尔特人队。

凯尔特人队的总经理安吉与森林狼队副总裁麦克海尔曾是队友，两人商讨交易加内特的事宜，但加内特反对，因为凯尔特人队在2006—2007赛季只赢了24场比赛，在东部垫底，加内特觉得去“绿衫军”也没有夺冠的希望。

安吉意识到想要得到加内特，必须创造出夺冠的希望，他与超音速队（2008年，西雅图超音速队迁至俄克拉荷马城并更名为俄克拉荷马城雷霆队）达成球员交换，引进三分球大师雷·阿伦。当“绿衫军”拥有皮尔斯与雷·阿伦两位全明星后，加内特同意加入。

于是，波士顿“三巨头”就此组建，刚刚翻过底特律那座篮球“大山”的詹姆斯，面对着更为严峻的挑战。

2007—2008赛季开始后才打了3场比赛，詹姆斯就收到另一个不好的消息，休斯又受伤了。在之前两个赛季，休斯因为伤病等原因总计缺席了58场比赛，他的问题还不仅仅是出勤率，上场期间的效率更令人失望，命中率只有39.6%。

休斯的情况是骑士队在球员市场尴尬状况的侧影，克利夫兰对大牌球星缺乏吸引力，詹姆斯曾主动打电话给一位熟悉的球星，希望可以联手，那位球星的回答是："并肩作战当然好，但别在克利夫兰。"

顶尖的球星得不到，休斯这种处于实力榜中层的球员来了却不是低效就是受伤。骑士队失去耐心，他们在2008年2月通过一笔三队交易将休斯送走，换来本·华莱士、乔·史密斯、德隆特·韦斯特与沃利·斯泽比亚克，这四名球员名气响亮，但实际上当时只有韦斯特正当年，大本和史密斯都老了，斯泽比亚克受困伤病已难复当年之勇。

这就是骑士队的现状，他们难以获得正值当打之年的球星，在市场内得到的或是已走下坡路的老将，或是天赋有限的愣头儿青。

这样的**骑士队**，除了靠**詹姆斯**，

还能靠谁呢？

2007—2008赛季首个比赛月，詹姆斯场均打出32.1分、7.7个篮板、8.4次助攻，从2008年1月开始，连续三个月场均30+。2008年全明星赛，詹姆斯拿下27分、8个篮板、9次助攻，拿到个人第二座全明星MVP。

时间进入2008年，有一件事渐渐被联盟诸强的管理者提上日程，尽管碍于规定，他们不能公开去谈论此事，但各位经理人、媒体记者都心照不宣，那就是两年后詹姆斯将成为自由球员，如果他选择离开骑士队，哪支队伍最有机会成为他的新东家？

尼克斯队，毫无疑问在候选名单的前列，它是NBA初创时就加入的元老球队。资历老倒不是尼克斯队的最大吸引力，它背靠的纽约市场才是，那里不仅仅是美国第一都市，其经济、体育、娱乐等综合影响力在全球也是名列前茅。纽约的城市背景和麦迪逊广场花园球馆的传奇光环，赋予了尼克斯队非同一般的魅力，尽管尼克斯队在1973年之后就没有拿过总冠军。

为了招募詹姆斯，尼克斯队早早就开始部署，他们的总经理兼主教练伊塞亚·托马斯在2003年的时候，就与詹姆斯以及他的核心朋友圈建立联系，并且几年来一直保持良好的关系。托马斯想方设法为2010年将出现的詹姆斯争夺战创造有利条件，比如他引进埃迪·库里，这笔运作在外界看来是败笔，但托马斯有不便言说的理由，库里是莱昂·罗斯的客户，而罗斯是詹姆斯的经纪人，库里与詹姆斯之间私交很好。

2008年3月5日，詹姆斯来到纽约，他很喜欢这座城市，热爱麦迪逊广场花园球馆。在詹姆斯的商业计划中，10亿美元是他的目标，这也是尼克斯队自认为有机会得到詹姆斯的原因，作为一名篮球运动员，想要最大化实现自身的商业价值，还有比身穿尼克斯队球衣在麦迪逊广场花园球馆打球更便利的途径吗？

尼克斯队有着美好的畅想，但在这一天，詹姆斯是他们的敌人。在这座古老的、有着神圣色彩的球馆，詹姆斯30投16中，三分球13中7，砍下了50分、8个篮板、10次助攻，带领骑士队以119∶105取得胜利。尼克斯队的球迷集体倒戈，当詹姆斯走上罚球线的时候，他们起立高喊“MVP”，为詹姆斯加油。当詹姆斯下场休息时，一位球迷冲到骑士队板凳席，与詹姆斯聊了几句，直到保安将他带走。

“我身高2.06米，体重117千克，我从不担心球迷接近我。”詹姆斯赛后谈到与球迷聊天时说，“那位球迷说我是他最喜欢的球员，这种感觉非常棒。”

对于自己在麦迪逊广场花园球馆的表现，詹姆斯说：“我一直梦想着能够在这座球馆打出精彩的比赛，实际的情况超过我的预期，在这座世界上最伟大的篮球馆，获得球迷起立欢呼，这对我来说是美梦成真，这是我人生中最美妙的时刻之一。”

尼克斯队在这场比赛结束前4分30秒的时候只落后1分，詹姆斯连续投进3记三分球将比分拉开。伊塞亚·托马斯曾带领活塞队在季后赛多次与乔丹领军的公牛队交手，托马斯认为詹姆斯就是这个时代的乔丹，是无法防守的存在。

“当他投进三分球，实际上就是无解了，”托马斯说，“因为他身材高大，非常强壮，速度极快，而且球风无私，可以准确找到处于投篮位置的队友。”

尼克斯队在千方百计地讨好詹姆斯，期待着两年后可能的联手，联盟内与尼克斯队怀有相同计划的球队可不少，但此时詹姆斯是骑士队的球员，2010年的事情还有些遥远，他要做好眼前的工作，接下来的目标是成为骑士队队史得分王。

23

2008年3月21日，骑士队在主场迎战猛龙队，速贷球馆座无虚席，大家都在等待一个里程碑时刻：詹姆斯加冕队史总得分第一人。

在这场比赛之前，骑士队的历史得分纪录是由布拉德·多赫蒂创造的10389分，多赫蒂拿到这个数据用了548场比赛，而对猛龙队这场比赛是詹姆斯效力骑士队的第380场。

詹姆斯没有让超越时刻等太久，首节比赛结束前4分10秒，詹姆斯突破上篮将球打进，正式将队史第一得分手的荣誉收入囊中。球迷全体起立给詹姆斯送上经久不停的掌声与喝彩，主教练布朗叫了一个暂停，詹姆斯在接受队友的祝贺后，走到场地中央，向粉丝挥手致意，“MVP”的巨大声浪响彻全场。

裁判迪克·巴维塔将比赛用球赠予詹姆斯作为纪念，母亲格洛丽亚激动地跑上场拥抱自己的孩子——才23岁却已经成为克利夫兰“篮球之王”的詹姆斯。“我觉得我让母亲感到骄傲。”詹姆斯笑着说。

进入NBA才五年，詹姆斯的总得分就已经破万，这令队友惊叹不已。“我打了13年才得到10000分，”乔·史密斯说，“由此可见勒布朗的天赋是何等出色，我认为他至少能拿到30000分。”

30000分？史密斯还是低估詹姆斯了。当然，那是后面的故事了。

2007—2008赛季，詹姆斯场均得到30分、7.9个篮板、7.2次助攻，入选最佳阵容一阵，NBA生涯首次成为得分王，但受困伤病与阵容改变的骑士队只拿到45胜，比上赛季少赢了5场。詹姆斯越变越强，但骑士队尚未跟上他的脚步，这预示着季后赛将会非常艰难。

首轮，骑士队的对手是谁？你没猜错，又是奇才队。宿敌相遇原本就火药味十足，奇才队的德肖恩·史蒂芬森还火上浇油：“勒布朗，被高估了而已。”

第一场，詹姆斯拿下32分，下半场独取20分，不断地冲杀禁区。当两队在第四节结束前两分钟打平时，詹姆斯先是突破奇才队的双人夹击上篮打进，然后直接面对史蒂芬森的防守抛射入筐。93∶86，骑士队将奇才队击倒在地。

“勒布朗，你对于德肖恩赛前的那些话有什么回应？”赛后，现场记者问道。

“93∶86，这就是我唯一需要说的。”詹姆斯答道。

这场比赛，史蒂芬森9投1中只得到3分。

与首战拼到最后两分钟不同，第二场比赛呈现一边倒的趋势，詹姆斯拿下30分、9个篮板、12次助攻，带动队友的同时，还持续地挥动“死神镰刀”，切割着奇才队的防线，第三节收获14分，率队将领先优势拉大到25分，比赛提前进入垃圾时间。

116∶86，骑士队创造队史季后赛单场最大分差。“我们是在对垒上赛季的东部冠军，”奇才队主教练埃迪·乔丹说，“我知道他们的阵容改变了，但他们依旧拥有那位怪兽级别的球员，他统治了这轮系列赛。”

虽然奇才队在第三场扳回一局，但詹姆斯在第四场以34分、12个篮板、7次助攻的数据给出回击，骑士队3∶1拿到晋级赛点。濒临出局的奇才队再次自救，凭借着卡隆·巴特勒终场前3.9秒的上篮，奇才队1分险胜，将系列赛带回华盛顿。

下半场拿到24分，全场贡献34分的詹姆斯原本有压哨绝杀的机会，但他的跳投偏出，奇才队死里逃生。“在最后那次投篮之前，巴特勒对我说，‘如果你没有投进，我们就会将比赛带回华盛顿。’”詹姆斯说，“事实就是这样，我们华盛顿再见。”

詹姆斯给了奇才队一次机会，不会再给第二次了。第六战，詹姆斯得到27分、13个篮板、13次助攻，季后赛生涯第三次三双，同时在防守端承担起对位巴特勒的重任，让上一场的关键先生只得到18分，效率值-26。

105：88，总比分4：2，骑士队连续三年淘汰奇才队。“克利夫兰晋级了，我们4：2赢下这个系列赛，这就是最强有力的回应。”赛后，詹姆斯再次被问到史蒂芬森的那次挑衅，“我们进入第二轮了，就是这样。”

还记得2007年夏天发生了什么吗？凯尔特人队组建了“三巨头”，三位球星联手立竿见影，“绿衫军”在2007—2008赛季常规赛豪取66胜，比上个赛季多赢了42场。拥有“三巨头”的球队在战绩上大翻身并不奇怪，凯尔特人队令人印象深刻的并不是获胜场次的大幅度提升，而是他们赢球的方式。助理教练锡伯杜为这支球队打造密不透风的防守体系，加内特是这套体系的核心，“绿衫军”打出了联盟第一的防守效率，加内特当选最佳防守球员。

一支拥有加内特、皮尔斯与雷·阿伦的球队，进攻上不必担心，当他们将防守质量提升到联盟顶级时，毫无疑问将成为总冠军的最大热门。

骑士队在第二轮的对手，就是冠军的第一候选球队。

系列赛首战，对詹姆斯简直就是一场噩梦，18次投篮仅中2球，只拿到12分，第四节8次出手7次打铁，包括最后关头3次上篮不进，1次三分球偏出。

CLEVELAND
23
SPALDING

“我投丢了太多原本可以命中的球，上篮竟然都没进，那些上篮对我来说原本是十拿九稳的。”

——詹姆斯

詹姆斯投篮如此糟糕，有手感的原因，也有凯尔特人队严密防守的因素，骑士队全场比赛只得到72分，虽然“绿衫军”的76分也不多，但足以拿下胜利。

“这就如同重量级拳击手之间的搏杀，就是拼身体，没有温文尔雅，就是你死我活的防守之战。”拿到28分带队赢球的加内特说。

在詹姆斯的篮球生涯中，他极少连续两场比赛状态不佳，这样罕见的情况在对凯尔特人队系列赛的第二场发生了，开场后前三次出手都投丢，全场比赛24次投篮只中6球。系列赛前两场，詹姆斯总计42投8中。

“我对他42投8中有些惊讶，但这正是我们努力的目标，我们要控制住他的进攻。”负责对位詹姆斯的皮尔斯说，“勒布朗是骑士队的核心，如果我们可以降低他的进攻效率，就可以压制他们。队友帮助我去防守，我们有能力做到。”

正如皮尔斯所言，当詹姆斯的比赛效率这样低下时，骑士队不可能有赢球的机会，他们以73∶89再丢一局。“0∶2落后，我们给自己挖了一个大坑，但如果我们还想赢下这个系列赛，就必须自己爬上来。”詹姆斯说，“我们经历过这样的情况，我不会让输球的沮丧击退我的斗志。”

2006—2007赛季的东部决赛，骑士队也是先输两场，然后连赢四局淘汰活塞队，詹姆斯希望能够复制这样的晋级之路，但他也知道，这个系列赛与一年前不同，对上凯尔特人队很难打出流畅的进攻，赢球的正确方式不是自己能投得多好，而是想办法让对手投得更差。

第三战，回到主场的骑士队，首节比赛只让凯尔特人队拿到13分，骑士队单节就建立了19分领先优势，最终108∶84扳回一局。尽管詹姆斯16投5中，效率依旧不佳，但骑士队的铜墙铁壁足以阻击“绿衫军”。“胜利至上，我不担心自己的投篮如何。”詹姆斯说。

第四场比赛依旧是肉搏，骑士队延续着上一战力拼防守的模式，凯尔特人队在第四节只拿到12分。詹姆斯20投7中的表现不能说好，但他送出13次助攻，贡献3次抢断与2次盖帽，攻守两端带动球队。终场前1分45秒，詹姆斯冲到篮下，飞身而起，在最佳防守球员加内特头顶完成劈扣。“我就是希望能够打得更有侵略性，这个系列赛的防守强度太大了，很少有这样的表演机会。”詹姆斯说。

88∶77，骑士队连追两场，系列赛进入“天王山争夺战”。还记得一年前詹姆斯在底特律的神迹之夜吗？这一次比赛地点变成波士顿，詹姆斯进入状态非常快，当上半场还剩3分50秒的时候，他已经入账23分，但在接下来的20分钟里，詹姆斯只有一个运动战进球。96∶89，凯尔特人队再一次以强悍的防守守住主场，将总比分改写为3∶2。

下一场比赛，

要么

赢球，

要么

回家。

——詹姆斯

第六场，骑士队背水一战，全队得到74分，其中32分来自詹姆斯，他在下半场独取19分。骑士队的防守再度起作用，将凯尔特人队的投篮命中率压制到39.7%，“绿衫军”每节比赛的得分都低于20分，骑士队在这场“绞肉机”风格的比赛中以74∶69拿下艰难的胜利。

“我还没准备回家呢。”詹姆斯说。

谁留下，谁回家？第七场，一战定胜负，詹姆斯遇到了皮尔斯。“The one and only Truth”（真理永恒），这是皮尔斯在社交媒体的个性签名，他是一位曾身中11刀却在受伤后18天就参加训练的硬汉，是一位拥有卓越篮球技术的悍将，更是一位具备大心脏的“冷血杀手”。

詹姆斯职业生涯遇到过许多对手，皮尔斯绝对是最重要的那一个。两人早在2004年就结了仇，那一年季前赛骑士队遭遇凯尔特人队，詹姆斯得到37分，皮尔斯得到41分，比赛中双方球员的动作很大，火药味越来越浓，一位名叫奥蒂斯·卡特的男子当时正坐在场边，他是詹姆斯的密友马弗里克·卡特的叔叔，老卡特对皮尔斯破口大骂，皮尔斯以一声怒吼给予回击：“你给我闭嘴，否则我就拿到50分，将勒布朗彻底击败！”

皮尔斯的这种威胁激怒了詹姆斯，两人在场上直接开骂，都被判罚技术犯规。情绪十分激动的皮尔斯冲着骑士队替补席吐口水，赛后还与詹姆斯在球员通道对骂，如果不是队友及时拉开，险些上演全武行。

过往的仇怨，赢球或出局的气氛，令这场抢七大战成为一场针锋相对的较量。

CELTICS
34

抢七生死战，两位历史级别的小前锋以“你进一球，我还一击”的方式拼杀，这样的场景在凯尔特人队的历史上曾经出现过。1988年东部半决赛第七场，凯尔特人队的伯德与老鹰队的威尔金斯上演传奇之战，威尔金斯轰下47分，其中16分在第四节得到，伯德得到34分，其中20分来自第四节，“绿衫军”以118∶116主场告捷。

在那场激战20年之后，詹姆斯与皮尔斯将经典重现。詹姆斯赛前看上去很放松，面带微笑与场边相识的解说员打招呼，但随着开场哨响，杀气回到詹姆斯的脸上。率先出招的是皮尔斯，他从左侧绕到弧顶位置，接到隆多的传球，詹姆斯敏锐地跟上去，皮尔斯假动作虚晃，挤出一步空间干拔命中。

詹姆斯给出回应，他在右侧控球，皮尔斯留出一小步的空间，预备着阻挡詹姆斯的突破，但就是这稍纵即逝的防守缝隙被抓到了，詹姆斯踩着三分线急停中投打进。

比赛变成詹姆斯与皮尔斯之间的厮杀，这边皮尔斯利用掩护放进中投，那边詹姆斯在挡拆中直奔禁区左手打进。皮尔斯三分球命中嚣张怒吼，詹姆斯抛射入筐寒气逼人。你来我往针锋相对，皮尔斯变向切入左手运球从詹姆斯和伊尔戈斯卡斯的包夹中穿过，改右手佯装右路突破，骗过补防的乔·史密斯，再次变道换到左手，切入上篮得手。詹姆斯持球强杀，从皮尔斯和加内特的封锁中撞开一条路，迎着退防到篮下的雷·阿伦右手挑篮放进。

詹姆斯上半场火力全开夺走23分，皮尔斯更是开足马力拿下26分，凯尔特人队拉开10分差距。下半场，两位球星的战斗火焰依旧炙热，皮尔斯三分球穿网而过，詹姆斯中距离攻筐而进。皮尔斯绕过掩护抬手就是一记中投，詹姆斯利用伊尔戈斯卡斯的“人墙”闪出一道空隙再添一记远投。皮尔斯面对詹姆斯后仰投进，詹姆斯贴身防守皮尔斯将球断下，快攻奔袭凌空飞扣。

詹姆斯在下半场再添22分，其中第四节13分；皮尔斯在后两节为“绿衫军”贡献15分。全场战罢，詹姆斯得到45分，皮尔斯得到41分，詹姆斯得分稍胜一筹，但骑士队距离胜利落后凯尔特人队一步。

詹姆斯那记抢断皮尔斯快攻暴扣令骑士队将分差缩小到1分，加内特背身单打跳投不进，骑士队获得反超的机会，詹姆斯在右侧与皮尔斯形成单挑，伊尔戈斯卡斯上来做掩护，凯尔特人队坚决包夹詹姆斯，詹姆斯没有出手空间只能传球，骑士队将球给到篮下，但接球的是根本没有投射能力的本·华莱士，球又回到詹姆斯手里，此时进攻时间只剩5秒，詹姆斯迎着皮尔斯的防守强行出手三分球，球弹筐而出。

皮尔斯得球执行关键一击，加内特做墙打挡拆，本·华莱士站罚球线区域，伊尔戈斯卡斯守篮下，阻断切入路线。皮尔斯分球给底角无人防守的豪斯，骑士队防线移动速度非常快，韦斯特与伊尔戈斯卡斯底线包夹豪斯，但此时左侧三分线内一步的P.J.布朗处于空位，豪斯立即传球，布朗接球中投打进，凯尔特人队领先3分。

骑士队需要一记三分球，布朗教练的战术是韦斯特控球过场，避免詹姆斯过早遭遇夹击，底线站位的詹姆斯借掩护兜出来接球，伊尔戈斯卡斯与韦斯特提供双掩护，但凯尔特人队的防守回应是非常坚定地包夹詹姆斯，皮尔斯与隆多将詹姆斯包围在边线，詹姆斯只能传球，韦斯特获得一次三分球良机，但他的投篮偏离篮筐。

> “我投丢了太多原本可以命中的球，上篮竟然都没进，那些上篮对于我来说原本是十拿九稳的。”
>
> ——詹姆斯

尽管加内特中投偏出又给了骑士队机会，但此时距离终场仅剩35秒，詹姆斯运球推进没有得到三分球出手机会，强突篮下遭到布朗阻挡，勉强出手未能命中，骑士队走向绝境。

终场前7.9秒，落后3分的骑士队采取犯规战术，皮尔斯走上罚球线，第一个罚球砸在了篮筐上，弹起来后落入网中，全场欢呼，皮尔斯露出胜利的微笑。

"'红衣主教'在天上看着我们呢，我相信是他将那个球拨进了篮筐，带给我一片笑容。"皮尔斯说。

"红衣主教"里德·奥尔巴赫，凯尔特人队队史传奇教练，曾带队九次夺冠，包括震古烁今的八连冠，是"绿衫军"的胜利象征。奥尔巴赫在2006年去世，凯尔特人队将"红衣主教"手拿胜利雪茄的标志性动作印在了球衣上，期待着重现昔日辉煌，用冠军奖杯向奥尔巴赫致敬。

这场抢七之战，凯尔特人队没有辜负"红衣主教"的期待，随着皮尔斯两罚全中，"绿衫军"以97:92锁定胜利。

CLEVELAND
23

这是将

载入历史的

一场比赛

遗憾的是

我们没有

赢下来

——詹姆斯

Maurice Podoloff Trophy
LeBRON JAMES
Cleveland Cavaliers

2 MVP

MVP，荣耀困局

我想赢，这是我唯一关心的事情。

2008年季后赛结束后的那个夏天，詹姆斯先去了一趟芝加哥，那里有一位朋友在等待他的帮助。

“我入选了美国男篮参加奥运会，但之前的那个赛季，我饱受伤病困扰，因此需要进行特训找回状态，我回到家乡训练，邀请勒布朗一起，他给了我很大的帮助。”韦德说。

韦德与詹姆斯相识于2003年选秀前的新秀训练营，詹姆斯成名更早，而韦德成功更快，他在2005—2006赛季带领热火队夺冠并当选总决赛MVP。就在2006年的休赛期，韦德与詹姆斯共同出征世锦赛，在比赛间隙，两人商讨未来，达成一个相同的看法，那就是在新秀合同到期后续约时保留弹性。

这个弹性，就是2010年可以成为自由球员，给自己做出下一个选择的空间。

2008年奥运会，詹姆斯再次为国出征。那支美国男篮被称为“救赎之队”，2002年与2006年世锦赛的败北，2004年奥运会的无功而返，令美国篮球颜面扫地，他们需要一次救赎之旅。

已经在NBA成为巨星的詹姆斯，在国际赛场也展示出统治力，场均得到15.5分，队内排名第二，总计送出30次助攻，仅次于保罗，8次盖帽和19次抢断都是队内第一，帮助美国队夺取奥运会金牌。

在那届奥运会期间，詹姆斯遇到一件小事，却也是推动他职业生涯向前大跨步迈进的大事。一天早上，詹姆斯与韦德来到健身房，按照常规的训练时间计算，他们应该是最早到的那批球员，但当詹姆斯推开健身房的大门时，发现科比已经练到汗流浃背。

原来，科比早已经与管理人员商量好，更早来训练。这一幕对詹姆斯触动很大，上个赛季常规赛MVP，带队进入总决赛，联盟最优秀的球员，依旧这样勤奋刻苦，詹姆斯感受到压力，也收获动力，他也可以像科比那样更加努力，他还可以变得更强。

奥运会结束，带着金牌回家的詹姆斯，得到一个消息，骑士队通过三队交易从雄鹿队换来莫·威廉姆斯。莫·威廉姆斯是一位有些极端的后卫，1.85米的身高在NBA不算高大，绝对运动能力除速度外其他并不突出，名义上司职控卫，实则有着得分后卫的心，投篮无死角，性格刚猛，敢打敢拼。

拥有詹姆斯的球队，并不需要一位纯正的控卫，而是更需要能投篮敢出手的人，莫·威廉姆斯恰到好处地填补了这个空缺。

当2008—2009赛季开始时，人们发现詹姆斯与以往相比有一些不同，他的进攻依旧凶猛，传球依旧精准，变化来自防守。2007年总决赛打造铁桶阵的马刺队，2008年东部半决赛拥有坚固防线的“绿衫军”，奥运会上为了保护球权不惜将自己扔在地板上的科比，让詹姆斯充分意识到防守的重要性，作为球队的领袖，他不仅仅要在进攻端引领，也要在防守端成为榜样。

于是，全联盟看到了防守端如猛虎下山、如雄鹰展翅的詹姆斯，贴身逼抢，倒地救球，冲刺拦截，凌空大帽，防守战线上的詹姆斯，也是飞天遁地无所不能。

2008年11月7日对步行者队一战，詹姆斯砍下27分、9个篮板、8次助攻、4次盖帽，骑士队终场前40秒领先4分，詹姆斯三分球不中，步行者队后卫T.J. 福特，这个星球上速度最快的篮球运动员之一，得球后奔袭杀至篮筐下，詹姆斯仿佛一辆呼啸的坦克战车，猛追上去，在福特起跳上篮的一刹那将球封盖，确保了骑士队的胜利。“我甚至没看清勒布朗是从哪里开始启动的，他太快了。”骑士队主教练布朗说。

“我不会放弃任何一个回合，如果他们打进这一球，分差就只有两分了，我能够追上，将这次投篮封杀。”

——詹姆斯

这个赛季的詹姆斯风驰电掣，他总计送出93次盖帽，其中23次是追帽。小心詹姆斯在身后将你的球扇飞，这在2008—2009赛季成为联盟诸强的梦魇，一位进攻端早已迈入巨星行列的球员，防守也飞速进步，等待他的将会是什么？

常规赛MVP奖杯！

2008—2009赛季，詹姆斯场均拿下28.4分、7.6个篮板、7.2次助攻、1.7次抢断、1.1次盖帽，五项数据的赛季总值都是队内第一，攻守两端全覆盖，莫·威廉姆斯在詹姆斯身边打出场均17.8分的进攻输出，三分球命中率43.6%，都是生涯新高，首次入选全明星。

更重要的是，骑士队打出66胜16负的全联盟最佳战绩，这也是他们的队史纪录。在之前三个赛季，詹姆斯都进入了MVP票选榜前五，其中2005—2006赛季位列第二，但一直未能获奖，投票者对于詹姆斯总是要更挑剔一些，没办法，谁让他是篮球的“天选之子”呢。

但是，这一次，詹姆斯让MVP之争毫无悬念，无论个人表现还是球队战绩都无可挑剔。

詹姆斯

成为骑士队队史 **首位，**

也是至今为止 **唯一** 获得

常规赛MVP 的

骑士队球员。

“勒布朗打出了NBA历史最优秀的个人赛季，他是时候拿到这个奖项了。”*ESPN*的著名记者约翰·霍林格说。

在最佳防守球员奖的评选中，詹姆斯排名第二，在这个奖项争夺中击败詹姆斯的是德怀特·霍华德——2004年选秀状元。接下来的故事证明，霍华德在2009年从詹姆斯那里拿走的可不仅仅是一个最佳防守球员奖。

2008—2009赛季季后赛首轮骑士队遭遇活塞队，此时的活塞队已经远不及当年，骑士队以4∶0的总比分横扫，场均赢下15.5分，詹姆斯场均得到32分、11.3个篮板、7.5次助攻。

东部半决赛对阵老鹰队，骑士队依旧打出碾压局，场均胜出18分，詹姆斯场均拿下33.8分、8.3个篮板、6次助攻，投篮命中率55.6%，三分球命中率48.1%，又一个4∶0横扫。

对老鹰队的系列赛第三场，詹姆斯轰下47分、12个篮板、8次助攻，杀得老鹰队丢盔卸甲，队友乔·史密斯赛后坦言：“勒布朗将球队扛在肩上，当他进入这样的攻击节奏时，全联盟无人可以阻挡他。”

真的没有吗？东部决赛第一场，詹姆斯对阵魔术队劈落49分，30次投篮命中20球，但骑士队在主场以106∶107遭遇了他们在2009年季后赛的首场败仗。骑士队在上半场最多领先15分，却在下半场被翻盘，魔术队全场比赛投篮命中率达到55.1%，下半场59%。

这个防守表现，对于常规赛防守效率联盟第三，场均失分最少的骑士队意味着什么？

CLEVELAND
23

“这是不可接受的，我们防成这个样子，活该输球。”

——詹姆斯

是骑士队不努力吗？不是！魔术队特殊的阵容配置与打法，对骑士队形成克制。魔术队在霍华德身边配备四名射手，其中特科格鲁与刘易斯的身高都是2.08米，两人都是“高大型三分火炮”，特科格鲁有一手三分球，此外还自带组织进攻的属性。骑士队的防守比较传统，偏重于收缩防线保护禁区，但魔术队偏偏比较“新潮”，四人站外线投三分球，霍华德居中攻筐，令骑士队防守非常尴尬。

魔术队的防守模式则是霍华德镇守篮下，其他四人扑外线，霍华德随时在队友身后协防。骑士队的主要进攻方式是詹姆斯的突分，霍华德是横在詹姆斯与篮筐之间的一座高山，他的队友们补防到外线，压制骑士队的投射。魔术队知道他们的防守或许挡不住詹姆斯，但篮球可不是一个人能打死一支队的，他的队友没有人站出来分担压力，骑士队就赢不了。

第一场就是如此，魔术队多点开花，霍华德得到30分和13个篮板，刘易斯得到22分，特科格鲁得到15分、14次助攻，骑士队除詹姆斯之外，最高分是莫·威廉姆斯的17分，而且这17分是莫·威廉姆斯用19次投篮才换来的，19投6中，三分球8中2。

詹姆斯的孤胆英雄模式在第二场继续，莫·威廉姆斯比首战多拿了2分，但这次用了21次出手，命中率只有33%。骑士队在首节结束时领先14分，但魔术队重现首战的状况，一路猛追。比赛进入最后48秒，特科格鲁1记三分球1记中投，魔术队反超2分，此时只留给骑士队1秒的时间。

> 20年前，也是骑士队的比赛，一位身披23号战袍的球员，完成了史诗级的压哨绝杀，那位球员是迈克尔·乔丹，被绝杀的是骑士队。

20年过去了，骑士队拥有他们的23号，这一次会有奇迹吗?

莫·威廉姆斯发边线球，詹姆斯佯装切入内线，与盯防他的特科格鲁有一个身体冲撞，詹姆斯借力向外弹出，接到莫·威廉姆斯的传球，特科格鲁的反应很快，迅速追了过去，展开双臂进行干扰。詹姆斯没有任何时间调整动作躲避防守，唯有高高跃起投出这记三分球，球随着终场哨的响起，在速贷球馆20562名观众的注视下，穿网而过。

一剑封喉！全场沸腾！

“我的耳边只有球馆内热烈的轰鸣声，这是我篮球生涯命中的最重要一球。”全场比赛得到35分的詹姆斯说。

这记三分，成为骑士队队史最伟大的进球，直到七年后那记决定着冠军归属的投篮出现。

詹姆斯可以用绝杀为骑士队带来一场胜利，但一个系列赛的胜利可以吗？第三场和第四场，骑士队都输了，输球的方式如出一辙，詹姆斯两战拿下85分，却找不到一位可以偶尔输出20+的队友，反观魔术队则是火力点众多，詹姆斯深刻感受到什么叫作孤掌难鸣。

第五场，1∶3落后的骑士队背水一战，队友们终于奋勇一把，莫·威廉姆斯出手14次就拿到24分，三分球9投6中，詹姆斯杀下37分、14个篮板与12次助攻，以一个大号三双带队扳回一局。“赢球或者回家，我们还‘活着’。”詹姆斯说。

第六战，奥兰多安利球馆，首节战罢，骑士队25∶30落后5分，考虑到客场作战，从比分来看，局面还在可控范围内，詹姆斯首节7投5中杀下13分也是状态不错，但骑士队面对着一个无法解答的难题，他们防不住霍华德。魔术队从一开场就采用了四名射手拉开，霍华德单挑伊尔戈斯卡斯的战术，“大Z”的脚步明显跟不上霍华德的攻筐。

骑士队试图用包夹破坏霍华德的一对一，魔术队马上切换到挡拆模式，三位射手分别在弧顶与两个底角站位，特科格鲁侧翼持球发动挡拆，利用霍华德的掩护向篮下切入，同时霍华德也转身空切禁区，伊尔戈斯卡斯换防特科格鲁，但韦斯特未能换防到位跟住霍华德，特科格鲁行进中将球一抛，霍华德得球起飞双手灌筐。

防不住霍华德单打，也挡不住霍华德与队友的配合，骑士队看似首节与魔术队只有5分之差，但那是詹姆斯与霍华德对飙换来的，一旦詹姆斯火力输出稍有回落，骑士队就会陷入攻不动、守不住的泥沼中。

詹姆斯与霍华德都打满首节，两人在第二节开始后都在场下休息。魔术队打出“没有霍华德，也没关系”的比赛衔接段，刘易斯持球至底线吸引防守，将球给到右侧底角埋伏的特科格鲁手中，特科格鲁手起刀落三分球命中。接下来刘易斯在左侧中距离持球单挑瓦莱乔，试探两步后直接干拔，球稳稳落筐。魔术队进攻体系化，持球点多的优势展现出来，分差开始拉大。

骑士队换上詹姆斯，詹姆斯亲自去盯防特科格鲁，希望从进攻源头掐断，但魔术队一个挡拆就破解了，戈塔特中路掩护，特科格鲁运球奔向罚球线区域，骑士队防线收缩，皮特鲁斯跑到左侧三分线外，接到特科格鲁的分球，轻松空位出手命中。魔术队的挡拆越打越得心应手，刘易斯掩护后迅速跑开，安东尼·约翰逊马上分球，刘易斯顺势切入，与瓦莱乔身体对抗后换左手上篮打中，既有战术含量，也有个人水平。

刘易斯的这个进球，让魔术队将领先优势拉大到11分。然后，霍华德登场了，一个篮下勾手打进，一次高低位配合助攻刘易斯命中三分球，一次快攻冲锋凶猛灌篮，直接打停骑士队。防守节节败退的骑士队，进攻端也打不开局面，魔术队“一内四外”的防守，让詹姆斯攻筐变得愈发吃力。骑士队又没有其他火力点能够对魔术队的防守给予回应，他们在第二节只得到15分，投篮命中率35%。魔术队以57.9%的命中率攻下28分，上半场结束时分差已经来到18分。

虽然骑士队在下半场找回一些进攻感觉，但他们还是无法解决对霍华德的防守，“魔兽”在篮下予取予夺，下半场杀下19分，全场比赛得到40分、14个篮板、4次助攻，魔术队以103∶90解决战斗，总比分4∶2终结这个系列赛。

> 媒体和球迷们期待中的詹姆斯、科比会师冠军系列赛的剧情就此破碎。

詹姆斯在这个系列赛场

场均得到 **38.5分、**

8.3个篮板、8次助攻，
他已经拼尽全力，

但 **篮球** 终究不是

一个人 的运动。

TURKOGLU
15

在第六场结束后，詹姆斯没有与魔术队球员握手，也没有参加新闻发布会，而是拿着行李在两位保安的陪同下快速离开球馆，这个对于詹姆斯原本充满了收获与希望的赛季，就以这样一种令他无比失望的方式结束了。

2009年休赛期，骑士队管理层感受到巨大的压力，因为詹姆斯有权在2010年成为自由球员，如果骑士队在接下来的2009—2010赛季还是不能接近总冠军，一年后的夏天会发生什么？

补强阵容，这是骑士队唯一的选择，既然他们在东部决赛被霍华德打败，为什么不尝试引进一位中锋呢？于是，沙奎尔·奥尼尔来了。

巅峰期的奥尼尔是联盟内最有统治力的球员，带领湖人队夺取三连冠，连续三年当选总决赛MVP。当奥尼尔如日中天时，横行篮下无人可挡。骑士队的想法是既然科比与奥尼尔可以联手成就篮球王朝，已经与科比齐名的詹姆斯或许也可以。

问题是，三连冠时的奥尼尔才30岁，而当他来到骑士队的时候，已经37岁了。奥尼尔的体能和爆发力都已经随着年龄的增长以及伤病的堆积衰退，没有外线投篮能力，又没有打挡拆的比赛习惯，令他与需要队友拉开空间的詹姆斯并不是很搭。

但是，骑士队别无选择，克利夫兰这座城市，除选秀之外，没有其他比较好的方式引进当打之年的巨星，奥尼尔毕竟还有昔日的王者余威，骑士队只有一年挽留詹姆斯的窗口期，即便是赌，也要试一试。

骑士队在一种很奇怪的气氛中开启了2009—2010赛季，队内每个人都知道，如果詹姆斯不开心，他有可能一年后离队。主教练布朗尤其如履薄冰，他甚至不敢在队内的录像会议上指出詹姆斯比赛中的一些错误，即便那些错误大家都看到了，布朗还是直接跳过，这引起一些骑士队球员的不满。

“教练，你不能这样欺软怕硬，每个人都要为场上发生的事情负责，不仅仅是我们，勒布朗也是如此。”在一次比赛分析会上，布朗再度对詹姆斯的失误视而不见，德隆特·韦斯特当众表达他的不满。

“我知道，德隆特，我知道。”布朗只能这样回应。

媒体在捕捉詹姆斯对于去留的看法，但每当提到这个问题，詹姆斯都会说他只关心眼前的赛季，休赛期的事情到时候再说。詹姆斯的这种回答，等同于没有给骑士队任何承诺，也意味着其他球队有机会得到他。

于是，当詹姆斯去纽约、芝加哥等城市打客场比赛的时候，现场球迷会高举写有“勒布朗，来我们这里吧”的海报，公开进行招募，詹姆斯往往一笑了之，而骑士队的管理层与教练组却噤若寒蝉。

队内队外的紧张氛围并没有影响詹姆斯的赛场表现，他在2009—2010赛季常规赛场均拿下29.7分、7.3个篮板、8.6次助攻、1.6次抢断、1次盖帽，骑士队战绩虽然不如上个赛季，但61胜仍是联盟第一。

连续两年，詹姆斯拿到常规赛MVP，但骑士队没有丝毫的轻松感，常规赛对詹姆斯已经缺少挑战，他渴望的是在季后赛走得更远。

季后赛首轮，骑士队用五场比赛淘汰公牛队，詹姆斯场均攻下31.8分、9.2个篮板、8.2次助攻、1.2次抢断、2.4次盖帽，依旧是攻守全覆盖的无敌小霸王。

第二轮，骑士队碰到了凯尔特人队。与两年前相比，波士顿三巨头有些老了，但“绿衫军”对于冠军的渴望却有增无减。2010年2月18日，凯尔特人队在洛杉矶击败老对手湖人队，主教练里弗斯赛后从球员和助教们那里收集到一些现金，放进斯台普斯中心客队更衣室的天花板里面。

“大家记着这笔钱，等到季后赛的时候，我们将回到这里，带走钱和总冠军。”里弗斯说。

很有传承意义的是，六年后，曾给里弗斯担任助教的泰伦·卢，在勇士队的客队更衣室也使用藏钱激励法成就了詹姆斯与骑士队的辉煌逆转。

话说眼前，凯尔特人队想与湖人队对阵总决赛，首先要跨过骑士队这一关，但比赛的进展并不顺利，前三场打完，骑士队2∶1领先，其中第三场大胜凯尔特人队29分。

接下来，很诡异的事情发生了，一些八卦媒体突然间开始盛传一位骑士队球员与詹姆斯某位家人之间的绯闻，虽然这名球员给予否认，但骑士队却陷入内部失和的气氛中。

第四场，詹姆斯只得到22分，18投7中，失误7次，骑士队输了10分。第五场，詹姆斯的得分降到15分，14投3中，整个上半场没有运动战进球，骑士队最终狂输32分。当比赛结束时，骑士队主场竟然有部分球迷向詹姆斯发出嘘声，可见他们有多么失望。

从比赛场面来看，有伤的手肘在影响着詹姆斯的投篮，与此同时他的心态似乎也出现了问题。“当时有很多传闻，但请相信我，大多数并不是真的，”奥尼尔回忆道，“不过，勒布朗确实状态不好，有些东西在困扰他，也许是私人问题，也许是受伤的手肘，也许是他肩负的期待与压力。一些队友告诉我，他们试图与勒布朗沟通，他都没有理睬，仿佛患上了精神紧张症。”

第五战的32分惨败，被美国篮球记者们称为“克利夫兰篮球被谋杀之夜”，詹姆斯遭到口诛笔伐。

TNT（Turner Network Television，特纳电视网）名嘴、前NBA球星查尔斯·巴克利在电视节目中不留情面地对詹姆斯进行了猛烈批评。

“我是勒布朗的粉丝，这个赛季进行期间，我一直在说勒布朗有多么伟大，他是世界上最好的篮球运动员，但这场比赛让我百分百失望。”巴克利说，“不仅仅因为他打了一场糟糕的比赛，更是因为他的心理状态。我和乔丹这些伟大的球员交过手，他们会拼到弹尽粮绝，但系列赛第五场，天王山之战，这么重要的比赛，我却没有在勒布朗这位蝉联MVP的球员身上看到丝毫的侵略性。”

第六场，波士顿花园球馆，再一次面对赢球或者回家的局面，骑士队开场就打出一次精彩的配合，奥尼尔在高位持球，詹姆斯底线空切，接到奥尼尔分球扣篮得手。

开局的漂亮进球，很快就被糟糕的失误“掩埋”。詹姆斯利用奥尼尔的掩护向内线走，这个配合有一个致命的缺陷，那就是奥尼尔没有外线投射能力，当他远离篮下，凯尔特人队可以在防守端完全无视。皮尔斯绕过掩护追防，帕金斯换防堵住通往篮下的路线。詹姆斯强行切底线根本没有出手空间，只能传球，雷·阿伦和隆多此时也收缩到篮下，封死了詹姆斯处理球的所有角度，结果就是詹姆斯传球被隆多断走。

失误滚滚而来，詹姆斯运球打反击，凯尔特人队直接上包夹，詹姆斯转身过人被断球。詹姆斯和伊尔戈斯卡斯合作挡拆，但“大Z”的掩护没挡住人，托尼·阿伦追上詹姆斯，与拉希德·华莱士合作堵住詹姆斯通往篮下的道路，詹姆斯看到瓦莱乔走底线，想给出一个助攻，但传球显然过低，瓦莱乔没接住球导致出界失误。

PERKINS
43
CAVS
23

CELTICS
34

仅在第一节，詹姆斯就失误3次，好在莫·威廉姆斯状态不错，给出了单节10分的进攻输出，骑士队没有让凯尔特人队将分差拉大。莫·威廉姆斯在上半场贡献了20分，10投7中的效率相当高，虽然他也有4次失误，和詹姆斯失误一样多，但詹姆斯上半场12中4，投篮效率较莫·威廉姆斯差很多，如果不是莫·威廉姆斯撑起了进攻，半场差距绝不会是2分。

在降低詹姆斯进攻效率，增加他失误数的前提下，凯尔特人队可以接受莫·威廉姆斯这个点的火力输出。凯尔特人队的防守思路非常清晰，加内特作为最后一道防线守在篮下，其他队友逢挡拆就包夹，可以给骑士队其他球员出手，但就是不给詹姆斯轻松投篮的机会。第三节结束前2分29秒的一次攻防就是典型的“围剿”，詹姆斯与瓦莱乔挡拆配合，凯尔特人队防守根本不管瓦莱乔，因为瓦莱乔没有外线投篮能力，加内特守在篮下防止他攻筐就可以了，华莱士、皮尔斯与雷·阿伦三人直接合围詹姆斯，詹姆斯给瓦莱乔送球，雷·阿伦直接截断，又是一次失误！

在高位发起进攻难以奏效，詹姆斯切换到低位背打模式，托尼·阿伦稳住下盘牢牢顶住，格伦·戴维斯在一旁伸手骚扰，詹姆斯转身欲攻篮筐，拉希德·华莱士协防，托尼·阿伦下手切球，“绿衫军”又一次合围得手，詹姆斯再添一个失误。

前三节战罢，詹姆斯已有7次失误，凯尔特人队建立起9分优势。詹姆斯在第四节开始后连中2记三分球，努力缩小分差，但失误仿佛准时打卡上班如约而至。这次不是合围，而是直接一对一，詹姆斯面对托尼·阿伦的防守，试图变向运球杀过去，但托尼·阿伦的抢断准确无误，在詹姆斯换手的一瞬间将球捅掉，隆多直接快攻上篮打进。

詹姆斯在第四节的个人进攻还可以，面对凯尔特人队的收缩防守，用三分球给出回应，单节拿到10分，但队友们又集体失准，合计12投2中，包括莫·威廉姆斯的4中0，骑士队在第四节命中率只有29.4%。终场前1分18秒，詹姆斯向底线强突，加内特步步紧逼，华莱士协防到篮下，詹姆斯的传球直接扔到华莱士的手中，骑士队全队第22次失误，詹姆斯个人第9次失误。

“从这个传球来看，勒布朗已经放弃这场比赛了。”现场解说员坦言。

詹姆斯得到27分、19个篮板、10次助攻的三双数据，但21投8中的效率与9次失误无比刺眼，凯尔特人队94∶85拿下比赛，骑士队宣告出局。在系列赛三连败期间，詹姆斯场均只有21分，投篮命中率34%，总计失误19次。

> “我想赢，这是我唯一关心的事情。我认为骑士队致力于获取胜利，但与此同时，我要保留自己的选择权，我和我的团队有计划，我们会去执行。”
>
> ——詹姆斯

就在第六场结束的时候，加内特走到詹姆斯身边，对他说了一段话，那是一位曾在森林狼队孤独地支撑12年，直到年过三旬才转投凯尔特人队拿到冠军的老将对后辈的真诚叮嘱。

> “兄弟，为你和你的家庭做出正确的决定。忠诚有时会伤害你，因为你无法返老还童。”

HEAT
1
HEAT
3

3

DECISION

决定，漫长之夏

这是艰难的选择，我将把自己的天赋带到南海岸，加盟迈阿密热火队。

2010年的夏天，詹姆斯、韦德与波什，2003年“白金一代”的三位精英都进入自由球员市场，联盟诸强之间的人才争夺战正式打响，获胜者不仅仅得到宝贵的球星资源，更是获得未来冲冠的重要资产。

问题是：怎样才能成为赢家？决定胜败的关键因素究竟是什么？

詹姆斯与他的团队已经设计好计划，他们迅速将选择范围缩小到六支球队——骑士队、快船队、篮网队、尼克斯队、公牛队与热火队，球队代表要前往位于克利夫兰市中心的LRMR办公室，“LRMR”是詹姆斯的公司，名字取自勒布朗·詹姆斯、里奇·保罗、马弗里克·卡特和兰迪·米姆斯的首字母，后三位是詹姆斯的密友，是他私人团队的核心成员。

选择范围内的六支球队各有优势，骑士队是詹姆斯的老东家。拥有格里芬的快船队配备了年轻并且天赋出众的阵容，背靠洛杉矶大市场。篮网队的阵容不够出彩，但他们的老板普罗霍洛夫富可敌国，股东Jay-Z是詹姆斯的好朋友，篮网队正准备搬到纽约布鲁克林。尼克斯队拥有着全联盟最好的市场资源，麦迪逊广场花园是詹姆斯最喜欢的球馆，尼克斯队早就为招募詹姆斯开始准备，他们清理出可以签下两名顶薪自由球员的工资空间，意味着可以在詹姆斯之外，再带来一位实力匹配顶薪的球星。

在与詹姆斯的见面会上，尼克斯队主打场外牌，详细介绍了去纽约打球在生活和生意上的有利条件，但詹姆斯对于这些兴趣不大，他与经纪人莱昂·罗斯重点询问了球队工资帽的情况，他们的工资容量可以签下多少自由球员。

“他们非常关心球队的工资帽，莱昂一直在问‘你们可以做到吗？’”尼克斯队总裁沃尔什回忆道，“我当时还不明白他们为什么这样在意工资空间，后来我知道了。”

直到詹姆斯最终公布他的决定前，参与招募的球队都觉得自己有机会，尤其是公牛队。在詹姆斯安排的会面时间表上，公牛队是最后一支与他面谈的队伍。公牛队在前往LRMR办公室之前，已经与韦德和波什谈过，芝加哥是韦德的家乡，少年时期的韦德一直有穿上公牛队战袍的愿望。在与公牛队的见面会上，韦德穿上印有自己名字的公牛队3号球衣，笑容灿烂，这给了公牛队信心，他们觉得有很大的机会得到韦德，而如果韦德加入，詹姆斯还会远吗？

公牛队与詹姆斯的会面非常顺利，球队新任主教练锡伯杜在现场给詹姆斯做了如何融入公牛队战术体系的演示，这支球队拥有联盟超新星德里克·罗斯，这位2008年状元秀，NBA生涯第二年就已经入选全明星，并且已连续两年带领球队闯入季后赛，但罗斯并没有积极参与到招募詹姆斯的工作中，他只是录制了一段视频，这成了芝加哥篮球界的一个心结，如果罗斯当时能够像六年后库里劝说杜兰特加入勇士队那样主动，詹姆斯可能会去芝加哥。

尽管罗斯没有在招募上提供很多的帮助，公牛队与詹姆斯还是谈得非常愉快，在两个小时的会议结束后，詹姆斯主动挽留公牛队的代表团留下共同用餐。在吃饭的时候，詹姆斯向参加会谈的公牛队老板雷恩斯多夫透露了一个重要的信息。

“勒布朗的意思是，如果没有意外发生，他将换球队。”雷恩斯多夫说，“我和他开玩笑：‘你应该留在克利夫兰。’而他回应道：‘我不是克利夫兰人，我来自阿克伦。’在那一刻，我就知道他不会回头了。”

在前往招募詹姆斯的六支球队中，有五支认为如果他们能够说服另一位球星加盟，就可以创造出得到詹姆斯的绝佳机会，唯一的例外是热火队，球队总裁帕特·莱利在下一盘更大的棋，不是招募两个球星，而是三个。

韦德是热火队的自己人，虽然他与公牛队见面了，但热火队有留下韦德的自信，当然前提是他们能敲定另一位球星。在与波什的会面中，莱利在桌子上摊开一块天鹅绒毛毯，然后拿出一个天鹅绒包，倒出了他在湖人队和热火队拿到的总冠军戒指。在会议结束的时候，莱利将2006年总冠军戒指送给波什。

“收下它，等到你在我们这里赢下一枚戒指，再把它还给我。”莱利说。

获得满足引进三位球星的工资空间，热火队必须破釜沉舟，莱利采取一系列的运作，其中包括与波什的老东家猛龙队达成先签后换，以及将比斯利交易到森林狼队等，热火队以惊人的幅度清理阵容，名单中一度只有查尔莫斯一人。

在与詹姆斯正式见面之前，莱利与热火队运营副总裁，也是联盟劳资协议专家埃利斯伯格在克利夫兰的一家酒店和詹姆斯的经纪人莱昂·罗斯举行会议，莱利做出承诺，他们要组建的是三巨头，而不是双子星。

三大于二，这是热火队最打动詹姆斯的招募优势，当公牛队等球队得知这个计划后，也纷纷努力腾出更大的工资空间以便创造球星三人组的薪资条件，但为时已晚。詹姆斯、韦德与波什进行电话会议，共同商讨去哪支球队，选择范围缩小到公牛队与热火队，在通话结束时，他们都将热火队作为目的地。

然而，当韦德和波什开始准备在迈阿密会师的时候，突然发现联系不上詹姆斯了，韦德打去电话却没有回音。很快，媒体报道詹姆斯将在*ESPN*的一档直播节目中公布自己的选择，这令志在必得的热火队也有些惴惴不安。

“大家都很兴奋，但勒布朗却失去联系，我们有些担心，”热火队助教菲兹戴尔说，“即便是与勒布朗关系很好的韦德，也不知道勒布朗的决定究竟是什么。”

詹姆斯“失踪”了，因为他要去完成一件NBA历史上前所未有的大事，这件事在之后的十年中被反复提到，它还有个专属名词——“决定”。

所谓“决定”，就是以全美直播的方式宣布詹姆斯究竟会去哪。这个想法最初不是来自詹姆斯以及他的团队，而是由一位俄亥俄州哥伦布市的球迷德鲁·瓦格纳原创的。早在2009年11月，瓦格纳参加著名体育媒体人比尔·西蒙斯的邮件问答，提出了让詹姆斯以电视直播宣布决定的建议。

“如果勒布朗在直播中宣布他去哪里会怎么样？节目可以叫作《勒布朗的选择》，那会产生多么疯狂的收视率！”瓦格纳在邮件中写道。

西蒙斯对这个想法很感兴趣，在2010年全明星周末期间，就此事与詹姆斯的密友，也是他的商业活动主要负责人马弗里克·卡特聊起这件事，卡特也觉得这个方案颇有创新精神，但当时赛季还在进行中，电视直播还停留在提议这个阶段。

2010年总决赛第二场，马弗里克·卡特来到比赛现场，与*ESPN*的主持人吉姆·格雷谈起电视直播的预想，格雷对此大加赞赏，并提出具体实施方案，詹姆斯和他的公司可以购买电视台的一个时段来做节目，并且出售直播期间的广告。

HEAT
3
HEAT
1

那场球在湖人队主场斯台普斯中心举行，那座球馆向来是名流云集，坐在马弗里克·卡特与格雷身边的是好莱坞鼎鼎大名的经纪公司奋进娱乐的总裁阿里·伊曼纽尔，詹姆斯的团队与伊曼纽尔在商业上有合作，詹姆斯高中生涯的纪录片《不只是一场比赛》就是与奋进娱乐达成分销协议。伊曼纽尔听到这个计划也感到兴奋，支持詹姆斯的团队照此执行，并且愿意提供帮助。

伊曼纽尔认为詹姆斯并不需要花钱购买播出时段，而是可以用独家授权的方式换取电视台的服务。伊曼纽尔找到ESPN内容产品负责人约翰·斯基珀，将想法和盘托出，斯基珀接受了这个方案，与詹姆斯谈妥合作协议，ESPN以免费的一小时节目时长交换詹姆斯宣布去向的独播权，允许詹姆斯在该时段出售广告。

詹姆斯开始与他的赞助商商议广告，耐克、可口可乐和微软都同意投入广告费，还有一些商家和机构也参与到广告竞买，其中包括菲尼克斯大学。很耐人寻味的是，耐克同意掏钱购买广告时段，但要求詹姆斯不要将他们的商标放在节目显眼的位置，耐克内部有一些顾虑，因为以这种方式公布自由球员选择是前所未见的，会带来怎样的舆论后果，在节目播出前难以预料，所以耐克决定虽然出钱但要低调上镜。

不仅仅是耐克，NBA高层也对此事持怀疑态度。詹姆斯并没有寻求NBA官方的支持，但时任联盟总裁斯特恩还是通过他的渠道得知了詹姆斯的计划，他给斯基珀打去电话，建议ESPN不要这样做。ESPN是NBA的比赛转播商，双方有着深厚的合作关系，但斯基珀告诉斯特恩，方案已经进入执行阶段，开弓没有回头箭了。

> **这次电视直播的项目，包含慈善的部分，广告收入将捐赠给公益组织。**

詹姆斯将男孩女孩俱乐部选定为捐款对象，一方面是因为詹姆斯小时候曾接受该公益组织的帮助，另一方面是因为男孩女孩俱乐部分布在全美多个城市，直播捐出的款项可以分散到各地的公益组织，进而扩大影响力。

在直播节目筹备过程中，马弗里克·卡特还筹划了一件事，若是取得成功，有可能成为改变NBA历史进程的大事件。马弗里克·卡特在洛杉矶认识了当地的一位媒体大亨大卫·格芬，格芬是个篮球迷，有购买NBA球队的意愿。马弗里克·卡特与格芬设计了一个方案，格芬出资买下快船队，詹姆斯将加盟。詹姆斯非常喜欢洛杉矶，也很欣赏当时快船队的新星格里芬，但詹姆斯很反感快船队老板斯特林，如果格芬买下快船队，詹姆斯加入的障碍就移除了，如果这个方案得以实现，也就没有后来的热火队三巨头了。

但是，斯特林拒绝出售快船队，马弗里克·卡特与格芬谋划的蓝图未能得以实现，詹姆斯对于自己的下一步要另做选择，而选择的结果将在*ESPN*的直播节目中公布。

美国东部时间2010年7月8日晚上9点28分，詹姆斯来到了设置在康涅狄格州格林威治的男孩女孩俱乐部演播室，有大量的记者和球迷在室外等待，其中有一位粉丝名叫多诺万·米切尔，米切尔在2017年进入NBA，现在已是爵士队的当家球星。

“我最喜欢的球员就是勒布朗，我读书的中学与演播室在同一条街上，所以我就去了，在那里大概等了两个小时，我看到他走进了大门。”米切尔说，“尼克斯队球迷认为他会去纽约，但我期待他去迈阿密，因为我希望他去那里，想看到他和韦德、波什一起打球。我很熟悉男孩女孩俱乐部，去过那里很多次。后来我还去了他当时录节目的地方训练，回忆起他当时就坐在那个位置宣布决定，那种感觉很酷。”

当詹姆斯走进录制现场，他的助理经纪人里奇·保罗给骑士队总经理克里斯·格兰特打去电话。

“勒布朗要离开了，不会留下。”里奇·保罗在电话中说。

“他要去哪里？”格兰特问道。

“抱歉，我现在不能告诉你，要让他亲自宣布，但他肯定要走了。”里奇·保罗答道。

尽管里奇·保罗没有提前透露詹姆斯的选择，但骑士队还是打探到詹姆斯的去向。因为詹姆斯事先安排了私人飞机，准备节目结束后就前往加盟球队所在地，而私人飞机的飞行要提前报备，很难做到百分百保密，骑士队老板吉尔伯特利用他的人脉网，很快就得知了詹姆斯的目的地。

吉尔伯特联系跟踪报道詹姆斯多年的记者温霍斯特，后者告诉他詹姆斯将加盟热火队，吉尔伯特希望温霍斯特通过推特率先报道此事，这样可以干扰直播节目的收视率，但温霍斯特没有这样做。实际上，温霍斯特在直播之前也通过他的消息人得知詹姆斯可能去热火队，但那时候社交媒体远没有现在流行，而且詹姆斯和他的团队对于直播策划多时，如果温霍斯特抢先爆料，无论与*ESPN*还是詹姆斯方面的关系都会产生巨大的裂痕，这位记者不会因一时的流量而给自己惹上大麻烦。

> *ESPN*将这次的直播节目命名为“The Decision”（决定），这就是对詹姆斯职业生涯影响深远的“决定”由来。

在节目现场，主持人吉姆·格雷与詹姆斯聊了很多，詹姆斯告诉格雷，他直到当天早上才明确自己的选择。

“在过去这段时间，我通常是这天早上起来觉得这支球队合适，另一天一早则感觉那支队伍更适合。”詹姆斯说，“我反复权衡利弊，但今天早上醒来，我和妈妈聊得很开心，我想这件事可以定下来了，我知道这是个正确的决定。”

詹姆斯坦言母亲格洛丽亚对于他做出决定起到关键作用，是妈妈的话让他卸下心理包袱，按照自己的意愿给出决断。

“母亲告诉我，我必须做出对自己最有利、最能让自己感到开心的决定，因为这个决定带来的后果只有我自己承受。”詹姆斯说，“我今早打电话给妈妈，她认为这个决定很棒，在她看来只要能让我开心就好。我总是向妈妈寻求指导，当我听到她这样讲，做出决定就不是那么难了，那是一种解脱。”

在节目进行了大约30分钟后，主持人终于问出了大家期待已久的问题：“我想是时候揭晓答案了，勒布朗，你的决定是什么？”

“这是艰难的选择，我将把自己的天赋带到南海岸，加盟迈阿密热火队。”

——詹姆斯

“为什么？”

“我需要给自己创造最好的赢球机会，并且能够在数年内处于那样的位置，不仅仅赢在常规赛，或者打出几连胜之类的，我想要赢取总冠军，我认为自己能够在那里实现这个目标。”

就在节目直播的同一时间，韦德正在迈阿密的一家酒店举办晚宴，当詹姆斯准备宣布他的决定时，参加晚宴的人们都有些兴奋，还有些紧张，而韦德却已经胸有成竹。他悄悄地对身边的朋友说：“已成定局，我们三个聚首了。”

The Finals
NBA TV
NBA.COM

PART4

如临深渊 新王加冕

JAMES
6

1

FAILURE

失败，痛苦洗礼

我在过去这个夏天所经历的，我做出了决定，加入这支球队，因为我知道团队在这项运动中有多么重要。

"决定"，给詹姆斯带来了一场他始料未及的舆论风暴。

骑士队球迷烧毁他的球衣，球队老板吉尔伯特愤怒到极点，他发表一封公开信，大骂詹姆斯是懦夫，是叛徒，并斥责詹姆斯在对凯尔特人队的系列赛中缴械投降，放弃比赛。

吉尔伯特的公开信言辞过于激烈，时任NBA总裁斯特恩不得不出面干预，罚了吉尔伯特10万美元，但即便是开出罚单的斯特恩，也对詹姆斯的"决定"并不认同。

"勒布朗有权做出决定，他很坦诚，但这个方式欠妥，他收到的这个建议很糟糕。"

——斯特恩

詹姆斯是自由球员，他有权选择想去的球队，但以电视直播的方式公布，有悖于传统模式，显得过于高调，对于老东家骑士队缺乏尊重，尽管詹姆斯和他的团队在多年后依旧坚持认为，这种方式可以展示新一代球星对于个人生涯的掌控力，是拥有开创意义的行动，但詹姆斯也承认，巨大的舆论压力，让他反思并采取了行动。

詹姆斯聘请了曾帮助施瓦辛格成功竞选加州州长的孟德尔松担任自己的媒体策略顾问，有媒体提出采访要求，必须先将问题发给孟德尔松领衔的媒体策略团队，詹姆斯与孟德尔松共同研究后，拿出比较稳妥恰当的回答，进而避免言论不当引发争议。

与媒体的关系，詹姆斯可以通过专业人士协调解决，但球员毕竟要靠比赛说话。在“决定”之后，有多位NBA名宿站出来批评詹姆斯，认为他缺乏担当，在遇到困难后寻求与球星抱团的捷径，即便很少对后辈球员评头论足的乔丹，也公开发表了类似的看法，尽管他努力说得比较含蓄。

> “我绝不会给伯德和魔术师打电话，说‘让我们抱团组队吧。’”乔丹说，“不过，现在时代变了，我不能说这是一件坏事，这是现在这些孩子的机会，但就我个人而言，我更想努力去击败那些家伙而不是与他们合作。”

怎样才能证明自己的选择是正确的？只有一条路，那就是夺冠，而詹姆斯在热火队的开局并不好，前17场比赛战罢，热火队是9胜8负，勉强胜率过五成的成绩单，显然不是一支拥有三巨头的球队应该打出来的。

造成这样的情况，有两个原因，其一是三巨头之间建立“化学反应”进展很慢，尤其是詹姆斯和韦德之间，尽管他们在场外是好友，也有在美国队合作的经历，但搭档打NBA是另外一回事，两人都习惯持球核心的角色，都不喜欢打无球。这在球权分配上产生了非常大的压力，当一个人拿球的时候，另一个人无所事事，球星合体的效应迟迟没有体现出来。

“那是我不愿回忆的一段经历。”韦德说，“我们当时对于比赛有很多分歧，在更衣室内有一些争吵，甚至有些时候当我们走出更衣室，会怀疑一起打球是不是错了。虽然我们后来取得了成功，但那段磨合的日子太痛苦了，我可不想再经历了。”

其二是詹姆斯与球队主教练斯波尔斯特拉的关系，有人士称詹姆斯更喜欢拥有夺冠经验的莱利担任主帅，但莱利支持他的爱徒斯波尔斯特拉执掌教鞭。詹姆斯对此颇为不满，但热火队的球队文化与骑士队不同，他们可以给予詹姆斯一定的特权，但不能凌驾于管理层之上去干预运作，莱利强硬地力挺斯波尔斯特拉，酿成了“撞肩门”事件。

热火队在2010—2011赛季第17场比赛，客场对垒小牛队，热火队在第三节开始后被小牛队打出一个8:0的攻击波，分差拉大到10分，斯波尔斯特拉叫了暂停，詹姆斯在返回替补席的途中，肩膀撞到斯波尔斯特拉，有知情人在赛后透露，那不是詹姆斯第一次这样做了，他对于主教练很不满意，平时在队内的言行有些嚣张。

詹姆斯在事后进行解释，表示撞肩纯属意外，他和斯波尔斯特拉都没有当回事，是媒体将其扩大化了，他与教练之间没有问题。

与队友形成默契，与教练相互信任，这些都需要时间，热火队三位球星与波士顿三巨头相比，更年轻，也更任性，他们要经历一些失败才能找到合作的最佳方式，赛季开局阶段的不顺利，是必须交的一笔“学费”。

“撞肩门”之后的第一场比赛，是一个转折点，热火队的对手是詹姆斯的老冤家奇才队，斯波尔斯特拉赛前与詹姆斯开了一个会，两人抛开之前的一些分歧，专注于解决球队的进攻问题。既然球权比重短期内难有明确的定量，那就采取另一种分配模式。

“勒布朗，你和德维恩，谁在防守中破坏了对方的进攻，谁就可以在下一波进攻中掌控球权。”

——斯波尔斯特拉

这个方式看似简单粗暴，但至少在短期内相当有效，谁防守好谁进攻戏份大，公平合理。于是，奇才队成了“詹韦”分球权的试验品，詹姆斯在上半场轰下20分，全场拿下30分，韦德在第三节拿下15分，全场拿下26分，波什贡献20分，热火队将对手的投篮命中率压制到41.7%，三分球17中3，顺利拿下胜利。

> “我们正在摸索出如何在比赛中互补的正确方式。”
>
> ——詹姆斯

从奇才队开始，热火队在22场比赛中赢了21场，其中包括在圣诞大战打赢了上届冠军湖人队，詹姆斯在这场比赛中打出27分、11个篮板、10次助攻的三双数据，个人表现力压得到17分的科比。但热火队赢球的最关键因素是他们的防守，在首节将湖人队的投篮命中率控制到24%，湖人队四节比赛有两节得分未能超过16分。

“我们努力的方向是全场比赛打出高质量的防守，”波什说，“防守是我们首要考虑的比赛内容，防守是我们的脊梁。”

三巨头的配置决定了热火队进攻天赋极高，即便他们之间的相互协作还在养成过程中，热火队在2010—2011赛季常规赛打出了联盟第二的进攻效率，他们的防守效率排在第五，进攻看天赋，防守看体系与态度，尽管詹姆斯对于斯波尔斯特拉的能力还有些怀疑，但斯帅在防守上的系统培育至少是获得詹姆斯认可的，当一支进攻才华出众的球队打出好的防守，成绩自然有保障。

热火队在常规赛拿到58胜，在东部排名第二，第一的球队是2010年休赛期招募詹姆斯、韦德与波什未果的公牛队。在夏天拒绝出面吸引其他球星加盟的罗斯，打出场均25分、4.1个篮板、7.7次助攻的数据，公牛队62胜，联盟第一，NBA历史上最年轻的MVP就此诞生。

詹姆斯在2010—2011赛季常规赛场均拿下26.7分、7.5个篮板、7次助攻，无缘MVP三连霸，他在票选中排在罗斯与霍华德之后，位列第三。对于这个结果，有一种说法是詹姆斯的“决定”让联盟很尴尬，NBA不可能在詹姆斯转会第一年再给他一座MVP奖杯。

> 对于詹姆斯而言，常规赛MVP并不是那么重要，他来热火队的目标也不在于此。季后赛、总冠军，才是詹姆斯渴望的。

季后赛首轮，热火队兵不血刃用五场比赛解决76人队，热火队的防守在这个系列赛中起到重要作用，76人队五场球得分都未能破百。在某种意义上，76人队对于迈阿密三巨头更像是“开胃菜”，因为詹姆斯的老对手凯尔特人队在首轮横扫了尼克斯队，正在东部半决赛等待着他们。

“现在，我们要准备好吃大餐了。”詹姆斯在淘汰76人队后说。

一年前，詹姆斯正是在东部半决赛被“绿衫军”踢出局，那次失利让詹姆斯下决心做出改变，他需要更优秀的队友，而不是以一己之力对抗波士顿三巨头。系列赛第一场，詹姆斯就见证了他的选择是多么正确，韦德轰下38分，詹姆斯·琼斯替补出场贡献25分，热火队99:90首战告捷。

“这样的比赛非常有趣。”得到22分、6个篮板、5次助攻的詹姆斯说。

第二战，轮到詹姆斯亮出收割胜利的镰刀，35分，0失误，第四节独取12分，引领一波14:0击溃凯尔特人队，热火队总比分2:0领先。“感觉不错，但这个系列赛还远未到结束的时候，这只是开始。”詹姆斯说。

如果凯尔特人队就这样轻易屈服，他们就不会成为詹姆斯冲冠路上的最强阻力之一。第三场比赛，回到波士顿的凯尔特人队爆发出惊人的能量，尤其是他们的主力控卫隆多，在第三节与韦德的一次对抗中左臂脱臼，离场接受简单处理后重新出战，单臂打满第四节，凯尔特人队在隆多强悍之力带动下，以97:81捍卫主场，詹姆斯16投6中，只得到15分。

为什么要大费周章组建三巨头？热火队在第四战给出答案，詹姆斯得到35分、14个篮板，韦德得到28分、9个篮板，波什得到20分、12个篮板，他们包揽了球队在加时赛的全部得分，热火队以98:90拿到晋级赛点。

“我在波士顿这座球馆很少赢球，我们承受着很大的压力，在比赛中全力以赴。”

——詹姆斯

HEAT
6
1

一年前的东部半决赛第五场，是詹姆斯职业生涯最昏暗的时刻之一，他14投3中，骑士队在主场以32分的差距被凯尔特人队血洗。时隔一年，再一次东部半决赛第五战主场对垒凯尔特人队，詹姆斯迎来复仇时刻。

韦德拿下34分，詹姆斯拿下33分，两队在终场前2分10秒打平，詹姆斯连进4球连砍10分，单枪匹马10:0一波流解决战斗。97:87，热火队淘汰凯尔特人队，晋级东部决赛。

当终场哨响起时，詹姆斯单膝跪地，百感交集。

“这一刻，万千思绪涌上我的心头，我终于击败了这支球队，”詹姆斯说，“我在过去这个夏天所经历的，我做出决定，加入这支球队，因为我知道团队在这项运动中有多么重要。如果让我将心中所想的全部说出来，可以讲上两个小时，你们知道，能够跨过这一关，我们非常开心。”

东部决赛，热火队遭遇常规赛MVP罗斯领军的公牛队，这支球队在常规赛打出联盟第一的防守效率，东部决赛第一场，热火队体验到联盟最佳防守是怎样的水准。热火队只得到82分，下半场仅入账34分，詹姆斯15投5中，热火队输了21分。

这场比赛，热火队篮板33:45输了12个，其中前场篮板6:19被公牛队狂虐。“你努力去防守，但他们即便投篮不进，还能抢到篮板，接下来投进三分球或者将球扣进，”詹姆斯说，“这是最令我们沮丧的，我们必须找到解决问题的办法。”

第二场轮到热火队展示他们的防守实力，公牛队只拿到75分，投篮命中率34%，三分球20中3。詹姆斯得到29分，热火队在比赛最后4分27秒获得12分，其中9分来自詹姆斯。85∶75，热火队扳回一局。“系列赛现在才正式开始。”詹姆斯说。

第三战，詹姆斯和韦德合计得到39分，这个数据不算高，但波什站了出来，他开场后前三次投篮不进，接下来15投13中劈下34分，热火队96∶85收下胜利。连败两场的公牛队在第四战发动反击，比赛打到第四节最后一秒，公牛队拥有绝杀机会，詹姆斯对位罗斯，防住了他的跳投，两队加时决战。全场比赛得到35分的詹姆斯，与韦德和波什包办了热火队加时赛的16分，投篮手感并不好的韦德，在加时赛最后53秒先后封盖了罗尔·邓与罗斯的投篮，用防守力保热火队101∶93再过一关。

“系列赛还没结束，我们还要继续拼。”罗斯说。

第五场回到芝加哥，已无路可退的公牛队在终场前3分钟领先12分，联合中心的球迷们已经开始庆祝即将到来的胜利，但接下来的3分钟，詹姆斯与韦德掀起狂暴的逆转巨浪，韦德跳投命中，然后上篮打进，詹姆斯投进三分球，韦德打成3+1，詹姆斯连拿5分，“詹韦”两人一波16∶2，联合中心安静得可怕，原本唾手可得的胜利，正在从公牛队眼前溜走。

罗斯两罚一中没有给公牛队“止血”，波什罚中两球，热火队领先3分。罗斯执行最后一击，詹姆斯贴身防守，没有给罗斯出手的空间，罗斯勉强投出三分球，詹姆斯成功封盖，热火队83∶80，总比分4∶1，自2005—2006赛季后重返总决赛。

在决定胜负的第四节，詹姆斯与韦德分别得到12分与10分，两人相加22分，而公牛队在第四节的得分是18分。热火队成为东部冠军，他们将在总决赛与小牛队争夺总冠军。

“现在并没有放松的感觉，我们还有工作要做，为对阵小牛队做好准备，一切仍是未知。”

——詹姆斯

小牛队是热火队非常熟悉的对手，两队曾在2005—2006赛季总决赛交锋，韦德在那次系列赛中场均轰下34.7分，带领热火队在先输两场的情况下连扳四局，拿下队史首冠，韦德当选总决赛MVP。2010—2011赛季总决赛也是小牛队时隔五年后再次回到争冠战场，虽然他们在西部突围的过程中，横扫上届冠军湖人队，击退年轻无极限的雷霆队，但外界不看好小牛队可以冲开热火队的阻挡拿到冠军。

小牛队的当家球星诺维茨基33岁，主力控卫基德38岁，首发小前锋马里昂33岁，“替补尖刀”特里34岁，钱德勒和巴里亚虽然没到而立之年，但前者没有持球攻击能力，后者身高不到1.8米。从球员实力来看，小牛队与拥有三位当打之年巨星的热火队相比差距不小。

然而，就是看似与热火队并不在一个实力层面的小牛队，却带给詹姆斯职业生涯最黑暗的系列赛。

总决赛首战，热火队赢了，这场球并不是三巨头喜欢的漂亮比赛，而是有些“丑陋”，热火队投篮命中率只有39%，但他们将小牛队的命中率控制在37%，热火队92∶84胜出。

小牛队不但输球，还有更糟糕的消息，诺维茨基左手中指肌腱撕裂，他需要在接下来的比赛中佩戴一个夹板参加。

第二场，胜利在第四节向热火队挥手，韦德全场比赛砍下36分，他在终场前7分14秒三分球命中，热火队建立15分领先优势。战局眼见走向崩溃，特里作为急先锋率先扛住球队，他连拿6分止住颓势，马里昂与基德也完成进攻输出，小牛队在比赛还剩3分钟的时候，将差距缩小到4分。

> 比赛进入诺维茨基时间，带着指伤出战的“德国战车”，连续拿到9分，终场前3.6秒用肌腱撕裂的左手上篮上演准绝杀，小牛队以95∶93完成大逆转追平总比分。

詹姆斯在这场比赛中得到20分，关键的第四节4投0中。

詹姆斯在第三场依旧进攻不佳，14投6中只得到17分，他在拿球后发动攻击时非常犹豫，美联社的记者在场边观赛，对于詹姆斯的状态大为不解：“勒布朗拿球时间过长，他总是迟疑，结果就是小牛队迅速布置好防守。如果勒布朗能够坚决往篮下杀，效果显然会更好，但他不够果断，导致一再错失良机。”

好在热火队还有韦德，“闪电侠”贡献29分和11个篮板，他在第四节与波什联手拿到14分，当詹姆斯在终场前最后2分钟连续两投不中，是韦德和波什先后中投取分，力保热火队以88∶86过关。

第四场比赛前的晚上，诺维茨基感觉身体很难受，有发烧的症状，直打寒战，经检查是鼻窦感染，直到第四战开始前，诺维茨基的情况也未见改善，依旧十分虚弱。“普通人若是病成这个样子，起床都费劲，而他却要和世界上最好的运动员一较高下。”队友钱德勒谈到诺维茨基时说。

患病的身体影响了诺维茨基的进攻效率，他在比赛中一度11次出手只中1球，当第四节还剩10分钟的时候，热火队取得9分领先。如果剧情继续这样下去，热火队将拿到夺冠赛点，但接下来的剧本却是小牛队轰出21∶9的攻击波，21分有10分来自诺维茨基。当距离终场仅剩14.9秒的时候，诺维茨基持球单打热火队的悍将哈斯勒姆，上篮打进结束比赛。

> **当诺维茨基再次投中关键球的时候，詹姆斯就在附近却没有做出任何防守反应，成了“诺天王”英雄时刻的背景板。**

CHAMPIONS
CHAMPIONS
NBA
CHAMPIONS

詹姆斯在这场比赛中完全迷失，11投3中只得到8分，连续433场得分上双（常规赛+季后赛）终结，第四节打满12分钟，1投0中得分吞零，而诺维茨基仅在第四节就得到10分，单节得分高于詹姆斯全场得分。

詹姆斯的前队友奥尼尔看了这场比赛，他对于詹姆斯的低迷感到不可思议。“勒布朗的表现很奇怪，传球是好事，但总决赛需要他成为救世主。比赛中有这样的情景，热火队为他创造了一次不错的投篮机会，他却把球传给查尔莫斯，这根本没有道理。我从未见过一个如此有才华的人，在重要的比赛中这样没有状态，他完全没有踩对节奏。”奥尼尔说。

比分2:2，天王山之战。詹姆斯与韦德在第五场之前，做了一件有些幼稚的事，他们在得知诺维茨基第四场带病出战的消息后，模仿“诺天王”咳嗽。然后诺维茨基在第五场砍下29分，第四节独取8分带队以112:103攻占天王山。詹姆斯在第四节4投1中只有2分，虽然他全场比赛有17分、10个篮板、10次助攻的三双数据。

“比赛归根结底是关于胜利或者失败，你输了球，三双就毫无意义，我们会在第六场做得更好。”詹姆斯说。

但是，詹姆斯和热火队并未做到，他们在赢球或回家的第六场，打得还不如第五战，虽然詹姆斯命中率达到60%，但他只出手15次，延续着整个系列赛的惜“投”如金，拿到的21分根本不足以撼动多点开花的小牛队，诺维茨基再次展示第四节先生的风采，末节拿到10分，小牛队105:95，在热火队主场摘下“王冠”。

六场后落败，热火队就这样输掉了三巨头时代的首次总决赛。

詹姆斯在这个系列赛中场均只有17.8分，这是他NBA生涯仅有的一次系列赛场均不到20+。在热火队内，詹姆斯的场均得分要排在韦德与波什之后，只位列第三。詹姆斯打得全无侵略性，六场比赛总计罚球20次，而被很多球迷质疑球风偏软的波什，在系列赛的罚球数要比詹姆斯多25次。

在关键时刻，詹姆斯习惯性消失，六场比赛第四节总计得到18分，平均只有3分，而诺维茨基系列赛第四节平均得分达到10.3分，比肩1993年总决赛中的乔丹。

小牛队使用联防对付詹姆斯，詹姆斯中远投还不稳定、低位背身技术还不熟练的短板暴露出来，但他更重要的问题在心理上。

“勒布朗满足于轻松投篮的机会，他在逃避身体对抗，他无法承受压力。当他杀入禁区，原本有得分的机会，却如同甩掉手中的炸弹一般，将球扔给队友，看上去他就不想承担责任。”

——美国媒体露天看台体育

MIAMI

2

DEAD EYE

死瞳，破除封印

从我选秀开始，已经过去了九年，我终于可以说自己是一位冠军了。

詹姆斯究竟怎么了？这位曾连续两年夺取MVP的巨星，为什么会在总决赛中陷入挣扎？不但媒体记者和球迷感到困惑，他的教练和队友也在寻求答案。

在2011年总决赛场均劈落26.5分的韦德，或许是掌握打开詹姆斯心理闸门钥匙的那个人。

就在2011—2012赛季开始前，韦德来到训练馆，找到球队助教菲兹戴尔。“教练，我想告诉勒布朗，这是他的球队，他需要亲耳从我这里听到这句话。勒布朗是这个世界上最优秀的球员，但他过于尊重我在队内的地位了。”韦德说。

> 没等多久，詹姆斯也来到球馆，韦德拿着球对詹姆斯说：“勒布朗，这是你的球队了，我来辅助你。”

詹姆斯愣住了，他没有想到韦德——这位迈阿密的城市篮球英雄，会主动退到队内二号球星的位置上。詹姆斯知道韦德平时喜欢搞怪，所以他在那一刻还不敢确定韦德是不是在开玩笑。

> “勒布朗，我是认真的，在我们未来并肩作战的日子里，这是你的球队，我会跟随你的领导，会支持你。”
>
> ——韦德

WADE
3

2011年的休赛期与以往不同，因为劳资纠纷出现停摆，2011—2012赛季常规赛直到圣诞节才开始。延长的休赛期给了詹姆斯更多的时间去打磨技术，他去了一趟休斯敦，拜师火箭队传奇中锋奥拉朱旺学习低位脚步，再次向总冠军发起冲击之前，丰富自己的篮球武器库。

赛季首战，热火队来到达拉斯，对垒上个赛季总决赛击败他们的小牛队。小牛队在赛前举办升起冠军旗以及冠军戒指颁发仪式，这对于心中燃烧着复仇火焰的詹姆斯与热火队是巨大的动力，詹姆斯上半场就杀下18分，下半场再添19分，以37分、10个篮板、6次助攻的表现，带领热火队105：94拿到胜利。

复仇小牛队是一个极好的开始，热火队以五连胜启动2011—2012赛季，詹姆斯在这五场比赛中三场得分34+。赛季前35场比赛，热火队赢下28场。由于劳资纠纷导致常规赛缩水，2011—2012赛季缩水到66场，热火队拿到了46场胜利，在东部排名第二。

“我们努力打得更有侵略性，我们拥有一个非常棒的季前训练营，保持专注，将比赛提速，这就是我们在训练营培养的比赛模式，我们要将它带到新赛季。”

——詹姆斯

詹姆斯场均得到27.1分、7.9个篮板、6.2次助攻，拿到了生涯第三座常规赛MVP奖杯。

在MVP票选榜上，位列第二的是雷霆队球星杜兰特，正是从2011—2012赛季开始，“东詹西杜”的故事取代“23PK24”，成了联盟争霸的主线。

季后赛首轮，热火队五场比赛解决尼克斯队，第二轮遭遇步行者队，詹姆斯在首战砍下32分、15个篮板，热火队95∶86先下一城，但波什在上半场腹部肌肉扭伤退赛，进入休战名单。缺少波什的热火队接下来连败两场，其中系列赛第三战以75∶94输了19分，这场比赛韦德13投2中，只得到5分，膝盖和腿部的疼痛严重干扰到韦德的竞技状态，热火队落入险境。

第三场与第四场之间有两天的休息时间，韦德拜访他的大学恩师汤姆·克林，师徒二人共同观看了第三战的比赛录像。“我知道自己打了一场非常糟糕的比赛，我希望能够通过看录像找到问题出在哪里，接下来帮助球队取胜。”韦德说。

韦德的状态反弹随即到来，他在第四场贡献30分，但热火队挽救逆境的首功之臣是詹姆斯，他轰下40分、18个篮板、9次助攻，热火队以101∶93扳平总比分。“系列赛才刚刚开始，战斗继续下去。”詹姆斯说。

第五场是“天王山之战”，虽然比赛依旧身体对抗激烈，但从1∶2落后局面杀回来的热火队，牢牢掌控着局面，强悍的防守让步行者队命中率只有33.7%，詹姆斯得到30分、10个篮板、8次助攻，韦德得到28分，热火队115∶83大胜。第六战，韦德劈下41分，詹姆斯28分，热火队在印第安纳以105∶93解决战斗。

东部决赛，
詹姆斯又遇到那个熟悉的对手——
凯尔特人队。

波什继续伤停，但热火队系列赛开局非常顺利，詹姆斯两战拿到66分、23个篮板，热火队拿下两个主场，带着2:0的总比分前往波士顿，但接下来热火队吞下一波三连败，虽然波什在第五战复出，三巨头重新聚首，但还是未能止住连败。

第五场结束前52秒，皮尔斯面对詹姆斯的防守干拔三分命中，这是锁定胜局的一球，皮尔斯冲着詹姆斯咆哮道："我是冷血动物，你还是那个废物！"

第六场比赛在波士顿举行，凯尔特人队球迷火上浇油，他们在城市高速公路边竖起"杀死勒布朗"的宣传板。这座城市是詹姆斯篮球生涯的伤心地，2007—2008赛季东部半决赛抢七，2009—2010赛季东部半决赛第六场，詹姆斯都是在波士顿被淘汰出局。总比分2:3落后，客场作战，波士顿魔咒，詹姆斯来到了悬崖边缘，如果他在热火队连续两年冲冠失败，等待他的将是"狂风暴雨"。

要么胜利，要么出局。在第六场之前，《纽约时报》的霍华德·贝克前往热火队训练馆，他发现詹姆斯与往日不同。"勒布朗脸上一点笑容都没有，不停地练习跳投和低位背打，他的私人训练师已经累到汗流浃背，但勒布朗没有停下来的意思。"贝克回忆道。

2012年6月7日，
波士顿北岸花园球馆，
詹姆斯，
职业生涯 里程碑之战。

比赛开始后，詹姆斯一记中投不进，现场球迷爆发出高分贝的嘘声，此时球馆内的摄像师捕捉到他的眼神，那是有着恐怖感的杀气腾腾，是“等着瞧，我要亲手灭了他们”的死亡之瞳。

那个眼神是詹姆斯猛攻的号角，他在首节7投6中，砍下14分，面对皮尔斯干拔跳投命中，杀入禁区在加内特头顶暴扣，背身抹过雷·阿伦的防守将球打进。凯尔特人队摆出包夹防守，但杀疯了的詹姆斯强行突击，他在反击中冲破隆多的第一道防线，然后撞开皮特鲁斯和斯蒂恩斯玛的包围圈，斯蒂恩斯玛只能犯规，但还是未能阻止詹姆斯将球送入篮筐。

“他这场比赛无所畏惧，展示了必胜的决心。”热火队主教练斯波尔斯特拉说。

詹姆斯的统治力如烈火越燃越旺，他在第二节7中6，拿到16分，第三节再添11分，在开场首次投篮不中后，连续打进12球！前三节比赛战罢，詹姆斯已经入账41分，并且三节比赛打满。终场前7分15秒，詹姆斯底线切入反身上篮命中，热火队领先优势达到25分，宣判凯尔特人队“死刑”。喧闹的北岸花园球馆寂静无声，凯尔特人队主教练里弗斯叫了暂停，但他没有做出任何布置，因为已经没有意义了。

“我希望从今以后，大家不要再讨论勒布朗能不能打好重大比赛这个话题了，他太棒了。”里弗斯说。

98：79，热火队在波士顿挽救赛点，詹姆斯出战45分钟，26投19中，砍下45分、15个篮板、5次助攻，而凯尔特人队三巨头总计得到31分、13个篮板、2次助攻，詹姆斯一挑三成为经典的救赎之战。

“我们在客场，我们没有任何退路，我希望能够为队友，为球队做些什么。”詹姆斯说，“我感觉很棒。”

这场比赛对于詹姆斯不仅仅是一场背水一战的胜利，更是他彻底击碎心魔的洗礼，当他的球队濒临绝境时，詹姆斯以前所未见的坚韧与决绝，杀出了血色的黎明，这场球不仅仅改变了这个系列赛的走向，也改变了詹姆斯职业生涯的轨道。

抢七大战，詹姆斯31分、12个篮板，热火队以101∶88终结这个系列赛，也终结了凯尔特人队的三巨头时代。此时，西部冠军早已决出，杜兰特、威斯布鲁克与哈登领军的雷霆队正在等待詹姆斯与他的球队。在抢七战之前，里弗斯准备了前往俄克拉荷马打总决赛所用的行李，但詹姆斯让他的希望落空。

MIAMI
6
PIERCE
34

赛后，里弗斯拥抱詹姆斯，很真诚地说道："勒布朗，去拿下属于你的首冠吧。"

总决赛第一场，热火队就输了，詹姆斯拿到30分。杜兰特轰下36分，第四节如入无人之境狂劈17分，雷霆队105∶94首战告捷。将上赛季对小牛队的系列赛计算在内，热火队在三巨头时代已经连续输掉四场总决赛。

热火队在首战输在杜兰特这个对位上，詹姆斯打得不错，但还是略逊杜兰特一筹，热火队想赢，必须在"詹杜"对决上取得点对点压制。第二场，詹姆斯给出回应，他拿到32分，热火队在终场前53秒领先7分，但杜兰特并未放弃，他连拿5分将分差缩小到2分。

詹姆斯三分球偏出，给了雷霆队追平的机会，雷霆队安排一个边线发球战术，杜兰特在底线接球，采用转身试图过掉身后的詹姆斯，但詹姆斯卡住了防守位置，杜兰特勉强出手弹筐而出，詹姆斯保护篮板，雷霆队只能采取犯规战术，詹姆斯两罚全中为热火队保住胜利，他在这场比赛中罚球12罚全中。

"我们要比他们打得更好，然后拿到胜利，我们有能力做到。"

——詹姆斯

一场胜利并没有抹平心理上的伤痛，上个赛季输掉总决赛的场景还历历在目。对于热火队来说，没有赢下第四场之前，一切都是未知数。

“上个赛季总决赛失利的痛苦一直伴随着我们。”波什说，“我们每天都会回想，那种懊悔与痛心给了我们教训，也给了我们打赢这个系列赛的动力。”

第三场又是一场鏖战，雷霆队在第四节开始后凭借着杜兰特、威斯布鲁克与哈登的连线取得领先，比赛又进入了需要球星站出来解决问题的时段。“詹韦”两人扛住压力，先后打成2+1，詹姆斯再添一记击穿雷霆队整条防线的突击上篮，热火队一波强势攻击反超7分。

雷霆队做出最后的反扑，詹姆斯在紧要关头再次防住了杜兰特的跳投，韦德成功干扰了威斯布鲁克的三分球，随着“詹韦”两人在最后时段连续罚球命中，热火队有惊无险以91:85取得胜利。韦德得到25分、7个篮板、7次助攻，詹姆斯得到29分、14个篮板，第四节独取8分。

再一次2：1领先，热火队在上赛季总决赛三战过后也是这样的局面，接下来连输三局，第四场将是一个考验，检验詹姆斯与他的球队是否能够击破上赛季总决赛的阴影，真正成长起来，配得上总冠军的荣耀。

这场比赛注定艰难，杜兰特的28分已经给热火队的防守带来很大的压力，威斯布鲁克的43分更是令热火队的防线伤痕累累，而更令热火队感到恐惧的事情在第四节结束前6分钟发生了。詹姆斯持球突破杜兰特的防守，突然身体失去平衡摔倒在地，虽然他站了起来，但已经无法跑动，走路都是一瘸一拐，好在韦德用盖帽封杀雷霆队的快攻，未能退防的詹姆斯接到传球在篮下打进。

詹姆斯的左腿出现问题，他连正常站立都有些困难，但比赛尚未进入“死球”状态，雷霆队发现詹姆斯的异常，给威斯布鲁克制造单挑詹姆斯的机会，詹姆斯虽然无法起跳，但还是奋力展臂干扰威斯布鲁克这次中投，热火队赶快叫停，队友和工作人员搀扶着詹姆斯下场。

詹姆斯左腿抽筋，剧烈的疼痛令他躺在场边大吼了几声。在詹姆斯离场后，杜兰特连拿4分，雷霆队追了上来，詹姆斯十分沮丧，接受治疗的时候将毛巾盖在自己的脸上。下场缓解疼痛仅仅1分钟，詹姆斯就申请上场，此时的他还不能全力跑动，脚步依旧略显蹒跚，但他实在无法接受在这样重要的比赛中沦为看客。

“勒布朗的腿还是很疼，但如果我们不能赢下这一场，对他来说是更为剧烈的心理伤痛，只有胜利才能真正缓解身体上的痛苦。”韦德说。

詹姆斯重新登场，迈阿密美航球馆欢呼震天。热火队跑了一个三巨头连线的战术，韦德在左侧运球，波什上前做挡拆，两人的配合牵制了雷霆队的防守注意力，詹姆斯来到弧顶位置接到韦德传球。2006—2007赛季与2010—2011赛季总决赛，马刺队和小牛队，一次次在三分线外放詹姆斯投篮，因为那时候的他远投并不稳定，而正是这些灰色的记忆，鞭策着詹姆斯变强。

詹姆斯指挥队友拉开，与雷霆队防守悍将塞福罗萨形成一对一，这一次他没有选择突破，而是在运球试探后干拔而起，球破网而入，比赛的均势被打破，热火队凭借这个进球领先3分，美航球馆瞬间沸腾。

疼痛感已经强烈的左腿让詹姆斯无法坚持到比赛结束，他在距离终场还有55秒的时候再次被换下，但这记三分球吹响了热火队取胜的号角。104：98，热火队距离总冠军只差一场胜利了。

“我就是希望能够打成那个战术，”詹姆斯说，“只要我上场，即便灵活性受限，还是要努力做出贡献，我很开心能够不辱使命。”

2012年6月21日，这一天距离詹姆斯进入NBA已经过去了九年，詹姆斯一直在等待冠军加冕，经历那么多的坎坷，那么多的波折，终于等到梦想照入现实的那一刻。

总决赛第五场，热火队在上半场就火力全开，詹姆斯用15+5+5的数据统帅三军，韦德与波什半场合砍19分，迈克·米勒前两节比赛出战9分钟就以三分球4中4的表现贡献12分，热火队半场拉开10分差距，波什在第三节站了出来，5中4砍下12分，当前三节结束时，热火队已经握有24分领先优势。

终场前3分钟，分差是22分，比赛已经毫无悬念，热火队换下三巨头，詹姆斯、韦德与波什站在场边，共同等待着荣耀的时刻到来。121：106，总比分4：1，詹姆斯终于一览众山小。

“从我选秀开始，已经过去了九年，我终于可以说自己是一位冠军了。”在夺冠战得到26分、11个篮板、13次助攻的詹姆斯说，“我为此付出了努力，那些日复一日的工作，在今天兑现为冠军奖杯。”

在对雷霆队的系列赛中，詹姆斯场均得到28.6分、10.2个篮板、7.4次助攻，当选总决赛MVP。

与一年前相比，詹姆斯无论心态还是技术都取得了飞跃的进步，苦练而成的低位技巧，令他攻击篮下更加游刃有余，2011—2012赛季总决赛场均禁区得分达到17.6分，而就在一年前的冠军系列赛中，该项数据是8.7分，詹姆斯在训练场上流下的汗水，此时此刻成为他通往冠军的阶梯。

28岁的詹姆斯，解除了困扰他的冠军封印，完成了终极登顶。

“我希望成为一名冠军球员，但我不知道何时能够做到，我所能做的就是坚持努力。这是最困难的，因为你不知道何时能成功，你卖力训练，盼望着有朝一日能够看到成果。”

——詹姆斯

CHAMPIONS
2·0·1·2 N·B·A
CHAMPIONS
2·0·1·2 N·B·A
CHAMPIONS

CHAMPIONS
adidas
WHITE HOT
LOCKER ROOM
2013 BACK-TO-BACK
CHAMPIONS

3

DOUBLE CROWN

双冠，逆水行舟

比赛并未结束，要战斗到最后时刻，这就是我们所做的，全力以赴，竭尽所能。

带着夺冠的喜悦，詹姆斯出征2012年奥运会，他成为美国男篮的攻防核心，组织进攻，调动防守，攻城拔寨样样精通。在对澳大利亚队的比赛中，詹姆斯打出11分、14个篮板、12次助攻，这是美国队球员在奥运会历史上首次单场三双。奥运会决赛，詹姆斯得到19分，带队击败西班牙队，詹姆斯拿到第二枚奥运会金牌。

> 詹姆斯成为历史第二位在同一年拿到NBA总冠军、常规赛MVP、总决赛MVP和奥运会金牌的球员，首位是1992年的乔丹。

“勒布朗是最优秀的球员，是最优秀的球队领袖。”美国队主教练沙舍夫斯基说。

成功卫冕奥运会冠军的詹姆斯，接下来的目标就是NBA赛场上的两连冠。

> 就在2012年的夏天，詹姆斯迎来一位非常重要的新队友——曾经的波士顿三巨头之一雷·阿伦。

FIBA
London 2012
USA
6
London 2012
ESPAÑA
ESPAÑA
5

雷·阿伦是NBA历史三分王，他帮助凯尔特人队在2008年夺冠，但也就是从那次冠军开始，“绿衫军”内部出现裂痕，尤其是雷·阿伦与隆多的关系渐渐发展到水火不容。2011—2012赛季结束后，雷·阿伦成为自由球员，凯尔特人队给出两年1200万美元的报价，而雷·阿伦想要的是三年2400万美元。除合同的分歧外，凯尔特人队还要求雷·阿伦改打替补，并且明确表示隆多是球队的进攻核心，战术要围绕隆多展开。

雷·阿伦认为凯尔特人队根本没有给予他尊重，所以决定离开，热火队、快船队、灰熊队和森林狼队都对雷·阿伦进行招募，雷·阿伦选择了热火队，尽管热火队的合同只不过两年600万，但职业生涯薪资收入过亿的雷·阿伦想要的是退役前可以再次获得夺冠的机会，他已经37岁了，在拥有了足够的财富后，钱并不是签约考虑的首要问题。

“热火队能给我最好的夺冠机会，就是这样。” 雷·阿伦说。

在2008年夺冠后，雷·阿伦去拜访乔丹，询问怎样做才能卫冕。乔丹告诉雷·阿伦，他们第一次夺冠应该感到幸运，而想要再来一次，就要付出更多，因为冠军会改变球员们的心态，他们会变得不再像以前那样无私，而是在身边人的吹捧下更关心个人数据。

雷·阿伦在凯尔特人队就目睹了乔丹所说的情况，但在2012年的热火队，他看到完全不同的场景。

“在训练馆内，你丝毫感受不到这些球员不久前刚刚拿到了总冠军，没有人要求更多的球权或者上场时间。”雷·阿伦说，“每个人都早早来到球馆，为新赛季做准备，我在以前通常是最早抵达的几个人之一，但在这里，有一些队友比我来得还早，勒布朗就是其中之一。”

詹姆斯为热火队奠定了基调，他们是一个互相团结、相互扶持的集体。

“勒布朗是球队文化的奠基人，他给我留下最深刻印象的并不是天赋，而是谦逊与好学，他不觉得自己无所不能，而是乐于向别人请教，他主动找我练习罚球和投篮。”雷·阿伦说，“勒布朗还有一项特别的技能，他可以记住赛场上发生的一切，不仅仅是自己的比赛，对手的也是如此，他常常和我聊起我当年打球的一些细节，很多我都记不得了，但他却能说出我得了多少分，场上都有谁，打了什么战术。”

热火队带着强烈的卫冕信念踏上2012—2013赛季，这个赛季也是詹姆斯职业生涯综合状态最好的一年，是运动能力、攻防技巧与心理状态结合的最佳阶段，热火队在詹姆斯的带领下高歌猛进，逐步进入无坚不摧的竞技模式中。

2013年2月3日，热火队在客场以100：85击败猛龙队，詹姆斯砍下30分，以这场胜利为起点，热火队打出了27连胜，这是NBA历史上非跨赛季第二长连胜。

热火队在27连胜期间，展示了他们的统治力，17场比赛以两位数分差获胜，连战连捷期间百回合114.9分的进攻效率领跑全联盟，投篮命中率50.8%也是联盟第一。

27连胜也并非场场碾压，其中有7场比赛是逆转两位数分差赢下来的。2013年3月6日在主场对魔术队一战，热火队在终场前3.2秒还落后1分，詹姆斯上篮绝杀率队过关。3月18日，热火队在波士顿大战凯尔特人队，在比赛第二节一度落后17分，詹姆斯带队奋起直追，在第四节还剩1分21秒时两队战成平手，又是詹姆斯接管比赛，他在关键时刻中投命中，热火队以105∶103成功翻盘，詹姆斯全场贡献比赛37分、7个篮板、12次助攻。

3月20日客场与詹姆斯的老东家骑士队对垒，热火队在第三节陷入绝境，这节结束前7分44秒落后27分，詹姆斯率队轰出58∶28的攻击波大翻盘，詹姆斯交出25分、12个篮板、10次助攻的成绩单。

在27连胜期间，詹姆斯场均得到27分、8.1个篮板、8次助攻，投篮命中率高达57.5%。“这是写入联盟历史的连胜。”詹姆斯说，“我们非常幸运能够作为球队的成员参与到这次的连胜中，我们要保持谦逊继续前行。”

热火队在2012—2013赛季常规赛赢下66场，这是该赛季联盟最佳战绩，是热火队队史单赛季赢球场次最多的纪录。

詹姆斯在常规赛

场均得到 **26.8分、**

8个篮板、7.3次助攻、

投篮命中率 **56.5%、**

三分球命中率 **40.6%。**

詹姆斯第四次当选常规赛MVP，只差一票成为NBA历史首位全票获得该奖项的球员。

季后赛前两轮，热火队继续着攻无不克的战力表现，先后以4∶0和4∶1的总比分淘汰雄鹿队与公牛队，与步行者队会师东部决赛。步行者队内外配置均衡，篮下有罗伊·希伯特一夫当关，锋线配备大卫·韦斯特与保罗·乔治两员悍将，后场是乔治·希尔与兰斯·史蒂文斯，这支队伍球风彪悍，防守尤其强硬，是2012—2013赛季防守效率第一的队伍。

步行者队能够打造出防守端的铜墙铁壁，主教练厥功至伟，这位主帅与詹姆斯有着不解之缘，他们先是对手，又在几年后成了并肩作战的伙伴，一起在洛杉矶书写了冠军传奇，他就是弗兰克·沃格尔。

步行者队的阵容条件，决定了他们打热火队有很强的针对性，内线护筐与侧翼防守都能给热火队的进攻带来非常大的干扰。两队首场较量就打到加时赛，18次打平，17次交替领先，终场前2秒，乔治强行出手三分球制造韦德犯规，乔治三罚全中，步行者队超出1分，热火队只有最后一击的机会，要么投进，要么输球。

热火队派上雷·阿伦，给了步行者队一个信号，但雷·阿伦只是佯攻，他在边线球发出的一刹那跑向底角，带走了身边的防守人，詹姆斯接球后快速转身，乔治追防慢了一步，詹姆斯直冲篮下，步行者队为了增强防守机动性，没有让他们最好的护筐手希伯特留在场上，结果篮下防守空虚，詹姆斯左手上篮，球进，哨响，绝杀，热火队103∶102收下胜利。

“两支球队都非常拼，我们多打成了一次。”全场得到30分、10个篮板、10次助攻的詹姆斯说。

第二战依旧胶着，第四节结束前48.9秒，乔治·希尔两罚全中，步行者队领先2分。热火队设计了詹姆斯与雷·阿伦的挡拆，但詹姆斯传球被韦斯特断下，虽然热火队凭借高压防守制造了步行者队24秒违例，但詹姆斯接下来的突破分球再次被断，尽管他这场比赛拿到36分，但最后关头这两次失误葬送了胜机，步行者队从迈阿密带走一场胜利，系列赛将来到印第安纳波利斯。

热火队输球只是因为詹姆斯的两次失误吗？这当然是因素之一，但并非全部败因，热火队在内线的对抗上难以抵挡希伯特，让步行者队的中锋拿走29分和10个篮板，如何削减步行者队的篮下优势，成为摆在斯波尔斯特拉面前的一道难题，他在第三场给出了解题的方式：

让詹姆斯去低位吧！

这一招并非前所未见，当年湖人队就曾让“魔术师”客串中锋，同样是历史级的全能球员詹姆斯也可以试一试。

第三战一开场，热火队就拿出詹姆斯打低位的变招，步行者队完全没有料到热火队会这样打，防守体系出现错乱，詹姆斯得到22分不算多，17次出手也有限，但他的比赛正负值达到+22，热火队以詹姆斯为轴发动攻势，五名首发球员全部得分上双，全队送出的21次助攻只有5次失误，投篮命中率54.5%，禁区得分52∶36大获全胜，以114∶96重新取得总比分上的领先。

“去低位，给他们的防守施加压力。”詹姆斯说，“教练组希望我可以这样做，队友们允许我这样打。”

热火队在第三场轻取胜利，美国媒体普遍认为这个系列赛不会持续很久，步行者队能够赢一场已是很理想的结果，热火队有望趁势追击，再下两城终结东部决赛的战斗。

然而，记者们想错了。

步行者队在第四场给出强硬的回击，他们不断地冲击篮下，以顽强的态度拼抢篮板和每一个地板球，以篮板49∶30、禁区得分50∶32碾压热火队。詹姆斯在这场“绞肉机”风格的比赛中拼到6犯离场、也未能挽救败局，热火队92∶99输掉比赛，总比分再次被追平。

又是“天王山之战”，步行者队在热火队主场依旧强势，他们在第三节开始后取得6分领先，但在接下来的11分钟，热火队打了一个30∶10，30分中有25分是詹姆斯直接拿到或者助攻队友获得，詹姆斯在第三节10投7中，拿下16分，步行者队全队这一节得到13分。

热火队靠詹姆斯的强杀奠定优势，最终以90：79登上天王山，再赢一场就将连续三年闯入总决赛。

“我来到这里就是为了每年都参与总冠军的争夺。”全场得到30分的詹姆斯说，“我们现在还差一步，就可以连续三年踏上争冠系列赛了。”

这一步，热火队并未在第六场迈出。步行者队再一次给出凶悍的回击，希伯特得到24分、11个篮板，乔治得到28分，步行者队将热火队的投篮命中率压制到36%，以91∶77又一次将两队拉回同一起跑线。

抢七战，胜者，东部冠军；负者，前功尽弃。步行者队在首节再一次拿出他们密不透风的防守，热火队投篮命中率只有28.6%，步行者队的防线如一道坚冰，热火队需要他们的破冰人，这个人就是詹姆斯。

詹姆斯在第二节杀下12分，雷·阿伦贡献10分，单节三分球4中3，热火队在这一节33∶16赢了17分，一举奠定胜势，两队分差在下半场一度拉大到28分，步行者队再无招架之力，热火队99∶76赢下抢七，詹姆斯32分问鼎东部。

“我们的工作还没结束。”詹姆斯说。

詹姆斯在NBA征途上一路走来，跨过了活塞队，战胜了凯尔特人队，击退了步行者队，一个又一个强敌被他甩在身后，但仍有一个对手是他在季后赛尚未征服的，那就是马刺队——热火队在2012—2013赛季总决赛的对手。

BACARDI
HEAT
6

热火队拥有着顶级的天赋球员，而马刺队拥有着顶级的团队协作，这个系列赛将是一次斗智斗勇的比拼，任何一场胜利都将来之不易，最终获胜的那支球队，需要实力，也需要一些运气。

第一场，马刺队展示了他们的实力，也获得幸运的眷顾。在第四节开始后8分30秒的时间里，马刺队只让热火队拿到7分，但詹姆斯用两次上篮打进，带队缓了一口气。战至终场前5秒，詹姆斯两罚全中将差距缩小到2分，马刺队将杀死比赛的机会交给帕克，六年前马刺队横扫骑士队的那个系列赛，帕克是总决赛MVP，这一次帕克又给了詹姆斯一段痛苦的记忆。

帕克在球场右侧与詹姆斯形成对位，詹姆斯做出强势的身体对抗，帕克单膝跪地险些丢球，他护住球起身一抹，绕过詹姆斯的防守跳投出手，球在篮筐上转了一圈，落入网中。

92∶88，马刺队首战告捷。“马刺队就是马刺队，他们会让你处于很不舒适的区域内，每一次你犯错，都会被他们利用。”詹姆斯赛后说，他拿到了18分、18个篮板、10次助攻，但这个三双未能换回一场胜利。

第一场热火队是惜败，但第二场的战况，似乎要走向惨败，詹姆斯在前三节13次投篮只中3球，好在队友查尔莫斯站了出来，在前三节拿下17分，带动了热火队以33∶5的进攻巨浪淹没了马刺队。103∶84，热火队避免0∶2的困局。

前三节命中率不高的詹姆斯，第四节找回准星，单节4中4，但他的高光时刻来自防守端，迎面怒帽马刺队中锋斯普利特，在投篮不稳定的时候，詹姆斯努力通过防守给队友提供帮助。

“我今天进攻很挣扎，是队友们支撑起比赛。”詹姆斯说，“查尔莫斯让我们保持侵略性，他杀入内线打成2+1，他投进三分球，可以让我找回感觉，属于我的时刻到来了。”

> 六年前的总决赛，马刺队使用鲍文防守詹姆斯。六年过去了，鲍文已经退役，但马刺队依旧储备着限制詹姆斯的利器——2011年进入NBA的科怀·伦纳德。

伦纳德拥有2.01米的身高，更有一双长臂和巨大的手掌，马刺队通过将乔治·希尔送到步行者队换来伦纳德，当时波波维奇有些舍不得送走希尔，是他的助教布登霍尔泽力荐，波波维奇才下定决心。

事实证明，布登霍尔泽的眼光相当好。

第三场，伦纳德对詹姆斯使用被球迷们称为“死亡缠绕”的防守，詹姆斯前13次投篮丢了11次，全场比赛21投仅7中，而马刺队万箭齐发，丹尼·格林三分球9中7，加里·尼尔三分球10中6，马刺队以16记远射击穿热火队的防守，113∶77大胜36分。

“我必须打得更好一些才行，就我这样的表现，根本就不能奢望赢球。”詹姆斯说。

第四场还是在马刺队主场进行，如果马刺队打赢，将取得夺冠赛点。AT&T中心球馆的球迷们，在球队热身时就齐声高喊着“三巨头被高估了”，为主队助威。热火队老板阿里森也在现场，听到马刺队支持者的口号，他走进客队更衣室，望着正在做准备的詹姆斯、韦德与波什。

“你们听到了吗？去证明他们大错特错吧。”阿里森说。

三巨头给出强有力的回应，詹姆斯拿下33分、11个篮板，韦德拿下32分、6次抢断，波什拿下20分、13个篮板，热火队在三巨头的驱动下，投出52.9%的命中率，摧毁马刺队的防守。109∶93，系列赛来到第五场。

马刺队在第五场做出了一个调整，波波维奇将马努·吉诺比利放入首发，这是吉诺比利在2012—2013赛季第一次先发出场。马刺队的这个变化令人吃惊，因为吉诺比利在之前的三场比赛中总计得到17分，18投6中，三分球11中1。

“我对自己的表现非常失望，非常生气，我们在打总决赛，我却未能给球队带来帮助，这令我十分自责。”吉诺比利说。

虽然吉诺比利处于状态迷失中，但波波维奇还是决定变阵，因为他相信吉诺比利能够找回自己。“他在这些年中，帮助我们取得了很多的成功。”波波维奇说。

吉诺比利首发成了马刺队的神变招，他一扫之前的状态“锈迹”，14投8中，打出24分和10次助攻，帕克得到26分，邓肯得到17分、12个篮板，丹尼·格林继续三分神准的表现，投进6记三分球带来24分，马刺队轰出60%的命中率，以114∶104击败热火队。总比分3∶2，马刺队距离总冠军仅有一步之遥。

“第六场，将是我们最重要的比赛。”

——詹姆斯

最重要的比赛，退无可退的战场，热火队在前三节结束时，落后整整10分。这意味着，如果第四节没有奇迹发生，马刺队将在美航球馆捧起总冠军奖杯。热火队主场的一些球迷已经失去信心，涌向出口准备离场，NBA官方的工作人员开始做颁奖仪式的准备工作，场地四周围上黄线，记者们也开始讨论哪位马刺队球员会拿到总决赛MVP。

总而言之，一切都预示着热火队完蛋了，马刺队要胜利了。

“我们看到了这一切，我们怒不可遏。”

说这话的是雷·阿伦，这位神射手在前三节完全没有准星，4次投篮全部投丢，包括2记三分球，但他并没有丧失信心，作为NBA历史三分王，雷·阿伦的自信源自他日复一日的苦练。

从效力雄鹿队开始，雷·阿伦就有一套自创的训练方法，他会跪在地板上，然后跳起来，接球出手。随着训练的进行，雷·阿伦还会躺在地上，快速起身拿球投篮。这样做的目的是让身体能够适应在混乱的局面中保持投射的稳定性，形成肌肉记忆。

热火队在第四节绝地反攻，詹姆斯一次篮下强杀中发带被打掉，他顾不上重新戴上就继续投入战斗，连续上篮打进，热火队在第四节结束前2分钟反超3分。但热火队接下来不到40秒时间内出现三次失误，其中两次来自詹姆斯，马刺队把握住机会夺回领先位置，随着吉诺比利罚球命中，马刺队拉开5分差距，第四节只剩28秒。

斯波尔斯特拉叫了暂停，雷·阿伦在多年后，依旧记得那个暂停时的场景。“我在这个联盟打了很多年了，这样关键的比赛，这样的时刻，落后5分，暂停通常会变成队友之间的相互埋怨，有时候连教练说了什么都听不清。但我们没有这样，我从队友们的表情和身体语言可以看出来，大家都没有放弃。” 雷·阿伦说。

暂停结束，詹姆斯三分球出手不中，但迈克·米勒抢到宝贵的前场篮板，詹姆斯再次接球，这一次他的远投稳稳落筐，热火队还落后2分，他们采取犯规战术，将伦纳德送上罚球线。如果伦纳德两罚全中，分差会是4分，追起来就相当困难了，但伦纳德两罚中一，给了热火队一线生机。

在伦纳德罚球的时候，波波维奇做出一个换人决定，用迪奥换下邓肯，这样做的目的是防守时有更好的敏捷性，但也存在一个风险，因为身高2.11米的波什还在场上，马刺队缺少防控的高度。

詹姆斯在左翼三分线外得球，两名马刺队球员扑了过去，詹姆斯干拔而起投出三分球，球弹筐而起，马刺队换下邓肯成为这一刻他们的“致命伤”，波什奋勇抢下篮板。

当波什抢篮板的时候，雷·阿伦也冲到了篮下。对于这样的跑位，雷·阿伦有自己的解读。“我往篮下冲，防守我的丹尼·格林就会跟着我跑，反而失去最好的防守位置，如果我一直停留在外线，他就会紧紧盯着我，当我进入禁区附近，他就会放松警惕。”雷·阿伦说。

波什发现了雷·阿伦，将球传过去，雷·阿伦一边接球一边沿着底线向后退，热火队此时需要三分球，两分没有用，雷·阿伦比任何人都清楚，他在这场比赛前的热身中投了200次，中场休息期间也进行了加练。“这样的比赛，你是没有时间去找节奏的，必须随时做好准备，投进那一球。” 雷·阿伦说。

雷·阿伦出手了，他对于这次投篮并不是很满意。“我跳得不够高，球的出手点也有些低，这种情况下通常不太容易投进。” 雷·阿伦说。

但是，他投进了，这是挽救热火队命运的一投，雷·阿伦将球队从失败的边缘拉了回来。

随着帕克绝杀不进，比赛进入加时，詹姆斯兴奋地冲到雷·阿伦身边："谢谢你，耶稣！"

耶稣，指的是耶稣·沙特尔斯沃斯，是雷·阿伦在电影《单挑》中的角色。

雷·阿伦的这一球，不仅仅让热火队死里逃生，也摧毁了马刺队的士气，马刺队在加时赛9投2中，最后时刻丹尼·格林获得投进三分球追平的机会，波什再次立功将这一投封盖。103∶100，热火队绝处逢生，迎来抢七战。

在这场生死战中，詹姆斯贡献32分、10个篮板、11次助攻，第四节与加时赛独取18分，雷·阿伦的绝命三分球固然重要，但詹姆斯是热火队能够逆转的基本盘。

"我们看到工作人员在提前布置颁奖礼，我们也知道比赛并未结束，要战斗到最后时刻，这就是我们所做的，全力以赴竭尽所能。"詹姆斯说。

对热火队的这个系列赛，马刺队依旧坚持2007年总决赛的漏斗式防守，对詹姆斯放投不放突，伦纳德站位时有意与詹姆斯保留一些空间，限制他的突破，如果詹姆斯跳投，他就利用得天独厚的臂展与一双大手进行干扰。

六年前，马刺队就是用这一招锁住詹姆斯的进攻，但六年的时间，詹姆斯早已完成技术上的进化，他在投篮训练中付出的每一滴汗水，都凝结成抢七战的三分炸弹，一枚接着一枚轰击着马刺队的防线。

NATIONAL BASKET BALL ASSOCIATION
CHAMPIONS
20 13
LOCKER ROOM
adidas

37分、12个篮板，三分球10中5，这就是詹姆斯在抢七战中交出的成绩单，他用精准的投射惩罚着马刺队的防守。当詹姆斯进入这样的攻击节奏，比赛胜负归属已无悬念。95：88，热火队在主场打赢冠军终极战，实现两连冠。

“我在休赛期针对投篮进行大量的训练。”以系列赛场均25.3分、10.9个篮板、7次助攻、2.3次抢断连续两年当选总决赛MVP的詹姆斯说，“我下了很大的功夫，现在终于看到成果，我无法用语言形容自己的心情。”

当热火队2∶3处于劣势的时候，詹姆斯成了力挽狂澜的那个人，第六场与第七场，他总计拿到69分、22个篮板、15次助攻。

詹姆斯改变了这个系列赛，当马刺队写好了精彩的夺冠故事后，詹姆斯将它擦掉了，换了全新的剧情，这时的詹姆斯与2007年的时候已经大不相同了，他不允许冠军就这样溜走。

——美联社

詹姆斯挽救了热火队，他在最艰难的时刻保住了总冠军，证明了自己是当世最佳球员。

——*ESPN*

图书在版编目（CIP）数据

勒布朗·詹姆斯 ：王．欲戴王冠 / 苏群著．— 北京 ：北京时代华文书局，2022.4
ISBN 978-7-5699-4568-3

Ⅰ．①勒… Ⅱ．①苏… Ⅲ．①勒布朗·詹姆斯－生平事迹 Ⅳ．①K837.125.47

中国版本图书馆 CIP 数据核字（2022）第 045800 号

勒布朗·詹姆斯：王 欲戴王冠

LEBULANG ZHANMUSI: WANG YUDAI WANGGUAN

著　　者 | 苏　群

出 版 人 | 陈　涛
选题策划 | 董振伟　直笔体育
责任编辑 | 张彦翔
执行编辑 | 黄婀懿　王振强　马彰羚
责任校对 | 凤宝莲
装帧设计 | 程　慧　赵芝英
责任印制 | 訾　敬

出版发行 | 北京时代华文书局 http://www.bjsdsj.com.cn
北京市东城区安定门外大街 138 号皇城国际大厦 A 座 8 层
邮编：100011　电话：010－64263661　64261528
印　　刷 | 河北京平诚乾印刷有限公司　010－60247905
（如发现印装质量问题，请与印刷厂联系调换）
开　　本 | 710 mm×1000 mm　1/16　印　　张 | 15　字　　数 | 220 千字
版　　次 | 2022 年 8 月第 1 版　印　　次 | 2022 年 8 月第 1 次印刷
书　　号 | ISBN 978-7-5699-4568-3
定　　价 | 236.00 元（全四册）

LAKERS
23

LeBron James

王

LBJ

KING

目录

2020年1月28日

科比在天堂，如果没有她陪伴

予美亡此，谁与？吉吉。

葛生蒙楚，蔹蔓于野。
予美亡此，谁与？独处？
葛生蒙棘，蔹蔓于域。
予美亡此，谁与？独息？
角枕粲兮，锦衾烂兮。
予美亡此，谁与？独旦？

这是《诗经》里面的《葛生》，说的是我爱的人葬于此，荒草丛生，谁在地下陪伴你呢？独处、独息、独旦。

一整天了，我和你一样无法接受这样的事实。世界上有些事情发生的概率极低，比如飞机失事，比如成为科比。世界上只有很少的人坐飞机会出事，世界上只有一个人能成为科比，这两件事发生在同一个人身上，这可能吗？

就像你说“上帝死了”，无稽之谈。他们或许只是上帝的使者，到人间迅速完成了使命，就匆匆回去了，比如我爱的莫扎特，我爱的凡·高。

就在离开的前一天，科比刚刚发过Instagram，祝贺詹姆斯总得分超过了自己。

科比留下的各种纪录怎样被超越，他在篮坛的地位都永远不可能被超越。我却没有太多的力气去回忆，相信很多人跟我一样，一整天都在刻意地屏蔽各种关于科比的消息，只因为不想承认他已经离去。

对我个人而言，科比太特殊了，因为他整整20年的NBA职业生涯，都在我的职业生涯跨度内，不像乔丹，我开始工作时，他已经拿了两个总冠军，也不像詹姆斯，他依然在持续着职业生涯。

我常常拿自己是“处女座”来开玩笑，说自己的“处女座病”又犯了，言外之意其实是颇为得意，因为科比是处女座。自从1997年在现场见证了科比扣篮比赛夺冠、与艾弗森争抢新秀赛MVP，就把他俩爱到骨子里，因为我喜欢他们这样不服输、争强好胜的个性。

我不敢相信这样一个鲜活的偶像，突然就消失了，早晨得知噩耗的第一时间，写下的文字是这样的：

你说过你做什么都比别人早，但不要是这个；你为什么不说你做什么都比别人多呢？有那么多事，你还没有做。

有那么多事，科比还没有做。

他曾经以为退役了，离开了NBA，篮球将跟他无关。他很长时间不看篮球赛了，而且是刻意远离，因为他不忍去看。那是他付出毕生心血的世界，他却要被迫告别。

科比的职业生涯如此丰富完整，就像一个人的戏剧化人生：充满了希望，过早到来的荣耀，个人遭遇灭顶之灾，湖人队战绩跌入深渊，埋头苦干，奋起，再登巅峰，身体被伤病重创，勉力归来世界不再由自己掌控……他不甘心啊，最终在告别战上演60分绝唱。

20年的职业生涯，一旦告别，对于科比来说不是值得炫耀的成就，而是难以放下的负担。至少有半年时间，科比不知道自己应该做什么，只是不想看篮球比赛。

他游山玩水，到处秀恩爱，世界各地留下了他和瓦妮莎的各种合影，当时他们的女儿吉安娜只有10岁。

像一个丢失了玩具的孩子，科比不知道如何面对余下的时光。他努力表现出自己是一个好父亲、好丈夫，而不是退役的篮球运动员。

他也想开启新的事业，成立制作公司拍电影、写书、推出新的个人品牌。电影《亲爱的篮球》一推出就得了奥斯卡奖，但过去的已转为回忆，他的未来没有篮球。没有篮球，又怎么会是科比？

拯救科比的，正是二女儿吉安娜。

科比和瓦妮莎生了“四朵金花”。大女儿娜塔莉亚，一周前刚刚满17周岁，跟《音乐之声》里面的大女儿丽莎一样，“我现在十六岁，马上十七岁”，活脱脱又一个瓦妮莎。但娜塔莉亚不打篮球，在学校里打排球。老三碧昂卡，刚刚满3岁，在科比退役半年多以后出生。老四卡普里才半岁。

只有吉安娜，不仅长得像科比，还随了爸爸喜欢篮球。科比叫她“吉吉”（GiGi），从她身上发现了自己童年的影子。

每一个父亲都为自己的孩子而骄傲，但詹姆斯对布朗尼和科比对吉吉，那感觉是不一样的，一个是儿子，一个是女儿。有了女儿的父亲，才能体会科比对吉吉是怎样的感情。

每一个父亲看自己的女儿，都是这样的眼神。

吉吉并不是那种乖巧的女孩，她调皮、活泼，性格外向，像个男孩，但又不失女孩的娇俏。最关键的是，吉吉喜欢篮球，而且，她打起球来从不服输，一定要赢。

吉吉从小就跟着科比去湖人队，看比赛、看训练，就像库里跟着父亲那样。她是篮球场边长大的女孩。科比没有儿子，但他突然在吉吉身上看到了希望，自己跟篮球密不可分的血缘关系，可以在吉吉身上延续。

科比把自己的女儿叫作“Mambacita”（小曼巴），他的女儿们中只有吉吉显露出了自己的本性。于是科比在自家的健身房和球场教吉吉打球，送她进学校的篮球队，为她在洛杉矶西北的千橡树市建立了一所“曼巴体育学校”，吉吉是学校的女篮队员。

科比去世前一天，就在这个学校；去世当天，他和吉吉坐直升机要去的地方，也是这个学校。

科比有多爱吉吉呢？

只要有时间，他就会带女儿去看比赛，如果不是为了吉吉，也许科比这辈子都不会主动去现场看球赛。

吉吉最喜欢的球星是特雷·杨，于是科比就带她去看老鹰队的比赛。得知吉吉和科比一同遭遇飞机失事，特雷·杨太伤心了，他在当天的比赛里穿着8号球衣开场，当然这是不被允许的，但NBA开了特例，允许他穿一会儿。这场球特雷·杨得了45分，出手24次。

在科比的眼里，吉吉就是自己生命的延续，因为他的生命属于篮球，而吉吉又是如此喜欢篮球。她的球打得太好了，到2020年的5月1日她才会满14岁，但一招一式已经有模有样。

科比的整个生命都有了希望，他到处秀吉吉的照片、视频，说她将来有一天会跟自己一样。女儿的球队有一次得了第四，科比不仅没有责备，反而跟她们合影。

手把手教女儿打球还不够，科比索性亲自当上了女儿篮球队的教练。他还亲自从队里挑了六个表现最好的女孩，每天跟自己一起训练，还点名另一个女孩，问她为什么没有参加比赛，而是选择参加一次舞蹈表演。

吉吉才13岁，科比就已经替她安排好了未来，准备让她去读康涅狄格大学，更远的未来则是打WNBA（Women’s National Backetball Association，美国女子职业篮球联盟）联赛。

NBA的顶级巨星科比，前几天还在“吹捧”WNBA，说现在论水平，WNBA已经有好几个够打NBA了。

在这个世界上，每一个父亲看女儿的眼神，都是一样的。

出事前一天，科比正是在千橡树市。

出事当天，科比和吉吉还要去千橡树市，当晚有一场比赛。

洛杉矶西北部，这块地方是一个盆地，就像一个口袋。直升机进入了一个口子，发现浓雾弥漫，于是在原地徘徊几十圈，不敢深入。

塔台跟他们说：你们可以沿着高速公路走。高速公路意味着在山谷之间，他们小心翼翼地沿着高速公路走，直到即将通过另一个口子。

塔台说：你们飞得太低了。

在浓雾里是什么感觉？

科比当然知道。两个月前，洛杉矶发生了一起多车交通事故，有人目睹科比下车指挥交通、救援伤者、保护现场。当时，也是浓雾弥漫。

在浓雾中，科比和他的吉吉在一起。

一瞬间，科比就知道他心爱的吉吉可能再也打不了WNBA了。我们无法想象当时直升机上是怎样的情形，唯一知道的是他和吉吉在一起。

科比在天堂，如果没有吉吉陪伴，会是什么样？

独处、独息、独旦。

但吉吉没有离开他，她和她的篮球，都和他的父亲一起走了。

时间定格他和她的笑容，他和她的梦想，他和她的未来。

这是一瞬间的永恒，爸爸和女儿，永远在一起。

予美亡此，谁与？吉吉。

后记

2020年8月24日，我为科比发了一条微博：

824是一个神奇的数字，8月24日是科比生日的北京时间，8和24都是科比用过的号码。但我不愿意往回看，更愿意往前看，与其不愿接受现实，不如珍惜当下。“此情可待成追忆，只是当时已惘然”，当初那些岁月，我们都好好珍惜了吗？科比如果还在，他一定不喜欢我们沉浸在过去不能自拔。

是呀，卡特退役了，诺维茨基退役了，皮尔斯退役了，再往前，“GDP”组合三个人也都退役了，2021—2022赛季，2003年选秀球员詹姆斯已经跨进职业生涯的第19个赛季了，同届球员只剩下安东尼和哈斯勒姆了。好好珍惜当下，好好珍惜眼前人。

2020年1月30日

奥尼尔和科比：两个男人的战争

奥尼尔哭了，哭得像个大小孩。

奥尼尔哭了，哭得像个大小孩。

在科比的追思会上，奥尼尔整整说了7分钟，也哭了7分钟。中间他一度哽咽得说不出话，主持人以为他说完了，提示韦德接着讲，但却被奥尼尔制止，他说："我还没说完呢。"

奥尼尔透露的最让人震惊的事，是科比出事的那天早上，他还给奥尼尔的儿子沙里夫发了信息。通过手机截图，我们可以了解到科比似乎在帮沙里夫解决什么事，最后还不忘问候他的父亲："You good fam？"译成中文，用相同的语气，应该是："咱家里人还好吧？"

到底是什么样的情谊，让如今阴阳相隔的两个男人，如此挂念对方？他们不是打打闹闹二十几年吗？

这就是人生的奇妙之处。

奥尼尔和科比，在一起打球八年，也吵了八年，但他们拿了三个总冠军。这八年，是两个心智尚未成熟的大孩子，一起较劲、共同成长的八年。他们像家里的两个男孩，哥哥不让弟弟，弟弟处处要超过哥哥。

三次夺冠的过程，也是他们对篮球的领悟力加深的过程，让科比和奥尼尔逐渐明白，打篮球还是要合作，不吵不闹大家都有糖吃。

三冠到手，两个男孩也成长为男人。一旦成为男人，惦记的就不再是那几颗糖果，于是各自独立、分家另过，难以避免的矛盾焦点是谁继承家业。

但这是两位个性都很倔强的历史级巨星，即使彼此相隔天涯，一个在东边，一个在西边，仍免不了继续较劲。这种面子上的竞争一直持续到2008年小弟当上MVP，2009年和2010年连夺两冠，年龄渐长的大哥才心服口服。

一旦没了竞争的空间，暗藏心底的兄弟情怀便逐渐显露出来。当年两人好勇斗狠，如今惺惺相惜。他们都当了父亲，对人生旅途的理解达到了新的境界，由此反而成为好友，两家走动密切。

然而，正如奥尼尔所说“人生苦短，世事无常”，直到科比去世，他才明白过来，20多年来他一直那样矜持，不愿意表达心底对科比的真实感情，而科比却早已摒弃前嫌，成为那个胸怀宽广的带头大哥。

一个人走了，就永远消失了，千万别以为有的是时间，一切可以重来——这是奥尼尔在经历妹妹亡故、科比突然离世之后，最深切的感悟。

两个男人之间的战争，竟然是这样的结局，让人唏嘘，却又让人温暖。

那么，过去那20多年，这两位英雄之间到底发生了什么？

奥尼尔比科比大6岁多，早打4年，早退役5年。他们一起携手打了8年，后来各为其主7年。在他们一起打球的8年中，吵闹的时间长，安静的时间短，但这一点却没妨碍两人携手夺得三冠。其中的主要原因是教练菲尔·杰克逊的威势震慑，以及队里多名元老的撮合。

湖人队是拥有夺冠传统的热门球队，这让每个人在事情闹大之际，都会选择退让。好在科比与奥尼尔虽然个性倔强，却没有互相在人格上进行攻击，更重要的是，这两位都是顶天立地的巨星，各有自己的真本事，这也是一种相互的震慑，就像如今的“核威慑”，谁也不会主动按下那个按钮。

我把指针往回拨，将漫长的时光切割为六个阶段。

第一阶段：OK青葱岁月（1996—1999）

两人同一年夏天进入湖人队。少年得志的科比从小性情孤傲，特立独行，与队友保持相当大的距离，跟记者不聊球场以外的事。奥尼尔则是大顽童，自视球队老大，公开讲“我才不当保姆”，两人的对立由此形成。

不过第一年也有温馨的一幕，1996—1997赛季季后赛第二轮对阵爵士队，奥尼尔在第五战第四节最后两分钟时六犯出场，科比把比赛拖入加时赛，但最后时刻却连投了四记“三不沾”。沮丧之余，奥尼尔过来搂住他的肩膀，安慰他说以后还有机会。

科比的上升势头太快，第二年就成为全明星首发，奥尼尔对他单打独斗的方式极为不爽，因为他想尽快夺冠。在缩水赛季的第三年，湖人队一会儿引进罗德曼，一会儿换帅，奥尼尔公开指责科比自私，湖人队陷入混乱。

▶ 第二阶段：OK组合夺冠（1999—2002）

“禅师”杰克逊上任，科比仿佛孙悟空碰上了观音菩萨，他不仅带来了“三角进攻”，还带来了强大的团队，这是让矛盾降温的保证。杰克逊确定的方针是让奥尼尔做“三角进攻”的轴心，让他当上了MVP和得分王。奥尼尔不闹，科比就踏实做他自己。在1999—2000赛季西部决赛第七场，湖人队第四节落后15分最后逆转，科比给奥尼尔传了一记空中接力。科比伸手跟奥尼尔击掌，然尔狂奔中的奥尼尔根本没有看见。

尽管奥尼尔依旧时常在队里公开指责科比打球“自私”，可是“禅师”做的思想工作，还是为科比排解了压力。老助教温特发现，奥尼尔内心对科比有天然的敌意，科比都能感觉到，但他只是照单全收，而且“三角进攻”的打法强制平衡了球权，也避免了矛盾爆发。但奥尼尔在全明星周末这样的公开场合，也不忘记挖苦科比，比如他在练球时故意模仿科比的胯下运球，然后把球直接扔出界外，取笑他失误多。

第一年夺冠以后，“OK组合”的矛盾开始深化，因为奥尼尔报到时体重超标，状态奇差，而科比得分涨了6分，大有和奥尼尔比肩之势。但奥尼尔却把责任推给“禅师”，说湖人队开局战绩不好，是因为不再以他为轴心打“三角进攻”。他还不肯防守，说如果我不是球队老大，就没人看家护院。最后，是湖人队“大护法”杰里·韦斯特出面做工作，才把奥尼尔的孩子气压下去。

在吵吵闹闹之中，“OK组合”携手拿了三个冠军。

第三阶段：OK组合分手（2002—2004）

已经30岁的奥尼尔面临职业生涯的分水岭，他的伤病开始增多，又不愿意在夏天做手术，而是选择报到以后才做，让湖人队战绩一落千丈。奥尼尔继续耍孩子气，说自己是“工伤”，当然得在上班而不是休假的时候做手术。

其实，奥尼尔的真正目的是逼迫湖人队给他续一份高额合同，只要他一怠工，湖人队就打不好，以此给老巴斯一点颜色看看。而科比却认为，湖人队几乎免费引进了佩顿和马龙，奥尼尔不该在这时候喊高价。在这两年中，他们的矛盾逐渐公开化，各自到电台、电视台做节目，指责对方。老好人布莱恩·肖被指派来调解矛盾，其实根本无法调解。奥尼尔说：“我结婚请了他，他为什么不来？他结婚，为什么队里一个人都不请？”

2003—2004赛季打了一半，老巴斯已经决定放弃奥尼尔，把湖人队的未来交给如日中天的科比。奥尼尔要求交易，这是他寻求湖人队大合同的一次赌博；科比则答应加盟快船队。又是“大护法”韦斯特出面，说服科比留下，并把奥尼尔换到了热火队。

第四阶段：各奔前程竞争（2004—2007）

天各一方，可两人的竞争并未停止。2004—2005赛季的“圣诞大战”是湖人队对热火队，两人互不说话，但在新闻媒体上，两人对对方又是各种冷嘲热讽。

科比如日中天，但他是只身带着湖人队在泥淖里前行；奥尼尔余勇尚在，与韦德联手拿下了他的第四个总冠军。夺冠之后，他毫不隐晦地宣布：“我证明了自己可以在任何地方夺冠，不是只能跟着洛杉矶那个有球在手就开心的家伙。”

奥尼尔还在参演的电影《惊声尖笑4》当中暗讽科比：他被一个电锯杀人狂绑架，听到了一个恐怖的声音，他惊惧地喊：“科比吗？”

不过，奥尼尔也公开承认，他其实在家看了科比得到81分的比赛，由衷佩服。

第五阶段：科比功成名就（2007—2013）

奥尼尔年纪已大，浑身是伤，进入职业生涯的暮年。从这个时期开始，随着科比的个人成就达到顶峰，奥尼尔越来越多地对他公开赞扬，不吝溢美之词。

他多次公开谈论自己和科比在湖人队时期的矛盾，一会儿说是“禅师”的责任，一会儿说这是他和科比的“阴谋”，就是为了炒作一下两人的市场。到2009年全明星周末，科比、奥尼尔和“禅师”重聚球场，“OK再组合”，联手拿下了全明星MVP。奥尼尔说：“只有一个奖杯，你留着吧。”科比则把奖杯给了奥尼尔的儿子。

不过，奥尼尔永远改变不了小孩子脾气，他多次在说唱音乐中拿科比开涮，唱：“科比，我的屁香不香啊？”科比并不在意，此时他已经是联盟的统治者。2011年夏天，38岁的奥尼尔退役。

第六阶段：夕阳无限温暖（2013—2020）

当职业生涯落下帷幕，奥尼尔也开始说心里话。他说：“当初离开湖人队跟科比没关系，我只是想要一份顶薪。”

不过，已经统治NBA的科比仍然心高气傲，他实话实说，透露当初跟奥尼尔不睦，主要是看不惯他的训练态度：“我时常一练就是六七个小时，受不了只练30分钟的人。”

奥尼尔开始做电视评论，他越来越多地用更平和的态度、更公正的视角去评价自己和科比的关系，说两个人从来没有真正不喜欢过对方，有分歧也只是跟打球有关。到2015年，他们已经变成关系不错的朋友，奥尼尔的播客“开张”，科比是他的第一位嘉宾。

科比的总冠军数超过了奥尼尔，总得分也超过了奥尼尔，但到后来，这样的比较就失去了意义，他们后悔的是没有在一起更长时间，拿更多的冠军。

对于科比和奥尼尔来说，各自20年和19年的职业生涯，足够漫长，两人携手八年时间也不短，吵吵闹闹二十来年，则是其他球星之间难有的缘分。

但直到科比突然离世，我们才意识到，这二十来年实在是太过短暂。

我总是说，NBA其实没有真正的恩怨，最普遍的是办公室同事关系。科比和奥尼尔，很有可能一辈子都是这种关系，但他们偏偏从内心的死敌变成了一生的至交。

他们都是了不起的人物，却最终难逃英年时的生离死别。

嗟乎！

后记

此情可待成追忆？只是当时已惘然。

科比去世一周年时，奥尼尔在回忆起昔日的队友时仍然情绪低落：“我想念‘小家伙’，我过去就这么叫他。这些回忆永远都在，我们的名字会永远联系在一起，科比离开我们太早了。”

当被问及“如果当初和科比没有分开的话，还能拿几座冠军？”，奥尼尔回应：“至少能再拿2-3个总冠军。”

可惜没有如果，可惜历史不能重来。

2020年3月27日

看看詹姆斯是怎么过隔离生活的

疫情让我们看不了篮球比赛，但也让我们有机会看到了詹姆斯的另一面，他在家里放松状态下的样子。

这场新型冠状病毒肺炎（简称“新冠肺炎”）大流行，把詹姆斯的生活变得跟我们没什么区别。他也隔离在家，哪儿都不能去。

那么詹姆斯的隔离生活是什么样的呢？

昨天詹姆斯参加了一个叫《公路旅行》（Road Trippin）的播客节目，线上直播，跟前队友里查德·杰弗森、钱宁·弗莱一起聊他的隔离生活。女主持叫阿莉·克利夫顿，她是湖人队的官方节目主持人。

我们平时见过詹姆斯的不少采访，在正式场合，詹姆斯通常比较正经，回答问题滴水不漏。但跟自己的前队友在一起，气氛立刻就不一样了。而且，显然詹姆斯也是在家憋坏了，特别希望在这种氛围里一吐心中的郁闷。

四个人都在自己家里，詹姆斯更是在自己的雪茄吧和酒窖里端着一杯红酒，边喝边聊，无话不说，平时听不到的口头禅很多。主持人阿莉和杰弗森喝的都是啤酒，而弗莱像老干部开会一样，自带一个便携水杯。

因为聊了50分钟，所以不可能把字幕做出来，但我把詹姆斯聊的一些主要内容记了下来。

由于湖人队被查出有两名队员感染，所以全队从3月16日开始隔离，还有几天就可以解禁。湖人队跟他们说，下周一开始可以和训练师一起训练。

居家隔离的生活是什么样的呢？

詹姆斯说："我也没什么事做。现在还保持训练，有很多时间可以跟家人在一起，看很多节目，还在整理头绪，看看疫情会怎么发展。这种日子挺难熬，没什么事做，浑身的精力用不了。

"隔离生活给了我一个机会，可以跟孩子们每天在一起，因为他们也不上课。

"整天都跟我太太在一起，跟家人在一起，每天刷刷短视频，看看节目，看电影，打牌，什么都玩。还是很好玩的。

"我也每天看看最新的消息，但也不可能什么都看，现在的信息太多了。"

但是对于一个运动员来说，赛季突然停下来，的确不太适应，这种事以前从来没有发生过。

詹姆斯说："我的身体会对我说：'你在干什么？现在是3月13日，你不是正准备要打季后赛吗？为什么突然停下来了？'……这和劳资停摆不一样，那时候也在休赛期，但我们都在打球。而现在是打了快一个赛季了，一场一场不停地打着比赛，突然停下来。"

詹姆斯同意里查德·杰弗森的说法，再这样下去，状态就会退化。他虽然住着豪宅，家里也有力量房，但更多的球员没有这样的条件。他说："现在健身房基本都关了，原来有那种24小时的健身中心现在也不开了，有人说可以找关系进去练，其实都不开门，这些关系也都没有用。”

于是他就给那些没条件的球员提建议：“家里都有楼梯吧，我建议没条件练的，就在家里练，还可以做俯卧撑、仰卧起坐。”

詹姆斯自己每天上午确保练一次，晚上如果想练就再加一次。他还把隔离期间的力量训练照片发到网上。

作为公众人物，詹姆斯一直呼吁公众要配合管控措施，保护好自己。但有时候觉得说说容易，别人不一定会听。

“虽然自己的日子过得好，听起来呼吁别人待在家中很容易，但我也是在贫穷的环境中长大。”詹姆斯说，“如果小时候遇上现在这种疫情，我的老妈一定不会允许小伙伴串门，会让他们滚出去，别害得我们生病，所以该待在家里还得待在家里……我在这方面一直公开呼吁，这是为更多的人着想，因为很多人并不了解疫情。”

他还说：“现在春暖花开，好多人说可以出去玩啦，可以见陌生人啦，但我必须说，现在还不是时候。”

按原来的日程，湖人队这两天本来是应该去克利夫兰打客场。詹姆斯说自己很想念那里的球迷，和曾在一起夺冠的队友，想再看一看挂在顶上的冠军旗帜，据说骑士队本来还要搞一个50周年庆祝活动。

湖人队有个群，大家相互保持着联系。“我们必须保持联系，每个人在哪里我们都知道，他们都在做些什么，需要经常互相问候一下，发个照片或视频。前两天达德利还发了一个很搞笑的视频。”

赛季到底何时恢复，谁也说不清楚，而恢复时的比赛会是什么形式，球员之间也讨论过很多次。詹姆斯觉得，空场比赛的感觉最不好，简直不可思议：“体育是什么？没有球迷的运动，最不好的是哪方面？就是不让人兴奋，没有眼泪也没有欢笑。没有来回拉据，没有动力去打客场。打客场就是想在他们的球迷面前赢他们，反过来也一样。在一个敌对的环境里面打球，有助于激发求胜欲。当然打败对手很让人过瘾，但打败对手的球迷也一样。没有球迷的比赛，我们在训练中就经常打，我们也可以去对方的训练馆打，搁一台摄像机就开始比赛，直播出去。”

杰弗森跟他们说，现在NBA好像在考虑打赛会制的比赛，把所有的球员关在一起，避免和外界接触。而赛会制的比赛，最佳地点是“赌城”拉斯维加斯。

他们三个还热烈地讨论起在这种特殊时期，如何决定西部第八。杰弗森说他跟麦科勒姆做节目时，说起过开拓者队到时会大不一样，因为两名受伤的大个子可能回来。詹姆斯表示同意，而且他说鹈鹕队、灰熊队都很有实力，因此他提了一个建议，让有可能打进前八的球队打个小型的锦标赛，每队打五六场，第一名进前八。

詹姆斯透露说，他的电影《空中大灌篮2》将在明年6月上映。他也考虑过，如果在疫情严重的时候放到网上，让大家在家看电影，也是一个不错的主意，只不过已经定下了明年6月的档期。

他对《空中大灌篮2》的原声音乐非常期待，说自己非常喜欢音乐，几乎每天都在网上转发，因此对这部电影的音乐要求很高，希望大家不要错过。

杰弗森透露，“飞人”乔丹的纪录片按计划要在6月推出，那本来应该是总决赛期间。但詹姆斯说：“如果我是乔丹，我就现在推出，开个发布会告诉大家，为什么非要拖到6月呢，不如趁每个人都待在家里。”

关于乔丹纪录片的事，杰弗森不敢说太多，怕*ESPN*炒他鱿鱼。詹姆斯就说：“*ESPN*不敢解雇你，因为你是我的朋友。”杰弗森说：“那不一定。”詹姆斯说：“你就跟他们讲，是我说的。”

疫情让我们看不了篮球，但让我们有机会看到了詹姆斯的另一面，他在家里放松状态下的样子。

后记

2019—2020赛季NBA复赛后，有部分球员身材明显走形，而詹姆斯的状态非但没有受到影响，反而变得更加强壮，体脂率变得更低了。这一切得益于詹姆斯的高度自律，自从NBA停赛后，詹姆斯在自家的健身房开始了“闭关修炼”的模式。

队友称詹姆斯“像疯子一样训练”，詹姆斯透露自己一周训练五天，有时候甚至一天两练。不仅如此，詹姆斯还积极督促湖人队队友，希望他们能够认真锻炼，在停赛期间保持状态。

2019—2020赛季的总冠军也许就是对詹姆斯、对湖人队疯狂训练的最好回馈吧。

2020年4月10日

"历史地位"排第几？今天不得不说了

"历史地位"是一个文学名词，不是篮球术语。

已经不知道多少年了，关于"历史地位"的争论，从来没有停止过。

以前是拿科比和乔丹比，后来拿詹姆斯和科比比，现在疫情严重没球可看，又拿詹姆斯跟乔丹比。

当然，"历史地位"的争论在科比和詹姆斯之前早已存在，当詹姆斯还是个中学生时，乔丹和"魔术师"约翰逊的"历史地位"也是重要的话题。不过，那时候手机还只是打电话的工具，并非打口水仗的社交平台，所以没有后来那么热闹。

"历史地位"之所以总能引起激烈的争论，有两个原因：

第一，这不是一个篮球的技术用语，没有固定的评判标准。

第二，每个球迷都有自己的好恶，既然没有公认的统一标准，争论的空间就大得无边无际。

你肯定会说了，乔丹的"历史地位"公认第一，这没什么好争的吧？

"历史地位"这个话题，有趣之处就在这里。明明是弹性很大的争论，唯独到了乔丹这里，就变得没什么可争的了。即使在最懂球的NBA球员眼睛里也是如此，比如去年有媒体到各个球队更衣室，找了大约117个球员匿名填表评选，有73%的球员选了乔丹，詹姆斯第二，科比第三，史上得分第一的贾巴尔只获得了1.7%的投票，“魔术师”约翰逊、艾弗森和杜兰特每个人都只获得了一个球员的投票。

乔丹1984年进入NBA，充满传奇色彩，具备绝对的统治力。更重要的是，NBA的影响力由美国扩张至全球，由球场传递到世界各地的电视屏幕，这个历史性的转变过程，乔丹的职业生涯贯穿其中。除了六枚总冠军戒指之外，他还是这个时代转变的推动人物，顺理成章地成为标杆。

所以，篮球界出现了一个新的英文缩略语“GOAT”——The Greatest Of All Time——拼写刚好跟“山羊”一样。“山羊”只能由乔丹举着，你要么说“当然了”，要么说“不是他还能是谁呢”，至少也会说“好吧，我没什么可说的了”。

乔丹的“历史地位”无可争议，反而让争论无处不在，这让“历史地位”本身成为一个悖论。

如果说“历史地位”有绝对的答案，那每两个球员之间就能够排出高低；如果说“历史地位”没有绝对的答案，为什么乔丹又必须是无可争议的历史第一呢？

由于乔丹在“GOAT”上的公认地位，所谓“历史地位”的争论，就从第二级展开，往下的人数越来越多，这样就形成了一个金字塔。金字塔的不同层之间，存在大量的争论，而从第二层往下，随着每一层的人数增多，同层之间的争论就更激烈，因为从直观上看，他们的成就相差不大。

如果要允许进行“历史地位”的排名，那就必须设定统一的标准，否则任何排名都是不科学的。

那么标准是什么呢？所谓的争议，就来源于标准的不同。比如詹姆斯和科比，支持科比“历史地位”更高的球迷就会说，科比拿了五个总冠军，虽然比不上乔丹，但比詹姆斯多；支持詹姆斯的就会说，詹姆斯也拿了三个总冠军，总得分超过了科比，而且他的技术更全面呀。

很多人试图去建立一个统一的标准，毕竟，你如果想说服别人，说我的排名是科学的，就必须有客观准确的标准——科学，是一个建立在可检验的解释和对客观事物的形式、组织等进行预测的有序知识系统，是已系统化和公式化了的知识。达不到这样的标准，就是不科学的。

有一家名叫“nbamath”（NBA数学）的网站，专门做各种排名，这种话题性很强的“历史地位”排名，当然不能错过。他们显然知道大锅烩、一锅粥是没有意义的，于是他们创立了一套数据标准，涵盖每个赛季的常规赛和季后赛，计算范围包括年龄、出场时间、进攻和防守，最后得出一个数值称为TPA（累计总分）。随着年代的深入，每个人的历史TPA排名是不断变化的，我每个10年

1951—1952赛季“GOAT”排名前十

1	乔治 · 麦肯
2	沃恩 · 米克尔森
3	保罗 · 阿里金
4	爱德华 · 麦考利
5	鲍比 · 温泽尔
6	多尔夫 · 谢伊斯
7	哈里 · 盖拉汀
8	艾尔 · 科威
9	阿尔尼 · 约翰逊
10	保罗 · 沃尔瑟

1960—1961赛季“GOAT”排名前十

1	多尔夫 · 谢伊斯
2	尼尔 · 约翰斯顿
3	鲍勃 · 佩蒂特
4	保罗 · 阿里金
5	比尔 · 拉塞尔
6	爱德华 · 麦考利
7	比尔 · 沙曼
8	乔治 · 麦肯
9	沃恩 · 米克尔森
10	克莱德 · 罗维拉坦

1970—1971赛季"GOAT"排名前十

1	威尔特·张伯伦
2	比尔·拉塞尔
3	奥斯卡·罗伯特森
4	鲍勃·佩蒂特
5	杰里·韦斯特
6	多尔夫·谢伊斯
7	尼尔·约翰斯顿
8	巴里·霍威尔
9	萨姆·琼斯
10	保罗·阿里金

1980—1981赛季"GOAT"排名前十

1	贾巴尔
2	威尔特·张伯伦
3	比尔·拉塞尔
4	奥斯卡·罗伯特森
5	杰里·韦斯特
6	韦斯·昂塞尔德
7	鲍勃·佩蒂特
8	沃尔特·弗雷泽
9	多尔夫·谢伊斯
10	鲍勃·兰尼尔

1990—1991赛季"GOAT"排名前十

1	贾巴尔
2	威尔特·张伯伦
3	埃尔文·约翰逊
4	拉里·伯德
5	比尔·拉塞尔
6	迈克尔·乔丹
7	朱利叶斯·欧文
8	查尔斯·巴克利
9	奥斯卡·罗伯特森
10	杰里·韦斯特

2000—2001赛季"GOAT"排名前十

1	贾巴尔
2	迈克尔·乔丹
3	威尔特·张伯伦
4	查尔斯·巴克利
5	埃尔文·约翰逊
6	拉里·伯德
7	卡尔·马龙
8	大卫·罗宾逊
9	克莱德·德雷克斯勒
10	哈基姆·奥拉朱旺

2017—2018赛季"GOAT"排名前十

1	勒布朗·詹姆斯
2	贾巴尔
3	迈克尔·乔丹
4	威尔特·张伯伦
5	蒂姆·邓肯
6	卡尔·马龙
7	查尔斯·巴克利
8	埃尔文·约翰逊
9	拉里·伯德
10	凯文·加内特

2010—2011赛季"GOAT"排名前十

1	贾巴尔
2	迈克尔·乔丹
3	威尔特·张伯伦
4	卡尔·马龙
5	查尔斯·巴克利
6	埃尔文·约翰逊
7	拉里·伯德
8	凯文·加内特
9	蒂姆·邓肯
10	勒布朗·詹姆斯

2017—2018赛季“GOAT”排名11—20位

11	克里斯 · 保罗
12	大卫 · 罗宾逊
13	沙奎尔 · 奥尼尔
14	克莱德 · 德雷克斯勒
15	哈基姆 · 奥拉朱旺
16	科比 · 布莱恩特
17	贾森 · 基德
18	比尔 · 拉塞尔
19	斯科特 · 皮蓬
20	威斯布鲁克

里截取一年，把它们排列到一起，你们可以看到下面的变化。

你肯定发现了什么不对劲的地方：科比哪儿去了？

科比在这儿呢。在2017—2018赛季的排名中，科比排在第16位。

五个NBA总冠军、历史总得分第四、个人单场最高81分历史第二，这样的科比只排在第16位？显然是哪里出了问题。

当然，想想科比周围还有奥尼尔、奥拉朱旺、皮蓬，甚至“指环王”比尔 · 拉塞尔都在科比后面，争论也就没有必要了。

“NBA数学”网站尽可能地将“历史地位”数据化，最终却发现这样的努力是徒劳的。

他们还将每个赛季的TPA值进行了平均，然后排名，詹姆斯位列第一，乔丹第二，前十名中出现了保罗、威斯布鲁克和哈登，但还是不见科比。

有很多球迷玩“NBA经理”这样的游戏，这个游戏对每个球员也都有数据上的综合评定，通常你在选人的时候，会挑那些数值高的。这是因为一个球员越全能，得分、篮板、助攻、三分、抢断样样精通，越能帮助你在“NBA经理”游戏中获胜。

靠所谓的TPA来排出“历史地位”的高低，原理也差不多。哈登、威斯布鲁克能跻身前列，也跟NBA的球风变化相关，现代篮球越来越多出现“三双”、超级三分表现，这些都被考虑在内，而那些“上古”球星，则没有这样的环境。

我们还是要回到“历史地位”这个词本身，来分析排名的荒谬。

所谓的“历史”，是大跨度的时间概念。我经常说，我们要辩证地看问题，历史地看问题，其中后一个说的就是：在每一个历史断面，球员面对的规则、对抗环境、篮球理念都不相同。如果你让詹姆斯回到20世纪60年代，跟张伯伦一起打球，或者让贾巴尔穿越到当下，跟大洛佩斯一起打球，这才有可比性；而这种穿越半身是不可能的，俗称“关公战秦琼”。

2002年以前，NBA的规则允许对外线持球队员“hand check”，也就是可以用手触摸对方的身体，甚至加上劲，现在则完全不可以。以前NBA没有三分线，后来有了，又缩短，然后又加长。过去的三秒区没有现在这么宽，也没有背身五秒规则。更显著的变化是以前只许人盯人，初现在只要出了三秒区就可以用任意人数协防无球人。还有一点，如今的篮球训练手段、科技辅助设备、恢复和康复手段，哪里是前人能及？

最根本的一点是，篮球是一项团队运动，直接将个体剥离，置入一对一的比较，违反了这项运动的根本规律。不同球队的打法、阵容组成都不一样，这会让同一个球星在不同的球队担任的角色不同、执行的任务不同，产出的数据当然不一样。

然而，篮球终究是打给球迷看的比赛，离开了球迷，你让詹姆斯打空场比赛他都觉得没意思。“历史地位”的排名，是球迷茶余饭后的乐趣之一，所以这个话题的争议永远不会结束。

说到底，还是我平时回答“谁的历史地位高”时说的那一句：“历史地位”是一个文学名词，不是篮球术语。

“历史地位”包含了球员的成就、数据，更重要的是饱含球迷真挚的热情。你从小到大追一个球星打球，跟他一起经历理想、奋斗、挫折、胜利、衰退各个时期，球星早就不只是一个打球好的明星，他是球迷的偶像、精神动力。

这样的热情，是无法排出高下的。“历史地位”排名，每个球迷心里都有一个，各不相同，也无法被说服和取代。

说到这里，以后还会有人问我谁的“历史地位”更高吗？

后记

2019—2020赛季，詹姆斯拿下自己职业生涯第4个总冠军和第4个FMVP，他还成为历史上第一个分别在三支球队拿到FMVP的球员。2021—2022赛季，37岁的詹姆斯开启了自己NBA职业生涯的第19个赛季，他场均依旧可以贡献接近25+5+5的数据。

生涯第19个赛季，詹姆斯依然是NBA这个顶级篮球舞台上最出色的球员之一；19个赛季了，他还在刷新着各项纪录，创造着属于自己的历史，这些难道说明不了问题吗？

2020年4月15日

上帝派来了科比、莫扎特和凡·高

他们离世的时候，科比41岁，莫扎特35岁，凡·高37岁。

在这个世界上，有些人的不可思议无法用常理解释。

比如科比、莫扎特、凡·高。

这三位分别是我最喜欢的篮球运动员之一、最喜欢的古典音乐家之一，以及最喜欢的画家，没有之一。

他们的共同点是，在各自的领域超凡出众，作品不仅数量巨大，而且特点鲜明；另外，他们都是年纪轻轻就达到了别人终其一生都难达到的成就，然后突然离去。

他们离世的时候，科比41岁，莫扎特35岁，凡·高37岁。

对于他们如何做到这些成就，又为何英年早逝，我常常百思不得其解，于是只好对自己说：他们是上帝派来的使者，来给人间传递精神食粮，一旦运送的任务完成，他们就各归其所，回天上去了。

我是一个无神论者，所以这样的结论就很矛盾。姑且就作为一种文学式的表达，因为除此之外，别无他法。

适逢科比60分告别战四周年，那种不可思议的感觉又浮现心头，丝毫没有因为过了四年有所消减。

那天我在腾讯直播的演播室里，起初只是希望他能得个30分。科比一点都没有表现出他会拿60分的预兆，要知道上一次打爵士队他才得到5分。他的前五投都没有命中，第一节过半才开始得分，结果半节得了15分，上半场得了22分。我当时心想，下半场可能体力不支，但30分应该没有问题。

此时的科比，既有即将告别球场的不甘，也有即将摆脱压力的释然。关键是，队友发现这场球科比跟平时不一样了，拉塞尔、克拉克森的感受，和10年前斯马什·帕克、奥多姆和德文·乔治的感受没有两样，那天他得了81分。

科比把上半场的22分变为最后的60分，完全是一种“自然创作”的结果：就像莫扎特的脑子里不断流淌出旋律，手下只有记个不停；就像凡·高在阿尔勒的麦田里挥笔，那些颜料被粗粗地混合在一起，疯狂地涂上画布，一幅麦田快画完时，一旁的高更还在绷透视线。

第三节再得15分之后，我心想，40分没问题了，不知道能不能得到50分。谁能想到科比最后一节会拿23分呢？在最后3分钟，科比进入癫狂状态，一口气拿下12分。

回头找出四年前这一天我写的文章《科比就这样弯曲了我们的时空》，不可思议的感觉犹在眼前。

科比的刻苦训练，有“凌晨四点的洛杉矶”来证明，但在刻苦之外，难道科比就没有某种他人不具备的素质，让他在一些特定的比赛中打出完全让人难以想象的表现？

音乐家也是如此，刻苦的音乐家多了，成功者也很多。有人统计了从1685年到1900年数千件古典音乐作品，列出了一个500首最常被演奏的单子，称为“大师作品”，作者总共76位。其中绝大多数都是职业生涯开始10年后的作品，只有三件作品是作曲家职业生涯第八和第九年所作，但都不是莫扎特，因为莫扎特的职业生涯可能得从10岁左右开始计算。

莫扎特一生写下了600多部各种体裁的作品，假如从他8岁开始算，每年要写23部之多。仅交响曲他就写了至少40部，歌剧作品22部，以钢琴为主的器乐协奏曲30多部，小提琴、钢琴为主的奏鸣曲、变奏曲等多达100余首。

面对作品浩如烟海的莫扎特，就像我们面对得到81分、告别战得到60分的科比。

另一个令人惊异的艺术家是凡·高，除了他代表印象派为美术历史所做的杰出贡献之外，其创作数量简直是个奇迹。

凡·高只活了37岁，他的2100多幅作品是在差不多10年间完成的，平均每年200多幅。凡·高大约有860幅油画，多数创作于生命的最后两年，虽然在生前并不被市场认可，但如今却价值连城。

他是一个孤独的画家，至死都沉浸在自己的世界里，从不被外人理解。他甚至在堆积如山的作品中，没有培养出自立的能力，完全靠他弟弟接济和照顾。

我迷恋凡·高的色彩，由此喜欢上了早年民谣歌手唐·迈克里恩的那首《Vincent》，歌词中至少可以找出九个关于颜色的单词。最初是听齐豫唱的，后来听到迈克里恩的版本，如痴如醉，但不知道是谁唱的，我发誓要找到那张唱片。2001年在达拉斯采访王治郅，有一个星期天我决定到附近的小镇上寻找唱片店。

那时候没有智能手机，互联网很不发达，全靠地图和问路。进了一家唱片店，我问店主知不知道那首《Starry Night》（《繁星点点》），他说不知道，让我从POP（流行音乐）区一张张找。没有找到，我就继续往下走，再找一家，还是没有。如此差不多走了好几公里，离开一个小镇，到另一个小镇，终于有一家店主说：是不是唐·迈克里恩？

On that starry, starry night
在这繁星满天的夜里
You took your life, as lovers often do
你像恋人摆脱苦恋那般结束了生命
But I could have told you, Vincent
但我本该告诉你
This world was never meant for one as beautiful as you
这个世界永远不是为你这样美好的人而生

我们这个世界上，就是有科比、莫扎特和凡·高这样的人，他们异于常人，无从解释。

“凌晨四点钟的洛杉矶”并不只是传说或自夸。2012年，美国男篮有一位训练师罗伯特，就曾在凌晨三点半被科比叫起来去健身房，从五点开始做两小时的身体训练，训练师走后，科比又练了投篮直到上午十一点全队集合——他必须投中800个才算完成。

因为我采访科比时曾经问过他，夏天训练每天要投多少个球，他说投中800个，所以我非常相信这位训练师的说法。

不知道是什么样的动力驱使科比做出如此疯狂的事情，但我们至少目睹了他不止一场比赛的神奇表现。

我们见不到莫扎特，无从知道他是怎样写下一部又一部的大师作品，只能从旋律中感受其中的美妙；我们也见不到凡·高，任凭多么精妙的电影或动画都无法重现他创作的情景，那奇妙的笔触怎样在短时间内将神秘的色彩铺满画布。

好在我们见过科比，见过他神奇的60分告别战。

当你能领略其中的美妙时，也就不枉科比、莫扎特、凡·高来世间走一圈，丢下这些非凡的作品，匆匆离去，不辞而别。

后记

科比成功的原因，并非天赋，而是他追求极致的态度。1996年NBA选秀中，科比在第一轮第13顺位被选中，并非状元秀。选秀前的球探报告这样评价科比：拥有职业球员的成熟度，但投篮能力有待商榷。

曾经有一个记者问科比："你为什么能如此成功？"

科比竟然反问道："你知道洛杉矶每天早上4点钟是什么样子吗？"

这就是科比。

2020年4月17日

你真以为过去的比赛更好看？我来告诉你真相

厚古薄今，是最保守的思维，只会让你提前衰老，被历史淘汰。

很多球迷都说，现在的比赛越来越不好看了，哪里像过去呀，那时候的篮球才好看。

理由有哪些呢？第一，现在的篮球只会投三分球，不好看；第二，过去的篮球考验你背身打的能力，肌肉碰肌肉，多好看！

这么一说，还真有点那么回事。可是，真相到底如何呢？昨天晚上我在家里给大家回顾了一场经典比赛，是1997—1998赛季总决赛第六战，公牛队大战爵士队——乔丹最后一投！

两个小时里，我给球迷解读了当时爵士队与公牛队的打法，还有很多好玩的事。比赛就是要看全场，从头到尾，而不是看集锦。这全场一看下来，说实在的才一节多，就有不少乘兴而来的球迷飞起了弹幕：

比赛节奏太慢了啊……怎么这么闷呢……为什么每个球都给马龙呢……能不能仔细说说公牛队的三角进攻……他们都不会投三分球吗……不好看……

我跟他们说：那时候的篮球就是这样，节奏慢，没有攻守转换，没有三分球，几乎每个战术都要按既定的套路打。

我们对1997—1998赛季总决赛G6的记忆，大都定格在这个场景：那是乔丹在公牛队的最后一投，也成就了他的第六个总冠军和FMVP，由此成为NBA历史经典。

然而从观感来说，当时的真相是什么呢？

整场比赛，公牛队几乎每个回合都在打“三角进攻”，爵士队几乎每个回合都会把球给卡尔·马龙。为了更客观地说明这种现象，我特地把第一节的每一个回合都做了记录（记录整场太耗时费力），得出的结论是这样的：

公牛队第一节有24次进攻，其中20次完全打三角进攻，只有一次攻守转换；爵士队有26次进攻，11次马龙低位，其中4次用的是横掩护要位。

当今的高水平篮球，由于攻防研究特别细，既定套路能打的不过百分之二三十，大部分需要即兴变化。在这个过程中，一旦对手出现失误，或者抢到后场篮板，第一个寻找的就是快攻多打少的机会，至少也要先找攻守转换的机会，趁对手落位不及时，抢先发动进攻。这样做的目的，就是避免半场阵地战，因为大家相互太了解。

然而过去的篮球不是这样。单以1997—1998赛季总决赛G6的第一节为例，公牛队既定战术的执行比例高达83%。那四次未执行战术的进攻是：第一次，库科奇投三分球未中，爵士队的后场篮板被皮蓬断掉，当即传给空切的库科奇上篮得手；第二次，哈珀抢到篮板打快攻，上篮被犯规，两罚全中；第三次，罗德曼抢到前场篮板后，科尔直接传给底角的温宁顿，中投命中；第四次，乔丹在节末时间快到时的中投。

公牛队几乎每个回合都在打“三角进攻”，因为这个战术有优势。在那个年代大家的战术都以中锋为基础，简单直接，容易被破解。而“三角进攻”的每一种变化，都代替了球员自己做决定的即兴发挥，让全队步调更加一致。“三角进攻”是教练替球员设计了所有变化，球员去背熟、跑熟，不能跑错。

你设想一下，“三角进攻”是很多球员都掌握不了的进攻体系，背不熟、容易记错跑错，更何况对手呢？所以，当时“三角进攻”占据了统治地位，独此一家。但随着NBA越来越自由开放，多数球员拒绝打这样的战术，“三角进攻”在公牛队和尼克斯队逐渐被淘汰，“禅师”淡出人们视野。

一整场打这样的战术，球员必须保持高度的思想集中。这个体系也没有明确的组织后卫，只需要按设计把球传出去就可以，最终目的是让乔丹或皮蓬打比他弱、比他矮的人。

所以，即兴发挥是不被允许的，除了乔丹；攻守转换也不提倡，老老实实运到前场，按步骤开始一二三。整个第一节，公牛队只有哈珀“擅自”打了一次快攻，全队出手三次三分球，都没有命中。

相比之下，爵士队反而是那支愿意提速打攻守转换的球队，但尽管如此，G6第一节马龙的低位战术比例也占了42%，其中马龙横掩护再要位，斯托克顿再把球给他，这同一套战术占全部进攻的15%，占马龙要位单打战术的36%。

公牛队的应对非常简单：等马龙要到球，朗利能顶则顶，顶不住就上包夹。朗利岂是马龙的对手，没多久就两次犯规了，于是这个任务又交给了罗德曼，几乎每次都上包夹。

马龙的应对，是你包夹我就传弱侧，弱侧中投。换到现在的理念，外线每个都得会投篮，会一手三分，一是拉开空间，二是三分威胁大。可是，爵士队是全联盟三分球出手最少的队，当年平均每场比赛出手才8次。G6打下来，爵士队出手10次，只命中两记三分球。

这就是为什么整场比赛如此沉闷，要知道这还是历史经典之战。

在直播回顾时，有些球迷问我：苏老师，他们那时候为什么不投三分球啊？既然马龙被夹成这样，那就投三分球啊！

我的回答是：简单的例子，当年的山顶洞人在洞穴里钻木取火，你跟他说，用打火机啊，这行吗？那时候不兴这个，没有专职三分球手。爵士队的霍纳塞克是历史著名的投手，罚球命中率最高时超过95%，三分球命中率超过44%，但他一场比赛三分球才出手1.6次，命中0.7记。1997—1998赛季总决赛，爵士队6场球出手三分球60记，还不够现在的火箭队和勇士队塞牙缝。

所以，当你真的回头去看当年的历史经典，就会非常不适应：节奏慢、战术死板、球员鲜有即兴的神作。

规则对当时的自由发挥也多有限制，仅在第一节，公牛队就被吹了三次“非法防守”，因为没有及时地做到人盯人。

但这丝毫不妨碍乔丹成为举世公认的“帮主”，因为在一板一眼的“三角进攻”体系里，他是那个唯一有自主权的球星。公牛队的比赛打到最后5分钟，就不再玩“三角进攻”，改打乔丹的“isolation”，也就是四人拉开的单打。

以现在的标准，乔丹并不是一个优秀的三分投手。他在1997—1998赛季三分球出手才126记，命中30记，命中率只有不到24%；总决赛6场13中4，命中率只有不到31%。可是，这4记三分球里面，有3记来自G6，那场他8中3，最后拿下45分，超过全队得分的一半。

马龙现在是得分榜上詹姆斯追赶的最后两个目标之一，当然是顶天立地的巨星。然而，当爵士队用接近50%的战术比例让他低位单打时，尤其在面对公牛队屡屡对他包夹时，爵士队并没有从中受益多少。马龙自己拿了31分，全队只有86分。在总决赛G3，爵士队只得了54分。

公牛队最后取胜，经典镜头之一就是乔丹从身后包夹，断走了他的球，这就是同一个战术打太多的缘故。

这就是为什么我不同意“过去的比赛更好看”这种说法。

过去的比赛放在过去，是好看的，因为我们还不知道未来是什么样。过去的比赛放在现在，就是沉闷的，再优秀的战术，一口气打43分钟，两个多小时，也会审美疲劳。

但时代总是在向前进，连“三角进攻”这样优秀的战术系统也会被历史淘汰。20世纪80年代帕特·莱利预言未来的篮球会更多“无位置化”，身高都在2.06米左右，30多年以后这成了现实。

第一个向“三角进攻”发起挑战的是科比，在2000—2001赛季他以奥尼尔状态不好为由，屡屡放弃战术安排，因为那样打不能保证赢球。安东尼在“禅师”时代也对抗过“三角进攻”，但他只是替全队说话而已。

传统的篮球理念在2014—2015赛季被勇士队颠覆，由此开创了小球时代，所以勇士队是划时代的革命性球队。在勇士队之前，“三巨头”热火队对小球战术早有尝试，只是没有那样极端。

随着小球战术在NBA全面兴起，篮球呈现的是百花齐放的盛况。你可以不喜欢火箭队的打法，但那是众多奇葩中的一朵。勇士队也在修正自己的打法，他们从三分球出手、命中、命中率全部位列第一的队伍，逐渐变成更均衡的球队，让出了头把交椅。

这个世界永远是向前的，绝无可能倒退。

但人很容易怀旧。怀念儿时无忧无虑的岁月，在油菜地里飞奔，哪像现在还要买门票去看油菜花？但真的让你回到儿时的岁月时，你又会发现那时没新衣服穿，没肉吃，日子真的很清苦。怀念旧时的清新空气，山明水秀，可真的让你穿越回去时，你会发现那时路上尘土飞扬，出门要坐很长时间的绿皮火车，车厢里充满了汗臭味。

现在一定比过去更好，只是每个阶段更好的程度不同而已。

所以我从不比较历史地位，从不排列个人座次，不愿意脱离历史环境来观察当时的历史阶段。

厚古薄今，是最保守的思维，只会让你提前衰老，被历史淘汰。

后记

相比“得中锋者得天下”的时代，这些年NBA一直鼓励进攻，小球浪潮也是在这种时代需求下应运而生的产物。随着小球风潮的兴起，NBA进攻达到一种空前的疯狂，超级得分手集体爆发，如库里、哈登、利拉德等。

但是，物极必反，在崇尚快节奏和空间的今天，球队普遍重视三分球和篮下进攻，这也导致了NBA的进攻愈发同质化，即使是观赏性再高，也总有腻味的时候。

所以，时代变了，规则在变，风格也跟着变了，球迷的口味就变了。

2020年4月20日

真会有那么多人想看乔丹？

历史最大的价值就是存在，只要存在，今后总会有人回顾，无论多少。最怕的是历史湮没，无人知晓。

《最后之舞》，今天在*ESPN*正式推出。这是一部纪录片，分10集，说的是乔丹和他的公牛队最后一年夺冠的秘闻。纪录片的素材尘封了将近22年。

在职业体育完全商业化的当代，一个头牌巨星的史料被尘封22年，相当罕见，甚至绝无仅有。其中的原因另当别论，现在的问题是：乔丹捂住不发的历史镜头，隔这么久公诸于世，还能引来关注吗？还会带来震撼吗？

显然，这需要时间来检验，毕竟乔丹是二三十年前当红的巨星，如今的球迷有相当一部分从来没有看过他的实况比赛。

你会有兴趣看吗？我不敢确定，因为我的读者以年轻球迷为主，他们当中一部分迷恋詹姆斯、科比，一部分钟情库里、汤普森，还有很多喜欢杜兰特、哈登、威斯布鲁克、利拉德，甚至更年轻的一代喜欢布克、英格拉姆。

这些巨星当中，年龄最大的是詹姆斯，他进入NBA的那年，乔丹刚刚结束职业生涯，那还是他为了当老板而第二次复出的职业生涯。如今的詹姆斯35岁，刚好是乔丹在1997—1998赛季完成“最后一投”的年纪。

隔代显然已经形成，因为看过乔丹最后一次夺冠的球迷，如今至少已经30岁，假设他当时8岁的话。更多的乔丹和公牛队球迷，如今在40岁上下，当年他们或者是十七八岁的高中生，或者是二十出头的大学生，或者步入社会未久，正如我当年那样埋头苦干，不知疲倦。

乔丹和公牛的那批球迷，眼下是社会骨干，国之栋梁，上养父母，下育未来。虽说拥有绝对的话语权，可他们完全无暇顾及怀旧题材，因为他们还没有到怀旧的年龄。

在这个时刻推出《最后之舞》，不是太晚，就是太早。

前几天我直播回顾了1997—1998赛季公牛队与爵士队的总决赛G6，并写了一篇《你真以为过去的比赛更好看？我来告诉你真相》，陈述了我对20世纪90年代篮球的看法，也知道了更多球迷心中“过去的比赛更好看”到底是哪些比赛。他们说，2004年到2010年那几年的比赛，有打内线的，有打跑轰的，各有所长，不像现在清一色投三分球；还有的说，喜欢那几年夺冠的马刺队；有的则怀念“三巨头”凯尔特人队和科比的湖人队巅峰大战。

大部分仍然在追NBA的球迷，有着大把的时间、旺盛的精力、单纯的情感，把英雄人物当作偶像，对其倾诉内心的大哥，就像二三十年前视乔丹为唯一的前辈那样。

所以，我相当怀疑此时推出《最后之舞》已经太晚了。乔丹原本可以在退役后几年，持续不断地向新来的球迷传递他的形象，这些尘封的素材肯定非常震撼。但他却选择了隐居幕后，而留在录像带上的那些比赛画面，因年代久远，分辨率过低，无法和如今的高清比赛相比。年轻的球迷看惯了优质画面，所以乔丹的壮举停留在传说中，离他们越来越远，逐渐石化为一个符号。

或者，他们可以更晚一些推出这个作品，等当年痴迷乔丹的那一代球迷过了50岁，也就是再等10年左右，到了他们进入怀旧的年纪，一定也会引起轰动。那时，他们仍然拥有话语权，但家庭负累已减轻不少，有充裕的时间踌躇满志地回顾人生，年轻时的偶像能让他们想起青春时的自己。

《最后之舞》原定于今年6月总决赛期间推出，因疫情暴发，提前了将近两个月。此前詹姆斯也曾提议，不如现在推出，一定大火。

美国的球迷不像我们这里代际分明。我们这里是年轻人的接力，美国更多是家庭的传承。尽管如此，乔丹捂住这些素材，不让成片，也很令人费解。

当年拍下公牛队最后一季的素材，首功属于克莱·汤普森的叔叔安迪·汤普森，当时他是NBA娱乐公司的制片人，听说乔丹那批冠军班底打完1997—1998赛季就要曲终人散，便向他当时所在的NBA娱乐公司的老板、如今NBA的总裁萧华请示，想对最后一季做全程高清记录，当即获得鼓励，也得到了乔丹本人、“禅师”教练和公牛队的批准。

经过整季跟拍，数百盘的音像素材由此完成，时长超过500个小时，里面有更衣室争吵、飞机上打牌、乔丹输球后怒踢纸箱的镜头，此前从未披露过。奇怪的是，乔丹完成第二个“三连冠”后，还是不同意做成纪录片，一直在仓库堆放到2016年。

NBA和球员工会有一个“集体肖像权”的协议，联盟为了做推广，可以免费使用比赛素材，只要不是个人形象，而是以三人以上的集体形象出现。但当时有两个人例外，一个是乔丹，另一个是尤因，他们的经纪人都是大卫·法尔克。这意味着，如果要使用那几百盘影像素材，必须经过乔丹本人同意。

甚至，那年我采访乔丹，摄影记者给我拍了工作照片，然后叮嘱说，我和乔丹握手的照片不能发到互联网上，所以我没有发。

这些珍贵史料堆在仓库中，每过一两年都会有新来的制片人，问可不可以制作成纪录片，但乔丹从来没有同意过，没有人知道为什么。

美国有一个著名的体育电影和纪录片制片人，名叫迈克·托林，他担任导演或制片拍摄的电视和电影纪录片、故事片有90多部，得奖或提名十几次。其中有我们熟悉的电影《卡特教练》和纪录片《艾弗森》。托林跟*ESPN*提议，这么多素材，只做一个多小时的纪录片可惜了，不如分成六到八集。

2016年，托林拿着他的制作构思，亲自去见乔丹。那些PPT打动不了乔丹，但在最后介绍托林参与制片或导演的片子时，最底下有一部《艾弗森》抓住了乔丹的眼球，他问托林："那是你做的吗？"托林不知道这是好事还是坏事，乔丹又问了一遍，托林说是的。

乔丹摘下眼镜，看着他说："那部片子我看了三遍，把我看哭了，我喜欢那小个子。"

这样，事就成了。

那些成名的英雄人物，大多有一些怪癖，比如怕老。

麦克格雷迪说，科比就曾跟他讲过，自己宁愿早一点离世；2013年，乔丹在一次采访中也说："我一直以为自己年纪轻轻就会死去"，他说自己从没想过会活到50岁。

*ESPN*记者拉莫娜·谢尔伯恩在回顾《最后之舞》诞生历程时写到，乔丹不愿意自己被当作一个符号挂在天花板上，不喜欢自己去打棒球时公牛队为他树一尊雕像，他甚至不知道退休几年才能进名人堂。

女儿要生小孩了，乔丹要当外公了，女儿问他，孩子该怎么叫他呢，是外公还是姥爷？乔丹说："让他叫我迈克尔。"

没有人不会老去，无论你当初多么厉害。

在科比的悼念大会上，乔丹充满深情地讲演，泪流满面，让我们见到了他的另一面。那是他真实的一面，有血有肉，也跟我们一样，会喜欢艾弗森，欣赏科比，而不是沉醉于自己的成就。

他不是那个只顾自己高高在上的"篮球之神"，更不是睥睨天下的君王，他只是一个害怕老去的退役巨星。越是害怕老去，越是不想让年轻时的自己被一次次翻出。与其说他不想让新来的球迷看到过去，不如说他不想看到年轻时的自己，而让现在的迈克尔·乔丹自惭形秽。

其实，这又有什么呢？乔丹已经过了57岁，年届耳顺，心境又进阶一层。同意《最后之舞》成片，还亲自参与了写意桥段的拍摄，说明乔丹比过去豁达了。他是多么较真的人啊，训练中不依不饶，球场上没有对手就去赌场，可是20年以后，他已经懂得了人生的妥协。

这部《最后之舞》，我不知道会有多少人看，但这并不重要。

历史最大的价值就是存在，只要存在，今后总会有人回顾，无论多少。最怕的是历史湮没，无人知晓。

历史是一棵树，有根、有树干、有枝杈、有树叶。

春暖花开，那些新钻出的嫩芽长在新枝上，让人怜爱。

但它们有树干，有根。
只要根在，绿叶就常青。

后记

迈克尔·乔丹，6次总冠军、6次FMVP、10次NBA得分王、5次常规赛MVP……乔丹的荣誉数不胜数，因为他的存在，卡尔·马龙、斯托克顿、巴克利、雷吉·米勒、尤因等超级巨星，一生都未能获得总冠军。

除了个人荣誉，乔丹真正的贡献是将NBA从美国推广到全世界，推动了世界篮球的发展，很多青少年在乔丹的影响下走上了职业篮球的道路，如詹姆斯、科比等人。这才是乔丹的伟大之处。

2020年5月4日

NBA赛制大改，对我们超级利好

以往大动干戈，会冒一定的风险，但现在客观上提供了改革的试验机会。

以后，我们每年很可能看到CBA先开赛，两个月后才有NBA可看。这样的顺序调换，有可能从今年就开始。

由于疫情的影响，在这个体育史上最特殊的年份，2020—2021赛季的NBA极有可能从圣诞节才揭幕，明年7月才打完总决赛。如果感觉不错，这样的节奏很可能会确定下来，NBA赛程整体往后错两个月。

CBA原本会在NBA赛季揭幕后不久才会开赛，今年则可能提前到10月。虽然CBA每年开赛的时间并不统一，但如果NBA决定以后每年圣诞节开赛，那么CBA整体上会比其早开赛两个月左右，这对我们本土联赛来说，当然是一个好消息。

NBA下赛季推迟到圣诞节开赛，既有疫情的原因，也有内在需求；CBA提前开赛，则跟奥运会落选赛推迟一年有关，我们要留出窗口期备战。

这个赛季NBA中断，尽管重启时间未定，但由于推迟时间过久，跟下个赛季撞车的可能性越来越大。如果是6月下旬或7月初开赛，总决赛最晚的结束时间极有可能拖到9月。按往年的节奏，新赛季的训练营是9月中下旬，理论上准时开始已经不可能，唯一的办法是把下个赛季开赛的时间推迟到圣诞节，这样两个赛季中间仍能获得3个月的休整。

推迟开始，就要推迟结束，下个赛季NBA有可能到7月底甚至8月初才打完总决赛。

其实，NBA早就已经在考虑改革赛制，其中很重要的一个方案，就是把常规赛的开赛时间放到圣诞节。按照构想，常规赛82轮会削减为78轮甚至更少，增加一个会战式的锦标赛。

以往大动干戈，会冒一定的风险，但现在客观上提供了改革的试验机会。

NBA想改革赛制，原因是美国的职业体育项目太多，相互争夺市场和观众，竞争十分残酷。这还没算大学体育比赛，它受欢迎的程度丝毫不亚于职业比赛。

美国有四大职业体育联盟，其中最受欢迎的是橄榄球职业大联盟（NFL），虽然常规赛只有四个月，季后赛只有两个月，比赛密度最低，但每一场都是声势浩大，单场观众数量数倍于篮球。每年秋季，率先开赛的就是橄榄球，到了次年2月超级碗，篮球和冰球都会主动避让。

冰球在美国东北部和加拿大更流行，美国冰球职业联盟（NHL）的赛季和NBA基本重合，只比NBA略提前一点，NBA的优势在于其普及性更广。

棒球在美国拥有最长的历史，比赛密度也大，但美国棒球职业大联盟（MLB）跟NBA的重合度最低。

圣诞节是除棒球职业大联盟以外的各大赛事联盟争夺的主战

场，往往都是NBA胜出，所以，每个赛季无线转播商的加入，都是在圣诞大战阶段。这是由美国的收视习惯决定的，因为他们那里的数字化直播平台不如中国发达，看比赛的年龄结构也更完整，更多的人还是习惯看电视。

一个最好的证明是2011—2012赛季，当年由于劳资停摆，正好在圣诞节开赛，结果创下了ABC和TNT的收视纪录，并没有受停摆影响声誉。

当然，晚开始就会晚结束，NBA“错峰”开战的想法，一直受到转播商的反对，其中一个重要的原因是进入夏季以后，美国人开始疯狂地度暑假，都跑出去玩了，看电视的人更少。

有一个解决办法，是进一步削减常规赛，比如从78场改为72场，甚至像缩水赛季那样，只打66场。这样就给了NBA增加会战式锦标赛更大的空间。理想的状态是圣诞节开始，7月底以前打完总决赛。

也许会有人问：这么晚结束，那美国男篮还打不打奥运会了？其实，NBA球员对国家队的兴趣在下降，世界杯已经证明了；奥运会虽有更强的吸引力，但并非大牌明星首选。以后仍会有NBA球员参加，但可能主要会从淘汰球队中挑选，打东西部决赛和总决赛的球星参加的可能性越来越小。

在我看来，NBA推迟开赛对我们国家的CBA（中国男子篮球职业联赛）是大大利好。

从传统赛期看，NBA一直完全覆盖CBA，因为我们的赛期短。两个联赛一早一晚，在观赛时间上并不冲突，但媒体资源毕竟有限。如果我们还是10月或11月开始，篮球的热点话题会更集中，CBA凭空多了两个月的集中关注时间。

另一个重要方面是季后赛。以往CBA进入半决赛和总决赛时，

NBA也进入了季后赛，如此密集的重点赛事重合，肯定会彼此杀伤。NBA错后两个月，CBA无疑可以在季后赛获得更高的关注与讨论。

我们的CBA虽然还在停摆之中，但由于奥运会推迟一年，赛季重启只是时间问题。国家队今年没有任务，让强队的球星可以更从容地去完成季后赛。

接下来两个赛季，CBA进入了五年赛制改革的最后两年，如果按计划进行，常规赛轮次将增加到56场，同时还要留出窗口期，供国家队备战奥运会落选赛，所以2020—2021赛季很有可能提前到10月开始。

我喜欢这样的改变，无论NBA推后开赛还是CBA加长赛程，对篮球在中国的普及和推广，都是利好。

后记

2021—2022赛季NBA常规赛已经在2021年10月20日正式开启，2022年4月11日常规赛结束，13日附加赛开打，17日季后赛正式开始，预计最晚于2022年6月20日结束。

2021—2022赛季CBA联赛于2021年10月16日开启，常规赛赛程将分为三个阶段进行：第一阶段（常规赛第1-13轮）2021年10月16日-11月14日；第二阶段（常规赛第14-28轮）2021年12月25日-2022年1月28日；第三阶段（常规赛第29-38轮）2022年3月30日-2022年4月21日。

CBA季后赛将于2022年4月24日开始，5月20日结束，常规赛排名前12的球队获得季后赛资格。

2021-2022赛季NBA联赛已经恢复主客场制，允许部分球迷入场；CBA联赛常规赛第一阶段比赛依旧采取赛会制，空场比赛。

2020年5月21日

乔丹形象大反转，他真的是大恶人吗？

一个球队的领袖，并不需要十全十美的完人。

“大神”迈克尔·乔丹，居然是个大恶人？

如果你听了“眼镜”格兰特怎么说，就可能会这么认为。在纪录片《最后之舞》全部播出后，格兰特坐不住了，他出来接受一家网络播客的采访，公开质疑这部片子的真实性，并以乔丹队友的身份说，这部片子根本算不上“纪录片”，只能算“伪纪录片”，是垃圾。

格兰特是公牛队第一次三连冠时期的主力大前锋，他的前七年都在公牛队度过，包括乔丹第一次退役后的1993—1994赛季。我们知道任何一个球队都会有内部矛盾，但是像格兰特这样站出来公然指责“篮球之神”的，几乎没有。

随着格兰特一石激起千层浪，“公牛王朝”更多幕后细节被爆出，乔丹的形象第一次面临受损。他真的是个大恶人吗？

我们先来看格兰特的“爆料”到底有哪几个方面。

有一次格兰特打得不好，在飞机上，乔丹不让格兰特吃饭，叫空姐不给他发餐。格兰特说：“谁都了解我，从新秀开始，如果谁要抢走我的饭，我一定把他打得屁滚尿流，相信我，那次我本来可以把乔丹揍了。没错，他是跟空姐说‘什么也别给他吃，他打得像个垃圾’，我当场就反击了，骂了一些脏话，这里就不重复了。我骂了他，站起来冲他喊：‘如果你想要（我盘子里的饭），自己来拿。’当然，他都没有动，只敢嘴里骂骂咧咧。在这个地球上，谁想从我盘子里把饭抢走，一定会被揍得屁股开花，那现在就不会有‘飞人’乔丹了，也不会有六个总冠军，我把话放在这里。”

格兰特认为，自己不是好欺负的，但乔丹不只对他这样，只是其他队友不敢吱声。

“他以为他可以吓唬我，那就错了，因为不管什么时候他来骂我，我都会骂回去。不过，对于珀杜、科尔和布瑞尔这样的年轻人来说，早就吓破胆了。想想一个球队老大，居然那样对自己的队友。在训练中推他们两下，我能理解，但直接挥拳就打（就太过分了），还骂他们娘炮，真的不应该。”

格兰特为皮蓬叫屈，而自从纪录片播出后，一个多月时间，皮蓬都没有出来接受过采访。

“我从来没有见过哪个球队的二号人物，像皮蓬这样功勋卓著的人，被刻画成那么坏的形象。比如说偏头痛，比如说最后1.8秒不肯上场，乔丹居然说他自私，我一辈子没见过。皮蓬参加了（1997—1998赛季总决赛）第六场，他当时几乎走不了路，腰疼得厉害，可他还是竭尽所能去帮助球队。我想问，为什么这部纪录片，这部伪纪录片，要这么说皮蓬的1.8秒？他当时根本不在队里，为什么要把这段放进去？那年我们全队很好地处理了那件事，皮蓬也知道错了，事情过去了，我们还把尼克斯拖进了第七场决战，事情已经翻篇，为什么要旧事重提？我把这个问题说给每一个人，你们都听听。”

格兰特说的这些，我全部相信了。但话说回来，篮球队就是这样的，队里就是老大说了算。

在采访中，格兰特说的那些细节非常真实，极有画面感。我们能想象出乔丹红着眼骂人、揍人的样子，而且这样的情形不只发生在格兰特身上，还另有佐证。

比如曾在凯尔特人队拿过总冠军的中锋“酋长”帕里什，也曾挨过乔丹的骂，帕里什说：“他跟我凑得很近，骂我，我就跟他说，我也是拿过戒指的人，他就不敢再骂我了。”

乔丹凑在格兰特和帕里什面前大声辱骂的情景，让我想起了库布里克的电影《全金属外壳》，上校在营房里那段长达六分多钟的训话，是电影史上的经典，上校几乎用尽了英语里面所有的脏话。那个老是出错的“傻瓜派尔”，被骂得怀疑人生，眼看终于要成为能上战场的士兵，却一枪了断了自己的生命。

打篮球和打仗还是有所不同，毕竟不用送命，但打篮球有其特殊之处。

在军队里，长官骂士兵，在全世界的军队里都很普遍。长官大多不用扛枪上阵，躲在指挥掩体里安全得多，你可能会说“你行你上”。但是，一个被骂出来的士兵，在战场上少出一次错，就多一分保命的机会。军队的这种等级制度放在面上，士兵用双脚行军的时候，长官就是坐在车里，没有人质疑。

篮球虽然是娱乐观众的运动，但一上球场，就跟打仗差不多。但和军队不同，那个满嘴脏话训人的老大，是队里打球最好的人。他不是坐在场边，动动嘴就可以，而是要自己上场，配合稍有错误，他的表现就要打折扣，球队就要输球，而媒体最终质疑的，第一个就是他。

所以，一支篮球队在某种意义上跟军队差不多，所不同的是训话打人的，正是那个必须冲锋在前、以身作则的领袖球员。这个人的地位越高，有可能容错率就越低。这种事不会只在公牛队发生，只在乔丹身上出现，事实上，如果有人愿意爆料的话，科比也可能是那个让队友难以容忍的领袖。

打篮球不是请客吃饭，那些对队友要求严苛的人，往往是用对自己的标准来要求他人，而队友能做到的并不多，否则他们就代替了你的地位。科比说他一天要投中800个球，你做不到，他就认为自己有资格骂你，除非你在比赛中不犯错。

老好人领袖有没有？一定有很多，但队伍的纪律有可能不像军队，赢球的把握也没那么大。一个球队的领袖，并不需要十全十美，所以，乔丹的这些秘闻并不新鲜，反而让他更具烟火气。

这样，你还会觉得乔丹是个大恶人吗？

后记

从某种意义上来讲，科比也算一个“大恶人”了。

在NBA联盟，科比对自己的要求非常苛刻，无论在训练中还是比赛过程中，科比的严苛是出了名的。说科比是个“大恶人”，是因为他对球队、对队友的要求同样严苛，甚至很多时候会对队友发火，说垃圾话。曾经在一次湖人队的公开训练中，科比就当着媒体的面大骂队友，骂他们软得像卫生纸一样。

这也许就是科比的生存之道吧，毕竟NBA是一个竞争激烈的地方，不论训练还是比赛，总要用最高的标准来严格要求自己。如果连这点态度都没有，那么就选择离开吧。

2020年10月8日

FMVP到底给老詹还是浓眉？

一千个观众眼中，会有一千个哈姆雷特，11个投票人心中，也会有11种不同的FMVP标准。

NBA总决赛休战两天，到了讨论FMVP的最好时机。

不出意外的话，FMVP将在湖人队詹姆斯和“浓眉哥”戴维斯两人中产生，除非热火队大翻盘，那样的话肯定给吉米 · 巴特勒。只是到目前为止，还看不到这样的迹象。

虽说同一个球队的球迷是一家人，但今年比较有趣，因为湖人队球迷内部产生了严重的分歧，给戴维斯FMVP的呼声，和给詹姆斯的差不多。其中有两个原因：第一，戴维斯在总决赛前两场风头很盛；第二，支持戴维斯的球迷有很多来自湖人队之外。

詹姆斯身上已经形成“饭圈”现象，这太正常了，他打了17个赛季，进了10次总决赛，俘获球迷无数，从骑士队到热火队，最后与数量庞大的湖人队球迷汇合。他的数据比戴维斯强，自是无话可说，即使前两场戴维斯爆红，很多球迷仍然会力挺詹姆斯得FMVP。

在展望FMVP之前，我们先得了解这是一个什么奖，以及到底是怎么评出来的。

自1969年起，NBA的总决赛评选系列赛MVP，从2005年起其奖杯以“指环王”拉塞尔的名字命名，称为“比尔·拉塞尔杯”。

但有一条是肯定的，FMVP只给一个人，这不是因为有什么规定，而是50年来从来没有给过两个人，所谓的“没有先例”。全明星有两人分享MVP的历史，常规赛和总决赛都没有。

和常规赛MVP有101张选票不同，FMVP过去只有9个人、现在有11人参与评选。因为比赛打完就要发奖，时间紧任务急，没时间统计那么多。参加评选的都是媒体届“大佬中的大佬”，来自美国的转播机构、报刊和网站、官网和两支球队的地方媒体，有时候还有国际媒体。

以2017—2018赛季总决赛为例，参加投票的单位是：NBA官网、美国广播公司（ABC）、*ESPN*（主持人+记者+电台）、BR网站、美联社、今日美国报、骑士队官网、勇士队湾区新闻集团、腾讯。2018—2019赛季总决赛，国际媒体来自法国，网站变成《运动》和雅虎。

依我们的理解，FMVP当然是给总冠军队里面表现最好、贡献最大的球星，但投票人不一定按球迷的思路走。

1968—1969赛季第一次评出的FMVP是湖人队杰里·韦斯特，但湖人队输给了凯尔特人队。韦斯特的总决赛场均得分37.9分太高了，远远超过“绿军”的哈夫利切克的28.3分。后来，FMVP都给了夺冠的球队。

那么数据是唯一标准吗？也没有这样的规定。2014—2015赛季总决赛，库里场均26.0+5.2+6.3，但FMVP却给了16.3+5.8+4.0的伊戈达拉，他也是史上唯一没有每场首发的FMVP。投了伊戈达拉的人认为，勇士队1∶2落后，伊戈达拉从第四场开始在小阵容首发，彻底扭转了系列赛走势。

2014—2015赛季的投票还有一些幕后故事：有一家媒体爆料说，11张选票收上来，伊戈达拉和詹姆斯各4票，库里3票，这样伊戈达拉跟詹姆斯打平，他们一起做主把给库里的3票给了伊戈达拉，这样他以7∶4胜出。不过这个消息被知情者否认，说投票人只交选票不开会，直到发奖才知道结果。

这个故事说明，FMVP投票总是存在不同的意见，因为每个人心里的标准不一样。去年总决赛，科怀·伦纳德的表现够压倒性了吧，但替*ESPN*电台说球的胡比·布朗老爷子就把票投给了范弗利特。老爷子当时86岁了，曾在NBA当过多年教练，在业内颇有声望，他的意见也不是没有道理。

而令勇士队球迷最不服的是，库里三次夺冠，却没有一次当过FMVP，两次都输给了杜兰特。

今年总决赛的形势，跟2017—2018赛季差不多。那年勇士队横扫骑士队，实力上超出较多，但队内两名关键球星杜兰特和库里，得分数据却在伯仲之间。

杜兰特全队第一，平均28.8+10.5+7.5，库里第二，平均27.5+6.0+6.8，两人的得分差距只有1.3分，远远小于2016—2017赛季的35.2分对26.8分。今年总决赛打了4场，詹姆斯平均只比戴维斯多两分，如果以每36分钟进行计算，只有0.2分的差别。

杜兰特和库里都算外线投射型球员，杜兰特高一些，篮板抢得更多，而库里三分更多更准，这两人比较，相对来说在同一个维度之内。但詹姆斯和戴维斯是两个位置完全不同的球员，一外一内，如果仅以数据来比较，两方球迷谁也不能说服谁。

作为全队的进攻组织者，詹姆斯在助攻上远远超过戴维斯，而戴维斯经常要跑到外面去防守，甚至在第四场主盯巴特勒，他的篮板球就比詹姆斯少，这是小球时代的一个特殊现象。

但作为一个内线4、5号位球员，戴维斯攻击篮筐的次数又多于詹姆斯，因此命中率更高。而且，戴维斯自小打后卫，有一手漂亮的控球、运球技术，投篮也准，他在外线的三分球也比詹姆斯强。

在几乎无法分出高低的情况下，会有一些高阶数据爱好者拿Win Share（赢球贡献份额）这样的数据比高下，其实也只有0.1的差别，如果按进攻和防守细分，两人的数值居然完全一样。

在西部决赛第一场直播前，我曾有一个预言：如果照这么打下去，湖人队进了总决赛还夺了冠，那么FMVP很有可能归戴维斯。

我当时那么说，是根据前两轮湖人队的打法走势判断的，也是认为湖人队无论对上小阵容的火箭队，还是大阵容的掘金队，戴维斯的表现好坏都将起到决定性的作用。

直到总决赛前两轮打完，这个趋势仍然存在，当时湖人队占尽优势，戴维斯33.0+11.5+3.0，詹姆斯29.0+11.0+9.0。一个内外通吃，一个接近平均三双。

但第三场湖人队输球，走势出现逆转：戴维斯饱受犯规困扰，第一、四节没有得分，全场只拿下15分；詹姆斯的表现也不好，失误8次，但也打出了25+10+8的数据。第四场湖人队防守大调整，戴维斯成功冻结了巴特勒，但只得了22分，而詹姆斯是28+12+8。自此，四场打完后詹姆斯的平均得分超过了戴维斯。

在我看来，如果戴维斯的进攻一直以前两场的势头持续的话，11名投票人中会有多数投他，这有两个原因：第一，詹姆斯已经拿了3次FMVP，媒体投票总会追求新鲜感；第二，的确会有不少人像胡比・布朗选范弗利特那样，认为戴维斯的全能表现更具决定性。

现在两人的数据难分伯仲了，那11人会怎么投票呢？

我认为他们多数会倾向詹姆斯。一方面，詹姆斯跟他上一次拿FMVP时相比，又大了四岁，他的身体和技术保持之好，简直是运动史上的奇迹；另一方面，詹姆斯是全队的组织者，得分、篮板、助攻还都是第一，你不得不佩服得五体投地。

我对FMVP有自己的看法和标准。

第一，这个奖本身就有缺陷，因为篮球是个团队运动，但NBA历来只选一位FMVP，而且故意不设定具体标准，也是为了制造话题，他们乐得看见媒体和球迷争吵。

第二，当数据差别大到一定程度时（比如2016—2017赛季杜兰特和库里），数据是主要标准，因为数据本身反映了综合表现。比如戴维斯在前几轮的决定性表现，如果在总决赛继续，今天得40+，明天绝杀，那他当FMVP就有说服力。

第三，当数据差别不大时，选谁都有道理，都是一样的，你的选择只代表了你对篮球的理解。以前四场的综合表现，我会选詹姆斯，因为他更稳定，并且全盘控制着场上局面。

落实到每一个具体的投票人，你必须接受胡比·布朗这样的专业人士，因为在篮球的问题上，你不可能比他更高明。同时，情感因素也可能影响到不同的人。比如，有人会觉得詹姆斯快36岁了，而戴维斯还年轻。还有一些媒体人会倾向于进阶数据，比如正负值，詹姆斯四场之和是+11，戴维斯是+24。

一千个观众眼中，会有一千个哈姆雷特，11个投票人心中，也会有11种不同的FMVP标准。

把FMVP改成季后赛MVP，或者有可能的话，允许选两个人，这样更符合篮球的规律。如果真能这样——

皮蓬就不必永远被乔丹的羽翼遮蔽；

库里会和杜兰特同辉；

戴维斯也可以和詹姆斯一起；

捧起一尊既代表个人表现又象征团队合作的奖杯。

后记

北京时间10月12日上午，NBA总决赛第六场，洛杉矶湖人队106：93击败迈阿密热火队，总比分4：2，湖人队夺得2019—2020赛季NBA总冠军。

全场比赛，詹姆斯拿下三双，28分、14个篮板、10次助攻，如愿拿下总决赛“最有价值球员”奖，他成为历史上第一个分别在三支球队拿到FMVP的球员。

2020年10月12日

现在可以喊了：湖人队总冠军！

詹姆斯终于拿到了他的第四冠。

詹姆斯终于拿到了他的第四冠。

夺冠战可能没那么悬念丛生，危机四伏，因为早早就打花了，但冠军就是冠军，两座奖杯抱在怀里，沉甸甸地，象征着在这个多灾多难的赛季，总冠军更加来之不易。

这是戴维斯的第一冠，隆多的第二冠，丹尼·格林的第三冠，詹姆斯的第四冠，湖人队的第17冠，在詹姆斯的第17个赛季。

跟前五场相比，第六场看上去赢得相当容易，但其中包含了以沃格尔为首的教练组、隆多以及詹姆斯很多心血，技术含量颇高，因为湖人队又一次变阵了。总结下来，他们大胜热火队的关键在于以下几点：

1. 湖人队变阵，小阵容匹配热火队首发。
2. 戴维斯攻防两端翻江倒海，阿德巴约不投三分。
3. 以超强防守为前提，詹姆斯带动反击提速。
4. 更大空间让季后赛的隆多靠突破上篮大爆发。

将卡鲁索塞进首发，再度放弃霍华德以后，湖人队将自己的阵容优势无限放大，热火队的攻防对位就彻底暴露了弱点。

湖人队防守时，詹姆斯对巴特勒，戴维斯对阿德巴约，双方的全明星球员直接面对面。但热火队的这两位明星，都没有三分球威胁力，巴特勒出手少、命中率低，阿德巴约基本不出手。这给湖人队固守三秒区带来了极大的便利，尤其是直接打5号位的戴维斯，既可以制约阿德巴约，又能兼顾热火队外线的突破。

其实这场比赛的结果，在第一节前几分钟就已经注定。小阵容给湖人队带来了极大的机动性，詹姆斯的前三个进球，全都是靠反击和快攻拿到的，显示出热火队在进攻时的迷惑，上半场失误高达9次，湖人队快攻得分14∶0，三秒区得分之比更加悬殊，是34∶16。

上半场湖人队最大领先就达到了30分，前两节28分的领先优势也是NBA总决赛历史的上半场之最。到第三节，湖人队一度领先多达36分。

湖人队不是第一次将阵容由大变小，早在第二轮打火箭队时，尽管已经2∶1领先，但为了匹配火箭队的五小阵容，索性在第四场放弃了下半场才打小的半遮半掩态度，直接把大莫里斯放进了首发，戴维斯打5号位。对火箭队的第五场比赛跟总决赛夺冠之战太像了，湖人队最大领先达到30分，也是以打花而告终。

很早我就将詹姆斯比作湖人队的大脑，戴维斯是他的手足。这一轮对决，跟前三轮一样，湖人队充分利用戴维斯在5号位上的作用，就可以对任何大阵容、小阵容都游刃有余。

湖人队的夺冠历史上，向来有出色中锋来统治篮下，早年的迈肯和张伯伦，“Show-Time”时代的贾巴尔，“OK组合”时代的奥尼尔，科比时代的加索尔，直到现在的戴维斯，我们从中可以理出一条篮球发展的线索：先是高度，后是技术，身高和技术的结合在奥尼尔时代达到顶峰，加索尔则开启了中锋能拉到外线的先河，而篮球发展到小球时代，戴维斯是这个位置上最完美的表现。

所以，詹姆斯在发奖仪式上抱着FMVP奖杯，特地感谢了戴维斯，他说："我打到第七年时，知道我一个人无法翻越那些障碍，我需要帮手，需要有人推我一把，所以我去了迈阿密，在那里韦德和波什推动了我。现在我们得到了他（戴维斯），我们推了他一把，让他知道自己有多了不起，可以打得更好，可以成为一个特殊团队的一部分。今天他能站在这里，对我来说意义重大，而他对我的信任，对我别具意义。"

湖人队的这个总冠军，也是告慰科比的在天之灵。

这个赛季无论对湖人队还是NBA，意义都极其特别。湖人队经历了失去科比的重大打击，他遇难当天，湖人队从上到下所有人甚至无法专心训练和投入比赛，只好将比赛改期。好不容易从噩梦中醒来，又遇上了疫情暴发，赛事中断后又重启。

科比的曼巴精神是什么？就是坚持，无论遇上多么大的困难。

总经理佩林卡说，在迪士尼园区的这几个月，每到夜深人静，在旅馆的房间独处时，他常常会听到科比的声音对他说："坚持住，直到完成一切。"

湖人队球迷喊了一整年的"湖人队总冠军"，那只是代表一种愿望，只有当这一切全部展开、完成，才能真正踏实地喊一次"湖人队总冠军"，因为现实和想象，差别如此之大。

没有哪个总冠军的得来是轻而易举，下个赛季又不知道何时才会开始，新的考验又将来临。

詹姆斯马上就36岁了，戴维斯正当盛年。明年的湖人队会是什么模样？会不会招来一位明星级别的外线？当今天的故事画上句号，新的故事已经铺开。

后记

2020—2021赛季的湖人队，夺冠重要拼图霍华德、隆多、丹尼·格林、JR·史密斯、麦基等球员离队，球队补充了小加索尔、哈雷尔、德拉蒙德等悍将，湖人队基本保证了冲击总冠军的实力。

但是，詹姆斯在2020—2021赛季已经36岁，戴维斯又是“玻璃人”属性。两人伤伤停停，常规赛詹姆斯仅仅出战45场，戴维斯才出战36场。常规赛结束，湖人队排名西部第七，附加赛战胜勇士队后晋级季后赛。可惜，季后赛首轮湖人队便被太阳队淘汰，詹姆斯职业生涯首次在季后赛首轮被淘汰。

2020年10月13日

这个总冠军，含金量到底是低了还是高了？

乱世出英雄，当世道巨变，只有心中有目标、举止有威信、处世有谋略的人，才会脱颖而出，成为乱世豪杰。

湖人队夺冠。有人说，今年的冠军含金量太低，很多人不服。

那么，到底是低了、跟平常一样，还是更高呢？

这个问题的答案，不只是球迷属性的指向，觉得高的就是湖人队或詹姆斯的球迷，觉得低的就是非湖人队球迷或者“詹黑”。对于含金量的判断，关系到对篮球本身的认知。

湖人队这个冠军，要说跟平常一样是不现实的，因为大环境跟以往大有不同。赛季中断了四个月，关到一个封闭的园区里打，季后赛打一半又被打断，这样的赛季在历史上独一无二。

剩下的判断，无非是含金量低了，或者更高。这跟你是谁的球迷关系不大，关键是观察问题的角度。只看到赛季七零八落，还没有主客场，没有球迷，就会觉得含金量不够；看到赛季七零八落，没有主客场和球迷，球员关在封闭园区里三个多月，居然还能咬牙坚持到最后，就会感受到他们格外不易。不仅是夺冠的湖人队，还有从没被看好的热火队，没进总决赛的凯尔特人队、掘金队、火箭队、雄鹿队、爵士队等。

在我看来，用“含金量”来评价冠军的价值，本身就不是一个篮球命题，所以并不恰当。

在这里打一个比方：两个同学，在同一个班，一个锦衣玉食，全力以赴；一个家境贫寒，还要干很多家务，照顾年迈的爷爷奶奶和身体不好的父母，最后他们都考上了同一所大学。那么他们俩的成绩，谁的含金量更高呢？理论上说，他们都在学习上付出了同样的努力，成绩的含金量是一样的，但一般都会认为那个苦孩子更不容易，含金量更高。

可是这样一来，那个富家孩子的学习成绩难道就有水分了吗？

跟“历史地位”、“历史排名”一样，“含金量”这个词本身，只属于文学描述范畴，用来给冠军评定等级，并不科学，也不严肃。

但可以用来感慨，因为感慨是主观情绪，而不是客观标准。

我就感慨湖人队这个冠军来之不易，跟以往都不相同。

早在保罗·乔治大失水准被批得怀疑人生时，我就写文章说，乔治是心理问题，和技术无关，在迪士尼园区住久了，没问题也会憋出问题来。果然，经过和心理医生的沟通，在全队的帮助下，乔治下一场爆发了。

年轻球员很难习惯这种封闭生活，何况他们住的酒店都是平时供给普通游客住的，房间条件非常一般，还到处都有摄像头。后来摄像头发现火箭队的豪斯房间里进了女人，破坏了防疫规定，直接被逐出园区。

老球员就一定更适应这种封闭生活吗？快船队一直被认为是夺冠大热，但路易斯·威廉姆斯偷偷跑出去吃了顿饭，不知道是否还玩了别的什么，回来就直接被强行隔离。这暴露了快船队的管理问题，按理这种级别的球员以前都是打完球各回各家，全靠自觉，所以，最终是快船队内部的凝聚力出了问题。

那些老老实实不出去玩的老球员，就一定安心在这里打球了吗？猛龙队主教练纳斯说，小加索尔整个季后赛都没有打好，因为他一直心神不宁，牵挂着在西班牙老家的年迈双亲。

住在这样的酒店里，每天只能球馆和旅馆两点一线，钓鱼、骑车、打游戏都腻了，可是两三个月不能回家，只能躺床上刷手机，这是一种什么样的日子？

湖人队遇到的事，比其他球队还要多。

早在疫情暴发之前将近一个月，科比突然遇难，这个消息对湖人队、NBA和世界篮坛都是重大打击，湖人队则是灾难的中心。事件发生当天，湖人队有比赛，但根本无法静下心来准备，比赛被迫改期，后来还要参加一系列悼念活动。终于等到3月，全队状态进入最佳，赛季却戛然而止。

很少有人谈论那四个多月，他们在做什么，好像他们是笼子里的宠物，需要他们的时候，出来表演，没有比赛了，只能在笼子里睡觉，或者玩耍。

湖人队是一支围绕詹姆斯、戴维斯临时组建的球队，角色阵容以老球员为主，库兹马、卡鲁索除外。他们面临的最大问题，就是停赛期间个人状态的保持，赛季前景未卜，如何坚持训练和身体维护需要明确的目标和动力支撑。但7月初全队进驻迪士尼园区时，不要说詹姆斯，从隆多、霍华德、麦基到考德维尔·波普、大莫里斯，甚至三分不稳的丹尼·格林，身体全都好好的。了解历史的，可以回想一下当年因劳资问题停摆，回来后文·贝克胖成什么样了。

我们能看到原汁原味的季后赛，需要他们的定力、毅力和职业操守。

乱世出英雄，当世道巨变，只有心中有目标、举止有威信、处世有谋略的人，才会脱颖而出，成为乱世豪杰。

湖人队夺冠，离不开詹姆斯的处变不惊。季后赛因雄鹿队而再度被打断时，詹姆斯是风暴中心，大家都看他的决定。

如果他和保罗的身份换一下，可以理解，但有机会夺冠的不是保罗而是詹姆斯，最终说服詹姆斯的却是保罗。我相信最了解詹姆斯的正是保罗，他们两个都是有坚定目标的人，保罗挽救了这个赛季，说服大家去迪士尼园区打球，詹姆斯挽救了季后赛。香蕉船上的这对兄弟完美地解决了雄鹿队惹下的麻烦。

剩下的都是篮球问题。如果你看了全部的季后赛，就知道湖人队的夺冠过程充满了机变和谋略，技术含量丝毫不亚于以往任何一届总决赛。

这是个小球当道的时代，湖人队遇上了努尔基奇、塔克、约基奇和阿德巴约，所有的文章都围绕这四个对手展开。戴维斯不喜欢打5号位，但他却不得不面对四个类型完全不同的中锋，湖人队历史上那么多传奇中锋，没有一个像他样遇到的对手如此复杂、多样。

除了2014—2015赛季勇士队变阵，你看过哪年总决赛变阵如此频繁吗？湖人队有时候上半场双塔阵容，下半场小阵容，对火箭队第四场小阵容首发，总决赛第六场小阵容首发，两组小阵容又不相同。不同的阵容带来不同的效果，有人说为什么不直接小阵容呢？因为戴维斯从来都不喜欢打5号位。

詹姆斯说，当年需要有人推我一把，现在我们推戴维斯一把，他对我的信任，对我来说意义非凡。戴维斯是小球时代的“万能钥匙”，詹姆斯和湖人队牢牢地把钥匙攥在手里。

我甚至觉得应该给热火队单独发一个奖，但冠军只有一个。

最好的从来只有一个，这是规则带来的残酷，也是生活的残酷。

如果用含金量去评判冠军等级，我们就会轻视那些风雨无阻把外卖送到你手上的人，那些背朝天面朝土为你种出粮食的人，那些在流水线上为你装配出一部部手机的人，那些每天默默地把你丢掉的垃圾收拾带走的人。

他们和你一样，在自己的岗位上全力以赴，遇到的困难你无法亲身体会。他们是生活中的冠军，而把他们换成我，未必能如此出色。

我们不是金砖或戒指，可以用足金或K金来分别。

我们是人，所以不提含金量。

后记

湖人队夺冠后，詹姆斯着重提到了“尊重”二字：“我们希望获得尊重，总经理佩林卡希望获得尊重，湖人队主教练沃格尔希望获得尊重，湖人队希望获得尊重。我也希望获得这些该死的尊重。”

詹姆斯究竟需要谁的尊重？

2019—2020赛季开始初，洛杉矶德比，湖人队不敌快船队，众多名宿都说詹姆斯是去洛杉矶养老的、开拓商业版图的，而不是帮助湖人队重建的。他们认为詹姆斯老了，脚步跟不上了，并一致看好快船队夺冠。

死对头皮尔斯甚至说：“詹姆斯不行，我那个时代从来不怕詹姆斯，詹姆斯不在历史前五。”

结果，赛季结束后，詹姆斯用生涯第4个总冠军、第4个FMVP回应了他们，这或许就是詹姆斯说的尊重吧。

2020年10月26日

扶乔丹起来，跟詹姆斯比一比

不管你选谁，热爱是不变的，这是前后两个时代相通的情感。

詹姆斯拿了第四冠，于是各种说法就来了：嗯，詹姆斯可以是历史第一了；詹姆斯拿多少冠，历史第一还是乔丹。

乔丹够累的，都当了老板，年龄都奔六十了，还不断被拿出来和詹姆斯比较。

没办法，关公战秦琼，是这个世界永恒的游戏。

看篮球不是听相声，大家乐此不疲，肯定是有原因的。我发现了一个非常有趣的现象：换作一般的社会话题，老同志高屋建瓴，年轻人冲动武断，泾渭分明；换作一个篮球话题，年轻人冲动武断，老同志武断冲动，分不清谁是谁。

很久以来我一直不知道原因是什么。比如说，詹姆斯明明10年里9次进总决赛，还拿了4次总冠军，搁过去肯定吹上天了，但还是有年长的朋友跟我说："我觉得吧，詹姆斯比不上乔丹，你看他四个冠军，是在三个队拿的，今天跟韦德、波什，明天跟欧文，现在跟戴维斯，乔丹就在公牛队，身边只有皮蓬。"

听起来是抱大腿的路数，但细想一下：到底是身边有不同的人夺冠难，还是身边一直是同一个人夺冠更不容易呢？

把乔丹和詹姆斯放在一起比较，非得比出高低，评出历史第一，这本身就是一个不太可能完成的任务。

科比都曾和乔丹有过四个赛季的交叠，但你找不出一场比赛是乔丹和詹姆斯同场，因为乔丹打完他最后一场后再过两个多月，詹姆斯才被选进NBA。一个23号退了，另一个23号登场。

乔丹穿23号是偶然的选择，詹姆斯穿23号是出于景仰和膜拜，这本身就说明，他们两人是前后传承关系，而不是对抗。

坚持说乔丹依然是第一，或者永远是第一的，首先必须领略过他前无古人的夺冠历程，为他折服。

必须说明，乔丹并非一开始就是“天选之子”，甚至在高中时还被鄙视过，选秀时被无视过，前三个赛季季后赛首轮直接被淘汰，第一次夺冠前的两个赛季，都倒在活塞队脚下。甚至在他第六个赛季无功而返后，媒体热议起一个观点：乔丹患上了“巨星不夺冠症”。我们回忆一下詹姆斯在2010年以前遭遇的困惑，当时他和1990年的乔丹是一样的。

在接下来的八年，乔丹6次夺冠，其影响力之广，犹如遥远的宇宙深处发生的几次超新星爆炸，甚至影响到20多年后的现在。被其冲击波震撼过的人，当然一辈子都不会忘记，当后代企图用詹姆斯来取代乔丹时，他们无论如何都不会答应。

但是地位这东西，终究是个虚无的描述，甚至不像美剧《权力的游戏》里人人争抢的那个插满了剑的王座那般具象。如果年轻一代没亲眼见证乔丹的了不起，顶多通过模模糊糊的4：3画面看过集锦，那他们相信自己的偶像是历史第一也无可厚非。

于是，争论就产生了，而且新老两代乐此不疲。

要比较，就必须有标准，对一个原本就是虚无的伪命题来说，标准繁多并且不统一，极为正常，因为每个人都会站在自己的立场上选择标准，以支撑自己的论点。

比如说，“魔术师”约翰逊就认为，现在詹姆斯还没法跟乔丹比，乔丹夺冠6次，他才4次，如果詹姆斯再多一次冠军，两个人就并驾齐驱了。5也比不上6啊，为什么5个就可以而4个还不够？“魔术师”说，关键在于蝉联冠军，你连拿两次就行了。“魔术师”这样说，其实暗含对自身的肯定：他在湖人队夺冠5次，最后两次连续夺冠，如果詹姆斯重复这样的伟业可以和乔丹并驾齐驱，那我“魔术师”当然也可以。

总冠军次数不作数，那就比数据，这一点，詹姆斯在常规赛和季后赛都占上风，因为他总决赛打了10次，季后赛和总决赛共260场，而乔丹只有179场。

在季后赛总得分榜上，詹姆斯早已遥遥领先，乔丹排第二，可还比他少1504分。这么多分以每场25分换算，乔丹还得再打60场季后赛和总决赛。以每年4轮、每轮打5场计算，乔丹还得多打3年。

这时候支持乔丹的理由是，他效率高，只要进总决赛就必然夺冠，而詹姆斯打了10次，有6次输了。

然后就是荣誉了，在这个领域，詹姆斯和乔丹很接近。但我一直说，荣誉这东西是媒体评的，并非是靠比赛自然产生的结果。

所有可比的都比完了，那就只能比具体的球赛表现，比如说，谁投中的压哨球多。这是相当能引起争议的部分，因为各路评价和实际观感会大相径庭。

一般认为，乔丹是那个舍我其谁、必须我来执行最后一投的人，1997—1998赛季的“The Shot”迄今仍是传世经典。可是最后一算，詹姆斯在季后赛压哨5次，乔丹3次。这就和詹姆斯得到的评价相左了，因为十几年来，普遍认为詹姆斯最后一球会传，而不是自己投。

于是有这样的理论：乔丹打的季后赛数量比詹姆斯少了三成，他打得多，当然机会就多。可是作为乔丹的左膀右臂，皮蓬就不这么看，他说："跟打得多少一点都没关系，詹姆斯天生就不是那个愿意执行最后一投的人。"

我觉得皮蓬说的一点没错，但我的结论没有他那么绝对，我认为：詹姆斯和乔丹完全是两种不同类型的球员，乔丹是攻击核心，詹姆斯是组织核心，他们代表着过去和现在两种不同的篮球理念和文化。

作为乔丹身边的人，皮蓬在最后时刻对执行最后一投的准备，远远比不上骑士队的欧文、湖人队的戴维斯，甚至波普、丹尼·格林，因为在乔丹身边，你知道多半他会自己投，除非乔丹提前拍拍科尔的肩膀说："你留点神，我这个球可能会传给你。"

但在詹姆斯身边打球，你无时无刻需要留神，因为这个球很可能会传给你，不管你是马绍尔，还是欧文，或者波普。詹姆斯的篮球理念是谁的机会好就会传给谁，至于传还是投，都是一刹那的决定。如果传给你了，没有投进，也不会有任何人怪你。

乔丹和詹姆斯所处的时代不同，连规则都完全不一样。乔丹二度复出前的规则，只许人盯人，所以突破和急停跳投是主流；詹姆斯职业生涯这些年，NBA规则和潮流都在剧变，所以会有更多的传球和三分球。

他们两人，是两种时代、两种特征的代表。

我们大多数人都习惯从自己所处的时代和角度来观察世界，老一点的会厚古薄今，新一代会藐视前辈，很少有人能跳出自己的维度，从更高的维度去观察过去、现在和将来。这两种都带有局限性，如果难以避免，哪一种更积极一点呢？

我认为后一种更积极，毕竟发生了的已经发生，未来在新一代手里。现在看不到自己是踩着前辈的肩膀，才登上了新的高度，等自己成了前辈，自然会有所认知，而且也因自己年轻时的武断与片面，会原谅更新一代的天真与狭隘，只会欣赏他们的无知无畏、勇往直前。所以，我一直很喜欢这样的文字——

惜秦皇汉武，略输文采；

唐宗宋祖，稍逊风骚。

一代天骄，成吉思汗，只识弯弓射大雕。

俱往矣，数风流人物，还看今朝。

乔丹和詹姆斯，不管你选谁，热爱是不变的，这是前后两个时代相通的情感。

不管你继续热爱着过去的时代，还是沉迷于对当下球星的热爱，其实都可以走到一起，因为热爱篮球的都是一家人。

后记

像乔丹、詹姆斯这样级别的球星真的太不容易了。他们拥有金钱、地位、名气、人脉，在自己的领域上年少成名，又能始终没有迷失自我，并且十几年来日复一日地坚持高水平训练并保持出色的竞技状态，真是太难了。

NBA一个数据分析师认为，詹姆斯是乔丹后的第一人。这个说法可能会引起科比等球星的球迷的不满，认为这个说法有些言过其实。但詹姆斯这样的球员确实历史少有，拥有极其全面的能力，要得分能统治比赛，要传球能组织球队，要防守也有防守。

2020年12月4日

为了湖人队，詹姆斯拿住了这把“万能钥匙”

戴维斯这把“万能钥匙”，牢牢地握在詹姆斯手里，放在湖人队的保险柜里，谁也抢不走了。

一前一后，两天时间内湖人队用顶薪续签了詹姆斯和戴维斯。

顶薪并不奇怪，关键在于合同的长度。詹姆斯两年8500万美元，签到了38岁条款规定的“天花板”；戴维斯是4+1的合同，是留队自由球员最长期限，直接跨过了他的第10年，他本来可以在两年后利用10年老将的身份获得超级顶薪，去挣更多的钱。

戴维斯这把“万能钥匙”，牢牢地握在詹姆斯手里，放在湖人队的保险柜里，谁也抢不走了。

来吧，接下来三年，一起吃香的、喝辣的。

再往后两年，大家就走着瞧吧，看詹姆斯还能不能打得动。

湖人队今年夏天的操作全部完成后，可以从中发现严密的逻辑。其实一切都安排好了，只是大家懒得单跑一趟。

工资单上，新进的人是一部分，詹姆斯、戴维斯和波普单独组成了另一部分，这三人在我看来是湖人队的基本骨架。他们是湖人队季后赛表现最稳定、最基础的三位，而且同属于经纪人里奇·保罗。

波普在11月22日签了三年4000万美元的合同，表明那时詹姆斯和戴维斯的合同已经和湖人队谈妥。波普和詹姆斯的合同期限重合，都在2023年夏天到期，这为湖人队提供了今后三年稳定的阵容基础。

关键是戴维斯的合同期限，不是自由度最大的1+1，也不是赚钱最多的2+1，而是可能性很低的4+1，这是为什么呢?

戴维斯在签约之前，有四种方案可以选择，尽管每一种都有利有弊，但是按照成名巨星的做法，宜短不宜长，毕竟搭档詹姆斯的年龄日益逼近职业生命的天花板。

第一种，1+1，6800万美元，这种合同有机会吸引另一名巨星加盟，但对个人风险较大。此前詹姆斯喜欢签1+1，给自己充分的灵活度，但也体现了他对自己身体的充分自信。戴维斯签1+1，显然是瞄准“字母哥”，明年他可以跳出合同，让湖人队有很大的工资回旋余地。不过，戴维斯身材高大，却是后卫风格，经常崴脚，这种合同对自己不利。

第二种，2+1，1.06亿美元，这种合同可以将个人收益最大化，也不影响他与詹姆斯继续联手两年。现在戴维斯已经打满了8年，距离10年老将的身份还有两年，到时候他可以续签10年老将的超巨顶薪合同，年工资是工资帽的35%，否则只能是30%。续约之前，普遍认为戴维斯会签这种。

第三种，3+1，1.46亿美元，这种合同高不成低不就，既不知道詹姆斯的选择，也错过了提前签超级顶薪的机会，又不够长。如果签这种，不如直接签第四种。

第四种，4+1，1.90亿美元，这种合同是典型的求稳，风险最低，未来有充分保障，但平均年收益并非最大。现在戴维斯签的就是这种，平均年薪3800万美元大于3+1合同的3650万美元。他放弃了在29岁时让自己年入超过4000万美元的机会，为自己寻求了最大的风险控制，更为湖人队创造了承前启后的条件。

其实在夺冠后，戴维斯已经多次公开表达了对一年来合作的满意。

上个赛季对于每一个球员都非常特殊，但戴维斯的个性比较恬淡，在迪士尼园区没有感受到很多人都有的那种焦虑和压力，除了打游戏、看美剧，他还学会了下国际象棋，这有助于放松神经，减轻季后赛压力。

戴维斯不喜欢跟其他球队的队员扎堆，只跟湖人队的队友在一起。湖人队经常组织他们进行游戏比赛，全队一起聚餐，只要有可能，都是全队一起参加。

最重要的是詹姆斯一直在给他减压。戴维斯说："我们夺冠以后，就不怎么聊篮球了，但在季后赛过程中，他经常找我，跟我说很多，尤其在西部决赛和总决赛期间，他经常跟我说：'做你自己就行了，我不需要你成为别的什么人，只需要做好你自己。'这种感觉对我来说很新鲜……人都会紧张，即使现场没有球迷。我在西部决赛第一场和总决赛第一场之前，都觉得很紧张，因为从来没打过。我也给自己加了很多压力，不过后来才明白，我一辈子都要打球，没理由让自己紧张，打这种比赛本来就是实至名归。所以，我们就不怎么谈论紧张不紧张了，但他常常给我这种眼神，跟我说：'做你自己。'于是最后我就不紧张了。"

我相信跟詹姆斯的合作经历，让戴维斯坚定了对湖人队的信心，不管身边还有什么队友，有詹姆斯在，就什么问题都可以解决。

如果有可能，詹姆斯也会签五年，只是限于"38岁条款"的规定，那样签没有意义。

所谓的"38岁条款"，是NBA用来防止球队作弊逃避奢侈税的一种方法，以前的标准是36岁，现在运动医学更发达了，延迟了两年。打个比方，球队只能给900万美元的中产合同，按每年涨5%计算，该球员签三年分别拿900万美元、945万美元和990万美元。然后球队就说，我给你四年合同，第四年涨到1035万美元，你38岁以后第四年就不用打了。这就变相降低了前三年的球队工资总数。为了禁止这种作弊方式，超过38岁的合同工资，要分摊到前面几年，提前计算。假设詹姆斯签三年1.2亿美元，最后一年过了38周岁，那么第三年合同的4000万美元，就要分成两部分，分摊到前两年合同中，计算球队工资总数，那么湖人队那两年凭空挤占了2000万美元的工资，相当于詹姆斯领6000万美元年薪。

所以，詹姆斯、戴维斯、经纪人保罗、湖人队几方达成了一致，为湖人队今后三年到五年搭好了架子。

这不得不说湖人队老总佩林卡魅力无限，他在今年夏天的操作天衣无缝：交易施罗德，签下马修斯，抢到哈雷尔，请来小加索尔，续签波普、詹姆斯和戴维斯，几乎每一步都可以满分。

唯一遗憾的是没有留下霍华德，到底是什么原因，是不是网上传说的让霍华德白等一小时，还是沟通有误，现在不得而知。

戴维斯的续约意义重大，这是湖人队对目前打法的信心体现，因为手里有了戴维斯这把“万能钥匙”，更有能使用这把“万能钥匙”的人。

总经理把架子搭得再好，身边的球星帮手再多，一个赛季下来仍然有很多不确定因素。湖人队打总决赛最后一场的样子，跟常规赛第一场相比完全不同，除了教练的设计和调度，核心球员的适应能力、执行能力最重要。佩林卡抓住了湖人队比赛的本质，而且将其延续三到五年，解除了以后每年夏天要头疼核心球员续约的烦恼。

詹姆斯和戴维斯以顶薪提前续约，也表明湖人队基本放弃了对

“字母哥”的念想。

由于基础工资高，湖人队下赛季基本会超过奢侈税线，佩林卡的操作余地并不大，真的要让“字母哥”来，唯一的办法是先签后换。

就在前几天，“字母哥”还表达了对詹姆斯的无比敬仰，暗中拉拢他和戴维斯去雄鹿队。“字母哥”说：“如果詹姆斯、杜兰特或者戴维斯跟我一起在密尔沃基，我会非常高兴。我不在乎做第一、第二或第三。科比曾跟我说，想要赢，就得学会牺牲……MVP是一回事，但詹姆斯是世界上最了不起的，我可以公开说，他是最棒的，也是我的偶像，他在联盟打了17年了。”

但是，他们很可能没有机会合作了，甚至连全明星赛也会成为对手。

而且，詹姆斯和戴维斯在续约之前，说不定已经了解了“字母哥”的真实想法，他续约留在雄鹿队只是时间问题。

后记

戴维斯已经逐步成为NBA联盟前十的球星，他的技术特点完美契合小球时代对于内线的要求。

戴维斯的进攻无死角，无论是单打能力还是背身拿球，他的脚步速度快，除了持球进攻外，他还可以空切下顺。此外，戴维斯有一定的中远投能力，职业生涯三分球命中率在30%左右。

他在防守端的表现更是毋庸置疑，戴维斯大面积协防直接构成湖人队的防守体系，同时在篮下的站桩式防守同样出色。职业生涯场均10个篮板、2次盖帽，4次入选最佳防守阵容，3次荣膺NBA盖帽王，由此可见戴维斯拥有顶级内线的实力。

不过，戴维斯唯一的缺点就是容易受伤，自带“玻璃人”属性，如果他能保证健康，绝对是湖人队的“冠军之匙”。

2020年12月12日

一千个人眼里，为什么只有一个欧文？

你真的了解身边那个最熟悉的人吗？

因为在集训期间拒绝接受媒体采访，公开和联盟唱“对台戏”，欧文被罚款2.5万美元。

欧文在第一次被要求在线上接受采访时，他就发过一个声明，说怕自己的话被媒体断章取义，因此不会接受采访安排。

罚款一下来，欧文又发了一个声明：“我不与走卒说话，我该关注更有价值的事情。”

把媒体记者称为“走卒”，就是国际象棋里的“兵”。“兵”是国际象棋中数量最多、分值最低的棋子。他的前队友乐福说：“不管是谁，你把他称作‘走卒’都是不尊重吧……我喜欢欧文，我知道他变了很多，不知道发生什么了。但我不喜欢与人不和，我相信每个人都在做贡献。”

这并不是欧文第一次“发神经”，好听一点称为“特立独行”。自从离开詹姆斯，欧文说过很多古怪的话，被打上“离经叛道”“心理抽风”“脑回路清奇”的标签，在他身上，充斥着各种负面风评。

欧文的极端、古怪、荒诞如同他的天赋一般，在满耳的批判声中，隐藏在背后的真相往往也会充斥离奇、玄幻的色彩。按道理，一千个人眼里，有一千个哈姆雷特，也应该有一千个欧文。可是，为什么一千个人眼里，只有一个欧文呢?

是欧文出了问题，还是我们出了问题?

就在几年前，欧文还是一个正面的形象，在踏入联盟的前三年里，他虽然只是带队拿到78胜152负，但依靠着在“德鲁大叔”系列广告中的炫目演出以及华丽球技，还是收获了不少粉丝。放在十年前，没人会将“handles”（掌控）这个词和篮球联系起来，但如今在社交媒体上随便搜索一下这个标签，就会跳出来超过50万篇内容，其中绝大部分都和欧文的运球有关。

随着社交媒体的快速发展，欧文作为“脚踝终结者”的当代教父，享受到了新型篮球审美以及受众群体改变所带来的红利，获得了一大帮年轻的支持者。

欧文和詹姆斯合作的那段时期，他的地位和关注度达到巅峰。2015—2016赛季总决赛，骑士队1∶3逆转73胜的勇士队，夺取队史首冠，欧文在抢七大战最后时刻迎着库里投中了那记绝命三分球，这甚至被誉为是自乔丹1997—1998赛季绝杀爵士队以来最经典的总决赛进球。

但接下来，欧文突然变了。他经常有一些不着四六的话，语惊四座。

地球是平的、想被换离骑士队、不喜欢波士顿、那里的年轻人不好好打球，号召所有人抵制复工，到了篮网队，说终于找到了关键时刻可靠的队友，以及取消了对詹姆斯的关注。

詹姆斯说:“我被伤到了。”

如果你去看欧文发的社交媒体，可以发现从去年10月开始，他发的内容发生了很大的改变。以前，他像别人一样，经常晒一下鞋，发一下打球的照片或视频，在中国和球迷互动，或者宣传德鲁大叔的电影。但是在10月19日那天，他的社交媒体上出现了一本书。

欧文在看书，讲的是欧洲和美洲如何掠夺非洲的人口和资源：“如果不是从非洲掠夺了那么多资源，美洲和西欧会是什么样？”

接下来，欧文的风格大变，他的社交媒体上经常会出现历史、古代印第安人的战斗场面，有时候是一个印第安酋长的头像，甚至是一头黑豹，没有任何文字说明。

间或，也有欧文徜徉在树林里的孤独身影，面向早晨的阳光。

欧文把自己社交媒体的头像也改了，改成一幅涂鸦，风格酷似美国涂鸦艺术家让·米歇尔·巴斯奎特，头戴皇冠，眼窝空洞。

此前，欧文在社交媒体上又晒出了一张高内涵图片，并配文道：“不要将你的力量强加于我，不如探寻那个你不敢直视的所在。你将在那里发现我，正在回望你，盯着你。”

这不是我们了解的欧文，或者我们认为的欧文。他既不是那个打球打得好的欧文，也不是众口一词“球商高、情商低”的欧文。

在他身上，一定有我们不能了解的事情正在发生。

但NBA这个世界，并没有做好接受另一个欧文的准备。

欧文公开倡导抵制复赛时，体育记者“沃神”（阿德里安·沃纳洛斯基）专门用了一个“the disruptor”（搞分裂的人）来定义他。另外一位资深记者克里斯·海恩斯曾在报道中谈到，欧文在会议总结时申明过观点，虽然他反对NBA复赛计划，但仍然会选择支持NBA战友，无论联盟采取怎样的行动，他都会去遵从。

然而，这段理性的报道在社交媒体上并没有泛起一丁点涟漪，反倒是“捣蛋鬼”的绰号抢占了风头，外界一如既往地在社交媒体上向欧文“扔着石头”，质疑他的叛逆、不羁、荒唐。事实上，欧文早已习惯了这样的评价，三年前，他就变成了《教父》中的“背叛者”萨尔瓦托·泰西奥，或是《星球大战：西斯的复仇》中走向黑暗面的阿纳金·天行者，欧文建立的声望此时形成了可怕的“反噬”效果。

和骑士队分手让反欧文的声音开始具有传染性，前凯尔特人队元老帕金斯在节目中谈到欧文时经常脏话连篇，在输给雄鹿队的一场比赛里，凯尔特人队球迷迎接欧文的方式是嘘声和侮辱，一位资深球迷甚至在赛后表示：“欧文就是个怂蛋！”就连波士顿地区最受尊重的大佬戴夫·波特诺伊也煽动着舆论情绪，支持欧文在赛季结束后走人。

人们总习惯嗑着瓜子、在嬉笑怒骂之间“指挥”别人的人生，但却忘记了人类的悲欢并不相通。在这个信息传播秒速抵达的时代，太多人为了迎合主流的声音而选择隐忍和循规蹈矩，他们宁可牺牲自身利益，放弃追求，得过且过，也不愿将自己置于主流声音的对立面。

但欧文似乎并不想这样，他高调地躲开，远离了众人。

如果说欧文情商低、性格古怪，那为何在他刚进联盟时未能体现，反而是在功成名就后成了外界眼中的颠覆者？从逻辑学角度讲，这本就是一件违背常理的事情。

或许，只能说欧文的惊人天赋如同一件华美带刺的外衣，他虽然备受瞩目，却难觅知音，唯有用恃才傲物的行为和特立独行的声音才能弥补内心深处的遗憾，并唤醒外界的理解和关注。

他说地球是平的，或许只是想说：这个世界，不应该只有一种声音。

欧文本可以老老实实待在詹姆斯身边，在若干年后去竞争历史最强二当家。他也可以在凯尔特人队踏踏实实打球，像肯巴·沃克那样，和更年轻的一代打成一片，更可以选择在大势所趋的复赛声音面前放弃自己的想法，甚至圆滑地在媒体面前展示自己的聊天技巧。

可这些大部分人都能够做到的事情，欧文却搞砸了。相反，他在另外一个角落里展示着自己。他所发的每张图片都有着特定的内涵，需要花费一些时间琢磨，想一想才能理解。

一个看似大脑不断重启的欧文，实际上却在不断兑现着“不只是一个球员”的口号，这种“别人笑我太疯癫，我笑他人看不穿”的错位感让欧文始终保持着这份另类的特征，而不是随波逐流。

在自己陷入斑斑劣迹时，欧文选择了将偏执的状态进行到底。我本天生傲骨，又岂能屈从世俗眼光？在极度抑郁的心智状态下，唯有疯狂才能让自己得以释放。

欧文就像那头黑豹，本可以遁隐于黑夜中，让你不见他的踪影。但他偏偏选择在白天公然嘶叫。

没人知道欧文这种“反抗”能够持续多久。略显悲剧的是，即便洞察到他的另外一面，却依旧无法扭转事情的本质。归根结底，欧文终归是一名球员，他的特立独行能否被大众接受，取决于他在球场上能否成功，当失去了这样的基础，一切都变得失去了意义。

在去年夏天，欧文拉来了杜兰特，这是一个和他有着相同特点的巨星，他们在赛场上大显神通，但在社交媒体的战场上身陷泥泞，若是两人新赛季能够携手带队完成突破，那么风评自然又会得到改变。

欧文演绎着自己的倔强人生，没人能说服他做出改变，王小波当年曾写道：“不相信世界就是这样，在明知道有的时候必须低头，有的人必将失去，有的东西命中注定不能长久的时候，依然要说，在第一千个选择之外，还有第一千零一个可能，有一扇窗等着我打开，然后有光透进来。”

怎么看欧文，取决于你的观察角度；如何定义欧文，取决于你的格局。

最后问一句，你真的了解身边那个最熟悉的人吗？

后记

欧文到底在想什么？确实很难判断。

把欧文放在篮球的维度内，和把他放在美国社会的维度内，可以看到完全不同的两个欧文。对普通的球迷来说，他们通常只关心欧文篮球打得怎么样，而篮球之外，那些社会问题对欧文到底有多重要，如何左右他那些离奇的行为，其实球迷并不在乎。

但对欧文来说，真的有可能认为那些社会问题比打篮球更重要。

2020年12月29日

再过两天就36岁了，詹姆斯还没轮休

有时候你很难明白詹姆斯的思维，觉得违反常规，但恰恰是这种不走寻常路，成就了球星了不起的职业生涯。

107：115，湖人队倒在了开拓者队脚下，在本场比赛之前，“紫金军团”在前三节领先的情况下取得59连胜，伴随着这场失利，这一纪录戛然而止。

胜败乃兵家常事，即便冠军球队，在休赛期换血后也要经历一个试错过程，相比较开局两胜两负的表现，詹姆斯居然没有轮休，或许更让人感到惊讶。

四天三战，詹姆斯不仅没有轮休，还在这场背靠背比赛中打了36分钟，创造了赛季新高，他的常规赛总上场时间达到48673分钟，超越科比（48637分钟），排在历史第七。詹姆斯的季后赛总上场时间也达到了10811分钟，是NBA历史上迄今为止唯一一个季后赛上场时间破万的球员。

要知道现在正是伤病高发期，联盟上空阴霾密布，开赛不到一周就有多位球员受伤：科怀·伦纳德遭队友伊巴卡误伤导致嘴唇撕裂，缝了8针；丁威迪右膝前交叉十字韧带部分撕裂；黄蜂队科迪·泽勒揭幕战左手骨折，勇士队中锋克里斯小腿腓骨骨折赛季报销；唐斯左手腕脱臼；莫兰特脚踝扭伤坐轮椅离场……这些都让人唏嘘不已。

警报吹响，各队纷纷开始雪藏球星，伦纳德休战时，快船队遭遇了51分惨败。湖人队上一战以右小腿挫伤为由，轮休了戴维斯。杜兰特和欧文更是默契，两人在赛场同上同下，就连轮休也是一起。

当近两天的惨剧接二连三发生时，快船队或许应该庆幸他们的选择，与创造一场历史级的失利相比，核心球员的健康显然更重要。

在这种大环境和背景下，詹姆斯拒绝轮休太格格不入，不管四天三赛，也不管背靠背，他每场按时打卡，仿佛周围发生的事情和自己无关。

再过两天，詹姆斯就36岁了，可他在场上依然像26岁那样毫不惜力。

虽然湖人队对阵开拓者队是全美直播，但詹姆斯完全有理由不打，因为过去几天他已经崴了两次脚。

赛季揭幕战对快船队，他就扭伤了左脚踝，缺席了最后8分钟比赛。事后在谈到扭伤脚踝时，詹姆斯表示，当时扭到脚踝挺严重，但他当时并没有放弃比赛的念头，是主帅沃格尔和训练师迈克·曼西亚斯共同决定不让他再登场。

正当外界为詹姆斯捏了一把汗时，詹姆斯却话锋一转，在谈到如何治疗脚踝时，他笑着调侃说："我今晚得回家喝点红酒，我会确保红酒从我的身体左侧流下去，直达脚踝。"

本来詹姆斯可以跳过圣诞大战，但他说自己从来不会缺席这样的比赛。可是在比赛中，有一个罚球居然是三不沾。詹姆斯又开始说要让自己的右脚喝红酒："前两天我跟你们说过，我可以让红酒从我身体左侧流下去，今天我是用右手罚球，（三不沾）应该是副作用吧。我可以再喝一点红酒，让它从身体右侧流下去，这样对罚球有点帮助，没准我今晚直接从头到脚喝下去，用吸血鬼式。”

虽然圣诞夜对阵小牛队平安无事，但在面对森林狼队时，詹姆斯险些让一场一边倒的比赛变成惊魂夜，在次节末段一次进攻中，他持球突破，踩在防守者脚上，他倒地捂住左脚踝，显得有些痛苦。但随后，詹姆斯又从地上爬了起来，在带给人一场虚惊的同时，继续投入战斗。

在过去几年里，“负荷管理”是NBA中最热门的词，伦纳德在猛龙队时期对身体的管控换来了一个总冠军，这一策略也被奉为养生夺冠宝典。但由于轮休现象泛滥，NBA遭遇形象危机，联盟发布了一系列严打措施，不允许球队在任何一场全美直播的比赛中轮休健康的球员。

在以往赛季，詹姆斯轻伤不下火线完全可以理解，但这个赛季却与众不同，湖人队只休息了71天就投入新赛季，经历了史上最短的休赛期。NBA需要在五个月里打72场，较之以往的六个月打82场，赛程紧凑了不少。

当年接受采访时，詹姆斯表示：“如果受伤了，我不会打，但如果没受伤，我肯定不会缺席，我的信条一贯如此。”

对于一名征战了18个赛季的老将而言，这样的执着更加凸显另类。再过两天，詹姆斯就将年满36岁，他将自己定义为“非典型”的18年老将，事实也是如此，对阵开拓者队，詹姆斯活力四射，赠“扣篮王”小琼斯大帽、抢断麦科勒姆后的一条龙战斧暴扣、末节不到5分钟拿到11分……若不是利拉德时刻准时上演，“三旬老汉”又要创造一场属于自己的夜晚。

事实上，詹姆斯并不是不想休息，当NBA决定新赛季提前至12月开打时，他第一个站出来反对，甚至爆了粗口。原本他计划着和家人一起旅行，这下却泡汤了，甚至就连圣诞节和家人一起团聚的小愿望也就此破灭。

但在发过两句牢骚之后，詹姆斯还是准时就位，站在了这场马拉松的起跑线上。

在联盟征战18个赛季，詹姆斯看惯了秋月春风，品尝了韶光如梦，他比任何人都更了解自己的身体。“蓬生麻中，不扶自直。白沙在涅，与之俱黑。”詹姆斯在开季不轮休，从某种程度上又何尝不是为球队“竖旗杆”，奠定基调？

虽然在休赛期湖人队的操作被打了高分，但毕竟属于新组团队，湖人队这场比赛暴露了很多防守问题。

这个新组建的阵容里面，施罗德个子只有1.85米，紧逼防守效果不理想，无球防守效果更差，这是天然缺陷。下面这个球，麦科勒姆已经受到了波普和戴维斯的双重堵截，但施罗德的注意力仍在正面，被利拉德直接摆脱后空切成功。

你接受施罗德的进攻能力（这场他得了24分），就要接受他的防守不足，通过全队协作防守去弥补。但是利拉德在施罗德面前打得非常自信，拿下了31分，三分球10中5。湖人队在关键时刻对他的协防严重不足。下面这个球正是关键时刻，施罗德防不住是正常的，但协防责任在哈雷尔。施罗德已经失位了，可利拉德也只能从右侧突破，哈雷尔应该从正面堵截，宁愿让他把球传给三分线外的努尔基奇。

开拓者队的替补后卫小特伦特，有着出色的远投能力，对湖人队只打了24分钟，三分球11中7，拿下28分，是打败湖人队的关键人物。但无论是马修斯还是霍顿·塔克，对他的防守都非常失败。

霍顿·塔克的问题也在于位置。麦科勒姆挡拆进行时，湖人队并没有失位，即使努尔基奇进去，篮下也有戴维斯和詹姆斯。但霍顿·塔克在特伦特手感火热之际，出人意料地放空他近两米远，即使戴维斯赶上去盖帽，也鞭长莫及。

最后必须说的是湖人队在关键时刻的阵容，看上去戴维斯打5号位、哈雷尔打4号位，詹姆斯打3号位，但哈雷尔经常防到外线，戴维斯也随时跟出，所以篮下经常是詹姆斯守最后一道关，这可能是詹姆斯所有技术中最薄弱的一个环节。

季后赛湖人队的变化资本，正是来自常规赛的积累，所有的错误都要提前去想办法弥补，所以詹姆斯不敢休息。

有时候你很难明白詹姆斯的思维，觉得违反常规，但恰恰是这种不走寻常路，成就了球星了不起的职业生涯。

人生在世，譬如朝露，这个世界不会为任何人按下暂停键，不管你过得有多迷茫、多么累，走得多艰辛，你都需要去珍惜自己能够掌控的东西，这是上天安排的最公平选择，一切都取决于你自己。

正如詹姆斯曾经所言："只要能走，我就会打，毕竟我未来可能还有45年的时间不打篮球呢。"

再过两天就是詹姆斯36岁生日，那一天，湖人队打马刺队，他应该还是不会轮休。

2020—2021赛季，詹姆斯不断遭遇伤病，常规赛仅仅出战45场，湖人队常规赛战绩排名西部第七，附加赛战胜勇士队晋级季后赛，但是季后赛首轮便被太阳队淘汰出局。

虽然詹姆斯的个人表现和个人数据几乎跌入职业生涯谷底，但是对比联盟中与他同龄的球员，詹姆斯依旧拥有超级球星的实力。同为2003年选秀球员，安东尼场均只有14分，哈斯勒姆早已成为热火队的精神领袖，而詹姆斯依然可以砍下场均25分、7.7个篮板、7.8次助攻。

这样的状态在NBA历史上，也就科比和乔丹能比肩詹姆斯。科比36岁时，赛季场均22.3分、5.7个篮板、5.6次助攻，但是仅出战35场；乔丹36岁时已经第二次退役，不过在他38岁再度复出的那个赛季，乔丹依旧可以出战60场，场均贡献22.9分、5.7个篮板、5.2次助攻。

2021年2月23日

NBA如此痴迷联防，这是堕落还是进步？

NBA是一个商业联盟，它只在乎比赛好看或不好看。

还记得去年季后赛，热火队对阵凯尔特人队频繁使用联防的时候，我说过的一句话吗？当时我说："热火队如此大量地使用联防，而且因为联防打进了东部决赛，甚至有可能进总决赛，下个赛季一定会有大量球队效仿，联防在NBA将越来越普遍。"

我不是在预言，而是在指明一种趋势。所谓潮流，浩浩汤汤，顺之者昌，逆之者亡。NBA的联防已经不能无视，只能研究，研究破解之道，同时，不自觉间每个球队都开始普遍使用。

因为联防有用啊。

2010—2011赛季，小牛队靠联防打败了热火队，拿到队史第一个总冠军。2018—2019赛季，猛龙队用一盯四联限制库里，拿到了队史第一个总冠军。2019—2020赛季，热火队用联防先后淘汰了雄鹿队和凯尔特人队，以东部第五之身杀进总决赛。

现在NBA，联防无处不在，形态各异。

美国有一家专门研究职业体育数据的公司叫Synergy，其统计显示，2017—2018赛季30个球队总共使用过638个回合的联防，占所有回合数的0.2%，以一场比赛双方共200个回合计算，整场比赛出现的联防次数是0.8次。打一场球不到一次联防，有的可能只是挡拆换防显得像联防，因此不值一提。

可是到了上赛季常规赛，仅热火队就使用了802个回合的联防，相当于过去单赛季所有球队使用过的总和。而在迪士尼举行的复赛，22个队每队打8场补赛，加起来总共使用了437次联防，说明不是热火队在频繁使用联防。

我说了“下赛季一定会有大量球队效仿”，根据Synergy公司的统计，新赛季到目前为止联防的使用频率已经上升了50%。

现在已知用联防最多的球队，分别是热火队、篮网队、猛龙队、小牛队、奇才队、黄蜂队和快船队等，每场比赛使用联防的回合数占4%至10%。

当两支都喜欢用联防的球队碰到一起，又会出现什么样的场景呢？前不久热火队对猛龙队的比赛中，有一段连续攻防，第四节刚刚开始，两队相互用联防，但谁都攻破不了对方的“八卦阵”。

联防在NBA向来不受待见，因为他们个人攻防能力很强，认为那不过是中学生不会打球，不得不用联防来弥补防守弱点而已。比如当年超音速队著名的防守悍将“手套”佩顿就直言不讳地说，联防是“垃圾”。不过他儿子小佩顿在奇才队打球，那是使用联防最多的球队之一。

以前NBA没有联防，除了个人能力强，鄙视这种防守阵形外，主要是因为规则不允许。以前NBA强调一对一，以展现个人英雄主义，这是NBA的卖点，所以规则只许人盯人。离开自己的防守对象半步，达到三秒钟就是“非法防守”，除非你夹击持球人。因此，NBA的单打战术大行其道，典型的是乔丹，以及奥拉朱旺、尤因、巴克利这些篮下技术出色的内线。要玩单打，只需要其余四人远远地拉开就行了，防守人必须跟过去，湖人队的“老鱼”费舍尔开玩笑说，只需要派他们去停车场站着。

但是“一人打四人看”的打法越来越无聊，缺少全队配合，节奏缓慢，于是NBA决定改变。2001年4月12日，NBA董事会投票，通过了取消“非法防守”规则的议案，增加了“防守三秒”，除此之外，你爱怎么防怎么防，包括联防。

当时29支球队，有28个老板同意，唯一投反对票的是热火队的老板阿里森。邮轮大亨反对的原因是帕特·莱利反对，他说我们不能走两步退三步，你让艾弗森怎么办？让皮尔斯怎么办？其实，莱利是担心自己手下以莫宁为代表的球星对付不了联防，他以为一旦新规实行，第二天全联盟就会遍地联防，热火队再也无法使用篮下单打了。

向来擅长预言潮流的“神算子”莱利，那次失算了，因为接下来10年，大家对联防都不感兴趣。新规则只是让球员们防守更无拘束，他们厌倦了动不动就被吹“非法防守”，那种规则实在太复杂。

莱利担心吃联防的亏，直到10年后才成为现实。在2010—2011赛季总决赛，小牛队大量使用联防来化解“三巨头”的超强个人能力，抓住了热火队外线投篮不好的弱点，一举登顶。今年詹姆斯的三分球命中率达到41%，可在2010—2011赛季只有33%，韦德不到31%，波什24%。

历史总是喜欢跟人开玩笑，莱利怎么会想到，又过了将近10年，热火队可以凭借联防打进总决赛呢？

从2001年实行新规则，到2018—2019赛季猛龙队夺冠、

2019—2020赛季热火队进总决赛，联防在NBA经历了两个波峰一个波谷，因为小牛队夺冠后，跟进效仿只热闹了一阵，各队又纷纷放弃，是猛龙队的夺冠提醒了大家，联防可以试一试。

湖人队和掘金队的西部决赛第三场，沃格尔在落后18分时改用联防，不到3分钟时间抢断掘金队5次，追到只差3分，只是最后却功亏一篑，不过联防的效果让湖人队大受鼓舞。热火队斯波尔斯特拉教练也不好意思地说，联防也是没办法，因为人盯人防不住。他的队员身高臂长，联防可以帮助化解希罗、德拉季奇等人防守的不足。

其实，越来越多的球队之所以愿意用联防，跟眼下小球潮流分不开。勇士队带头使用外线“无限换防”，开辟了小球时代防挡拆的新特色。4号位高度降低、大前锋移动能力大大提升，让换防成为可能。当1、2、3、4号位甚至5号位都可以随时换防时，事实上就具备了联防的基本特征。

勇士队并不是用联防最多的球队，不过既然可以用，他们就用到极致。以NBA球员的能力，全场紧逼是没有用的，但勇士队会使用全场2-2-1联防，这在过去简直不可思议。

在CBA，广东队最喜欢用全场2-2-1联防，这建立在个人能力强、整体默契的基础上。但不管是谁，FIBA规则下全场2-2-1联防之后，回归半场直接用2-3联防是最常见的办法，勇士队也不例外。

其实，联防的主要作用是防止突破攻筐，如果你的远投准、球转移及时，基本上可以用三分球进行化解，这是长期以来NBA球队不愿意使用联防的原因。湖人队的沃格尔教练甚至认为，NBA球队的大多数联防质量并不高，有很多漏洞，所以即使用联防，也只是权宜之计。

所谓的“漏洞”，其实主要来自“防守三秒”规则，即“三秒区外随便站，三秒区内防守人距离自己的防守对象超过一臂之距不得达到三秒”，而FIBA和NCAA没有这样的限制。上面举的热火队联防例子，阿德巴约就有严重的“防守三秒”嫌疑，只是现在裁判不一定留意，或者索性视而不见。

大多数教练使用联防，都是在暂停之后，这是因为你叫个暂停布置战术，结果球发出来一看是联防，就可能懵圈，两三个回合攻不破，只好再叫一个暂停。

所以，有的教练选择不理睬，第一是因为平常对联防有训练，让球员自己适应，不要浪费暂停；第二是让队员按暂停时的布置打，不管联防不联防。勇士队主帅科尔就说：“我们通常执行既定的布置。我认为联防最有效的一面，是看上去（阵形）不一样，如果你脑子里带着一个战术开始，突然发现是联防，又去想怎么攻这个联防，让大家重新站位很费时间，因为24秒一直在走。所以，我们会说，‘就这么打’。大多数情况下，攻联防总会找到漏洞。”

这么看来，联防在NBA并非了不得的“天罡北斗阵”，破解之法很多。

破联防的关键，我总结了几点：第一，突破分球，压缩防守；第二，罚球线策应；第三，外线三分球接应或底线空切接应。其中的要素，含突破、策应、底线空切和三分球。

所以，在理论上最不怕联防的是掘金队，因为他们有全联盟最好的策应型中锋约基奇。为了配合他的传球能力，必须有人会底线空切。

NBA球员个人能力强，教练设计能力也强，于是出现了两个极端，要么面对联防简单化处理，三分球了结，要么教练设计出眼花缭乱的破解战术。你看，开拓者队破解马刺队的联防使用了“天旋地转”式，以策应中锋为轴，将无球空切演化到了极致。其实，这就是著名的motion（挡切）战术的一种。

步行者队更是设计出了“双掩护+为掩护人掩护”的复杂战术：3号艾伦·霍勒迪为诱饵，接受双掩护带走强侧底角的防守人，真正的攻击者是为霍勒迪做第一次掩护的20号迈克德莫特，其中的关键是11号小萨博尼斯的两次掩护。

联防的关键在于三分球和空切，NBA有太多神投手，三分球准就可以。然而，道高一尺，魔高一丈，居然有教练拿出最基础的“一盯四联”来对付他们。

仔细分类，我们可以发现会用联防的多是外国教练，或者跟外国有关的教练。小牛队靠联防拿了2010—2011赛季总冠军，教练是美国人卡莱尔，但不要忘记小牛队是老尼尔森的实验产品，尼尔森父子是NBA最早接触国际篮球的教练，因此挑选了诺维茨基。热火队教练斯波尔斯特拉是菲律宾人，猛龙队的纳斯是加拿大国家队教练。

纳斯对付库里，用的是很多NBA教练所“不耻”的“一盯四联”，他们说这是美国高中生的防守。

除了2018—2019赛季总决赛纳斯用了“一盯四联”，这个赛季猛龙队打勇士队照方抓药，让库里16中2、三分球11中1只得了11分。纳斯安排范弗利特死盯库里，其他四人联防守三秒区。

大势已成，再难回头。

很难说联防在NBA能风行多久，因为这并不是什么了不得的“八卦阵”，尤其在NBA还有“防守三秒”规则的情况下。已经有过一次联防的走红，但很快衰落了，如今热火队领头的联防是一时兴起，还是会就这样持续，当日不得而知。

当你面对联防，只要坚持原则就可以，就像下面这样来破解：策应，空切，三分球。

NBA联防的盛行，既不是堕落，也不是进步，因为NBA是一个商业联盟，它只在乎比赛好看或不好看。

当初不允许联防，是为了突出球星，为了好看。比分太低，节奏太慢，于是允许联防，也是为了好看。

NBA球员的能力是世界顶级，但规则并不是，它总是在变，变化的目的不是篮球，而是好看。

后记

如果你在野球场上遭遇联防，怎么办？下面四点建议可能会帮助你。

1. 大范围转移球，调动防守的重心，伺机寻找突破或三分球的机会。

2. 前锋溜后门（空切底线），一打一个准。

3. 提速反击，这是破联防的根本理念——不让你形成联防。

4. 坚定突破的决心，在突破中攻筐或者传球。

2021年2月25日

NBA三分球泛滥，这个锅库里可不背

是球员喜欢投三分球，还是NBA鼓励他们投三分球？

必须找这个时机说一下NBA的三分球了。

爵士队打湖人队，上半场扔进14记三分球，创队史纪录，把湖人队投晕了；前两天，爵士队对黄蜂队扔了55记三分球，投进28记，创队史纪录。

一个小时前，勇士队客场击败步行者队，库里这次三分球11中1，但昨天在纽约，他出手14次三分球，命中7记，这个赛季的三分球总数已经达到159记，遥遥领先第二位的利拉德，比他多出35记。

也就在前几天，NBA诞生了两个50分，其中掘金队穆雷的50分里面，有24分来自8记三分球。同样，库里在得62分那场里面也有8记三分球，57分那场进了11记三分球，过几天打魔术队他又进了10记三分球。

三分球多在NBA已经不只是一种现象，而是变成了常态。到昨天（2月24日）为止，NBA已经有9人命中100记以上的三分球，22人出手超过了200次，用30场左右的比赛完成，排第22位的爵士队博扬·博格达诺维奇31场球平均每场出手三分球6.3次。

现在NBA球员不仅出手三分球多，而且准。如果以总出手至少100次为标准（平均每场大约3.3次），命中率达到40%的有41名球员；以每队10人常规轮换计算，有正常出场时间的共300人，那么命中率达到40%的球员占常规轮换球员的13.7%，也意味着平摊下来至少每队都有一名超级神投手。

当然，三分球又多又准的典型是库里，他每场出手12次位列第一，每场进5.1记位列第一；按每场出手至少5次为标准，库里的42.6%的命中率排在联盟第13位。

说起三分球，都会想到库里。喜欢库里的人惊叹他的三分球神奇，对库里无感的人觉得他带坏了NBA的风气，让每个人都投三分球，联盟开始依赖三分球，三分球已经泛滥。

没错，三分球数量在NBA已经达到了前所未有的高度，这个赛季平均每场两队相加69.8次，比上赛季增加了2.1%，这个幅度低于上一年，去年比前年增加了6.6%，前年比大前年增长10.3%，再往前的增长率分别是7.4%和12.5%。

但这个锅该由库里来背吗？显然不是，三分球始终处于疯狂的增长之中，库里只是这个历史大潮当中最突出的弄潮儿。

增长12.5%的是哪一个赛季？2015—2016赛季。那年勇士队创造了73胜的历史纪录，他们在平均得分、三分球出手、三分进球数、三分命中率等几个关键的进攻数据上，都位列联盟首位，不过那年他们并没有夺冠，在3∶1领先的情况下被骑士队逆转。

再往前一年，2014—2015赛季，是库里这拨球员第一次夺冠，那年的常规赛，他们的三分球出手数只列第四，火箭队、骑士队、开拓者队都比勇士队多。

勇士队夺冠前一年，2013—2014赛季，三分球投得最多的是火箭队和老鹰队，最准的是马刺队和小牛队，平均得分最高的是快船队。

一个很明显的结论是：勇士队并没有因为增加三分球出手而夺冠，夺冠后也没有因为三分球数量、质量都领跑联盟而蝉联冠军。2016—2017赛季再次夺冠，勇士队的三分球出手数退居第五，命中率退居第三；2017—2018赛季，他们的三分球出手数滑落到第16位，但命中率却回升到第一，为39.1%。

是球员喜欢投三分球，还是NBA鼓励他们投三分球？答案是后者。这个规则的设立和演变，从头到尾都是由NBA联盟一手掌控。

三分线的发明者是当年NBA的死对头ABA，在兼并了这个职业联盟后几年，NBA也在1979—1980赛季推出了三分线。第一个赛季热闹了一阵，联盟平均出手2.8次，但命中数不到0.8，命中率28%，所以在第二年降到了2.0次。

从这时候开始，三分球出手数呈现大幅度增长之势，除了规则变化带来阶段性回落，大的增长趋势从未停止。第一个10年（1980—1981赛季到1989—1990赛季），三分球平均出手数从2.0次增加到6.6次，第二个10年（1990—1991赛季到1999—2000赛季）出手数从7.1次增加到13.7次，第三个10年（2000—2001赛季到2009—2010赛季）从13.7次增加到18.1次，第四个10年（2010—2011赛季到2019—2020赛季）从18.0次增加到34.1次。

这条差不多倾斜45度的增长线，表明了三分球设立40多年来的总趋势，这几年看上去大量增加的三分球，只是历史长河中的一部分。

我们通过统计可以发现，三分线实行的前十年中，各队几乎都对投三分不感兴趣，第一个赛季只有3%的出手是三分球，1989—1990赛季上升到7.6%，仍不是决定性的得分手段。1997—1998赛季总决赛最后一球是乔丹的“The Shot”，也在三分线内完成，那一年三分球出手占总出手数不到16%，平均每场12.7次，平均命中率31.5%。

NBA不喜欢低比分、慢节奏，推出三分线也是为了增加比分和刺激感，但他们以为只要设立三分球就能达到目的，谁知道得分和速度还在下降。1994—1995赛季，NBA决定缩短三分线，线上各个点到篮筐距离统一为22英尺（6.70米），这样三分区就变成了一个标准的半圆，而且，三分线外的投篮犯规由两罚变为三罚。接下来的三个赛季，NBA三分球出手数增长了55%（平均9.9次增加到15.3次），命中率提高了3%。

但是任何一项规则的改变，都会带来副作用，这次是攻击区域变得更拥挤了，进攻还是受到了影响，平均得分也在往下降。于是在1996—1997赛季后，NBA放弃了实验三年的新三分线，回到23英尺9英寸（大约7.24米）。现在可以发现，把三分线往外推，不仅不会降低命中率，只会因为补防困难而有利于命中三分球，这些职业球员稍加用心训练就可以消除这增加的50多厘米带来的影响。

真正解放三分球的是另一条规则的改变：2004—2005赛季开始，NBA正式禁止在外线用手接触持球的进攻队员。

现在我们看到的NBA规则，用手接触进攻队员仅限于以下两种情况：第一，在罚球线以下，如果持球队员背过身，防守队员可以用前臂接触他的身体；第二，在低位防守区（即罚球圈下弧顶以下），可以用手和前臂接触持球队员的身体，包括防要位进攻队员。这两种接触的前提，是不能影响进攻队员的速度、平衡、节奏和速率（称为SBRQ）。

这个规则表明，罚球线以上，只能用躯干去堵持球队员，只要伸了手，哪怕对方的SBRQ并没有受到破坏，也是犯规。

新规则彻底改变了NBA的形态，由篮下巨人说了算变成外线球员说了算。皮蓬曾夸口说，如果乔丹在新规则下打球，场场可以得50分。

各球队真正懂得利用这个规则，是在最近10年。过去10次总冠军当中，有8支球队的三分球命中率位列联盟前十，其中5支冠军队三分命中率位列前三。正是在这个潮流之中，擅长三分球的库里连续拿到两次MVP，勇士队拿到三次冠军，火箭队创造了“魔球理论”——要么篮下得分，要么三分。

这些都是NBA的管理者们乐意看到的，他们有一个“规则委员会”（Select Committee on Playing Rules），当年牵头的是原先太阳队的老板老科朗吉洛，以及原来的副总裁罗德·索恩。他们公开说，改变规则，目的是让NBA比赛变得更流畅，节奏更快，让快攻、扣篮和三分球增加。显然，他们的目的达到了。

2003—2004赛季，NBA球队平均得分93.4分，小牛队105.2分最高，猛龙队85.4分最低；规则改变17年后，上个赛季平均111.8分，比当年增加了18.4分，雄鹿队118.7分最高，黄蜂队102.9分最低，17年前最高的小牛队平均得分，在上个赛季只能排第29位；这个赛季打了近一半，榜首的篮网队已经达到121.2分，最低的纽约尼克斯队103.6分。

回顾一下几条关键规则的改变：1. 三分线距离恢复（1997）；2. 建立合理冲撞区（1997）；3. 取消非法防守，允许联防（2001）；4. 严禁外线伸手（2004）。

这些规则最终杀死了传统内线，解放了天才后卫，大个子们被迫跟着后卫跑来跑去，还得练三分球。勇士队夺得冠军时，成千上万十几岁的篮球少年拼命练三分球，不会投三分球的大个子们，几年后很难进入NBA，于是，这项运动就变成了现在这个样子。

7米多的三分线，已经挡不住NBA球员的投篮热情，随着越来越快的防守队员出现，大个子球员们适应了无限换防，那些外线天才开始到更远的距离出手投篮。

一个标志性人物是利拉德，五年前，他在三分线外两米出手命中的次数，一个赛季还不到5次，上赛季达到了54次。你们以为库里改变了三分球的形态，其实前有利拉德，后有特雷·杨。

以前，所谓的logo shot（踩着中线上的球队标志出手投篮）得用双手推射，现在，包括詹姆斯在内的高手们，都是用标准的投篮姿势。

一场比赛，两队相加的三分球出手平均数已经接近70次，而且这条界线很快就会被突破。一周前，篮网队对阵国王队时出手47个三分球，命中27记，哈登和欧文加起来进了15记，但几天后爵士队55中28。

但再往上，会有天花板吗？

就像跳高场上的横竿，百米赛跑的计时器，自由潜的深度——只要是人类从事的这些运动，肯定有天花板，但我们还不知道在哪里。

德安东尼在火箭队的最后两年，把他们三分球的平均出手数增加到45次以上，然而最后失败了。这个赛季，爵士队出手最多，平均42.5次，命中最多，16.8记，命中率39.7%位列第三，排第一位的快船队超过了42%。

我个人预计，NBA三分球的天花板应该是每场50次，因为一场比赛的最多出手数可能会达到100次，现在是开拓者队的92次。这样的出手数受越来越准的三分命中率支撑，但最高会在45%左右。

到那个时候，三分球已经太疯狂了，所谓过犹不及，NBA又会考虑改变规则。

后记

随着小球风潮的兴起，NBA进攻也达到了一种空前的疯狂，在2021—2022赛季之前，联盟场均得分已经连续六年上升。2020—2021赛季，NBA场均得分已经从2014—2015赛季的场均100分增至112.1分，是自1979年引入三分线以来最高。

在2021—2022赛季开打前，NBA出台了“造犯规”新规，旨在对“非篮球动作”的造犯规进行打击。这项举措的推行起到了立竿见影的效果，包括利拉德、比尔、特雷·杨、哈登以及东契奇在内的多位得分高手都遭到了严重影响，这直接导致他们的得分大幅下滑。

当进攻完全公式化，数据满天飞时，大家早已审美疲劳。于是，NBA通过一些干预手段，再加上物竞天择、适者生存的原理，最终达到了一种平衡和调节。

2021年2月26日

欧文呼吁把logo变成科比，实现恐怕有点难

现在欧文提出改成科比，是因为他去世了，用他的形象做徽标，是一种纪念方式，让后来的球迷永远记得科比的影响力。

欧文近来春风得意：篮网队又赢了，37分大胜魔术队，他不仅拿下27分，而且个人场上的正负值达到24，那是科比的号码。

数字只是个巧合，不过欧文真的非常崇拜科比，前几天他在社交媒体上发文说："该改一下了，我不在乎别人说什么。"

他说的"改"，是指NBA的logo，欧文呼吁把杰里·韦斯特的形象改成科比。

赞者如潮，最后达到124万，连在后面跟贴的"三球"，也获得了14000多个赞。

不过，关于logo这事，改起来恐怕有点难。logo是什么？就是商标，任何一个企业，如果原商标早已深入人心，一般不大会轻易改变。

商标不是不可以改，而且每年都会有大量的企业或产品更改商标，包括那些非常著名的商标。

比如韩国的汽车品牌"起亚"，今年初就推出了新商标，而且和原商标差别很大。为了让更多的用户不要认错，特地举办了一场

焰火晚会，还进行了无人机表演。

修改商标有各种目的。有的是原商标老旧，想要赋予其新的面貌，可是一不留神老用户就可能认不出来，所以新商标会尽量和老商标近似。比如著名的打火机品牌Zippo（芝宝）也推出了新的商标，字体非常近似，但去掉了显眼的红色火苗。一般来说，标志性的设计需要保留，但Zippo此举大有深意。原来，他们不想让这个品牌局限于打火机，还想拓展其他产品领域，比如服装、包包、皮带什么的。

对比一下可口可乐将近140年来的商标变化，可以发现从20世纪初开始，那8个英文字母所用的字体就基本没有改变，变化的只是飘带和背景设计。这种快消品特别忌讳轻易改动商标，稍不留神，喝惯了的人就会以为是山寨货。

我们CBA和各俱乐部的徽标，也是经过多次变化，CBA的徽标和1995年的设计完全不同，好在后来一直非常稳定，没有变来变去。

但俱乐部的徽标设计，变动就太大了，而且非常频繁。你看山东队的徽标变了4次，每一次都是大变脸，好像4个不同的球队。

我们回到NBA徽标的话题。其实，欧文提出的呼吁在NBA已不是第一回了。

大家都知道徽标上的形象来自湖人队的传奇后卫杰里 · 韦斯特，他的形象变成联盟徽标，既没有征得本人同意，他也不太愿意。

NBA在1969年以前，用过的徽标都不太好看，由此可知当时NBA的影响力还不怎么样，三个难看的徽标先后加起来用了20多年。

在1969年，当时的NBA总裁沃尔特 · 肯尼迪交给品牌顾问阿伦 · 西格尔一个任务，为联盟设计一个新的徽标。这个西格尔以前为MLB设计过徽标，经验丰富。他找来很多球员的比赛照片，看中了韦斯特的运球形象，设计了差不多50稿，最后肯尼迪选中了现在大家看到的这一幅。

一辈人有一辈人喜欢的球星和偶像，当时韦斯特是最火的球星之一，1968—1969赛季的MVP，所以用他的形象大家都认可。

不过，既然韦斯特本人并不知道，其中当然有隐情。

联盟的CEO大多是律师出身，肯尼迪有足够的法律头脑，他坚决否认这个徽标是根据某一个具体的球员形象设计，原因是：第一，万一这个球员出了事怎么办，那会波及联盟的形象；第二，你说是根据韦斯特的形象设计，给他多少版权费合适？

没有不透风的墙，韦斯特也听说了，后来他还在采访中说：“我当然希望自己从没出现在徽标上，真的，我说过不止一次。如果是我，当然会很荣幸，现在我也知道那的确是我。不过，如果我是NBA，会觉得很尴尬。如果他们想改掉，我求之不得，真希望他们改掉。”

但这么多年来，NBA从未官方承认过那是韦斯特。

既然韦斯特自己都愿意改掉，每隔一段时间，都会有这样那样的建议，让NBA设计新的徽标。

比如四年前，利拉德就说应该把NBA的徽标形象改成乔丹。那时候，科比还在世，乔丹被公认为第一人。

现在欧文提出改成科比，是因为他去世了，用他的形象做徽标，是一种纪念方式，让后来的球迷永远记得科比的影响力。

然而，用具体的球员做徽标形象有一个危险：时代永远在前进，每一代人有每一代人心中最厉害的偶像，如果下一代巨星出现，也是成就卓著，而下一代人掌握了话语权，是不是又要改掉呢？

NBA其实对早已深入人心的徽标也做过改动，细心观察对比可以发现，2017年以前的版本中“NBA”三个字母略宽，现在的变窄了。

但NBA显然不会轻易改掉徽标中的人物形象，我想是出于三个原因：

第一，如上所说，球星不仅有代际更迭，同代球星也有拥戴和敌对的球迷群，徽标形象不宜落到任何一个具体的球员身上。

第二，NBA的徽标同时也是联盟卖货的商标，早已成为市场上鲜明的商品标牌，改动不仅要花费大量的推广宣传费用，而且有可能影响销售。

第三，欧文提出改标的理由当中具有明确的种族指向，NBA显然不愿意因此引起有关种族问题的争议。

所以，欧文的出发点是好的，但实现起来太不容易。

后记

不仅仅是欧文，超过200万的科比球迷在请愿网站上，申请将NBA现有的logo替换成科比的动作。球迷希望以此来纪念科比在篮球领域的卓越贡献。

但是，NBA联盟无意将logo替换成任何一位特定的球员，包括乔丹、詹姆斯以及不幸离世的科比。20年的NBA职业生涯，科比所获的荣誉以及对篮球领域的贡献是毋庸置疑的，但是球迷总是“贪婪”的，他们希望用更多的方式纪念科比。可是，NBA归根结底是一个商业联盟，更换logo可不仅仅是换一个图案那么简单。

2021年3月5日

詹姆斯把爵士队近50年都给得罪了

这给日后有可能的季后赛决战埋下了火药引子。

和杜兰特一起挑选全明星阵容时，詹姆斯一句话，把爵士队将近50年历史都给得罪了。

当然，他是在开玩笑，不过，眼下爵士队高高在上，雄居西部第一位，这给日后有可能的季后赛决战埋下了火药引子。

这次挑选全明星阵容，詹姆斯和杜兰特你一个我一个，把人几乎都挑光了，剩下最后4位，是爵士队的两位明星米切尔和戈贝尔、步行者队替补入选的中锋小萨博尼斯、魔术队中锋武切维奇。

剩下的4人中，有3名大个子，杜兰特说，我第6签挑武切维奇。詹姆斯一看，煞有介事地说："我第二阵容里面，缺一点儿身高，我的第6签挑'大个子'萨博尼斯。"这下，爵士队的"新犹他双煞"就给晾在那儿了。

巴克利火上浇油，说："你这是对爵士队赤裸裸的'诋毁'啊，你说要身高，放着2.23米的大个子不要，偏偏挑1.88米的小个子。"当然，他是在夸张，萨博尼斯身高2.11米，不是1.88米，戈贝尔2.13米，也没有2.23米。

关键是詹姆斯还解释："真不是看不起爵士队，你们都应该懂的，我们小时候玩电子游戏，从来不挑爵士队，即使那时候有伟大的卡尔·马龙和斯托克顿，我们也不挑这些人。从来不。"

这就很有趣了，虽然球员们打球都不爱去盐湖城，嫌那儿冷清，没什么玩的，晚上还禁酒，但爵士队好歹有历史传奇人物，现在的战绩又是联盟第一。

碰巧爵士队这两天遭遇两连败，对阵76人队那场球最后时刻被吹技术犯规逐出球场，米切尔赛后对裁判的判罚大发牢骚，就等着被罚款了。今天的全明星阵容挑选，两人又双双被晾晒，心情郁闷可想而知。到现在为止，他们俩还没做过任何回应。

其实，盐湖城真的没有那么不堪。

1996—1997赛季总决赛的对手是公牛队和爵士队，我因此在那里待过比较长时间。那个城市很安静，白天人很少，当地人非常有礼貌。

盐湖城还是著名的旅游城市，办过冬奥会，四周都是皑皑雪山，是滑雪度假胜地。只是到了夏天，那个大盐湖的味道不好闻，风会把盐臭味儿刮到城里。不过，还是有很多明星到那里的半山腰上买房子，作为度假地。

爵士队连续两年进过总决赛，马龙、斯托克顿的挡拆是NBA的历史经典，他们的球风朴实，非常值得一看。

这个赛季，我曾两次介绍过爵士队，一篇是《犹他爵士队要改名犹他"勇士队"了》，另一篇是《爵士队到底是不是伪强队》。

这支球队的战术基础，就是米切尔、康利和戈贝尔的挡拆，颇有当年"犹他双煞"的影子，只是和斯托克顿相比，米切尔还是一个不错的得分手。他们的比赛战术清晰，三分球投得很多，观赏性一点儿也不差。

但不知道为什么，爵士队的人气从来都不高，不管是马龙、斯托克顿时代，德隆、布泽尔时代，还是如今的米切尔、戈贝尔时代。

回头看这次全明星阵容挑人，詹姆斯胸有成竹，杜兰特亲情为主，所以最后的阵容是詹姆斯一队略占优势。

杜兰特第一次当“队长”，詹姆斯可不是，他非常有经验。这次选人，他有两个优势，第一是先挑，就像下棋第一个落子，第二是心里有一个建队模式。利用这两个优势，他先把“字母哥”抢在手里，而杜兰特先挑的是欧文。

全明星比赛，除了最后一节真打，最初三节就是花样表演，防守可以忽略不计。那三节需要运动能力强、速度快、三分球准的球星。詹姆斯自己是组织前锋，选了“字母哥”以后，已经把首发阵容的架子搭好。而杜兰特自己不打，为了让小兄弟欧文当头牌，他没有先挑内线。后挑人，又挑的是后卫，杜兰特等于缓了两着。

詹姆斯接下来挑库里，等于在架子上安装了一门远程火炮。而杜兰特为了保证阵容完整，挑了今年MVP大热门恩比德。和“字母哥”相比，恩比德的进攻范围有限，而且速度差多了。

等詹姆斯挑了东契奇，杜兰特必须有一个全能的前锋来应对，于是他就挑了伦纳德。伦纳德虽然是去年全明星MVP，但他向来不太喜欢表演，不知道这次是否会投入热情全力比赛。

詹姆斯在首发阶段最后挑了全能的组织中锋约基奇，他的攻击范围明显强过恩比德，而此时杜兰特需要一个投手，于是挑了今年得分榜第一名的布拉德利·比尔。

等第二阵容挑完，我们可以发现，詹姆斯的阵容会传球的多，除了他自己，还有东契奇、约基奇、西蒙斯、保罗，这都是各队的核心组织者。就连库里、利拉德这样的超级得分手，也在自己的球队打1号位，都有传球绝活。

杜兰特阵容不缺投手，欧文、比尔、拉文和哈登都非常能投，但真正的顶级传球高手只有哈登一位。像锡安那样有冲击力的快攻和内线进攻高手，需要有好的后卫传球。

当然，全明星赛只是一场表演，只是最后一节为了科比，大家会认真地打一下。到了关键时刻，教练不一定会放首发在场上，而是保留打出状态、愿意打的球星打到最后。

不要忘了，詹姆斯这支球队的教练，是爵士队的施奈德。

后记

北京时间2021年3月8日，全明星正赛在亚特兰大老鹰队的主场举行，詹姆斯队170：150大胜杜兰特队，夺得胜利，阿德托昆博16投16中砍下35分，当选全明赛MVP。

三分球大赛竞争激烈。决赛中，顶替布克（因伤缺阵）出战的康利手感十分滚烫，一共得到27分；最后出场的库里在首个点只命中一球的情况下后程发力，得到28分绝杀康利，获得三分球大赛冠军。

万众期待的扣篮大赛却成为鸡肋，开拓者队的安芬尼·西蒙斯凭借“吻筐未遂”之扣，拿到冠军。技巧挑战赛，小萨博尼斯击败武切维奇夺冠，唯一的亮点是半决赛中保罗上空篮不进。

2021年6月4日

湖人首轮出局，不只是因为伤病

时间不等人，佩林卡或许已经拿起了电话。

最后30秒钟，当布克冲着湖人队狂喷垃圾话时，詹姆斯黯然回到板凳席上，首轮G6下半场徒劳的追赶，没有填平上半场挖下的29分大坑。

湖人队以100：113输给太阳队，詹姆斯职业生涯第一次在季后赛首轮出局。

这场比赛除了下半场的追赶有点不同，其他和G5没有两样，那场的大坑是30分，这场只少了一分。其实，在G5以那样一种方式输给太阳队后，湖人队的这个赛季提前结束，只是时间问题。

他们面对的是一支由老资格的保罗托底的年轻球队，年轻球员却在同湖人队的战斗中迅速成长，尤其是布克，他踩着詹姆斯的肩膀，踏进了职业人生的另一层境界。

历史从来都是这样的，再辉煌的人物，当衰老来临时，眼里都是相同的眼神——不服、无奈，最后是平静。

湖人队匆匆出局，初看是戴维斯拉伤腹股沟引起，因为在G4第一节还没受伤时，湖人队仍然掌握着系列赛的主动权，领先太阳队11分，他离场以后，湖人队的形势急转直下，输掉了G4，且G5、G6一溃千里。

但戴维斯的伤病只是诱因，他的伤退，揭开了湖人队这个赛季各种问题的盖子，如潘多拉的盒子，所有问题一齐爆发。

没有戴维斯以后，问题在各个位置爆发：没有人持续得分，没有稳定的三分球，甚至4、5号位到最后都没有明确有效的人选。

这反映了这个赛季湖人队的根本问题——组团模式：第一，佩林卡始终对小加索尔不信任，导致引进德拉蒙德，打乱了既定的战术特色；第二，错误利用了德拉蒙德和施罗德想签大合同的心理，效果适得其反；第三，始终没有三分球和防守两全的人选，让湖人队长期处于外线火力低迷的状态；第四，全明星赛后错失了获得洛瑞的交易机会。

我在直播中打了一个比方：湖人队好比一棵大树，詹姆斯是树根，戴维斯是树干，其他人无非是枝杈和树叶。如果詹姆斯和戴维斯好好的，湖人队看上去就枝繁叶茂，花团锦簇。然而常规赛这两人先后长时间因伤缺阵，团队剩下的人员，不是年老体弱，就是各怀心事。

戴维斯的伤病，让4、5号位的问题暴露出来，佩林卡给沃格尔找来了德拉蒙德，擅长使用中锋的沃格尔把他当作救命稻草，但他并不会投三分，大大影响了湖人队的作战空间，尤其影响了戴维斯和詹姆斯攻篮下的空间。

到现在为止，仍然不知道佩林卡为什么不信任小加索尔。他在3月初感染新冠肺炎之前，打了35场首发，湖人队24胜11负。而在戴维斯受伤之前，詹姆斯、戴维斯和小加索尔这个组合参加了27场比赛中的大多数，湖人队21胜6负，胜率接近80%。这证明了小加索尔和戴维斯、詹姆斯同场的战斗力。

但是德拉蒙德来了以后，小加索尔突然失去了首发位置，甚至直接被冷藏。从那时候开始，加上伤病袭击，湖人队的轮换就彻底乱套。对太阳队G6沃格尔被迫重拾赛季初20多场的首发，冷藏德拉蒙德，小加索尔贡献了7次助攻，但一切都为时已晚。

有一个蹊跷的事情，在G5开打之前，湖人队传出流言：不仅这个赛季会重用德拉蒙德，他还是湖人队未来的一部分。不知道佩林卡是不是想通过这种流言来刺激他的表现，但随后他就在G6之前得知自己上不了场，于是发了一条语意模糊的推特：“管好你能管的事，其他的爱谁谁了。”

湖人队的另一个问题是施罗德。在赛季的大部分时间里，施罗德的表现虽有不稳定，但仍然有自己的进攻特色，他和波普也是首发阵容里面仅有的两位出战超过60场的球员。然而在G5、G6挖大坑的两场比赛中，第一场施罗德9中0交了白卷，第二场在挖下大坑的前两节6中1。

施罗德究竟为什么会有这样离奇的表现？我认为第一是抗压能力不足；第二是患得患失；第三是对缺少戴维斯的阵容适应能力差。其实施罗德打过很长时间无戴维斯和詹姆斯的比赛，后来逐渐适应并有了领袖风范，但他以前打的季后赛，哪里有湖人队面临的舆论压力这么大？

湖人队是一个“雇佣兵团”性质的球队，成分很杂，队员们来自五湖四海，带着不同的个人目标。而且，季后赛期间詹姆斯不再像以前那样自觉隔离社交媒体，时不时转推一下广告。他身边的人像德拉蒙德、施罗德，会在流言飞起的时候，故意发一些推特，挑逗公众的眼球。施罗德在G5一分未得，G6之前突然把自己Instagram上的身份标签撤掉了，原来写的是“洛杉矶湖人队控卫”。

施罗德在交易截止期之前，差点被打包送到猛龙队去换洛瑞，如果那笔交易成功，湖人队的首轮就可能会有不同的结果。但佩林卡在最后一刻动摇了，他可以送走施罗德和波普，却不愿意搭上霍顿·塔克。佩林卡退缩的原因，是他不相信年满35岁的洛瑞还能稳定地做出贡献。

和大多数球队不同，湖人队围绕詹姆斯和戴维斯组团，因为詹姆斯即将年满37岁，需要马上出成绩，培养新人意义不大，所以，这笔交易没有做成是莫大的遗憾。

这种紧迫感，在湖人队首轮出局后尤为明显。

几乎每个人都看得出来，詹姆斯真的老了，他已经失去了至少两三成的爆发力，一旦太阳队收缩，他无法再施展出力拔山兮的气势与能力，第六场甚至吃了布克的帽。

没有人能抵抗自然规律，詹姆斯再自律，也只能延缓衰老。他那年选秀的同届生，目前只有他和安东尼还在打球，往后一届也只剩下霍华德、伊戈达拉和阿里扎。但没有一个像他这样，要把一支球队扛在肩上。

这意味着每一年都是詹姆斯想抓住的黄金机会，容不得半点闪失，而湖人队必然是每年换一批，缺乏延续性。理论上夺冠团队保持下去，第二年就有一个良好的基础，有利于卫冕。但在湖人队拿了冠军的成员，多数想到外面多挣一点，总经理只好打着詹姆斯的招牌，用夺冠来诱惑他们。

所以，这次首轮出局，对湖人队下个赛季组团是个巨大的利空。

在湖人队的名单上，只剩下詹姆斯、戴维斯、库兹马、小加索尔、波普和霍顿·塔克共六人确定会留下来。其余成员会作鸟兽散吗?

湖人队比较明确会留的只有卡鲁索，德拉蒙德、施罗德和哈雷尔都正处于当打之年，要谋求下一份大合同，这次镀金不成，对他们未来的影响不一。哈雷尔肯定有很多队抢，施罗德和德拉蒙德未必会获得理想中那么高价位的合同。

在自由球员市场上，有自主权的保罗和伦纳德继续执行合同的可能性大，完全自由球员排名靠前的是康利、洛瑞、德罗赞、小哈达威和福尼埃尔，其余的还比不上施罗德名气大。这些还都是外线，内线更是没什么人。

或许这是佩林卡放风要留德拉蒙德的真正原因。

时间不等人，佩林卡或许已经拿起了电话。

后记

7月30日，湖人队与奇才队达成交易，奇才队将送出威斯布鲁克、2024年和2028年的二轮签，交易得到库兹马、波普、哈雷尔和今年的22号签。

8月14日，凯尔特人队正式宣布签下施罗德，双方达成的是一份一年590万美元的合同。而在3月份，施罗德曾拒绝了湖人队四年8400万美元的续约合同。

9月11日，湖人队宣布与灰熊队达成交易协议：湖人队送出小加索尔、2024年第二轮签约和部分现金，换取目前效力于CBA上海队中锋王哲林的签约权。通过这笔交易，湖人队有望节省约1000万美元的薪资和奢侈税。

2021—2022赛季，湖人队阵容大变样，库兹马、卡鲁索、波普、大莫里斯等球员先后离队，威斯布鲁克的转会组成了全新的三巨头阵容，曾帮助湖人队在2019—2020赛季夺冠的霍华德、隆多重返球队，安东尼的加盟，湖人队阵容似乎充实了许多，得到了针对性补强。

2021年7月30日

湖人队得到威斯布鲁克，这只是第一步

予美亡此，谁与？吉吉。

选秀开始前三四个小时，湖人队放了一颗大“卫星”——把威斯布鲁克换到手。

用库兹马、波普和哈雷尔以及首轮22号签交易，已经传了好些天，但最后换的是威斯布鲁克，的确是几位候选当中比较小的一种可能。

威斯布鲁克也被提及，但按可能性大小的顺序，先后是德罗赞、洛瑞、巴迪·希尔德、比尔、威斯布鲁克。这个顺序综合了各种因素，比如个人意愿、技术特点、技术缺陷。

德罗赞排第一，是因为他特别想去湖人队，是唯一公开表达愿望的，缺点是不会投三分。洛瑞排第二，是因为他能突能投能传，关键时刻有大心脏。希尔德排第三，是因为他的三分球能力湖人队最缺。同样擅长投三分的比尔排第四，因为他最年轻，才28岁，还没有抱团的意愿。威斯布鲁克排最后，是因为他的年龄上来了，身体下来了，还没有稳定的投篮，工资还最高。从最初的设想看，威斯布鲁克的可能性甚至不如丁威迪。

德罗赞不投三分球的缺点和湖人队对三分球的渴求冲突，随着选秀日的逼近，希尔德的呼声越来越高，连“沃神”都深信不疑。

选秀前差不多三个小时，“沃神”发推特说，哈雷尔执行最后一年972万美元的合同，为湖人队去交换希尔德铺平了道路。然而，仅仅过了不到15分钟，他当初的徒弟沙拉尼亚就扔了一颗“炸弹”，说湖人队正在和奇才队谈判，要换威斯布鲁克。9分钟后，“沃神”确认了沙拉尼亚的消息，但过了6分钟，他又发推特说谈判仍在进行，同时和国王队换希尔德的谈判也在进行……随着时间的推移，选秀开始，肖华宣布湖人队送22号签给奇才队，这个消息终于坐实。

表面上看，这是“沃神”、沙拉尼亚师徒竞争的过程，实际上更反映了佩林卡和奇才队谈判的艰苦。这两位大神各有自己的消息源，但在如此短的时间内，各自发出的信息相互冲突，非常罕见。

为什么是威斯布鲁克？我相信此时觉得最尴尬的是这批球迷——喜欢湖人队和詹姆斯，同时看不上威斯布鲁克，这两种观念都有广大的市场，所以重合度也非常高，数量巨大，但现在他们必须同时接受詹姆斯和威斯布鲁克。这就是NBA的现实，铁打的营盘流水的兵，平时你黑过的球星，很可能突然变成“自己人”。

湖人队是威斯布鲁克两年中更换的第三支球队，而且，这一次很可能也是他先提出来交易。威斯布鲁克身边总是有大牌，但他对巨星队友的动向有非常敏锐的嗅觉：2019年他在雷霆队，乔治要求换到快船队去的消息还没有出来，威斯布鲁克就抢先一步要求把自己换掉，于是雷霆队把他换去了火箭队；2020年在火箭队内乱时，哈登提前跟他报了信，说自己会要求换去篮网队，威斯布鲁克就和火箭队提出交易，火箭队用他换来了约翰·沃尔；这一次，有消息称比尔也跟球队提出了离开，威斯布鲁克同样提前得知了消息，主动提出交易，而且，最好换到湖人队去。

威斯布鲁克每一次提出交易都能成功，原因是时机合适，都抓住了球队在忙乱中求之不得的心理：雷霆队想不到乔治只打了两年就变心了，正想重建；火箭队发现威斯布鲁克和哈登不搭，而且哈登去意已决，也想重建；奇才队用超越4000万美元的威斯布鲁克换掉同样是巨额合同的沃尔，是因为沃尔旧伤太重，现在湖人队提出交易，用的是三个球员和一个首轮签，让未来的操作变得更灵活。

如果把去年换掉沃尔和现在换掉威斯布鲁克联系起来看，奇才队等于在一年内通过两笔大交易，巧妙地处理了沃尔的巨额合同，既有利于留下比尔，又有巨大的操作空间，更重要的是可以减负瘦身。

尽管威斯布鲁克今年的工资超过4400万美元，明年会超过4700万美元，但湖人队不怕接纳巨额合同。对佩林卡来说，湖人队面临的主要矛盾是缺少能打的人，去年换来的施罗德被证明不行，中途签下的德拉蒙德也不行，忠诚的波普、年轻的库兹马都没有在伤病多的时候建功立业。

但威斯布鲁克缺陷明显，而且新赛季开打时，他将年满33岁，但他毕竟是历史“三双王”，而且他的“三双”还算优质：他职业生涯184场“三双”比赛，赢了138场，胜率高达75%；上个赛季在奇才队打出38次“三双”，赢了23场，胜率超过60%。

除了最初在雷霆队，威斯布鲁克通常身处双星组合，这次在湖人队再度组成“三巨头”，离“雷霆三少”的时代已经过去了10年，身边的詹姆斯也不像乔治、哈登、比尔那样处于当打之年。但洛杉矶是他的老家，在外面转了13年，叶落归根。

威斯布鲁克树大招风，对他缺点的评价被无限次复制，仿佛只剩下缺点，但我觉得不必太看重负面问题，毕竟湖人队最担心的是詹姆斯的身体，年龄日增，需要有能打的人来减负。

一个“历史三双王”，传球肯定是优点，而詹姆斯也喜欢传球。威斯布鲁克还是一个非常出色的下快攻球员，这一点与詹姆斯力图推快的想法契合。实际上这两年来，湖人队始终没有打出很好的攻守转换，上赛季每百回合控球次数——也就是我们说的“节奏”——就由前赛季的12位降到16位，由百回合100.9次降到98.7次。

威斯布鲁克被人无数次诟病的篮板问题，在我看来反而是优点，在上赛季联盟篮板前十的球员当中，只有威斯布鲁克一个是后卫，他也是唯一的美国球员。在篮球比赛中，一个球员喜欢抢篮板，居然被视为缺点，不可思议。

但威斯布鲁克的投篮和三分球，的确尾巴太大不得不被抓住。所以，湖人队得到威斯布鲁克以后，我相信后续还会有进一步操作。

佩林卡在2017年3月和湖人队签了五年合同，现在进入了最后一年，如果不搞点大的动静，能不能在湖人队干下去还不好说。威斯布鲁克和詹姆斯、戴维斯携手建立了基本盘，工资单上有保障的球员只剩下詹姆斯、戴维斯、威斯布鲁克、小加索尔，工资总额已经超过1.2亿，霍顿·塔克是受限制自由球员。佩林卡至少还需要签10个人，大多数都只能以最低工资加盟。

这时候，他手里只剩下500多万的奢侈税中产可以动用，如何去搞来有点质量的投手呢？有一个办法是去跟施罗德谈先签后换，比如去换希尔德。国王队在选秀时第9位挑走了控卫达维昂·米切尔，加上福克斯和哈利伯顿，已经有3名控卫了，希尔德还剩3年合同，从下个赛季的2200多万开始依年递减，第三年1800多万。

希尔德是一个高消耗的投手，职业三分命中率超四成，上个赛季场均出手三分球超过10个，可以作为外线最强火力使用。湖人队需要跟施罗德或德拉蒙德、国王队同时谈好，签一个让施罗德或德拉蒙德满意的价格，国王队也能接受。这是突破奢侈税限制的最好办法。

但先签后换有一个弊端，就是一旦先签后换一名球员，500多万的超税中产就不能再用了，这也给后续签人带来了很大限制。

自由球员市场的开启时间，是北京时间8月3日早上6点，虽然还有几天，但操作已经开始紧锣密鼓地进行。

后记

2021—2022赛季湖人队阵容发生了很大的变化。球队引进了威斯布鲁克、安东尼、阿里扎、小乔丹、布拉德利、贝兹莫尔、纳恩、艾灵顿、蒙克等人，霍华德、隆多重回“紫金军团”。

湖人队组成了詹姆斯、威斯布鲁克、戴维斯的三巨头阵容，无奈新阵容磨合时间过短，季前赛六战全败。10月20日，揭幕战湖人队114：121不敌勇士队，詹姆斯拿下34分、11个篮板、5次助攻；戴维斯33分、11个篮板；而威斯布鲁克仅仅拿到8分、5个篮板、4次助攻。

全新的“紫金军团”，也是一个豪华的“紫金军团”，新赛季他们的战术方向似乎还没完全确定，詹姆斯、戴维斯、威斯布鲁克的磨合明显生疏，但他们拥有丰富的比赛经验和良好的调整能力。本赛季，湖人队的目标仍是冲击总冠军。

2021年9月13日

现在什么人都可以进名人堂吗？

篮球名人堂的标准并不是拿多少冠军、得多少总分，而是为推广篮球运动做出了多少贡献。

皮尔斯、本·华莱士、波什、韦伯和库科奇，都进了名人堂。

经历了今年4月份被延迟的上一届名人堂仪式，短短不到半年，2021届名人堂仪式如期举办。两届挤在一年，人数众多，而且两届一对比，今年看上去总体质量和上一届似乎有点差距。

因疫情而推迟举办的上一届，因为有科比、邓肯和加内特，显然分量十足。不过，跟选秀一样，名人堂也是有大小年的。按照最新的规定，球员退役后，要等够3个足年，才可以获得推荐。上一届科比、加内特和邓肯凑到一起，是因为这三位大神刚好都在2016年退役。

2015年以前的规矩，是要等够5个足年，所以，姚明是在2016年登堂，因为他是2011年退役的。在2017年，名人堂的规矩又改了，变成3年。

一直有球迷问，谁能进名人堂吗？其实，这没有一个统一的标准，因为和全明星一样，篮球名人堂是由人选出来的。而且和全明星、最佳阵容、MVP之类的评选不一样，篮球名人堂的标准并不是拿多少冠军、得多少总分，而是为推广篮球运动做出了多少贡献。

最明显的例子就是姚明。

由于过早受伤，还伤在脚上，姚明在2011年就退役了，最后一年只打了5场，这5场之前还歇了一个赛季，满打满算应该是7个赛季。他的总得分不足万分，季后赛打过4次，3次首轮出局，一次进了半决赛，那年火箭队大战湖人队，他只打了3场就受伤退出。

当时很多中国球迷担心姚明没有资格进名人堂，其实我一点都不担心。美国的这个名人堂，不看成绩，只看影响力。果然，在他退役5年后，第一时间就进了。姚明虽然打的时间短，但他对世界篮球产生的影响力却非一般球员可比，尤其是在中国人口这么大的国家。

从等待的时间，就可以看出球星影响力的不同。昨天登堂的韦伯，其实2008年就退役了，这一等就是十几年。本·华莱士是2012年退役的，他毕竟有冠军在手，4次防守王。波什虽然最后一年没打，但他理论上是2017年退役的，两冠在手，在科比、邓肯之后一年就进入名人堂，说明名人堂评审委员会认为他的影响力大。皮尔斯也是2017年退役，只有一冠，但他是NBA历史得分前20，也在第一时间进入。

那么，现在是什么人都可以进名人堂吗？要正确理解这个问题，首先要知道这个名人堂到底是什么。

其实，篮球名人堂就是个公司，只不过以博物馆的名义存在，全称是“奈史密斯篮球名人堂”，创办者是一个大学的运动系主任李·威廉姆斯。从理论上讲，现在任何人都可以再办篮球名人堂，只不过现在的这个从1959年开始创立，已经有60多年的历史，你怎么办都办不过它。

美国人有建立名人堂的传统，尤其是文体行业，现在已经推广到了全世界。我没有数过世界上到底有多少个名人堂，上千个总是有的，大部分没有篮球名人堂这么出名。比如，音乐领域就有将近40个名人堂，各种音乐种类，由于詹姆斯在骑士队打球的关系，球迷比较熟悉的是克利夫兰的摇滚名人堂。此外，艺术、航空和许多社会领域，都有自己的名人堂。

当然体育界是最多的，有20多个项目，共几百个名人堂，比如国际乒联就有乒乓球名人堂，只是不知道设在哪里，有没有实体殿堂，早先登堂的都是外国人，最近十几年基本上都是中国球员。

职业体育的名人堂是最多的，有的一个项目就有好几个。比如棒球有好几十个，足球有近20个，美国的牛仔竞技有30多个名人堂。那么篮球有多少个呢？总共10个。

篮球名人堂，最有名的除了美国的这个，就是国际篮联办的，那也是有实体殿堂的，地点在西班牙的马德里。

由于成立的时间晚，2007年才第一次正式接纳明星成员，所以在人数上远远不能和美国的这个名人堂相比。第一年接纳历史巨星时，一口气进了16个人，领衔的包括苏联队明星谢尔盖·贝洛夫，就是1972年绝杀美国队的苏联国家队成员。此外还有美国的“指环王”比尔·拉塞尔、南斯拉夫队已故巨星彼得洛维奇等。到今年为止，有100多位球员登堂，乔丹、奥尼尔这些打过奥运会的NBA巨星都在里面。

FIBA的名人堂到2019年才想起中国人来，那年我国篮球的开创者和奠基人之一的牟作云以教练的身份被接纳，他是中国篮协前主席，当过中国男篮教练，现在CBA联赛的冠军奖杯就以牟老的名字命名。

好消息是今年郑海霞成为第一个被接纳的中国球员，我相信下一个就应该是姚明了。但以中国篮球现在的影响力，有机会登堂的并不多。

美国的篮球名人堂进不去，FIBA的也不好进，那最好自己建一个。中国什么时候可以有自己的篮球名人堂呢?

其实，中国篮协早就想建一个，只是要具体落实，不知道有多难。

最早有这个念头的是山西男篮俱乐部的原老板王兴江，他是一个NBA球迷，知道美国的名人堂影响力很大。当时他的钢厂出了手，手里也有钱，心心念念想建一个中国篮球名人堂。那时候的国家篮球管理中心主任李元伟，非常支持王老板，据说连地皮都已经找好了，在河南郑州。当时委托了篮协合作的公司巴斯格伯做这个事。建名人堂，哪怕是虚拟的，也需要实物、照片，我记得是上线了，但后来领导一换届，巴斯格伯也不做了。后来就没有后来了。

时光飞逝，到了姚明当篮协主席的时候，他也一心想把名人堂建立起来，于是请来了已经退休的李元伟，让他负责筹备。这又是一项漫长的马拉松项目，到现在还在进行中，因为要涉及大量的收集文物的工作，工作量非常大，而且分散。

但与此同时，姚明治下的另一个项目——中国篮球博物馆，也正在进行中。篮球博物馆已经确定建在天津，那是中国篮球的发源地，馆址也找好了，是天津原来的一个少年宫，在原址上改建。

名人堂和篮球博物馆是什么关系，我并不知道，很有可能是同时进行的两条线。现在篮球博物馆的筹建工作交给了天津，正在积极地收集文物。

不管名人堂将来是怎么样，实体的还是虚拟的，工作总是有人在做。希望我们的一代一代名将、名帅，能像NBA球星那样，体体面面地在一个隆重的仪式上，讲一讲当年的经历，说一些有趣的故事，就像皮尔斯那样。

后记

北京时间2021年4月1日，FIBA官方公布了2021年国际篮联名人堂名单，中国女篮传奇中锋郑海霞入选，成为首位入选FIBA名人堂的中国运动员。

郑海霞参加过四届奥运会、四届世锦赛、四届亚运会和八届亚锦赛，曾带领中国女篮夺得过1992年巴塞罗那奥运会银牌，1984年洛杉矶奥运会铜牌，开启了一段前所未有的“郑海霞时代”。

1997年，郑海霞被美国WNBA篮球联赛洛杉矶火花队选中，成为第一位登陆WNBA的亚洲球员。她深受世界球迷喜欢，被外国记者称为“中国长城”。

2021年9月14日

搞什么杯赛，詹姆斯、杜兰特会参加吗？

杯赛推出后，很可能会成为下一代球星的主战场。

NBA心心念念要在赛季中间办一个杯赛，两年来这个念头挥之不去，这两天又在开会讨论了。虽然这个赛季肯定不会有，但在不远的将来，大概率会搞。

不管这个杯赛是什么形式，会持续多长时间，那些顶流大牌球员像詹姆斯、库里、杜兰特等，很可能不太感兴趣。据沙拉尼亚透露，NBA设想了一个重奖制度，杯赛冠军每名球员奖金高达100万美元。

100万美元算不算重奖呢？这是一个很微妙的数字。

根据两年前的统计，2019—2020赛季NBA工资总支出为36.7亿美元，按将近450名球员计算，平均每人工资832万美元，中位数是400万美元。这个平均工资在上个赛季已经上升到了1000万美元。

但这是平均数字，要知道上个赛季前前后后、进进出出，有513人次共495名球员从NBA领过工资：单季工资前五位的球星，都是超过4000万美元，榜末是哈登；3000—3999万美元的有16人，榜末是洛瑞；2000—2999万美元有30人，榜末是布罗格登；

1000—1999万美元有72人，榜末是米尔萨普。所谓千万富翁，单季128人。换句话说，收入在1000万美元以下的共377人。

500人取中位数，代表人物是猛龙队的麦考，400万美元，他正好是400万美元级别的榜末。也就是说，在麦考之后，400万美元以下，还有一半的球员。

在200—399万美元区间有213人，100—199万美元区间有95人，100万美元以下有42人。

这么一看，可以发现NBA的“贫富分化”挺严重，但这是篮球比赛的必然，因为场上只有5个人打，虽然离不开250多位1000万美元以下收入的球员，但起决定作用的还是收入3000万美元以上的那21个人，再扩大一点是头部的51个人，分配到每个队，平均两人不到。

面对冠军100万美元的重奖，不要说这51个人可能不感兴趣，收入1000万美元以上的那123人都可能不感兴趣，因为杯赛夺冠的平均机会仍然是1/30，加上单败淘汰，偶然性非常大，有可能千辛万苦打到四强，结果却功亏一篑。

最关键的是，NBA收入特别高的，往往年龄相对较大。他们一辈子积累了上亿美元的收入，此时更看重总冠军荣誉。万一受了伤，一个赛季的准备与努力就打了水漂，倒不如趁这个机会休整一下。

从100万美元的数字来看，最在乎的是不是收入100万美元以下的那42个人呢？并不是，因为他们没有话语权，平时也打不上球。

100万美元以下里面名头最响的是国王队的格伦 · 罗宾逊，93万美元，上个赛季打到2月就被裁掉了。有个别抢到机会站稳脚跟的，比如篮网队的阿勒泽 · 约翰逊，18场球改变了命运，今年夏天跟公牛队签了两年360万美元的合同，但是仍没有保障。其余大部分人都没有机会表现自己。

真正在乎的是100—999万美元区间的那330多人，他们的数量已经占全部球员的三分之二，如果以360人常规名单来看，超过了90%。

在100—199万美元区间，有太阳队的卡明斯基、勇士队的达米恩·李、76人队的科克马兹、上个赛季在太阳队夏天去了步行者队的克雷格，也有篮网队最玩命的角色球员布鲁斯·布朗。

从200万美元到中位数400万美元之间，厉害的可就多了，有很多新秀合同期的年轻球员在其中，比如太阳队打总决赛时表现突出的布里奇斯，黄蜂队的后卫基拉·刘易斯，原湖人队的库兹马，老鹰队的赫特尔；有一些处于当打之年却不得志的角色球员，像雄鹿队的波蒂斯，掘金队的小里弗斯；还有一些老球员，比如湖人队刚刚招进的艾灵顿。

在400万美元到1000万美元之间，既有名头响当当的新人如“三球”鲍尔，也有已经迈进大明星行列的塔图姆和东契奇，森林狼队的爱德华兹，灰熊队的莫兰特；还有一大批顶级的角色球员如哈雷尔，以及出过大名的老球员罗斯、隆多、路易斯·威廉姆斯。这批球员应该是杯赛的主角。

这些球员最有动力，原因有二：第一是为了表现自己，平时按常规赛流程打球，通常只有10到20分钟时间，球还在老大手里，如果老大们选择轮休，那就回到了夏季联赛的时光；第二才是为了钱，但这并不是主要原因。

所以，NBA决定打这个杯赛，首先必须明确是哪些人打，要不要出台措施，禁止大佬们轮休。从前两天的名人堂演讲来看，退役球员普遍对轮休有看法，包括皮尔斯在内，有两人拿轮休作梗调侃。

NBA想推出杯赛，最大的目的是提升品牌价值，制造新的刺激点，最终在电视和网络转播权的谈判中提价。原来的合同2025年到期，实际上到期前一年就要敲定，这意味着只剩下两年时间。我估计杯赛会在两年内推出。

一个杯赛，真的能对合同谈判起那么大作用吗？我们先要了解，什么是杯赛，和联赛到底有什么区别。

通常来说，联赛的概念就是通过整季的互相交锋，最终筛选出实力最强的那些队伍，然后进行捉对季后赛，为了比出真正的水平，其实也为了拉长悬念周期，一场球还不够，现在要七战四胜。

联赛的不足之处在于，弱队通常要好几年才能翻身，有的像森林狼队、国王队，一蹶不振十几年，这对平衡市场并不利。不仅NBA如此，CBA篮球、欧洲足球，联赛通常都有这些问题。

所以，在足球界有杯赛的传统，和联赛的区别在于，杯赛比赛数量少，什么球队都可以参加，这是协会赋予所有球队的机会。欧洲的足球是分级的，有升降级，那些在二级的球队，在杯赛就可以和一级球队比赛，制造冷门。

可是NBA并不分级，更不升降，杯赛的刺激点在哪里呢？单败淘汰。通常来说，篮球比足球的临场悬念小，实力决定结果，但NBA实际上实力差距并没有那么大，打系列赛才看得出高低，单败淘汰能带来更大的不确定性。如果有些大佬选择性休息，那么NBA可能并不在乎，因为这样可以增加更多的悬念，国王队、森林狼队的那些球星，肯定不会休息。

所以，杯赛推出后，很可能会成为下一代球星的主战场。他们当中很多刚刚从NCAA出来不久，对“疯狂三月”的场景记忆犹新，那就是单败淘汰。

当然，杯赛的形式不止一种。比如NBL（National Basketball League，澳大利亚国家篮球联赛）联赛期间，也会举行杯赛，但那是循环赛，而不是单败淘汰。NBL的杯赛共36场，9个队打单循环，胜者得3分，单节胜一次得1分，最终以总分决定排名。上个赛季夺冠的珀斯野猫队7胜1负得39.5分，第二名东南墨尔本凤凰队5胜3负得33.5分。如果总分相同，则以胜场多的为先。

澳大利亚的杯赛奖金不高，冠军30万澳元，相当于人民币150万不到，亚军才10万澳元，不足人民币48万。但其中有一点值得NBA借鉴，就是NBL的杯赛与常规赛挂钩，8场交手成绩计入联赛，这样就不会有球队偷懒。

如果NBA真的觉得这样很刺激，就不会在乎詹姆斯、杜兰特和库里是否参加。

后记

相比杯赛的难产，2021—2022赛季继续保留季后赛附加赛，附加赛赛制与上个赛季没有变化，常规赛胜率排名东西部第7-10名的球队参加，竞争季后赛第7和第8的名额。

附加赛赛制在2020—2021赛季第一次实施，推出附加赛之后的效果很好，很多球队看到了晋级季后赛的希望，NBA提高了收视率和关注度。附加赛带来了惊人的效益，所以在2021—2022赛季继续实施。

2021年9月22日

我来排一排这75周年75位明星

实际上，所谓的“历史排名”，终究是一个文学概念。

2021年NBA迎来了75周年的大庆。

25年弹指一挥间。25年前我在克利夫兰参加NBA50年大庆，场景历历在目。

有些大明星已经故去，我有幸见到并以采访的名义对话过几句。比如乔治·迈肯，银发苍苍，这是NBA“上古时代”的象征之一。还有张伯伦，双臂抱胸，气定神闲地跟我说，他刚刚参加完波士顿马拉松赛，现在上场打球，10分钟没有问题，但两年后他去世的噩耗传来，当时NBA停摆，乔丹退役，仿佛天塌下来。

1997年2月的全明星周末，克利夫兰天寒地冻，密歇根湖一片灰色，街上白雪覆盖，乌云像铅一样厚重。这个视觉，让我对克利夫兰印象一直不太好。

75周年了，全明星周末又选在了克利夫兰。

50周年大庆，选50个最了不起的大明星，75周年，就要选75个。

当时在密歇根湖边，我跟张雄说，25年以后他们要选75个最伟大的球星，我们要不要一起再来？望着路上呼呼而过的汽车，张雄说，来。豪气干云。现在，张雄是CBA的CEO。因为疫情，CEO和我谁都不能去了。

今年10月，新赛季开始前，NBA就要公布75位历史大明星。会有哪些人入选，又会有哪些人被抛弃？这是个问题。

我当不了CEO，天天在键盘上敲敲打打，必须回答这个问题。关公战秦琼，永远不会有一致的答案，于是我给自己设立了一套标准。

各项荣誉对应的分值表

荣誉	分值	荣誉	分值
MVP	2	总冠军	2
FMVP	1	全明星	0.5
最佳阵容一阵	1	历史得分1–10名	3
历史得分11–20名	2	历史得分21–30名	1
历史篮板1–10名	2	历史篮板11–20名	1
历史助攻1–10名	2	历史助攻11–20名	1
历史抢断1–10名	1	历史盖帽1–10名	1
最佳防守球员	1	最佳第六人	1

没有一套标准是十全十美的，甚至你精心搞了一个非常复杂、极为科学的公式，也可能让表现最好的球星之一没有资格参加MVP评选。我的标准，只是给自己找个理由，不必在这个人那个人之间纠结。

那么如果出现总分相同怎么办呢？在我看来，MVP和总冠军同等重要，但MVP是个人荣誉，总冠军是集体荣誉，我会把MVP排在总冠军之前，但这又不是绝对的，比如科比和“魔术师”约翰逊。最佳阵容一阵，代表他是当季最好的五人之一，那是打出来的，全明星则是选出来的，所以我只给全明星半分。

你会发现历史总得分前10我给了3分，超过了MVP和总冠军，我的理由是，历史总得分代表一个球员持久的表现，你没有足够长的打球年数，没有稳定的得分输出，就没法在历史上留下绵延持久的影响力。75周年评选，最终比的是影响力，青史留名，感染了一代又一代球迷。科比打了20年球，生命戛然而止，多少人痛心扼腕，这就是影响力。那罗伯特·帕里什打了21年球，是不是更厉害？但他只是个角色球员，以每10名为一组的话，他排到第三组了。

但篮板和助攻的历史前十，我只给了2分，第11到20名我又给了1分。对比最佳阵容一阵和FMVP都只给1分，我觉得比较适当。

数据种类有很多，剩下的我只取了抢断和盖帽，历史前十都给了1分，最佳防守球员和最佳第六人各1分。这是选取种类的边界，不能再增加了，要不然太复杂。

另外，如果职业生涯没有入选全明星，将不在NBA75周年75大明星的考虑范畴内。入选全明星，应该是最基本的指标。没能入选全明星，即使拿过不少总冠军，也只能说明他是个角色球员。比如罗伯特·霍利，他职业生涯跟随火箭队、湖人队、马刺队获得了7个总冠军，但是他算不上巨星，只能说是一个伟大的角色球员。

说到底，评选标准最终是模糊概念，实际上NBA的评审委员会没有标准，只是记投票。投票这种事，带进了太多的个人情感，同样会引起争议。争议的焦点，一是进了75人名单的座次（可能NBA只按姓名打头字母排序），二是75人的边界，最后几个是谁，被落下的头几个是谁。

我这里也不例外，这些是我的个人选择，特立独行的是我自创了一套简单粗暴的标准，并且不在乎是否科学、别人是不是认同。实际上，所谓的“历史排名”，终究是一个文学概念。

我排的NBA75周年75大明星（1–10）

排名	球星	MVP	冠军	FMVP	全明星	一阵	总分
1	贾巴尔	6	6	2	19	10	51.5
2	乔丹	5	6	6	14	10	50
3	詹姆斯	4	4	4	17	13	47.5
4	比尔·拉塞尔	5	11	-	12	3	41
5	邓肯	2	5	3	15	10	39.5
6	科比	1	5	2	18	11	37
7	埃尔文·约翰逊	3	5	3	12	9	36
8	奥尼尔	1	4	3	15	8	34.5
9	鲍勃·库西	1	6	-	13	10	31.5
10	张伯伦	4	2	1	13	7	29.5

第一组的争议焦点，是谁排在第一。NBA出台名单时，很大可能没有排名，以姓名打头字母为序。按照我简单粗暴的标准，贾巴尔第一，乔丹第二，很多人对此会有意见，尤其是80后的球迷。但没有办法，无论MVP数量，还是全明星数量，贾巴尔都超过了乔丹。世界公认乔丹第一，是因为他刚好开启了NBA的电视时代，湖人队第一次总决赛都没有电视直播。

第二个争议会在詹姆斯和科比的排位上，甚至科比还在邓肯之后。但这是有了标准之后的副作用，毕竟这不是量子力学，况且我定标准在先，排座次在后，每个球星都是“薛定谔的猫”。

科比和“魔术师”都是湖人队传奇，MVP的数量1∶3，为什么科比在先？恰恰我认为自己的标准起了作用：科比18次全明星，“魔术师”只有12次，而且其中1992年全明星赛属于纪念意义。那个赛季他因感染艾滋病毒宣布退役，但球迷把他选进了全明星队。在奥兰多，大家敬重“魔术师”，好多机会都给他，最后得了全场最高的25分，还投中了最后一球，是个三分球。

张伯伦名气大，是因为单场100分，好多次得分王，单赛季场均45分、50多分，篮板球场均超过20个的赛季就有8个，平均27个篮板是什么概念？那个时候我还没有出生，所以纵向比会吓死人。不过历史就是历史，得认。张伯伦仅仅排在第10位，一是因为他冠军少，二是因为他一阵少，14个赛季只有一半进了一阵。

我不知道100周年大庆的时候，詹姆斯会在第几，但我的标准仍然适用。詹姆斯这时候排第三，靠的是持久恒定的表现，我觉得他和贾巴尔是历史上仅有的两位最全面、最均衡的球星。

我排的NBA75周年75大明星（11–20）

排名	球星	MVP	冠军	FMVP	全明星	一阵	总分
11	哈夫利切克	-	8	1	13	4	29.5
12	拉里·伯德	3	3	2	12	9	29
13	奥拉朱旺	1	2	2	12	6	27
14	卡尔·马龙	2	-	-	14	11	27
15	摩西·马龙	3	1	1	13	4	24.5
16	奥斯卡·罗伯特森	1	1	-	12	9	23
17	萨姆·琼斯	-	10	-	5	-	22.5
18	佩蒂特	2	1	-	11	10	21.5
19	杰里·韦斯特	-	1	1	14	10	21
20	杜兰特	1	2	2	11	6	20.5

这一组最引人注目的有5个人，拉里·伯德、卡尔·马龙、奥斯卡·罗伯特森、杰里·韦斯特和杜兰特。

我的评分标准有多厉害？你看卡尔·马龙，一次冠军都没有，但两次MVP（尽管其中一次有争议），全明星14次，最佳阵容一阵

11次，历史得分和篮板都在前十，这些充分显示了他的历史价值。

拉里·伯德是仅次于贾巴尔和詹姆斯的最均衡的球星，作为和“魔术师”同时代对决的球星，3个冠军对比5个冠军，掉到第二组并不亏。奥斯卡·罗伯特森因“三双”而出名，但冠军和MVP都只有一次。NBA的徽标形象出自杰里·韦斯特，不过他和“指环王”拉塞尔同时代，尽管职业生涯14年都是全明星，可是拉塞尔有11个冠军，韦斯特才一次总冠军，杜兰特在百年大庆超过他不是问题吧？

我排的NBA75周年75大明星（21–30）

排名	球星	MVP	冠军	FMVP	全明星	一阵	总分
21	加内特	1	1	-	15	4	20.5
22	皮蓬	-	6	-	7	4	19.5
23	诺维茨基	1	1	1	14	4	19
24	库里	2	3	-	7	4	17.5
25	帕里什	-	4	-	9	-	17.5
26	乔治·麦肯	-	5	-	4	5	17
27	大卫·罗宾逊	1	2	-	10	4	17
28	里克·巴里	-	1	1	12	8	17
29	比尔·沙曼	-	4	-	8	4	16.5
30	韦德	-	3	1	13	2	16.5

这一组反差最大的是加内特、皮蓬和诺维茨基。

加内特和诺维茨基非常相似，冠军只有一次，全明星很多，一阵相同。加内特靠篮板球历史前十赚了2分，诺维茨基靠一次FMVP赚1分。库里再努力一下，名次还可以上升，不过我没有把三分球计算进去，或许百年大庆可以把三分球历史前十计1分，因为篮球的形态改变了。

皮蓬是公牛王朝的最佳男配，但乔丹全明星14次，皮蓬只有一半，乔丹一阵10次，皮蓬4次，而且他是小前锋，篮板没分，抢断历史前十拿了1分。他在很多基础分上吃了亏。

我排的NBA75周年75大明星（31–40）

排名	球星	MVP	冠军	FMVP	全明星	一阵	总分
31	霍华德	-	1	-	8	5	16
32	埃尔金·贝勒	-	-	-	11	10	15.5
33	基德	-	1	-	10	5	15
34	朱利叶斯·欧文	1	1	-	11	5	14.5
35	巴克利	1	-	-	11	5	14.5
36	以赛亚·托马斯	-	2	1	12	3	14
37	罗德曼	-	5	-	2	-	14
38	谢伊斯	-	1	-	12	6	14
39	伦纳德	-	2	2	5	3	13.5
40	阿德托昆博	2	1	1	5	3	13.5

到这一档，就能看出一阵的厉害。贝勒是75人中最后一位一阵次数上10的，而且有11次全明星。他因为伤病提前退役，结果刚退役湖人队就拿了总冠军，否则他的名次还可以提升。

同时，这一档10人里面现役球员也是最多的，伦纳德和“字母哥”还年轻，名次会进一步提升，现在缺的是全明星和一阵次数，冠军与MVP就看造化了。霍华德应该庆幸自己曾选择湖人队，二进宫后如果还能夺冠，就可以进入前30。

这一档有一些传奇人物，比如霍华德是3次最佳防守球员，加分不少；基德除了有冠军，还是历史助攻榜第二，因为多了一个冠军，他的名次就超过了斯托克顿；“J博士”欧文战功满天下，可惜前5年在ABA度过；罗德曼没有一次进一阵，但他随活塞队和公牛队5次夺冠，两次最佳防守球员，篮板球总数历史第11位。

我排的NBA75周年75大明星（41–50）

排名	球星	MVP	冠军	FMVP	全明星	一阵	总分
41	哈登	1	-	-	9	6	13.5
42	纳什	2	-	-	8	3	13
43	托尼·帕克	-	4	1	6	-	13
44	埃尔文·海耶斯	-	1	-	12	3	13
45	威利斯·里德	1	2	2	7	1	12.5
46	麦克海尔	-	3	-	7	1	12.5
47	佩顿	-	1	-	9	2	12.5
48	保罗	-	-	-	11	4	12.5
49	沃尔特·弗雷泽	-	2	-	7	4	11.5
50	艾弗森	1	-	-	11	3	11.5

这一档最能体现我自创标准的“威力”，一些有争议的球星进入了前50。

哈登显然位列其中，他当过MVP，全明星和一阵次数堪比前20的球星，只缺总冠军了。纳什、佩顿、保罗和艾弗森有许多共通之处，他们都是某一项数据的杰出代表：纳什助攻历史前三；保罗历史前五；艾弗森当过4次得分王，虽然不能加分，但总分历史第25，而且有MVP，虽然这三位都没拿过冠军，但历史会铭记他们。

佩顿绰号“手套”，9次进入最佳防守一阵，可惜凭此得不了分，但他当过一次最佳防守球员。他在2005—2006赛季和韦德、奥尼尔一起圆了自己的冠军梦，而且不是打酱油，季后赛场均出场时间超过24分钟。

我排的NBA75周年75大明星（51–60）

排名	球星	MVP	冠军	FMVP	全明星	一阵	总分
51	詹姆斯 · 沃西	-	3	1	7	-	10.5
52	比利 · 康宁汉姆	1	1	-	5	4	10.5
53	戴夫 · 考恩斯	1	2	-	8	-	10
54	吉诺比利	-	4	-	2	-	10
55	斯托克顿	-	-	-	10	2	10
56	皮尔斯	-	1	1	10	-	10
57	雷 · 阿伦	-	2	-	10	-	10
58	阿里金	-	1	-	10	3	10
59	安东尼 · 戴维斯	-	1	-	8	4	10
60	鲍勃 · 麦卡杜	1	2	-	5	1	9.5

这一档里面有几个比较极端的人物，因为已经到了前60，全面的评分已经很少。

湖人队的詹姆斯 · 沃西很厉害，但湖人队在“show-time”时代人才太多，他连一次一阵都没评上，凭借总冠军数量跻身前60。

现代球迷喜欢吉诺比利，他自我牺牲让出首发，导致没有一次进入过一阵，全明星只有两次，但“GDP时代”总冠军多，这就是回报。

你肯定惊讶斯托克顿这样的传奇后卫为什么掉这么后，那是因为他连一次最佳一阵都没进过，不知道那些记者怎么评的。但他连续9年助攻第一，历史助攻和抢断第一，由于缺少哪怕一次的总冠军，才到了这一档。

皮尔斯和雷 · 阿伦这对和好了的兄弟在一起，其实当年的恩怨就在于是不是紧紧抱团，雷 · 阿伦迈出一步去热火队夺冠，让自己进了前60，否则有可能跌出75大球星之列。

我排的NBA75周年75大明星（61–75）

排名	球星	MVP	冠军	FMVP	全明星	一阵	总分
61	丹尼斯·约翰逊	-	3	1	5	-	9.5
62	威斯布鲁克	1	-	-	9	2	9.5
63	波什	-	2	-	11	-	9.5
64	乔治·格文	-	-	-	9	5	9.5
65	尤因	-	-	-	11	1	9.5
66	德雷克斯勒	-	1	-	10	1	9
67	昂塞尔德	1	1	1	5	1	8.5
68	克莱·汤普森	-	3	-	5	-	8.5
69	斯潘塞·海伍德	1	1	-	5	2	8.5
70	乔乔·怀特	-	2	1	7	-	8.5
71	杰里·卢卡斯	-	1	-	7	3	8.5
72	莫宁	-	1	-	7	1	8.5
73	德拉蒙德·格林	-	3	-	3	-	8.5
74	杜马斯	-	2	1	6	-	8
75	比尔·沃顿	-	2	1	2	1	8

最敏感的区域在这一档，因为到了75人的分界线。

这是最考验我自创标准是否科学的阶段，每一个在这个区域的球星都可能被质疑，排除在外的球星又会被同情。杜马斯和沃顿各有两个冠军为什么这么靠后呢？克莱·汤普森和波什凭什么进入？还有那个德拉蒙德·格林？请相信我的标准是过硬的。

杜马斯和老沃顿加起来居然只有1次最佳一阵，而且他们都不是MVP，全明星加起来只有8次，1次冠军都没有，但克莱·汤普森有3次冠军，别忘了他曾单节37分。

尤因是NBA历史上的苦人儿，没有冠军，没有MVP，只有一次最佳一阵，但他的历史得分在前30。另一位传奇明星莫宁各方面加分都不够，哪怕加上两次最佳防守球员，但他果断地重投帕特·莱利的怀抱，在2005—2006赛季拿到了总冠军。

德拉蒙德·格林几乎压哨入场，他从来没有进过一阵，全明星也不多，但当过一次最佳防守球员。格林的入选佐证了我对他的评价：勇士队没有格林拿不了总冠军。他还有更重要的特长不在这里体现——勇士队以他为进攻枢纽。

那些被我排除在75人之外的球星，最可惜的是安东尼和威尔金斯，尤其是安东尼，他曾10次进入全明星，NBA历史得分排在第11位。威尔金斯的全明星数量和安东尼差不多，但他更出名的是扣篮。

这里面只有一个常规赛MVP——约基奇，他太年轻了，全明星数量远远不够，欧文跟他的区别在于有总冠军、没有MVP。球迷喜欢的卡特打了22个赛季，历史得分排在第22位，加了2分，但冠军、MVP、一阵都没有，非常可惜。

落选的50周年50大球星

球星	MVP	冠军	FMVP	全明星	一阵	总分
戴夫·宾	-	-	-	7	2	5.5
威尔肯斯	-	-	-	9	-	5.5
瑟蒙德	-	-	-	7	-	5.5
厄尔·门罗	-	1		4	1	5
马拉维奇	-	-	-	5	2	4.5

25年前，有50位球星入选，我不知道75周年是在原先的基础上50+25，还是重新评选。按我的评选标准，上述五位老球星出局了，但只占50大球星的10%，可见原先的投票评选水准之高，要知道这五位没有一位当过MVP，仅厄尔·门罗一人拿过1次冠军。

其中的“手枪”马拉维奇只打了10年，如果他能多打几年，成就远不止此。他还很不幸地在40岁时就去世了，当时他在和朋友打球，心脏病突发离世。

即使1997年我在克利夫兰现场，也无缘见到50周年全家福。除了马拉维奇已经去世，NBA的“徽标人”韦斯特也没在，当时他耳疾发作要动手术，医生不让坐飞机。另一位缺席的是奥尼尔。奥尼尔缺席的官方理由是膝盖养伤不宜坐飞机，但我一点儿也不相信。当时他才24岁，生机勃勃。前一年圣安东尼奥全明星周末，是我第一次去NBA现场采访，在走道里亲眼见到他和别人生气，那场全明星赛东部赢了，他25分、10个篮板，乔丹20分、4个篮板，结果MVP居然是乔丹，奥尼尔很不开心。历史50大球星，奥尼尔是11位现役之一，而且是最年轻的，心气儿那个高。

后记

NBA75周年历史75大球星已经公布，由于此次评选出现了平票的情况，所以共有76名球星入选。NBA50周年的50大球星全部入选，新增名单里，现役球星为11人，分别是詹姆斯、库里、杜兰特、哈登、“字母哥”、保罗、利拉德、戴维斯、伦纳德、威斯布鲁克和安东尼。其中，利拉德的入选和霍华德的落选引起了广泛的争议。

利拉德尚未取得拿得出手的荣誉，没有总冠军，没有MVP和得分王，甚至没有打过总决赛。而霍华德荣获8次全明星、5次篮板王、2次盖帽王、3次最佳防守球员、1次NBA总冠军、8次最佳阵容、5次最佳防守阵容，巅峰时期带队打进NBA总决赛。霍华德的荣誉远远高于利拉德却没有入选，这是完全没有道理的。

不过，一千个人心中有一千个哈姆雷特，每个人心中都有一份自己的75大巨星名单，你心中的历史名单又是怎样的？